普通高校"十二五"规划教材·会计学系列

企业高级财务管理

王棣华 ◎ 主编

清华大学出版社

北 京

图书在版编目（CIP）数据

企业高级财务管理 / 王棣华主编. —北京：清华大学出版社，2016

（普通高校"十二五"规划教材·会计学系列）

ISBN 978-7-302-42673-8

Ⅰ. ①企…　Ⅱ. ①王…　Ⅲ. ①企业管理—财务管理—高等学校—教材　Ⅳ. ①F275

中国版本图书馆 CIP 数据核字（2016）第 014162 号

责任编辑：吴　雷
封面设计：汉风唐韵
责任校对：宋玉莲
责任印制：沈　露

出版发行：清华大学出版社

网　　　址：http://www.tup.com.cn，http://www.wqbook.com

地　　　址：北京清华大学学研大厦 A 座　　　　　　邮　　编：100084

社 总 机：010-62770175　　　　　　　　　　　　　邮　　购：010-62786544

投稿与读者服务：010-62776969，c-service@tup.tsinghua.edu.cn

质量反馈：010-62772015，zhiliang@tup.tsinghua.edu.cn

印 装 者：北京鑫海金澳胶印有限公司

经　　销：全国新华书店

开　　本：185mm×260mm　　印　张：17.75　　字　数：419 千字

版　　次：2016 年 2 月第 1 版　　　　　　　　　印　次：2016 年 2 月第 1 次印刷

印　　数：1～3000

定　　价：39.00 元

产品编号：065917-01

前　言

为了适应日益发展的经济形势,满足财务管理专业发展和教学的需要,我们集体编写了《企业高级财务管理》教材。作为财务管理专业本科教材中的重要组成部分,我们力求符合教学规律,满足本科教学需要,同时力求有一定创新。当然本教材具有一定的专题研究性质,也可以作为研究财务管理的参考书,还可以作为企业高级管理人员和财务管理人员的参考读物。

本书共分为九章,第一章为企业高级财务管理基本理论,主要探讨企业财务管理中的一些特殊理论问题;第二章为企业财务战略管理,主要探讨财务战略管理的内涵和分析方法;第三章为企业转移定价管理,主要研究企业转移定价的基本概念、基本理论和基本方法;第四章为企业国际财务管理,主要研究企业国际财务管理的基本理论和基本方法,以适应当前企业走向国际市场的需要;第五章为企业柔性财务管理,研究企业柔性财务管理的一些理论问题,力求对企业财务管理有一个全方位的认识;第六章为企业财务管理控制系统,探讨企业财务管理控制系统的基本理论和财务管理控制系统设计的基本原理;第七章为企业财务业绩评价管理,主要研究企业财务业绩评价和财务业绩评价模式的基本概念以及财务业绩评价系统设计的基本原理;第八章为企业集团财务管理,主要研究了企业集团理论和企业集团财务管理制度以及财务管理的主要方法;第九章为企业资本运营财务管理,主要研究企业资本运营中的一些财务管理问题。

本书由东北财经大学会计学院教授、中国内部控制研究中心研究员王棣华教授确定编写指导思想、编写大纲并担任主编,第一、五、九章由王棣华教授编写;第二章由东北财经大学会计学院唐睿明教授编写;第三、四章由东北财经大学会计学院姚蕾蕾讲师编写;第六、七章由东北财经大学会计学院池国华教授编写;第八章由东北财经大学会计学院耿云江副教授编写。最后,由王棣华教授对全书进行修改和总纂。

本书在编写过程中,参考了国内外大量财务管理专家和学者的著作,吸收了他们许多有益的观点,在此表示感谢,还要感谢清华大学出版社吴雷编辑的大力支持。

虽然我们已经编写出版过《高级财务管理》教材,这次编写《企业高级财务管理》教材还是缺乏成熟经验,加之水平有限,书中肯定有不当之处,欢迎大家批评指正。

编　者
2016 年 1 月

|目 录|

| 第一章 |

企业高级财务
管理基本理论

💡 **学习目标**:通过本章学习了解企业高级财务管理的基本内涵,理解企业财务管理理论相关扩展内容,如企业财务文化的含义、企业财务管理制度文化,认识企业财务管理的常见陷阱,理解什么是企业财务管理哲学,企业财务管理假设与企业财务政策及其制定原则的内容,了解如何进行企业财务关系的协调以及企业财务的公关管理。

第一节 企业高级财务管理讲授内容的界定

一、企业高级财务管理讲什么

何为企业高级财务管理？它与企业财务管理原理（企业财务管理基础）、企业中级财务管理有何区别？对于这一问题，国内理论界有过一些探讨，如汤谷良教授的"高级财务管理学的理论框架——管理过程的财务实现"（《会计研究》2001年6期）认为高级财务管理主要包括财务战略理论、财务预算理论、财务控制理论、财务评价理论、财务重组理论。但我们认为这种界定并不科学，因为这些理论有许多可能在财务管理原理、中级财务管理等课程中已经涉及，难免存在交叉重复。陈文浩教授主编的《高级财务管理》教材中指出企业高级财务管理的主要内容是企业财务的功能、财务管理机制、财务监督、企业业绩评价、财务风险管理、企业的并购重组与公司的控制、企业失败与清算的财务处理、风险企业融资、跨国公司财务管理。这可以看成是对财务管理原理和中级财务管理的横向和纵向补充，带有一定的专题性质。陆正飞教授主编的《高级财务管理》教材中认为企业高级财务管理的主要内容包括：财务战略、资本运营、集团财务、国际理财，同样也是板块式的补充。

我们认为把财务管理教材划分为原理（初级）、中级、高级，并不一定是初级最简单、中级较难、高级最难，而是一种知识内容上的递进与补充。原理讲企业财务管理的基础知识，中级讲企业财务管理中系统的、常用的基本知识，高级讲原理和中级中没有系统涉及的财务管理知识，有些内容是探讨性的。本财务管理教材着眼于本科生的使用。研究生的企业高级财务管理教材，可以把研究的内容进一步深化，但基本内容仍然会有许多原理、中级中的问题，只不过研究的角度和方法更深入而已。

二、企业高级财务管理内容的确定

我们编写的企业高级财务管理教材，尽量不与企业财务管理基础（原理）、企业中级财务管理的内容重复。考虑到本科生教学内容、课时等方面的限制，加之硕士、博士等阶段对"高级财务管理"教学的不同要求，我们在本书中除了讲述常见专题性财务管理知识外，还补充了一些我们多年来对财务管理某些专门课题的研究成果。一方面体现教材的前瞻性；另一方面也体现教材的创新性。

第二节 企业财务文化理论

按照国内学者夏明的说法，财务学是一体两翼，即技术财务学和文化财务学。技术财务学经过多年的发展,羽翼已经比较丰满,而文化财务学则显得非常单薄。从国外来看,技术财务学的发展历程大致如下:一般认为,财务学家格林1892年撰写的《公司财务》的问世为其开始的标志;而20世纪50年代的米勒、莫迪里亚尼的《资本成本、公司财务和投资理论》的出版以及MM理论的提出,则意味着技术财务学逐渐走向成熟和完善。对现代技术财务学有原创性贡献的理论包括阿里·德布鲁的一般经济均衡理论,马科维茨的投资组合理论,莫迪里亚尼·米勒的公司财务理论,夏普等人的资本资产定价理论,法马的有效市场理论,布莱克、斯科尔斯、默顿的期权定价理论,以及罗斯的套利定价理论等。这些理论都假定行为主体是理性经济人,并较好地解释了金融市场的运作机理和企业资产的定价机制,成为现代技术财务学的理论基础。从国内看,由于实行了很长一段时间的计划经济,技术财务学的发展与市场经济相脱节。实行市场经济体制后,技术财务学基本上与西方市场经济国家趋同。但文化财务学无论在国外,还是国内都比较薄弱,这也使财务学的发展显得不平衡。但文化财务学的研究是非常有意义的,其学术价值和实用价值不比技术财务学低。

企业财务文化是企业在一定环境下形成的财务物质文化和精神文化的统一。企业财务文化与财务资本的结合,是推动企业财务管理的关键因素。财务文化与财务资本结合带来的重要影响是,财务资本的运作方式逐渐进入财务文化领域,以财务利润为目标的财务资本借鉴了财务文化发展的经验,开始重视人性管理与社会效益。财务文化的发展和提升,反过来进一步推动了财务资本的提高。财务文化成为推动企业改善财务管理,提高财务资本回报的重要力量。财务文化力是企业财务的软实力,其基本含义是指通过吸引而非强迫或收买的手段来实现财务目标的能力。

著名思想家马克斯·韦伯认为:任何一项事业的背后,必然存在一种无形的精神力量。企业财务也不例外,企业财务的背后是财务文化。财务文化会影响企业财务的发展。以工业革命为例,美国的新教伦理有力地推动了其经济的蓬勃发展。而法国由于受到传统天主教伦理的影响,其工业革命进展就很缓慢,最终未能成为经济强国。由此可见,文化对于经济的影响是很大的。财务文化对于财务发展至关重要。企业财务文化是财富之母,企业财务管理的成败取决于财务文化。

一、中西方财务文化的差异

在财务文化问题上,中西方其实也存在很大的差异。中国的财务文化是重人性自觉的财务文化,即人性是善良的,人性具有善的潜力。西方的财务文化是重理性自觉的财务文化,即分析性的,假定人是理性经济人、人性是恶的。其实这两种文化都是人类所需要的,单纯坚持一种文化,都会出现偏差,带来负效应。如果只讲人性而不讲理性,确实人当中还有许多自私的基因,人们只顾关系和面子,不注重约束机制的建设,好人也会被坏人带坏。如果只讲理性而不讲人性,人会变成冷血动物,丧失人之为人的价值,道德、情操将会失去意义,手段代替了目的。因此,真正现代意义上的科学财务文化一定要坚持人性的自觉,同时扩大理性的自觉。

文化及其差异可以用Hofetede定义的5个维度进行界定、描述与比较。即:①权力距离,指组织成员对组织中权力不平等分配所期望和能够接受的程度;②个人主义倾向,在个人主义倾向较强的文化中，人们之间的联系较为松散，更注重自己的现实利益；在集体主义倾向较强的文化中，人们注重维护与所在群体的良好关系；③阳刚倾向，指文化中两性的性别角色明显不同；④非确定性规避，指不同文化中人们对不确定性和模糊性的容忍程度；⑤长期利益倾向，指不同文化中人们对长期利益和短期利益的不同权衡。其实就是在中国，虽然大的文化背景相同，但各地的文化差异还是很大的。我国内地、中国香港的企业文化就有明显不同。总体上讲，西方文化维度呈现出低权力距离、高个人主义、高阳刚倾向、高非确定性规避、较短期利益倾向。中国文化维度呈现出高权力距离、低个人主义、中阳刚倾向、较高非确定性规避、较长期利益倾向。这些基本的文化倾向对企业财务管理会产生什么样的影响呢？在高权力距离的企业，普通职工一般不会主动参与企业财务管理，对企业重大财务决策参与程度低。对于低个人主义的企业，普通员工认为做好自己的本职工作是应尽的道德责任，这有利于良好的财务制度的形成。对于中阳刚倾向的企业，男女相对比较平等，比较有利于合作，也能够调动女性员工参与企业财务管理的积极性，有利于女性进入高层管理团队。在较高非确定性规避企业，对于风险较高的投资项目趋于比较保守，有利于稳健经营，但也会失去好的机会。对于有较长期利益倾向的企业，有利于企业避免经营行为短期化倾向，对企业长远发展而言是有利的。

高权力距离企业容易导致财务管理的"人治"现象。这在中国许多企业非常突出。低个人主义企业有利于企业加强集体财务决策。当然这五个倾向不是每个企业都一样的。高权力距离的企业有的个人主义倾向明显，有的倒比较有集体主义。这里面的排列组合很复杂。低个人主义有利于集体进行财务决策和团队财务管理创新，但容易忽视个人，造成个人对企业的依赖思想。高权力距离导致财务管理成为上层少数人的事，基层员工进行财务管理兴趣不足。低个人主义也会导致财务管理保守，思维求同。中阳刚倾向导致财务管理注重改良，缺乏重大创新思想。较高非确定性规避导致企业从财务制度上防止重大冒险活动，提倡渐进式财务管理模式。

中西方文化的巨大差异也导致了财务文化、财务管理的巨大差异。西方文化重逻辑、分析、数学。而中国传统文化不太重视逻辑，有归纳法的应用，但演绎法应用太少。重直觉，但不重分析，凭感悟认识世界。有算术计算，少数学原理。原因主要是秦皇汉武的文化专制主义造成的。从财务文化上看，西方财务文化重视企业内部财务统一过程和整体框架，即财务管理讲究逻辑性，非常重视财务分析，特别强调数学模型的应用。而中国财务文化对于企业内部的财务流程和整体框架不够重视，财务管理凭经验办事的现象比较普遍，领导人的直觉判断代替财务分析和计算的事例也很平常。财务管理不太重视分析和数学模型的应用。其实这些都与传统文化的影响有关。当然，中国的传统文化的优点还是很多的，其合理利用也非常有利于我们改善企业财务管理。如"天人合一"文化，就有利于企业和谐财务的建立，有利于企业与生态的和谐发展，有利于减少人的自私膨胀。我们的分析文化不强，但我们的综合文化很强，即我们的悟性文化很高，便于从全局和总体上把握未来，较少在枝节问题上纠缠。

当然分析文化对财务管理的影响，也可以从其他视角进行，如价值观体系、制度规范体系、行为模式、社会心理、社会习俗、宗教情感等。

二、如何优化我国企业财务文化

如果从企业层面来考察，一个企业的支柱有三个方面：财务实力、经营能力与企业文化，三者缺一不可，而企业文化影响更为深远。企业文化包括企业全体员工的道德精神、财务文化等。一个企业如果文化缺失，就像一个人失去灵魂一样。其实先贤们已经给了我们足够的文化资源，关键是我们是否有勇气去践行。大家明显感觉到，目前我们许多企业的道德精神是令人失望的，失信的企业很多，财务欺诈现象普遍，市场规则行不通，潜规则盛行。如何改变现状？当然光靠个人是无能为力的。首先要尽量做到信息对称，减少失信行为；其次要创造自由环境，只有劳动力、资本、产品、思想都有自由市场，财务文化、企业文化、社会文化才能与市场经济相吻合。

现在有一种理论，总是拿经济人假设说事，如认为官员、企业领导人要给他足够的物质利益才能搞好市场经济。其实这也是个误区，容易造成官员道德失落、企业领导一切向钱看。这不利于企业文化及社会文化的优化。所以，加强官员及企业领导的道德建设自然是目前最迫切的任务，其示范效应很大。如果他们的道德状况很差，财务文化、企业文化及社会文化将都无法优化。

市场法制建设还需要强化，进一步完善执法体系，优化市场环境，企业的财务文化才能健康发展。要提升企业财务人员思想道德水平，让财务人员成为现代文明的理财者，革除种种财务陋习，这样企业财务管理才能更有影响力。

中国式财务管理如何借鉴传统文化呢？首先要明确我们传统文化的主要特点，这样才能更好地借鉴。传统文化的主要特点有三个方面：一是讲道义，中国传统儒士大夫讲道义精神，讲信义，儒家的五伦思想特别发达。处理各种事务追求合乎道义、礼仪，讲求"正其谊不谋其利，明其道不讲其功"。现在我们搞市场经济，虽然表面上也讲道义，但落实不到位，讲功利占主导地位。因此，财务管理如何更讲道义应当成为努力的方向；二是讲修养，中国传统文化强调做人要处处为别人着想、讲谦让、讲风格，而且是心甘情愿的。现在我们许多人讲修养是表面的，内心更多的是为自己着想。因此，财务管理如何使人更有修养，在处理财务利益时更多地考虑到别人也应当成为努力的方向；三是讲和谐，中国传统文化讲中庸之道、和为贵、家和万事兴，追求和谐。这是一种很高远的文化追求。但目前许多单位只追求形式上的和谐，表面上相安无事，但不解决积累的矛盾。因此，如何构建符合传统文化的和谐财务同样也是我们努力的方向。

文化有其根源，它的根源是什么呢？其实是一般的不变的道理。这是财务文化的第一层次。当然各种不同的文化对这一般道理的理解和践行是有差异的，但这一般道理要具有真理性，反映人的良知。文化是讲道理的，是以真理指导人生的，所以文化对人的影响是深远的。光知道一般道理还不行，难以化为力量，需要通过各种原则来落实这一般道理。财务文化是通过财务管理原则来发挥作用的，财务管理原则其实是体现"是非"的，是讲"善恶"的。财务管理原则是财务文化的第二个层次。但是光有财务管理原则还不够，还难以执行，所以还需要财务管理制度，这样大家在财务上才有法可依，这是财务文化的第三个层次。光有财务管理制度也还不行，还要看财务如何运作。如果我们有很好的财务管理制度，但没有好的财务运作、财务行为,那也只能纸上谈兵。所以,我们把财务运作、财务行为作为第四个层次的财务文化。

我们企业面临的许多财务问题实际上是社会文化问题,也可以说是财务文化问题。社会中影响企业财务活动的许多现象、行为可以归纳为四个方面:一是保守主义,这种保守文化往往阻碍财务改革,导致财务管理过于僵化、教条;二是本位主义,这种本位文化往往更加体现为自私自利、自以为是,财务关系人之间无法正常沟通;三是空想主义,这种空想文化是许多企业在财务上妄想做大的理论根据,往往不切实际;四是现实主义,这种现实文化就是财务上太重视当前利益,而缺乏长远规划。以上四个问题,反映出财务文化从第一层次到第四层次的不一致,这也是我们财务文化的病根子,同时是社会文化的病根子。为了解决这一问题,我们必须回到源头,即第一层次的财务文化,塑造具有良知的、真理性的财务文化。财务首先是为了使人和社会更加美好,而不是其他目的。为了利益而不择手段,这本身就是劣质财务文化。财务思想决定财务制度,财务制度决定财务权力和财务行为方式。因此,本源的、起点的财务思想,即第一层次的财务文化非常重要。虽然西方的股东财富最大化思想发展成相关者利益最大化思想具有一定的本源性和真理性,但我觉得还不够彻底。企业财务的目标应当是为了人和社会更美好,而财富最大化并不一定能够使人和社会更美好。

三、财务管理制度文化

长期以来,我们重视财务管理本身的研究,亦重视财务管理制度的制定和实施,但很少涉及财务管理制度文化这一层次。财务管理制度的完善,必然会直接触及整个社会的一般文化传统和文化背景。

(一)财务管理制度文化的含义

财务管理制度就是要求一定范围内的成员共同遵守和按一定程序办事的财务规程和规范。研究财务管理制度及其文化,首先要研究财务管理制度到底是什么?财务管理制度为什么难以改变?财务管理制度如何发生变迁?一提到财务管理制度,我们往往把它定义为财务行为规范或规则,财务管理制度的变革也就是要改变规范或规则。由于我们过分强调财务管理规则的重要性而忽视其效果,最后走进了制订财务管理规则,修改规则,再制订规则的怪圈。其实财务管理制度应当成为人们对于财务行为规则的"共享的信念",即人们如果不相信给定的财务管理规则,那么就不能说有了财务管理制度。如果人们不把政府或组织的财务管理制度当一回事,那么那些成文的财务管理制度就不构成我们制度的一部分。同样,我们经常看到从外部引进的财务管理制度往往很难得到有效地实施。

财务管理制度是在博弈中形成的,其变化是人们对博弈规则的"共享的信念"发生变化的结果。人们"共享的信念"真正发生变化应该是相当缓慢的过程。财务管理制度的变迁常常就是文化和财务文化的变迁,在这个过程中,文化的、历史的、政治的、法律的因素都将发挥作用。

财务管理制度文化是指介于有形的财务物质文化和无形的财务精神文化之间的一种文化状态。财务物质文化、财务行为文化属于表层财务文化,财务精神文化属于深层财务文化,财务管理制度文化属于中层财务文化。其实,每个国家、企业的财务管理都不同程度地体现了他们的国家文化和企业文化。美国的财务管理制度文化正是他们国家的管理理念、管理哲学的产物,同样中国的财务管理制度文化是在我国财务管理实践中长期形成的,它也深受中国传统文化的影响。

(二)财务管理制度文化的特征

财务物质文化是影响财务管理制度发展变化的最重要因素。由于财务物质文化在财务文化层面上具有最易改变和易被接受的特点,从而导致财务管理制度文化随着生产力发展而不断发展变化,因此财务管理制度文化具有一定的可变性。财务文化中最难改变的是财务精神文化,这使得财务管理制度文化又具有相对稳定性。

财务行为文化具有理性和非理性的统一性。财务活动是由人来进行的,人是财务活动的主体。因此,财务与人的社会心理必然有一定的联系,而人的社会心理所包括的感情、风俗、习惯、成见、自发的倾向和信念等,都是人们在日常生活中形成的,它们对人们处理财务关系及财务活动必然产生深刻的影响,其中交织着理性和非理性因素。由于社会心理不同,反映到财务方面就会有不同的筹资、投资、分配心理,以及不同的财务竞争观念和不同的财务管理意识。

作为财务文化中层结构的财务管理制度文化,相对于财务物质文化、财务行为文化和财务精神文化有其自身特点。

(1)财务管理制度文化是社会文化环境的产物。财务管理制度的诞生及发展所形成的财务管理制度文化是以时代的经济形态为核心的。不同的经济形态,形成不同的社会文化环境,培育着不同的财务管理制度文化。

(2)财务管理制度文化具有一定继承性。新社会文化环境下产生的财务管理制度文化,并不意味着完全否定旧社会文化环境下的财务管理制度文化;新的财务管理制度文化可以从旧的财务管理制度文化中吸取有益的养分,继承优秀的财务管理制度文化传统,使之发扬光大。

(3)财务管理制度文化的先导性。财务管理制度有时相对于落后的经济形态、落后的生产组织方式,可能是超前的。先进的财务管理制度有时大大超过了落后的生产力、落后的经济基础,但是它却能强有力地推动财务管理的改革与发展。

(4)财务管理制度文化的改革性。财务管理制度作为一个组织的基本制度,一旦形成就具有相对稳定性。在同一社会文化环境下,财务管理制度文化变化的根本价值在于对根植其中的财务管理制度进行改革。财务管理制度文化不是以破坏现有的社会文化环境为目标,而是使这一文化环境不断得到完善与发展。

(5)财务管理制度文化具有具体与抽象的统一性。由于财务管理制度文化介于具体的财务物质文化和抽象的财务精神文化之间,因此具有具体与抽象的统一性。由于生产力的发展,物质财务文化越来越丰富。但不同国家、不同民族长期形成的财务管理制度文化却各有特点。这是由于价值观念、信仰、态度等不同的文化因素所造成的。

(三)研究财务管理制度文化的意义

财务管理制度是重要的,无论是国家还是企事业单位都要给予足够的重视。做好这项工作,包括如下三个方面:(1)制订财务管理制度要注意科学性,要根据经济活动的需要及其固有规律,人际关系协调等为原则来制订,不搞花架子,图形式;(2)制订财务管理制度要注重实践性,即应工作需要而制订,要从实际出发,在认真调查研究的基础上制订好财务管理制度。财务环境变了财务管理制度也应作相应的修改、补充,执行中发现有不妥当的地方要尽快完善;(3)财务管理制度制订要注意群众性,财务管理制度事关组织中的全体相关者,人人都要执行财务管理制度,遵守财务管理制度。与此相对应,制订财务管理制度必须发动群众积极参与。

财务管理制度既有刚性,即强约束性的一面,又有柔性的一面。财务管理制度作为价值观的一种反映,体现着文化因素、道德因素、感情因素等。

实际上每个组织中的财务管理者都有自身的财务管理人格问题。财务管理人格是财务管理者在理财活动中所表现出来的持久的、稳定的心理特点的总和,它包括理财动机、性格、气质、能力、习惯性的理财学习方式、理财认识以及理财行为倾向,这一切充分体现了理财文化。应当承认,对于财务管理人格的系统研究,目前尚未被学术界关注,这在不同程度上影响了财务管理理论和实务的发展。

改革开放以来,我们经常遇到这样一个问题:为什么在别国有效的,能够促进经济及社会发展的财务管理制度,在我国却没有产生预期的效果?其实现代市场经济本身就是更高层次的文化,我国在尚未达到这个文化层次的时候,盲目照搬发达市场经济国家的财务管理制度,其效果自然要打一个很大的折扣。

财务管理制度文化正是从研究各种财务管理制度产生的文化背景入手,探讨在现代市场经济中如何挖掘我国传统财务文化中一切有利于商品经济成长的文化因素,并根据我国已有的财务管理制度文化环境,来探讨如何有效地利用国外先进的财务管理制度。

在三种财务文化中,财务物质文化是基础,财务精神文化是动力,财务制度文化是保障。就目前我国现状而言,适应社会主义市场经济发展的财务精神文化、财务管理制度文化远未形成,财务物质文化虽有所发展,但是受到了许多消极因素的影响。建设我国健康成熟的财务管理制度文化具有非常深远的现实意义和历史意义。

(四)财务管理制度与财务管理制度文化

财务管理制度有广义和狭义之分。广义的财务管理制度是指一定社会一定组织的财务关系的总和。狭义的财务管理制度是指一定组织的财务管理应当遵循的一系列规则。

现代社会中的每一种财务管理制度最初是为了某种单独而特殊的目的而制订的。随着社会越来越多元化,财务管理制度再也不能仅在某一个领域中证实自己的合理性,而必须根据自己对社会的影响来证实自己的合理性,它必须取得所有人的信任。财务管理制度有如下四个特点。

(1)与财务文化有关。财务文化的观念文化部分是内隐的,但是它要表露于外,财务管理制度就是其体现的一个内容,如同组织机构被价值观所体现一般。

（2）与组织学有关。财务管理制度问题实际上是财务组织问题。但财务组织问题不仅仅是建立财务组织，还包括配备财务人员，建立财务管理制度。

（3）财务管理制度是"法规"。财务管理制度是人们从事财务活动的行为规范，具有硬约束力。国家的财务管理制度是根据全国人民的共同利益制订出来的，企业的财务管理制度是根据企业利益相关者的共同利益制订出来的。组织中的每一个成员都要遵守组织的财务管理制度，不然组织工作和组织利益就要受到损失。

（4）财务管理制度是一项基础性工作。所谓基础性工作是指它是一个组织的最基本工作，一个组织如果没有财务管理制度，就无法正常运转。

财务管理制度文化是研究财务管理制度产生、发展及运行机制的各种观念的总和。通过对财务管理制度文化的研究，揭示财务管理制度因素与文化因素是如何相互配合的，以达到财务管理体制的不断完善，并以此来推动社会经济的发展。

财务管理制度文化的研究对象是财务管理制度产生与发展的文化背景，可以从三个方面进行研究：第一，财务管理制度文化的主体——财务管理制度；第二，财务管理制度文化的实施系统——各种具体的财务管理制度；第三，财务活动中的财务关系——反映了财务管理制度文化的性质与水平。

广义的财务管理制度包括以下几个方面的内容：第一，资本的所有权制度，这对资本的运行方式和质量都将产生重大影响；第二，财务运行机制，这是指一个组织用何种方式把自身的财务活动组织起来，实现高效益运转；第三，财务分配机制，财务分配涉及与组织有联系的财务关系人的利益。财务分配机制主要是指采取何种方式对财务关系人进行利益分配，从而达到"公平"与"效益"的最佳结合，促进经济的健康发展。

财务管理制度文化的实施系统——各种具体的财务管理规章制度，主要包括资金管理制度、收入与支出管理制度、成本费用管理制度、收益分配管理制度等。以上这些制度都有自己长期的演化过程，它们的发展有其内在自主的一面，也有其受社会文化环境影响的一面。

财务活动中的财务关系主要是人与人之间，单位与单位之间，单位与国家、投资者、债权人、债务人等之间的利益关系。良好的财务关系可以为经济的发展提供有利的文化环境。实践证明，财务活动中的财务关系主要从三个方面展开：一是财务主体地位是否确立；二是财务决策权在人与人之间如何划分；三是财务收益在人与人之间如何分配。

（五）我国传统财务管理制度文化的特点

任何财务管理制度文化都有一个相互隔离，相互交融，相互吸收，发展变化的过程。我国有几千年的财务管理史，因为民族特点和国情的不同，我国传统财务管理制度文化也有一些特点。

第一，重视资产管理，不重视资本管理。由于长期的自然经济居统治地位，小农意识很浓，商品经济不发达，人们的理财观念狭隘、保守。只重视现有的实物资产管理，对于资本管理关注不够，不太重视研究资本运行规律。由于忽视资本管理，资本的积累和积聚都很缓慢，导致生产规模难以扩大，加之我国传统文化中"分家"观念较强，使原来就不多的资产又分成若干份，生产规模有时反而缩小，抵御风险能力降低，一出问题往往靠政府解决，这又大大强化了政府的权威,中央集权体制一直深入人心。

第二,追求高度统一的财务管理制度是我国传统财务管理制度文化的又一特点。新中国成立之后之所以选择苏联高度集中的计划经济体制,这与我国几千年所形成的集权政治、经济文化有关。在计划经济体制下所制定的各种财务管理制度都具有高度的统一性。至今人们仍然习惯于由中央制定统一的财务管理制度,强调国家价值取向,重视国家财务管理制度建设,而各单位只要执行好国家制定的各项财务管理制度即可。

第三,在财务分配制度方面长期追求"公平"而忽视"效率"。这与传统文化中的"均贫富"、"一大二公"思想有关。

第四,财务管理制度刚性有余而柔性不足,这是我国传统财务管理制度文化的又一大特点。过去我们的财务管理制度规定得过死、过细,理财者只有执行的义务而没有变通的权利。这与人们长期没有自主权有关。

(六)建设有中国特色的社会主义市场经济下的财务管理制度文化

改革开放以来,我国在财务管理制度建设方面发生了巨大变化,也取得了很大成绩。在有中国特色的社会主义市场经济体制下的财务管理制度的建设过程中,我们越来越重视整个社会文化环境对财务管理制度的影响。经过三十几年的实践,初步形成了有中国特色的财务管理制度文化,并在扬长避短的同时,努力吸取他国有益的财务管理制度文化因素,制定相应的财务管理制度和规则,以获取最大经济效益和社会效益。

第一,对国有企业财务管理体制进行改革,制定了一系列财务管理制度,既保证国有资本的保值增值,又逐步提高国有资本的运营效率,这是中国特色财务管理制度文化的重要表现之一。

第二,仍然重视国家对财务管理制度的制定,突出国家对整个经济活动的宏观财务管理。这是针对我国传统文化的特点及国内外的经验教训得出的基本结论。政府虽然不直接插手各个经济组织的财务管理,但仍然通过制定财务管理制度,检查财务管理制度的执行情况等手段,间接调控各经济组织的财务活动,以实现宏观调控的社会主义市场经济这一目标模式。

第三,重视建立与市场经济相适应的财务管理制度。现代市场经济不仅是一种社会现象,也是一种文化现象。经济领域中无论是生产方面,还是财务管理制度方面,人们都创造出了极为宝贵的文化。我们过去习惯于传统的财务管理制度,形成了一定的思维定式。但是,传统的财务管理制度有许多是不适应市场经济发展需要的。我们必须努力建设与现代市场经济相适应的新型财务管理制度,体现"公平、效率、效益"原则。

第四,建立一种更加重视农业发展,使农业、工业、商业、事业、行政相互促进的财务管理制度体系。这是基于我国是个农业大国,而且长期以来工商业的发展是建立在牺牲农业的基础之上的。我国财务管理制度受"城市经济文化"和"农村经济文化"的双重影响。为了充分发挥社会主义经济制度的优越性,构建的财务管理制度必须更加和谐,更加关注弱势群体的利益。

第五,在投入方面应当更加重视科学技术的发展,从财务管理制度上加以保障。科学技术是第一生产力,要想在短期内赶超世界科技强国,必须集中财力保证科技方面的足够投入,使科技成果尽快转化为生产力。只有建立了良性的科技投资管理体制,加强科技投入产出方面的财务管理制度建设,我们才能走出高投入、高消耗、低效率、低效益的恶性循环怪圈,才能使日益恶化的自然环境及资源环境得到改善。

第六,应重视现代企业集团财务管理制度建设。有几千年历史的政府行政系统在我国很发达,且以血缘家族为主体的经济组织一直延续至今,即相对发达的政府财务管理制度和不完善的小农经济财务管理制度共存。我国目前缺乏的是现代企业集团财务管理制度。我国社会主义市场经济已经进入国际市场。为了在国际竞争中立于不败之地,首先要保证政府决策的正确性;同时,政府还必须注意培养国内企业集团的竞争力,尽快完善我国企业集团财务管理制度,使他们在高财务风险环境中也有可靠的制度保障。

第七,重视财务管理体制改革的稳定性和循序渐进性。从文化传统观念方面来看,中国人求稳怕变的心理比较强,加上个人的经济承受能力相对较弱。这些都决定了我国财务管理体制改革只能是渐进的;另外财务管理体制改革还必须与经济体制改革、政治体制改革、法律制度的不断完善同步进行,不能操之过急,需要有一个相互适应,相互促进的过程。

第八,努力促进理财主体的现代化。要想实现财务管理制度的现代化,必须首先使理财主体——理财者实现现代化。因为再完善的财务管理制度如果没有人去利用和推行都是毫无意义的。必须使理财者在继承优秀传统文化的同时,花大力气用现代市场经济的新观念、新思想、新技术武装头脑,大力普及和提高理财者的知识和管理水平,实现理财者的现代化。

🔷 第三节 企业和谐财务管理

构建社会主义和谐社会,是我国未来的一项重大战略任务,是一项关系我国政治、经济及文化发展的艰巨而复杂的系统工程。从社会结构总体分析,我们所要构建的和谐社会,是由和谐政治、和谐经济、和谐文化三位一体共同构成的社会大系统,其中和谐经济是和谐社会不可或缺的重要物质基础。企业在构建和谐社会中处于举足轻重的特殊地位,是和谐社会中经济和谐的中流砥柱,在构建社会主义和谐社会的进程中应当发挥其重要作用,承担重要的社会责任。而财务和谐又是企业和谐发展的核心,只有实现了财务的和谐,才能实现企业的和谐,进而实现经济和谐以及社会和谐。因此,在构建和谐社会的新形势下树立和谐财务观,坚持探索可持续发展的企业和谐财务管理模式,对和谐企业以及和谐社会的构建与发展都具有重要意义。

一、企业和谐财务管理的概念

企业和谐财务管理的概念,目前国内对其还没有权威提法。只有少量文献研究和谐社会如何构建企业财务管理目标。笔者认为企业和谐财务管理是财务管理主体以和谐管理理论为基础,以企业利益相关者利益最大化为目标,追求企业健康、可持续发展,尽到社会责任,最优化地处理财务活动和财务关系。

西方学者对"和谐"概念的提出最早源于法国经济学家弗雷德里克·巴斯夏在1850年

所著《和谐经济论》。他在该书中指出,建立在以平等交换为基础的利益是和谐的利益。但是书中并没有针对企业和谐财务管理的研究。目前还没有发现有关企业和谐财务管理问题的英文研究文献。

我们所讲的企业和谐财务管理的概念和框架体系,是以可持续发展理论、企业社会责任理论、利益相关者理论、企业公民身份理论、利他经济学理论为基础,从价值观、资本构成、企业假设、企业目标等方面构建的企业和谐财务管理的基本框架,提出了经济价值、社会价值、生态价值之间的和谐,物质资本、人力资本、社会资本、生态资本之间的和谐,经济人、社会人、生态人之间的和谐,经济盈余、社会盈余、生态盈余之间的和谐,价值分配的和谐等理念,对财务管理提出了新的要求。

企业和谐财务管理理论尚处于理论探索阶段,很多研究尚不成熟。早期有学者对和谐财务问题进行过研究探讨,如黄国辉(2005)提出和谐财务的建设应从和谐社会的"六大特点"即"民主法治、公平正义、诚信友爱、充满活力、安定有序、人与自然和谐相处"入手,从财务管理的特点出发研究和谐财务管理体系的构建。温素彬(2006)则站在利益相关者价值导向的财务管理体系角度,分别从多重价值的和谐、多重资本的和谐、多重身份的和谐、多重目标的和谐四个方面探讨和谐财务管理的基本理念。郭复初(2006)认为中国经济面临着增长方式的根本转变,必须树立科学发展观的指导思想,发挥现代财务对经济可持续发展的保障功能[①]。而汤谷良(2007)则从管理增长、追求盈利和控制风险三个财务维度构建一个多维、立体并便于操作的战略规划,分析了企业和谐发展战略的构建[②]。

但这些零散的研究成果在当时并没有引起大家的关注,也没有就此展开讨论。实际上,关于企业和谐财务管理比较系统、全面的研究,目前还是空白。企业和谐财务管理研究值得学者们进一步探索,需要进一步完善企业和谐财务管理理论,推动其发展。

二、企业和谐财务管理理论研究的意义

企业和谐财务管理研究为财务理论肌体注入了新鲜血液。目前我国财务管理理论研究主要借鉴了西方财务学的研究思路、理论成果和研究方法,大多是基于资本效率市场假设下进行的财务研究,但是目前我国资本市场仅达到弱式有效,还存在一定的噪音和偏差,西方较为成熟的财务理论在中国的市场实践中屡屡失效。因此,立足于中国社会、经济发展的现状与趋势,有选择地吸收西方财务理论的精髓,在研究理念、研究体系、研究内容上积极创新,形成一套框架合理、逻辑缜密、内容完备、脉络清晰的富有中国特色的财务管理理论体系具有重要意义。另外我们也必须看到,西方财务理论也并非完美无缺,也需要创新。在中国构建和谐社会的大背景下,在对已有研究成果充分整理和吸收的基础上,将具有东方特色的和谐管理理论引入到企业财务管理理论体系当中,实现了和谐管理理论与现有财务理论的融合。此外,"伦理道德是企业理财行为的内生性因素"[③],创新性地在财务管理体系中引入

① 郭复初,郑光亚.经济可持续发展财务论[M].北京:中国经济出版社,2006:23~56.
② 汤谷良.和谐发展战略与企业三维度[J].新理财,2007(04):44~45.
③ 李心合.儒家伦理与现代企业理财[J].会计研究,2001(06):26~32.

"和谐"等中国传统儒家思想,丰富了财务管理理论,为企业开展和谐财务管理提供了新的思路和模式。

　　基于和谐社会构建的大背景,企业和谐财务管理理论应运而生。目前我国企业正处于转轨经济体制阶段,市场发育不成熟、市场结构失调、市场体系残缺、管理乏力、市场扭曲以及权力腐败等现象还比较严重,企业诚信缺失、社会责任漠然、短期利益至上、财务关系混乱等状况比较普遍。为了满足构建和谐社会的需要,企业有责任和义务重新树立可持续发展的和谐财务管理观,走可持续发展的和谐之路,从而为和谐社会的构建奠定坚实基础。而企业和谐财务管理的应用,对于改善企业财务关系,提高企业经济效益同样具有重要意义。

三、企业和谐财务管理的理论基础

　　企业和谐财务管理理论是建立在中国古代儒家学派的"和合"哲学理论、国内学者提出的和谐管理理论、利益相关者价值导向的财务管理理论、利他经济学理论等基础之上的。

　　企业和谐财务管理理论与中国古代儒家"和合"哲学思想密切相关。儒家学派的"和合"思想,博大精深,有着深厚的历史渊源和思想背景,通过对先哲的继承和对其他流派,如道家、墨家文化的吸收,成为和谐思想之集大成者。儒家管理思想所追求的目标是一种"和合"世界,即通过共生、共处、自立与共同发展而达至理想的和谐世界。"和"是儒家管理哲学的出发点与归宿,是其核心特征。"和"的概念不仅反映了一个组织、一个社会理想的运行秩序,而且反映了达到这种秩序的内在平衡机制[1]。许多相关的研究也已经证实,当今国人的待人处世、接物的方式,暗中依然有儒家伦理价值系统在操纵主持,儒家"和谐"理念对我们研究企业和谐财务管理之内涵仍有巨大的启示作用。

　　和谐理论是席西民教授于 1987 年提出的,经过十多年的发展,他又将其引入管理领域,形成了和谐管理理论。财务管理本身属于一门管理学科,将和谐管理理论引入到企业和谐财务管理理论体系中来,"运用和谐管理理论进行财务冲突管理的思路,是今后进一步研究财务冲突的主要课题"[2]。在和谐管理理论中,"和"管理是指以环境诱导、文化熏陶、自我主导、行为自律等手段创造一种环境和氛围,使系统成员产生自适应行为,选择组织所期望的行为[3]。它是用来应对组织中"人的永恒的不确定性"的专门装置,用来调整人际间的共处、人群间的共处,乃至组织间、组织与社会间的共处,使人及人群的互动方向和目的有可预期性、有更少的不确定性。"谐"管理是指在组成、功能、机制、制度上的科学合理,比例得当,符合客观规律,并运用这些科学、规律和法规等去处理这方面的管理问题。它可以是结构,也可以是过程或流程;可以是静态的,也可以是动态的。

　　20 世纪 70 年代以来,以弗里曼、布莱尔、米切尔为代表的学者提出了"共同所有权"理论、利益相关者产权理论以及企业社会责任理论,为利益相关者价值导向的观点提供了强有力的理论支持。利益相关者价值导向观点认为,企业是利益相关者的集合,企业以利益相关

---

① 王棣华. 中国古代财务管理思想[J]. 财务与会计导刊,2008(04):13~16.
② 林钟高,徐虹. 财务冲突及其纾解:一项基于契约理论的分析[J]. 会计研究,2006(06):8~14.
③ 席西民,肖宏文,王洪涛. 和谐管理理论的提出及其原理的新发展[J]. 管理学报,2005(01):23~32.

者价值为导向,应以满足利益相关者价值的实现为目标,而不仅仅是为投资者创造价值。利益相关者价值理论的核心思想是:任何一个企业都有许多利益相关者,他们都对企业进行了专用性投资并承担由此带来的风险,企业的生存和发展取决于它能否有效地处理与利益相关者的关系,而股东仅是企业众多利益相关者之一。因此,企业不仅仅是简单的实物资产的集合,而是一种治理和管理着专业化投资的制度安排,企业控制权要以实现股东利益和社会利益为目标①。利益相关者导向要求企业不仅关注股东利益,而且关注企业所有利益相关者的共同利益,企业目标也不再是单一地追求股东利益最大化,而是按照可持续性发展的原则为利益相关者创造持续发展的价值,追求利益相关者利益的最大化和协调化。从近几年财务管理的发展趋势看,财务管理的价值导向也正在从股东价值向利益相关者价值演变。

虽然现代主流经济学将自利作为人类行为分析的基本前提,但是人类表现出大量的利他行为却是一个不争的事实。利他行为被越来越多地纳入到经济分析中,不但许多非主流经济学家强调这一问题,主流经济学家,如加里·贝克尔、阿马蒂亚·森等对其也有不同程度的关注,主流期刊都刊登过大量关于人类利他行为的研究成果。与传统经济学相比,利他经济学突破了传统经济学的研究领域,把一些看似非经济的论题也纳入到经济学的分析框架中来,其分析结果与现实的吻合性更强②。西方理财学将企业理财视为一个"理性化"的过程,十分关注从"工具理性"上研究财务问题,比如将企业理财的目标认定为"利润最大化"或"股东财富最大化"等,并由此出发探究达到这一目标的最佳理财方法,但事实上,企业理财过程从来就不是完全理性化的。理财学的"理性"源于经济学的"理性",其基本含义是:(1)自利性假设;(2)极大化假设;(3)每一个人的自利行为与群体内其他人的自利行为之间的一致性假设。理财学由此与经济学面临着共同的基本问题。而利他经济学的出现给理财学的研究带来了新的突破,利他经济学开拓性的研究方式极有可能导致经济学乃至以经济学为基础的其他学科,如财务管理学取得意想不到的成就。

四、企业和谐财务管理的基本内容

在现代市场经济条件下,企业和谐财务管理的目标必须内含经济责任、社会责任和道德责任三个方面,其中的经济责任应当涵盖企业所有的利益相关者。换句话说,企业和谐财务管理应当是为所有的利益相关者服务,而不仅仅是企业的股东,实际上这也是中国儒家传统"和合"思想中讲求的"中庸"之道。

企业社会责任是指企业作为一种社会组织,依赖于社会获取一定的利益而生存发展,理应通过对消费者、社区、政府和环境等方面的社会活动的承担来回馈社会,实现企业与社会的和谐与共赢。企业应该转变被动承担社会责任为主动投资,从"为他人作嫁衣"到"我主浮沉"的经营理念的变化,实现企业从回馈社会到经营社会的跨越;从专注企业到放眼社会的经营者角色变化,实现从企业家到社会活动家的跨越;从完善自我到强化优势的经营方式变

---

① 张先治,甄红线. 基于价值的公司治理——股东价值与利益相关者价值的比较[J]. 财经问题研究,2006(06):31~35.
② 黄少安,韦倩. 利他经济学研究述评[J]. 新华文摘,2008(14):154~157.

化,实现从短板运作到优势投资的跨越①。这些基于社会责任的跨越使得企业拥有了更为开阔的生存空间和经营视角,有利于企业和谐财务管理以及和谐企业、和谐社会的建设,有利于企业与社会的可持续发展、全面发展。

社会结构嵌于企业的理财行为之中,构成理财行为的内生性因素,而伦理道德是利益冲突的产物,企业理财正是处理有利益冲突的财务关系的过程,因此伦理道德责任也应内含于企业的理财行为之中,成为理财行为的一个重要的内生性因素。企业和谐财务管理蕴含人文关怀,其研究与实践凸显人文精神,重视伦理道德的作用。儒家的"和合"哲学思想对于培育和发展良好的理财道德具有不可低估的作用,如果企业的理财人都能够按照这样的道德意识模式从事理财行为和处理与各种利益相关者之间的财务关系,则涵盖社会的理财道德秩序就会有效确立,理财实践中常见的"见利忘义""重利轻信"及弄虚作假、贪图私利等不道德的理财行为也会得到有效遏制,从而降低交易成本。

财务管理的基本内容有两项:一是恰当处理与其利益相关者之间的财务关系;二是有效培育和配置财务资源。企业和谐财务管理的基本内容还是协调财务关系,使财务关系更加和谐;更有效培育和配置财务资源,使企业的财务活动更和谐。

第四节 财务管理哲学

一、财务管理哲学与哲学的关系

财务管理哲学与哲学既有区别,又有联系。其区别表现在:哲学是理论化、系统化的世界观和方法论,又称元哲学,它是一个大系统,包括许多分支哲学。财务管理哲学是一般哲学世界观和方法论在财务管理工作中的具体化,它是部门哲学,又是应用哲学。其联系表现在:财务管理哲学是元哲学原理的具体运用,并使元哲学理论得到检验和丰富。财务管理哲学的发展,一方面依赖于财务管理实践的发展;另一方面也依赖于元哲学的正确指导。元哲学是财务管理哲学的理论基础,为财务管理哲学的发展提供指导思想。元哲学的发展也会从财务管理哲学中吸取一定的营养。哲学在财务管理中要想发挥作用,必须以财务管理哲学作为桥梁和通道。

二、财务管理哲学与现代财务管理学的关系

财务管理哲学研究财务管理实践中的指导思想和方法论问题,它以现代财务管理学为基础,并对财务管理理论进行概括和总结,使之上升到哲学的高度,并为财务管理理论的发展服务。现代财务管理学为财务管理哲学提供了大量的经验思想材料。没有现代财务管理学的产生与发展,也就不会有现代财务管理哲学。但财务管理哲学和现代财务管理学还是有区别的。财务管理哲学属于哲学范畴,它主要从观点、方法、指导思想上研究财务管理的

---

① 沈志渔,刘兴国,周小虎.基于社会责任的国有企业改革研究[J].中国工业经济,2008(09):141～149.

基本概念,并对财务管理行为进行研究。它是介于哲学与现代财务管理学之间的中间学科,是哲学通向现代财务管理学的桥梁。现代财务管理学属于具体管理学科范畴,只研究具体的财务管理问题,而并不研究方法论问题。财务管理哲学研究的是财务管理中的一般理论和方法论问题,而现代财务管理学研究的是财务管理中的相对具体的原理和方法。它们之间是一般和特殊的关系。它们各自都有自己的范畴和概念体系。

三、财务管理哲学与现代科学的关系

现代财务管理学大量运用现代科学知识,如系统论、控制论、信息论、数学、心理学、计算机科学等。这些现代科学理论不但大量被现代财务管理学所引用,而且也是建立财务管理哲学的自然科学基础。系统论、控制论、信息论、心理学虽然不是纯粹的自然科学,但它们是现代科学的重要组成部分。它们的观点和方法在财务管理中的运用就具有方法论的意义,经过加工,它们的一些思想也就成为财务管理哲学的重要组成部分。财务管理哲学离不开现代科学的支持。作为一种实用性哲学,应当体现现代科学技术知识,这样才能服务于当代社会。

四、财务管理哲学与管理哲学的关系

财务管理哲学是管理哲学的一个分支。管理哲学包括的门类非常广泛,如企业管理哲学、行政管理哲学、教育管理哲学、军事管理哲学、国民经济管理哲学、文化管理哲学、医疗卫生管理哲学、体育管理哲学等。管理哲学是大概念,财务管理哲学是小概念。一般意义上的管理哲学研究的是管理中的一些哲学问题,而财务管理哲学侧重于研究财务管理中的哲学问题。

对财务管理理论的研究从 19 世纪末 20 世纪初开始有专门的著作问世,现在已有很多行之有效的研究成果。在我国,财务管理哲学研究刚刚起步,成果尚不多见。因此,将财务管理理论上升到哲学高度进行概括和总结,并形成科学的理论体系是非常有意义的,它会对财务管理行为产生积极的影响,并对财务管理理论的健康发展起导航作用

五、财务管理哲学的研究对象

财务管理哲学从财务管理的主体与客体关系开始,研究主体、客体在财务管理中的地位和作用。它主要研究人在财务管理中的地位和作用;人的本性与财务管理的关系;人的彻底解放与财务管理的关系;财务管理的最终目的。它还研究财务管理主体的价值观,包括财务管理价值观的产生、构成、价值取向、价值观对财务管理的影响。它同时还研究财务管理认识论,即研究财务管理主体的认识过程,研究经验财务管理和科学财务管理的关系。财务管理方法论也是它的研究对象之一,即研究一般的辩证方法在财务管理中如何有效运用,并进一步研究财务管理哲学的若干范畴。它还要研究财务管理意识,因为这是深入理解财务管理行为的重要途径。财务管理道德、财务管理环境、财务管理心理、财务管理美学都是财务

管理哲学的重要研究对象。

六、财务管理哲学的研究方法

1. 理论联系实际的方法

财务管理哲学是应用性学科,更要密切联系实际,这样才能不断从财务管理实践中吸取营养,并解决实践中迫切需要解决的问题,不断推动财务管理哲学的发展。既要联系历史实际,即联系古代、近代财务管理的实际情况进行高度概括的哲学分析;更要联系当前财务管理实际,结合国内外财务管理的实践经验,研究我国几十年来财务管理的成功经验和失败教训,特别是要联系我国改革开放后的财务管理实践进行深入研究。这样才能使财务管理哲学成为财务管理实践的理论基础和指导思想。

2. 古为今用、洋为中用的方法

古代财务管理对象、财务管理实践与当代财务管理有很大不同,但古人许多财务管理观点、方法确有很精明、独到之处,值得我们学习借鉴。我们应当对古代财务管理思想进行认真地挖掘和研究,探明古人财务管理思想的真谛,从中引申新的财务管理思想、方法和策略,用于解决当前财务管理中的实际问题。各国财务管理思想都有自己的特色。要发展我们的财务管理学,必须博采众长,吸取国外财务管理中一切对我们有用的东西,并结合我国财务管理实际,加以运用和发展。

3. 辩证唯物的方法

辩证唯物主义和历史唯物主义是我国财务管理哲学研究的根本方法和指导思想。在财务管理哲学研究中,要坚持从中国实际出发,在建设有中国特色社会主义理论指导下,阐明我们财务管理的根本指导思想、目标和任务,以及财务管理哲学中一系列重大问题,如民主理财与集中理财问题,兼顾各方利益问题,财务管理的创造性与科学性问题,继承与发展问题等。

七、学习研究财务管理哲学的意义

现在我国正在进行举世瞩目的社会主义市场经济建设,加入 WTO 后,我国的改革开放的力度越来越大,财务管理越来越重要,学习研究财务管理哲学的意义越来越明显,具体表现在以下几个方面。

(1)财务管理工作的好坏,关系到社会主义市场经济的健康发展。搞社会主义市场经济是人类社会发展过程中历史性的进步。创建新型财务管理模式和体系,不断适应社会主义市场经济的需要,需要财务管理哲学的指导。

(2)财务管理工作的好坏,关系到人心的向背。财务管理工作搞好了,就会得到群众的拥护;如果搞糟了,就会怨声载道。财务管理工作的好坏,直接关系到人民群众的切身利益。因此,我们所制定的财务管理规章制度,要充分体现人民群众的根本利益和要求,以是否得到人民群众的理解、拥护和支持为标准。这需要站在财务管理哲学的高度去认识。

（3）既然财务管理如此重要，那么，怎样才能发挥财务管理应有的作用？就财务管理方法谈方法，就财务管理谈管理，肯定是没有前途的。只有借助于财务管理哲学的研究，从而为财务管理提供正确的世界观和方法论，财务管理才有前途和希望。

（4）虽然我们已经开始了财务管理哲学的研究，但成果还是太少，而且方法、指导思想尚不够科学，处于初级阶段，所以深入研究财务管理哲学非常必要。现在已经进入知识经济时代，财务管理也越来越复杂，要求也越来越高，人们必须在多因素、多变化、多环境、多要求中学会思考和平衡。这就要求高级财务管理人员，不仅要有一般的财务管理知识，而且必须具备财务管理哲学的理论修养，能够在高水平上进行逻辑思维，对更复杂的财务管理问题，进行高度的抽象和概括，为正确进行财务决策提供高水平的逻辑思维成果和理论保证。因此，必须加强财务管理哲学的学习和研究。

八、财务管理价值观——财务管理哲学的灵魂

财务管理哲学研究表明，价值观在财务管理中是客观存在的，而且价值观的正确与否，关系到财务管理的成败。由于价值观在财务管理中的这种特殊地位和作用，这就决定了财务管理哲学以财务管理价值观为灵魂。

我们通过对许多优秀财务管理的成功经验进行深入研究，发现财务管理价值观在财务管理中起着核心、灵魂的重要作用。那么，什么是财务管理价值观呢？笔者认为，财务管理价值观就是人们对财务管理活动中那些具有重要意义和作用的事物和因素的认识、评价和选择，表现为人们在财务管理活动中的主张、信念、宗旨等。财务管理价值观在财务管理活动中具有十分重要的作用，主要表现在以下几个方面。

1. 导向作用

财务管理价值观决定着财务管理的发展方向，决定着财务管理者的个性，使其形成与众不同的特色。优良财务管理价值观形成后，往往能使财务管理者统揽全局，不为一时一事的得失而心浮气躁，从而保证财务管理稳定地向前发展。

2. 凝聚作用

优良财务管理价值观形成后，一个单位的职工就会感到工作、生活的意义，就有了精神支柱，也就有了奋斗目标。便于形成和谐的工作氛围，激励员工为实现个人和组织的财务目标而共同奋斗。

3. 规范作用

财务管理价值观规范着人们的理财行为，协调着各种财务关系和财务活动。一个组织应当告诉自己的员工什么样的财务管理价值观是正确的，而什么样的财务管理价值观又是错误的。财务管理价值观的规范作用并不是通过财务制度、权力等管理手段来实现的，而是渗透到人们的道德、习惯及作风中去，通过全体员工对自己的高标准、严要求来实现。这是一种"柔性"财务约束，而这种"柔性"财务约束往往比"刚性"财务约束更"硬"，更有威力。

财务管理价值观在财务管理中的地位和作用，决定了它是财务管理哲学的核心和灵魂。

🔷 第五节　企业财务管理假设理论

在目前我国财务管理研究中,财务管理假设问题研究相对不足,我们觉得还需要进一步深入探讨,现就财务管理假设问题发表一些我们的见解,期望得到同行们的批评指正。我们认为财务管理假设是指财务管理人员对那些未经确切认识或无法正面论证的经济事物和财务现象,根据客观的正常情况或趋势作出的合乎事理的断定,是日常财务管理的必要前提。

财务管理体系的建立,需要一些特殊的前提条件,财务管理假设也是财务管理理论体系的必要前提。在理论上对财务管理作一些必要的假设,并通过这些假设对财务管理进行一番深入研究,从而为财务管理在实践中的应用打下了坚实基础。

财务管理假设是财务管理原则赖以建立的基础,即财务管理原则应从属于财务管理假设;财务管理假设是财务管理人员在具体环境条件下的最佳假设,当它被证明有用之后,财务管理假设可以上升为财务管理原则。财务管理假设应当具备独立性,各个假设不能互相包含,也不能相互推论,每个假设应具有独立意义。财务管理假设应当是一个完整的理论体系,从总体上讲财务管理假设是财务管理概念、程序和方法的逻辑起点,财务管理假设如果不能形成完整的体系,则财务管理概念、程序、方法也就残缺不全。

财务管理假设要想形成一个完整的体系,必须具备以下四个基本特征。

(1)一致性,即财务管理假设体系中的命题与概念结构中的其他命题一致。

(2)贡献性,即财务管理假设体系要能推演出若干有效命题,如果一个命题不能进行演绎推理,它就不可能成为财务管理假设。

(3)排中性,即财务管理假设不能相互矛盾。

(4)独立性,即财务管理假设不是从某一既定假设中推演出来的。否则的话,它就是一个定理,是必然的事实,而不是一个财务管理假设。

我们初步认为企业财务管理假设的内容有以下几项:独立理财主体假设、资金增值假设、货币时间价值假设、财务风险与收益相关假设、财务关系假设、利益分享假设、环境文化决定假设、财务可管理假设、财务理性人假设、持续经营假设。现就这些基本财务管理假设展开深入探讨。

一、独立理财主体假设

随着现代企业制度的逐步建立和完善,企业逐步成为相对独立的理财主体。独立理财主体假设的本质是企业以拥有法人财产权为依据,独立开展各项理财活动。国家作为社会管理者,在宏观上通过制定法规、政策来规范、引导和约束企业的财务活动。因此,独立理财主体也是有条件的,而且受到内外环境的广泛影响,为了使财务理论更加简明,需要以假设的办法来说明独立理财主体问题。

企业作为独立理财主体是现代市场经济的标志,只有真正实现政企分开,国家不再作为企业的理财主体,我们的市场经济体制才算真正建立。因此,企业作为独立理财主体具有特别深远的意义。按照独立理财主体假设去设计运营,可以使企业财务管理活动逐步走向市场经济轨道。

有的学者认为,"财务主体假设解决的是财务人员为谁进行财务管理的问题"。[①] 笔者不赞成这种说法,我认为独立理财主体假设解决的是由谁来独立理财的问题,即谁是理财的主体。因为财务人员为谁进行财务管理的问题的含义是广泛的,既可以说是为企业理财,也可以说是为投资者理财,为员工理财,为国家理财。如果这样来理解,那么企业理财主体将不是一个,而是多个。这显然是说不通的。

二、资金增值假设

资金是企业财务管理的对象,资金具有增值特征是由社会环境及其内在机制决定的。虽然有的企业资金能增值,有的企业资金反而减值。但是财务管理必须假设资金是增值的。在市场经济下无论企业目标或企业财务目标是什么,也无论它如何表述,都与资金增值有关。如果企业理财不以资金增值为前提,那么企业财务管理就根本没有存在的必要。这一假设为企业以最少的投入,争取最大的产出,实现高利润创造了条件。这也成为企业进行各种财务决策,编制财务计划,加强财务控制的理论先导。

资金增值假设要求企业在进行每项财务活动之前,首先考虑能否实现资金增值,影响资金增值的因素有哪些,资金增值额是多少,增值水平的高低等一系列问题。在此基础上采用科学的方法去实现资金增值目标。笔者认为企业财务管理的本质就是谋取资金增值。企业的一切财务管理活动都与谋取资金增值有关,就是收益分配活动也是谋取资金增值循环的终点和新的起点。

三、货币时间价值假设

在企业财务管理中,货币时间价值假设是应用最为广泛的一项假设。人们假设货币是按一定比率随着时间的推移而不断增值的,尽管事实上并非如此。而且不管货币资金是转化为产品还是转化为固定资产,都是按同样标准计算货币时间价值。货币时间价值假设是促使企业优化资源配置,不断增加价值的基础。

货币时间价值的实质是"人类用愈来愈强的能力改造自然界进行扩大再生产,为社会创造累积的财富随时间的推移日夜增加"。[②] 货币时间价值假设是企业加强财务管理的重要前提,它要求企业无论是投资活动,还是筹资活动以及资金分配活动都要注意降低成本,实现企业资金的不断增值。

货币时间价值假设也是货币资本市场得以有效运行的前提,而如果没有有效的货币资本市场,也就没有真正市场经济意义下的企业。因此,企业财务与货币时间价值假设密不可分。至于各种与货币时间价值假设有关的现值、终值、利息、利率的计算,都是对这一基本假

① 陆建桥.试论财务假设[J].四川会计,1995(02):8.
② 马黎光.西方财务管理[M].广州:暨南大学出版社,1992.

设的有效应用和发挥。

四、财务风险与收益相关假设

现代市场经济下的企业财务活动充满着各种财务风险。我们已经初步知道企业财务风险与收益之间的关系,每个企业都要在财务风险与收益之间作出选择。高收益,高风险;低收益,低风险。财务风险与收益相关假设也是企业财务管理的重要前提,值得深入探讨。企业财务是在不确定的市场环境中运营的,因为经营结果的不确定,就带来了财务风险。不考虑企业财务风险的理财活动是一种盲目的活动,不能有效排除或避免财务风险的理财活动是一种低水平的活动,因为有些财务风险是可以避免的。既然财务风险是由于未来不确定因素造成的,因此,财务收益与风险的关系也就难以完全定量化加以分析认识。所以财务风险与收益相关假设也就有存在的必要性。

由于财务风险的存在及财务风险与收益相关假设作用的发挥,企业理财才充满生机与活力,才有丰富多彩的数量化的现代理财分析方法,才有各种各样的筹资与投资活动。由于人们不断地对财务风险与收益之间的相关性进行探索,这也大大深化了理财理论与方法,许多著名的理财数学模型都与财务风险与收益相关假设有关。

五、财务关系假设

财务关系是由于财务活动所形成的经济关系,它是客观存在的。处理好各种财务关系也是企业财务管理的一个重要方面。财务关系假设是搞好财务管理的前提。令人遗憾的是,在我国虽然早就提出了处理好财务关系的财务理论,但对这一理论进行深入研究的不多,大多停留在雷同的描述性叙述这一水平上。其实财务关系理论的升华完全可以上升为一门"企业财务关系学"。"财务关系行为体之间的竞争是财务关系运行的最基本状态;财务关系行为体的相互合作是我国社会主义财务关系的一个基本特点;财务关系行为体间的矛盾和冲突,是财务关系运行的客观现象。"[1]

只要有财务活动就有财务关系,而如何处理好财务关系也确实关系到各方的权利和义务,关系到相关方利益实现,也关系到整个经济的协调发展。财务关系随着经济环境、经济关系的变化而会改变。如何处理好财务关系既要考虑社会经济关系的状况,又要结合企业财务文化作出灵活的选择。在我们考虑企业财务关系问题时,相关方的角色和利益都要考虑进去。只有同时考虑相关方的利益,才能使各方都有所得,也才能增加整个社会的总体财富。

六、利益分享假设

企业既是一个经济实体,也是一个利益共同体。企业财务利益的取得,既要靠投资者注

---

[1] 罗福凯.论财务关系的理论框架[J].财务研究,1991(02):42.

入资本,又要靠全体员工的共同努力,同时也离不开债权人在资金上的支持,国家也为企业生产经营提供了最基本的安全保障。因此,当企业取得财务利益时,要在相关各方做好分配工作,要做到利益上的均衡,而不是只顾一方而忽视其他各方的利益。只有做到利益分享,企业才能得以持续发展,各方的情绪才能稳定,并对企业充满信心。也只有这样,企业的声誉才能提高,才有可能得到更多的资金去扩大生产经营,可见利益分享假设对于企业理财是十分重要的。

如何做好利益分享工作,各个国家、企业并无统一的标准。分享原则以不断使企业价值增值、凝聚力增强为目标,至于具体方式方法、标准,企业可根据具体情况而定。当然利益分享是一个敏感问题,影响因素众多,而且受国家法律、各种契约和内部财务制度的约束。因此,利益分享在一段时期内应保持稳定和规范。但随着情况的变化,应作相应调整,这样才能保持协调平衡,均衡发展。

七、环境文化决定假设

企业财务管理是处在一定的环境、文化之中的,环境、文化对企业财务管理往往具有决定性的影响。经济环境影响企业财务的规模和质量,市场环境影响着企业财务的内容及活动方式。法律环境制约着企业的财务行为,技术环境影响着企业财务活动的水平和效果,而文化环境亦会对企业财务管理产生持久的深远影响。因此,企业在进行财务管理时,要对理财环境进行充分的研究认识,在认清形势的基础上开展各种财务活动。企业理财是在一定文化背景基础上的一种理性活动。因此,不应与自身的文化传统有明显的对立与冲突。当然,环境、文化都会改变,但其变迁绝大部分是缓慢的,特别是文化的变迁更加缓慢。

只有理解尊重环境、文化,企业财务管理才能取得成功,这就是环境文化决定假设的本质。虽然说企业财务对环境、文化也有影响,但每一个具体企业的影响力是有限的,不具有决定性质。一个企业欠债不还可能不会形成严重的"三角债"问题,不会影响许多企业的财务管理。但如果"三角债"泛滥,许多企业的财务管理都要受到它的严重影响。

八、财务可管理假设

虽然财务活动纷繁复杂,人们对财务现象的认识还很肤浅,但财务还是可以加以管理的。因为财务活动作为人的一项基本活动,是可以按人的意志加以控制的。既然财务活动是一项重要的经济活动,就必然会引起各方面的广泛关注,人们在不断研究财务问题,在不断实践着如何管理好财务活动的过程中,人们的理财水平不断提高,财务活动被人们加以科学管理的可能性将越来越大。

财务可管理假设的含义之一是要求每一个理财者都要对企业财务活动严格加以管理,提高理财水平和理财效益,而且财务管理在众多的管理工作中具有特别重要的意义。因此,这一假设不是可有可无的,而是理财的重要前提。

九、财务理性人假设

按照西方经济学的观点,每个人都是有理性的,人类行为的利己动机是很普遍的,对自己的利益是精打细算的。财务理性人假设的本质是强调人们对自己利益的关心与认同。可以利用这一假设,设计出一套完善的利益调控机制,引导人们合理地追求自身的利益,在此基础上促进企业利益的实现。

财务理性人假设要求企业财务管理人员按理性人的原则去处理各种财务问题。财务理性人假设是企业进行各种财务利益分配的基础。

财务理性人假设也是企业建立各种财务决策模型的基础。因为对不同方案的比较分析都是假定决策者从理性的角度出发的,从若干财务方案中选择最佳方案。他们总是选择那些风险相对小,而收益相对大的投资组合;他们总是选择最佳的筹资渠道与筹资方式,形成最佳的资金结构。

十、持续经营假设

持续经营假设是指财务管理主体可以长久经营下去,可以在未来很长时间内经营一个企业。只有假设一个企业可以持续经营,才有进行财务管理的必要,才有必要研究与此相关的一系列财务管理方法和原则,才能够分阶段进行财务考核,才有必要编制长期财务计划。

第六节　企业财务政策及其制定原则理论

一、企业财务政策体系

企业财务政策不能是零散的、非系统的,它必须构成一贯完整的体系,才能有效地发挥作用。企业完整的财务政策体系应当包括财务政策战略、财务政策模型和财务政策实施三个部分。企业只有构建完整的财务政策体系,才能照顾到企业及社会的各个方面,才能保证在财务方案和规划的实施期间,财务政策保持不变或具有延续性;也只有这样,才能保证财务政策战略、财务政策模型、财务政策实施和财务政策修正诸环节的一致性,避免产生无明确目标的财务政策和无法实施的财务政策。

企业财务政策战略是指某一特定的财务政策的指导原则、作用范围、基本态度、基本假定以及应遵循的主要方向和所有应达到的目标。

企业财务政策模型是指制定什么样类型的财务政策。

(一)目的型和手段型财务政策

目的型财务政策是指相对于下一级财务政策来讲带有方向性的财务政策,一般综合性、概括性较强。手段型财务政策是服务于上一级的财务政策,它较为具体、针对性强,是为特定的目的型财务政策而制定的。这种分类的意义在于体现财务政策系统的完整性和层次性,以确保任何财务政策都有目标和保证措施,构成一个完整的多级财务政策网络。

(二)改造型和调整型财务政策

企业改造型财务政策是具有改变企业管理体制功能的财务政策,是针对企业现行管理体制,特别是财务管理体制的弊端提出来的。调整型财务政策是在不改变企业现行管理体制的基础上,对企业财务管理中的某个环节和某些方面施加影响、进行调控的财务政策。这种分类的意义在于,制定和实施这两种财务政策的原则不同。改造型财务政策侧重于稳定性和相关性原则,而调整型财务政策侧重于灵活性原则。

(三)创新型和改良型财务政策

企业创新型财务政策是指首次运用的财务政策;企业改良型财务政策则指在原有财务政策的基础上进行修正后重新启用的财务政策。创新型财务政策制定和实施的难度大、阻力多,其结果具有不确定性,故应谨慎行事,详细分析论证后实行。改良型财务政策要避免完全抄袭过去的财务政策。

(四)对策型和引导型财务政策

企业对策型财务政策是为了解决企业理财中的随机干扰现象而制定的财务政策,它具有战术性、灵活性的特点。企业引导型财务政策是立足于现实,面向未来,在对企业财务管理的发展方向和趋势进行调查研究和预测的基础上,为引导企业财务管理系统正确前进而制定的财务政策,它具有战略性、长期性的特点。

(五)直接型和间接型财务政策

企业直接型财务政策是对特定的理财要素制定的有直接效果的财务政策,它具有速效性的特点。企业间接型财务政策是对非特定的理财要素制定的一般的、普遍的、具有相同效果的财务政策。

(六)理性和超理性财务政策

企业理性财务政策是把人的理财行为理解为合乎理性的,按理性人假设所制定的财务政策。企业超理性财务政策则是根据企业中人的超理性的特点制定的财务政策,它不顾忌其是否合理。事实上,一般企业的财务政策都是理性和超理性的综合。理性和超理性的财务政策都不是万能的,走极端的财务政策必然失败。

(七)顺序决策型财务政策

企业制定财务政策时,由于知识不足、信息不充分和意见不统一,应选择一些较为成熟的财务政策。在取得新的知识、信息和意见统一时,再制定新的财务政策,这就是企业顺序决策型财务政策。这种类型的财务政策适合于不确定性较大的企业。

（八）保持现状的财务政策

企业在无法分析现在的财务状况或找不出更好的财务政策的情况下，有意义地保持现状，不制定新的财务政策。

以上各种财务政策模型，是在企业财务政策体系这个整体下，从不同角度不同层次进行划分的。各种财务政策相互依存、相互作用、相互交叉、相互渗透。

企业财务政策实施即采取一定的方式让企业各部门认真执行所制定的财务政策。企业财务政策实施之后，应及时反馈、交流和修正，这就是我们所说的学习过程。因为企业财务管理系统是复杂的，理财者的预见能力和思考能力也是有限的。

二、企业制定和实施财务政策的原则

企业财务政策是企业的重要指导信息，它关系到企业的运行方向和状况。所以在制定和实施财务政策时，应坚持以下基本原则。

（一）科学性原则

科学性即客观性，企业财务政策是企业有意识调节、组织、控制和管理财务活动的工具。要使企业财务政策能正确地指导财务活动的运行方向，必须遵循企业理财现状和运行规律。企业财务政策必须反映企业的现实。

（二）系统性原则

企业财务政策必须构成系统和完整的网络。因为企业本身就是一个复杂的系统，所以只有建立一整套的财务政策，才能适应这个系统不同层次、不同部门、不同人员的要求，才有可能起到对人们的财务活动进行调节、组织、控制和管理的作用。系统性原则要求企业的财务政策必须体现目的性、全局性和层次性。

（三）稳定性原则

企业财务政策不能不变，但不能常变、多变，不能朝令夕改。稳定性原则是指企业财务政策要在时间序列上保持一定的连续性、继承性，但对不同的财务政策要区别对待。各种长期的、高级目的型的财务政策应当保持较长时间的相对稳定，而具体的、较低级财务政策则应在实践中不断地补充和完善。

（四）灵活性原则

企业财务政策必须保持一定的稳定性，但是，一成不变的财务政策也会使企业失去活力，无法进化。当企业的内外部理财环境发生变化时，企业财务政策也必须做出相应的改变。灵活性原则还要求，企业财务政策应能做到具体问题具体对待，"一刀切"的财务政策是形而上学的。

（五）协调性原则

企业各类财务政策在空间排列上要互相照顾,不能顾此失彼。这也是财务政策全面性的一个方面。企业财务政策的相关性必然要求协调性。各类财务政策不能相互冲突,要保持协调一致;不能政出多门,各抒己见。对某一特殊问题制定特殊财务政策时,要注意对其他财务政策的影响。如果影响不佳,就要制定相应的协调性财务政策,使它与其他财务政策相协调。

（六）弹性原则

企业财务政策必须保持充分的弹性以及时适应客观事物的各种可能变化,这样才能动态地、有效地发挥财务政策的作用。企业财务政策的对象是企业的人、财、物系统,其中有难以计数的各种因素相互作用、相互联系。人们无法掌握相互作用的各种结果,因此财务政策必须留有余地。

（七）封闭性原则

企业财务政策体系应构成连续封闭的回路,这样才能发挥财务政策的作用。在这个封闭回路中,允许反馈、交流,既可以与原财务政策体系调和,又可以提出大相径庭的意见、看法、观点。但不能允许与企业财务战略目标、财务政策范围和战略选择等唱反调。因为交流、反馈和批评是为了改进财务政策,而唱反调则破坏企业财务政策系统的正常运行。

（八）反馈性原则

企业财务政策既要传递出去,又要把作用结果返送回来,并对财务政策的再输出产生影响,起到对财务政策的控制作用,以达到预期的目的。企业财务政策是否有效的关键之一就在于财务政策体系是否有灵敏、准确、有力的信息反馈。

（九）前馈性原则

企业财务政策应当在问题未出现之前,就已经估计、分析、预测到将要出现的问题,并在问题未出现之前就预先施加政策影响,以起到防止企业产生新的财务问题。所谓前馈性财务政策,不是出了问题采取一些财务政策去控制,也不是出现了损失才用财务政策去解决。

（十）有序性原则

企业财务政策必须有序,即财务政策的制定和实施必须按政策过程的各个阶段有序地进行;各类财务政策应能确保企业管理系统的有序性,保证对有限的财务资源进行有序的安排,以获取最大的社会效益。

（十一）综合性原则

企业制定和实施财务政策时,还应当考虑对系统外的其他系统和要素的影响,即要考虑企业财务环境因素。为了有利于财务政策系统和财务管理系统的发展,系统的财务政策必须要从更高一级系统的整体出发,与企业理财相适应,这样才能更有利于企业的发展。

(十二)动力性原则

企业要想稳定、协调、有序地向前发展,必须依靠动力来推动。企业财务政策是企业动力系统的一个重要子系统,它可以产生物质动力、精神动力和信息动力。企业财务政策应该诱发而不是限制,增强而不是削弱个体动力和群体动力,以便企业员工在现有的环境和条件下,发挥出更大的动力,推动企业的进化与发展。

第七节　企业财务关系协调理论

我国改革开放后,企业财务管理发生了巨大的变化,如何协调好各种错综复杂的财务关系,成为企业管理者,特别是财务管理者非常关心的问题,亦成为企业财务管理特别重要的一个方面。协调在处理各种财务关系中处于网络的核心位置,反映着企业理财主体与财务关系人之间的和谐关系状态,既是财务管理的基本要素,也是企业理财的重要手段。

一、企业财务协调的功能

(一)合理适度的财务协调,能增强企业的财务凝聚力,提高企业的财务实力

随着现代企业制度的建立,生产经营规模的扩大,企业需要更多的资金来支撑自身庞大的组织机体。无论是企业外部,还是企业内部,随着财务关系人自由度的逐步上升,在部门利益、本位利益的驱动下,企业理财中各种财务关系人更加关心并保护自己的权力和利益。加上企业内部财务管理体制的复杂化,企业内部各财务关系人也不可避免地从其所处位置出发,提出各种自以为是的财务要求。如何满足内外部财务关系人的要求,释放出他们对企业有利的财务能量,成为企业财务协调的重要课题之一,值得深入研究并加以解决。现代企业财务管理者要想达到最佳的调控目标,使各财务关系人能心悦诚服地接受调控,最好的办法是采用协调的手段,即在满足各方合理的利益要求的前提下,将各方集合在一起,共同为实现企业的财务目标而奋斗。企业财务协调是在与财务关系人之间相互治谈商量中寻找一个各方都能够接受的方案,最终实现各方行动上的和谐与统一。这种企业财务管理中的财务协调行为,实质上是多方利益重新组合的过程。在这个过程中,企业财务管理人员要使参与协调的各方财务关系人了解企业当前的财务状况,寻找对各方都有利的解决问题的方案,不要随便牺牲某一方的利益。通过协调,增进相互之间的了解与信任;通过协调,充分尊重各方的主观能动性和利益要求,这样才利于复杂财务问题的有效解决,才能创造出良好的外部理财环境,才能增强企业内部的凝聚力,培养企业理财者更加自觉地从企业全局的角度去思考问题,进一步提高企业的财务实力。

（二）合理适度的财务协调，能优化企业的财务资源配置，提高企业理财效益

搞社会主义市场经济，我国企业面临着如何将有限的财务资源进行优化配置的问题。在解决好这一问题过程中，企业必须遵循市场经济的基本经济规律，与企业财务关系人协调，解决好企业资金运动中的财务资源的开发与利用问题。在与企业外部财务关系人协调过程中，由于不同利益主体的利益不同，矛盾和纠纷在所难免。如果不加以协商解决，极有可能恶化财务关系，造成企业财务资源及社会财力资源的极大浪费。

从企业内部财务资源配置来讲，企业也有一个如何协调好内部各财务关系人的行为，配置好内部财务资源问题。企业首先要按市场经济的经济规律办事，在资源配置问题上不出大的偏差。对于企业内部各部门的财务资源配置，本着团结合作、顾全大局的精神，协调好内部各种财务关系，调动全体员工的积极性，及时处理好各种财务矛盾和纠纷，提高企业内部财务资源的配置效益。

（三）合理适度的财务协调，能提高企业财务管理的效率

与企业有关的财务关系人，有的在外部，有的在内部。他们的目标各异，文化、制度、组织等方面也存在着差异，加上受各方的利益驱动，如果企业缺乏财务协调，不可避免地会带来财务管理的内耗和外耗，造成效率低下的恶果。合理适度的财务协调，可以避免企业内部各部门盲目的自我扩张行为，而自我扩张的直接后果是效率的降低，资源的浪费。合理适度的财务协调，也可以避免企业外部财务关系人不合理的寻租行为，消除他们对企业不适当的财务干预。另外，合理适度的财务协调，还可以提高理财的透明度，强化企业财务监督和财务激励，提高财务管理效率。

二、财务协调的方法

在企业理财活动中，存在着许多需要协调的财务活动。如财权的集中与分散，与投资者、债权人的利益关系的处理，与供应商、客户的财务关系的处理等。在理财过程中采用什么方法来协调，应根据财务协调对象的特点选择相应的方法，这是财务协调的一项基本原则。

（一）法律方法

法律方法是指理财中依靠法律的权威，运用法律、法规等手段，来协调企业与外界重要财务关系人的财务关系。市场经济是法治经济，它以法制为前提，以依法治理为特征。法律方法为企业处理各项重大的财务活动提供了规范和前提，法律规定了财务关系人各方的权利和义务。作为财务管理人员在协调财务关系时，不仅要学法懂法，而且还应了解司法的基本程序，以保护利益相关者的合法权益。

（二）行政方法

行政方法是指理财中依靠管理者的权威,运用命令、规定、指示等手段,按照财务管理系统权力层次,以权威和服从为前提来协调下级财务工作的方法。这种方法适合于企业内部上下级之间的财务关系的协调,不适合于同级之间财务关系的协调。企业的经理及分管财务工作的财务经理,可采用行政方法直接面对面地单独协调下属部门的财务活动,及时处理财务管理中的一些特殊问题和新问题。

（三）会议协调方法

会议协调方法是指通过定期不定期召开企业的财务工作会议,把相关部门的负责人召集起来,通过信息沟通,协调各部门之间的财务关系。会议协调方法可以起到集思广益、统一意志的作用。而且各方利益代表的观点可以充分表达,企业可以发现理财中的新问题和新动向,这也是企业民主理财的具体体现。通过会议协调,可以化解企业理财中的各种矛盾。但如何开好财务工作协调会议很有讲究,要有主题,有集中,有权威,不能议而不决,不能光自由表态,要集中大家的意见和智慧,抓好每件事情的落实工作。

（四）合同协调法

合同协调法是指在理财工作中,凡涉及内外部各种财务关系与经济利益的活动,通过有效的合同,公正、严肃、规范、有效地加以调整。这些合同成为协调各种财务关系的有效工具。签订各种合同时,要预防合同的欺诈与不公,要避免签订无效合同,合同一定要明确各方的权益,以维护各方的合法财务利益。

（五）人际关系协调法

人际关系协调法是指通过改善企业内外部的人际关系,来处理好各种复杂的财务关系的方法。中国是一个非常讲究人情、人际关系的社会,运用好人情关系,可以化解许多财务矛盾。这是内外各种财务关系协调的一种非规范化,但却很有效的工具。这里面既有约束,又有激励;既有理性,又有情感;既有物质利益,又有精神利益。若处理得当,各方都能得到物质和精神上的双重满足。

三、企业财务协调的实施

财务协调是财务管理的首要原则,财务协调反映了财务管理的本质。因此,企业理财工作者要掌握财务协调这门艺术,采用各种切实可行的方法来开展财务协调工作,使企业财务工作从无序走向有序,从低效走向高效,不断提高理财水平,提高企业经济效益。如何进行有效的财务协调,在实际工作中应注意以下几点:第一,财务协调的范围要适当,不能无限制、随心所欲地去进行财务协调,要在需要协调的范围和部门内进行;第二,财务协调的力度要适当,力度过大或过小都不利于财务关系的改善,过头或不力的财务协调,不但不能解决问题,有时甚至把事情搞得更加复杂化;第三,财务协调要注意时机,时机不成熟时去进行财务协调往往事倍功半;第四,财务协调者本身应注意自身的行为,要在自己的职责范围内行事,不能存有私心,克服自己的权力欲,不要越俎代庖;第五,财务协调要注意降低协调成本,提高协调效益,不去做高成本、低收益的事情,那样会浪费时间和金钱。

在进行财务协调时,应当注意工作技巧:第一,相互适应,自行调整。这是一种自我控制的财务协调技巧,理财工作者要通过非正式的、平等的沟通来达到协调财务关系的目的。相互之间没有指挥与被指挥的关系,也没有外界的干预;第二,直接指挥,直接控制。这是一种控制式财务协调技巧,由上层领导发布财务指示和命令,要求下级按指令执行,从而达到财务协调的目的;第三,过程标准化。这是一种协调过程制度化财务协调技巧,对规范化和可以预先确定程序的财务工作制定出规章制度,间接控制和指挥执行者的财务活动,以实现财务关系协调的目的;第四,成果标准化。这是目标式财务协调技巧,只规定理财活动的最终目标,不限定各财务关系人的具体行动,通过目标来协调财务关系;第五,技艺标准化。这是一种规范协调技术的财务协调技巧,财务关系的协调是一门艺术,既有一定的专业性,又有一定的社会性和艺术性。要使理财者掌握这门艺术,必须超前制定一套技艺标准,使他们间接地掌握和控制协调方式;第六,共享信息。这是一种信息共享式财务协调技巧,在处理各种复杂的财务关系时,如果能形成共同的价值观念,财务协调的成功概率就会大大提高,财务协调的目标就很容易实现。

总之,合理的财务协调要有明确的目标,要采用合理的协调方法,要注意沟通技巧,要注意各方面的意见和信息,做到以理服人、利益共享、风险共担,不去争胜负,大家都是"赢家",创造出一个平衡和谐的财务环境。财务协调作为财务管理中的高级艺术,需要理财者们认真学习,不断提高自己的技能和修养,而这一切也将决定整个企业财务管理的成败与企业的发展方向。

第八节　企业财务公关管理理论

财务公共关系对企业来讲是一种客观存在,社会上每个企业都处于一定的财务公共关系之中,都在自觉或不自觉地创造或维持一定的财务公共关系。

所谓企业财务公共关系,就是企业通过了解社会公众对企业财务的评价和态度,分析理财趋势,预测理财结果,实施理财行动方案等一系列有计划、持久的努力,使其各项理财方针政策符合社会公众的愿望和要求,从而树立企业的良好财务形象,争取社会公众的相互合作和支持,达到获取利润,不断发展壮大的目的。所以,从一定意义上来讲,企业财务公共关系是"企业塑造良好财务形象的艺术",企业财务公共关系,作为企业财务管理中的一个新手段和塑造良好财务形象的艺术,可以增强企业财务在"软"实力方面的竞争力,从而使企业在激烈的市场竞争中处于有利地位。因此,在现代财务管理中,必须重视并充分发挥财务公共关系的作用。

一、企业财务公共关系战略

企业财务公共关系战略关系到如何确立企业财务管理的指导思想,如何处理企业利益与社会利益的矛盾,如何将企业的发展与社会公众的发展有机地联系起来等,是与企业的生存发展直接相关的重大问题。

企业财务公共关系作为一种战略指导思想,强调的是企业利益与社会利益并重,强调企业作为社会成员,必须重视其社会产出,其最大的作用在于实现企业理财"人性化",使企业在理财中以不损害他人利益、社会利益为前提,从而协调好企业与社会公众之间的关系,塑造企业良好的财务形象。

企业财务公共关系战略在企业财务管理活动中的体现,就是在企业理财战略中,确立财务公共关系战略的重要地位,要求企业在追求自身"满意利润"的同时,注重并维护社会公众的利益,以赢得社会公众的理解与支持,从而实现企业与社会公众的共同利益与发展。无数社会实践证明,企业财务管理如果不注重社会利益,企业也难以得到健康发展。

企业财务公共关系战略要求企业在理财实践中树立三大观念:一是社会成员的意识。企业财务管理活动是在一定的社会环境中运作的,是社会中的一员。企业只有在技术、经济和社会三个方面保持平衡和协调,使自己的财务行为和个性为社会公众所接受,才能实现其追求"满意利润"的目标;二是社会产出的责任。企业理财的根本目的是赢利,但不可唯利是图。企业应当承担社会责任,为社会提供社会产出。企业在追求自身的财务利益的同时,要注重社会公众的利益,以促进社会繁荣;三是企业赢利与社会产出的统一。企业理财的目标虽然不是社会产出最大化,但是,企业可以通过财务公共关系的运用,使赢利和社会产出结合起来,使企业的社会产出间接地转化为赢利,在财务管理中强调互惠原则。

二、企业内部财务公共关系

企业财务公共关系可以分为外部财务公共关系和内部财务公共关系。开展内部财务公共关系工作的目的,在于增强企业内部的凝聚力和向心力,形成健康和谐的理财氛围,建设企业优秀财务文化,提高企业理财素质和竞争力,为企业开展外部财务公共关系工作打下良好基础。从这个意义上讲,企业内部财务公共关系工作尤其重要。

企业内部财务公共关系主要包括员工关系和所有者关系。从企业内部来讲,企业能否发展,取决于企业各部门乃至每位员工的努力和相互协调。企业内部各种矛盾的存在是客观的,关键在于我们如何对待。财务管理部门应当站在对企业高度负责的立场上去处理好企业内部的各种财务关系。企业财务管理者一定要意识到人是企业中最重要、最宝贵的财富;企业理财成功的诀窍在于对人的重视和有效使用。因此,处理好企业内部员工关系显得尤为重要。从理财角度来讲,建立和维护良好的员工关系,对财务公共关系而言,既是一个发展的机会,也是一个严峻的挑战。财务管理者要想处理好这一关系,必须在员工的招聘录用、工作和报酬、成绩与奖励三个方面与员工达成协议并进行有效的沟通。仅仅用给钱多少的办法来招聘员工不是最好的办法。如果录用的员工对企业有一种献身精神,说明企业的管理才真正取得了成功。财务管理部门应经常向员工传递财务信息,同时了解员工的各种想法,帮助他们解决遇到的问题,以实现工作的良好沟通,激发员工的积极性和创造性。财务管理部门首先要关心员工,关心他们的工作、生活和各种切身利益;其次要对来自员工的信息及时作出答复和采取行动;最后要让越来越多的员工参与企业的财务管理,让他们了解企业的财务目标与计划,并参与到其制定与实现的工作中去。其实让员工参与财务管理可以为企业财务管理作出很大贡献。在企业财务管理中,增强员工参与意识的一个有效办法是吸引或扩大员工在企业的股份投资,使尽量多的员工成为企业的股东,从而促使其关心企业的财务管理,并提高工作效率。

企业财务管理部门应制定科学的报酬奖励制度并严格执行,这不仅关系到员工的切身利益,而且还关系到企业的活力。就企业的报酬奖励制度而言,主要是物质奖励和精神奖励两个方面。财务管理部门不应信奉"有钱能使鬼推磨"这条古训,要注意精神鼓励的重要性。花一定的精力与代价去培养员工的责任心、自尊心、上进心比单纯发钱、发物更重要。

在现代企业制度下,企业财务管理中如何处理好与所有者的财务关系也是很重要的。在我国现阶段企业的主要所有者是国家和股东。这里主要讨论企业与国家的财务关系和企业与股东的财务关系。国家作为企业财产的所有者,有权对企业的财务管理进行干预。同时,国家作为管理企业的机关和主管部门,也能够对企业的财务管理施加影响。因此,对企业来讲,建立和维护与国家的良好财务关系是非常必要的。企业与股东的财务关系,是指企业与其投资者的相互沟通、相互协调的关系。在现代企业中,股东地位日趋重要,作用日趋明显,企业与股东的财务关系也就日益受到企业的重视。股东对企业来讲具有决策和协调功能,股东会影响企业的重大财务决策,股东会把有关信息及时传递给企业,协调企业的经营管理工作。企业应重视股东提供的信息,对股东应很尊重,从而使股东更加关心企业,为建立与股东良好的财务关系奠定基础。股东还具有推销功能,他们既是企业的投资者,又是企业产品的消费者,而且他们乐于推销自己企业的产品,这对企业扩大收入,增加利润是很有帮助的。因此,对企业财务部门来讲,应制定相应的政策,尽可能发挥股东的推销功能。企业应在股东中塑造良好的财务形象,建立良好的股东关系是企业财务管理部门一项十分重要的任务。做好这一点,可以不断扩大持有本企业股票公众的范围,为企业创造一个稳定的资本市场;可以为本企业股票在证券市场上获得一个公正的评价;可以激发潜在投资者对本企业股票的兴趣和好感;在发现有新的投资机会时,能够较快地取得新投资所需的资本;可以不断提高企业知名度和美誉度,使企业处于有利的竞争地位。

在建立和维护良好的股东财务关系过程中,企业财务管理部门应做到:(1)让现在和将来可能持有本企业股票的人随时了解本企业的财务状况;(2)向股东及公众反复地、不断地介绍本企业的历史、现状和发展前景,使他们为企业而骄傲,并关心企业的发展;(3)定期或不定期向股东报送财务报表及财务管理信息,严格遵守"公开事实真相"的原则;(4)注意收集来自股东的各种信息,向企业有关部门转达,督促处理,并及时将处理结果告知股东本人。财务部门在完成上述任务时,应争取企业高层领导的亲自参与和大力支持,同时,也可以聘请一些投资专家,以得到他们必要的帮助,以便提高沟通的效率。

三、企业外部财务公共关系

企业外部财务公共关系工作开展的目的,在于促进企业与社会,以及各种社会公众之间的双向沟通,达到相互了解,相互协调彼此之间的财务关系,消除可能出现的矛盾冲突,为企业的生存和发展创造良好的财务环境。

(一)企业与消费者的财务公共关系

企业如果没有消费者,也就没有存在的价值。企业财务管理人员对外来讲是企业财务利益的代表,他们有义务使消费者了解企业,喜欢企业,关心支持企业的发展;对内来讲则应是社会利益的代表,要帮助企业制定保护消费者权益的方针政策,出现损害消费者利益的事应坚决加以纠正,真正维护消费者的合法权益。特别是在涉及经济问题时,财务管理部门应多为消费者着想。企业应生产质优价廉的商品,提供周到方便的服务。财务部门应本着消费者导向理财观念去理财,才能真正赢得消费者真诚的回报,建立并维护好企业与消费者的财务公共关系,需要企业财务管理人员做大量深入细致的工作,以及必要的资金投入。企业在进行销售预测、生产决策及编制销售和费用预算时,应站在维护新型消费者财务公共关系的立场上,做到真正意义上实现与消费者情感的沟通。

(二)企业与社区的财务公共关系

企业财务与其所在社区的公众、社区组织之间的关系,就是企业与社区的财务公共关系。企业是在一定的社区中运作的,企业财务部门有义务帮助社区公众提高生活水平和生活质量,有责任同社区公众进行沟通与交流,以建立良好的社区财务公共关系。

良好的社区财务公共关系十分重要,企业不仅需要大量的资金,而且需要丰富的社会资源。搞好社区财务公共关系,就比较容易得到各种社会资源,如可靠的后勤服务,合理、稳定的税制,良好的员工生活环境,充足的劳动力资源,充分的消费能力和购买力,友善的社区环境。

企业是否被社区接受,社区是否愿意与企业保持良好的财务公共关系,取决于企业能否给社区带来利益,能否促进社区经济的发展。企业要想与社区建立良好财务公关关系,除了及时交足税金,生产优质产品,提供优质服务,还要在以下几个方面给社区带来利益:(1)投入资金维护社区的环境;(2)在财力上支持社区的公益活动;(3)出资维护社区的稳定;(4)帮助社区实现繁荣富强;(5)以良好的财务形象为社区带来光荣和骄傲。

(三)企业与新闻界的财务公共关系

对企业财务公共关系工作而言,新闻界既是财务公共关系的传播媒介,即企业财务与社会公众相互沟通的重要渠道,又是企业的一个重要社会公众。企业财务公共关系工作的目标是实现与社区公众相互沟通,树立良好的财务形象,必然要充分借助于新闻界的特殊功能,影响社会舆论,使社会舆论朝有利于企业良好声誉和财务形象的方向转化。

企业财务部门必须把新闻界视为自己的一个重要外部公众,努力争取与之建立良好的财务公共关系。因为企业财务人员对本企业的宣传效果,总是较之新闻界对企业的宣传效果要差一些。企业财务部门在与新闻界建立良好的财务公共关系过程中,应遵循以下一些基本原则:(1)公开财务事实真相,真诚对待记者;(2)长期保持接触,增进相互了解;(3)了解新闻媒介的背景、特点和风格;(4)及时向新闻界提供有价值的财务新闻;(5)为新闻工作者与企业领导建立个人友谊提供方便。

现代社会已经进入信息时代,新闻界对社会的影响也越来越大。因此,财务部门建立并维护与新闻界的良好财务公共关系对企业来讲十分重要。它不仅有利于企业财务部门,而且能引导社会舆论向有利于企业财务管理的方向转变,为企业创造良好的舆论环境,也便于企业与其他外界有关人士建立良好财务公共关系。

(四)企业与政府的财务公共关系

政府掌握着行政机构、财政金融和法律,可以说控制着企业及其所有的外部财务环境。因此,建立并维护与政府良好的财务公共关系,为企业营造一个稳定的理财环境,就成为企业财务部门的一项艰巨的任务。

企业财务部门在具体处理与政府的交往沟通时,应该做好以下工作:(1)加强与政府的财务经济信息交流,实现有效沟通,如研究政府的各种财务经济政策,使企业的财务活动与政府政策保持协调一致;另外及时将企业的财务管理情况报告给政府有关部门,提出一些建设性的意见,帮助政府纠正政策执行中的偏差与失误;(2)熟悉政府机构的内部层次、工作范围和办事程序,提高办事效率;(3)把握一切有利时机,扩大企业在政府部门中的影响;(4)利用已经建立的良好财务公共关系,促进与政府良好财务公共关系的建立;(5)正确处理好国家利益与企业利益的关系。企业财务部门要建立与政府之间良好的财务公共关系,必须遵守国家的各项财经法律和政策法规,做一个承担社会责任和义务的"好公民",而不能欺骗国家,牟取企业私利和部门、个人私利。

(五)企业与其他部门、人员的财务公共关系

除了上述四种财务公共关系之外,企业财务部门还会与供应商、中间商、社会名流之间发生一定的财务公共关系。在处理企业与供应商之间的财务公共关系时,企业财务部门应做到:(1)建立健全与供应商的信息交流和沟通制度;(2)关心并维护供应商的利益。

在处理企业与中间商之间的财务公共关系时,企业财务部门应做到:(1)向企业领导建议,督促企业各部门重视与中间商的合作关系;(2)保持与中间商的双向沟通,这对于扩大企业销售额及知名度,降低成本,取得有价值的信息都大有好处;(3)关心并维护中间商利益。

与社会名流建立良好的财务公共关系,对企业有许多好处:(1)可以获取许多有价值的信息;(2)可以得到他们的帮助与支持,扩大社会影响,提高企业美誉度;(3)可以扩大企业的生产经营范围,开拓市场,增强实力。企业财务部门应经常与社会名流保持联系,请他们参与企业的重大理财活动,请他们对企业的财务管理提意见和建议,聘请他们做企业的财务顾问。

◈ 第九节　企业财务管理创新理论

一、企业财务管理创新的含义

企业财务管理创新是指由于企业财务管理在实现了量的渐进积累之后，由于相关因素的影响和改变，实现了质的突变飞跃，这一交替演进过程就是企业财务管理的继承和创新过程。企业财务管理创新是一种更有效而尚未被企业采用的新的财务管理方式或方法的引入。

在企业财务管理的发展过程中，人们总是不断的积累、总结已有的知识成果，同时在这个基础上不断创新。这个过程是量变和质变、连续性和间断性、渐进性和突变性的有机统一。财务管理体制的变革、财务管理方法的演变、财务管理学说的发展等都是企业财务管理继承和创新的重要表现形式。

企业财务管理目标的变化，必然会引起企业财务管理创新。我国目前正面临着一场历史性的企业财务管理创新浪潮。能否抓住机遇，将影响企业财务管理的发展。传统的企业财务管理伴随着它赖以存在的计划经济体制在中国已经走到了尽头。探求与社会主义市场经济相适应的企业财务管理体制本身就是企业财务管理创新的具体体现。

企业财务管理创新机制是竞争机制的升华，是把财务管理要素与生产、技术、经营管理诸条件进行新的组合，并引起原有的财务管理体系创造性的毁灭。在企业财务管理创新过程中，一批财务管理能力差的企业被迅速淘汰，其生产要素被财务管理能力强的企业重新组合起来，实现资本结构的优化组合。

二、为什么要进行企业财务管理创新

第一，发展社会主义市场经济需要企业财务管理创新。社会主义市场经济是前无古人的事业，企业财务管理将会面临许多新的挑战与机遇。如果企业财务管理故步自封，不思进取，那么必将被社会发展的洪流所淘汰。单纯继承传统的财务管理理论与方法，或者照搬西方企业财务管理理论与方法，都无法圆满解决我们企业财务管理中出现的新问题。针对所出现的新的财务管理难题，需要的就是财务管理创新。

第二，社会经济发展需要企业财务管理创新。随着社会经济的发展、人们的物质生活水平的提高，人民群众的眼界大大开阔了，精神需求也在不断增强。因此企业财务管理也要跟上时代步伐，不能还是老一套。过去企业财务管理主要靠人进行计算处理，现在微型计算机、互联网可以在企业财务管理中发挥重要作用，新的金融工具不断涌现，衍生金融产品层出不穷，互联网金融如日中天，如何应用好计算机、互联网、衍生金融工具辅助企业理财，也属于企业财务管理创新的内容。过去主要靠执行国家的财务制度来进行财务管理，而现在却要创造性地去制定适合于企业的财务管理制度，发挥群众的积极性，真正实现民主理财和科学理财。

第三,科技革命、管理革命需要企业财务管理创新。未来的企业竞争既是科技的竞争,也是管理的竞争,新技术、新产品、新工艺不断地被企业开发利用;而管理也在不断创新,旧的管理模式被淘汰,新的管理模式被确立。企业财务管理如果不能有效地配合科技革命和管理革命,那将成为企业发展的障碍。因此企业财务管理要注意科技、管理革命的发展趋势,要适应新的潮流,创造出全新的企业财务管理模式,只有这样才能真正将企业引向成功之路。

第四,不确定因素越来越多,企业形式越来越复杂,这也需要企业财务管理创新。现在的企业面临的是一个快速多变的环境,各种周密计划都有可能失败。过去人们只鼓励成功,不鼓励失败;而现在人们鼓励失败,因为"失败"是为了创新。只有那些能不断创新的企业才是有希望的。企业各种财务管理创新如果用传统的眼光来审视,有些大多是"错误"的,但恰恰是这些"错误"的财务管理带动了企业走入新的境界。由于企业在一日千里的环境中发展,企业为了适应环境的变化,财务管理创新也是非常必要的。

三、企业财务管理创新的效应

(一)企业财务管理创新的扩散效应

率先进行财务管理创新的企业会获得短期超额利润,驱动众多的模仿者进入企业财务管理创新状态,引起企业财务管理创新的扩散。这种扩散过程是复杂的,既有企业内部的扩散,又有企业之间的扩散,而且扩散过程本身又会引起新的财务管理创新。

(二)企业财务管理创新的群聚效应

企业财务管理创新在时间和空间上分布是不均衡的,有时群聚,有时稀疏;有的企业财务管理创新很频繁,而有的企业财务管理却缺少创新。企业财务管理创新的成功,会带来众多企业的效仿,由于其他众多因素的影响,都能诱发财务管理创新的群聚。

(三)企业财务管理创新的加速效应

随着企业财务管理基础知识的增多,科学与技术在企业财务管理中的紧密结合,以及新的组织管理方式不断应运而生,企业财务管理创新的速度越来越快。从最近几年财务管理教学内容的变化发展也可以看出企业财务管理创新的加速变化。由于市场越来越变幻莫测,企业财务管理创新的加速效应尤为明显。

(四)企业财务管理创新的更新效应

企业财务管理创新也能给企业带来巨大的收益,甚至扩大企业的市场份额。但由于创新不断被模仿,加之客观上存在创新生命期,迫使企业财务管理创新必须不断地推陈出新。企业财务管理创新行为是没有边际的,一旦企业财务管理停止创新,则意味着企业财务管理开始走向衰败。

四、企业财务管理创新的原则

(一)实用性原则

企业财务管理创新应面向企业实用目标,而不是过分强调企业在各方面要有大的飞跃。要想使企业财务管理保持创新能力,应做到:(1)对新的理财构思进行试验;(2)重应用而不重概念研究;(3)不要依赖庞大而笨拙的财务计划体系;(4)不要过分侧重重大项目而忽视小项目。

(二)保持资金紧缺和装备简单原则

妨碍企业财务管理创新的一大因素是资金太多、装备太复杂。资金充足的大企业往往缺乏财务管理创新精神,因为资金太多,花钱容易,企业就没有压力;装备太多、太复杂,项目又分得过细,也必然阻碍企业财务管理创新。

(三)广泛参与原则

企业财务管理创新活动自始至终要有多方面的参与,因为企业理财关系到各个部门、各位员工以及外界与企业有关的部门和人士,没有他们的广泛参与,企业就无法进行真正意义上的财务管理创新。广泛参与可以使大家密切接触,共同工作,交流沟通,而这一切有助于提高企业财务管理创新的效率,更有助于财务管理决策的贯彻执行。

(四)积极行动原则

企业财务管理创新要避免渐进主义思想,应克服保守思想。财务管理部门要积极行动起来,对于那些在财务管理中有贡献的部门和人员要及时给予嘉奖;对于在财务管理中无所作为的部门和人员要鞭策其前进。财务管理部门作为财务管理创新的主体要能够及时发现潜在的利润,勇于承担财务风险,善于实现新的资本组合,这是企业永葆青春的关键。

(五)改革财务管理体制原则

改革企业财务管理体制本身就是一种创新。企业财务管理体制改革已经取得了长足的进步,这是企业财务管理创新的保证机制。我们已经度过了"饥不择食的年代",进入了"精心选择的年代"。但是,鼓励企业财务管理创新的财务管理体制还远未建成,这不仅限制了企业财力的充分利用,也抑制了企业财务管理创新活动的愿望。因此,改革企业财务管理体制任重道远。

(六)激励性原则

企业主管及财务管理部门应支持财务管理创新活动,要善于发现并赞扬创新者,大小创新都应得到奖励,对于那些支持创新的人也应表彰。为了缩短企业财务管理创新周期,要容许人们犯错误,以便从中及时汲取经验教训,迅速进行调整。要鼓励人们向理财中的各种陈规陋习挑战。

五、国有企业财务管理创新分析

在国有企业财务管理实践中,人们常常把企业理财自主权狭义地理解为资金的经营权,而把财务管理制度创新排斥在企业理财自主权之外。一种流行的观点认为,财务制度安排是国家的事,企业只能在现有制度结构下用好下放的资金经营权。因此,如果企业试图对现有的财务管理制度作出某种重新安排,或者调整企业内部财务管理机构设置,必须得到上级有关主管部门的认可或正式批准才可实施。其实这种认识和做法否定了国有企业拥有财务管理制度创新权,与市场经济的内在要求相悖,不利于国有企业进一步深化改革。国有企业财务管理创新动力缺乏的原因主要还有以下一些。

(一)产权关系的不清晰导致企业财务管理的低效率,没有为企业进行财务管理创新提供足够的刺激

由于大多数国有企业的经营者对财务管理创新的欲望不是很强,以不变应万变,创新收益如何分配并不清楚,必然导致国有企业财务管理创新的低效率。

(二)政策不配套及"第三者""搭便车"现象的存在,影响国有企业财务管理创新

只要企业财务管理创新能带来较大的预期收益,企业就会在政策许可的范围内变更现存的财务管理制度。当伴随着这种制度创新产生额外收益时,就客观上要求通过重新界定权利,以确保这部分收益增量归创新者所有。但事实上我们没有相关的配套政策加以保证。许多"第三者"却可以不支付任何代价分享财务管理创新所带来的好处。许多国有企业的经营者都明白,把企业搞得越好,"搭便车"吃"唐僧肉"的人越多,而自己所得的却增加有限,麻烦倒增加不少,所以他们进行财务管理创新的积极性不高。

(三)摩擦成本较高,影响了国有企业的财务管理创新

由于国有企业财务管理创新的外部干预力量较大,摩擦成本较高,如某项投资决策可以大大增加企业获利能力,但必须得到上级机关的批准才可实施,而批准过程不仅需要耗费时间,也要支付费用;财务管理创新必然涉及既得利益格局的调整,为化解种种阻力因素,企业也要花费大量成本;一旦财务管理创新失败,勇于创新的经营者将要承担很大的政治风险,如被撤职等。所以不少国有企业财务管理创新方案常常胎死腹中。

(四)上级的行政干预影响了企业财务管理创新

某项财务管理创新方案收益尽管可能很高,但由于得不到上级有关部门的批准,实际的财务管理创新活动仍然不可能发生。

六、如何进行企业财务管理创新

(一)形成有利于企业财务管理创新的环境

环境对企业的影响是非常显著的,在创新的环境中工作,普通的人也可以变得精力旺盛、热情奔放、勇于创新;而在那些缺乏创新精神企业里工作的人,人们会变得消沉、混乱,靠运气混日子。影响企业财务管理人员创新的最大障碍是胆怯,胆怯会磨灭想象力和独创精神。为了克服胆怯,需要形成一种环境,容许企业财务管理改革失败,提高其胆量,同时鼓励他们学习和探索,增强其学识能力,提高企业财务管理创新水平。

(二)为企业财务管理创新制定定量目标

既然不断加快企业财务管理创新的步伐是十分必要的,那么我们就必须对其进行考核,只有加以考核的事情才能做好。尽管企业财务管理创新存在指标和定义方面的困难,但还是可以进行定量化考核的。考核时要注意以下五个主要因素:一是什么才算创新;二是创新带来的影响;三是要统一创新要求;四是要广泛应用创新指标;五是要人人参与。

(三)提高企业财务管理人员的创新能力

不断变化的市场要求我们使创新成为每个人的生活方式。发展企业财务管理创新能力是企业的一项重要任务,形成企业财务管理人员创新能力是指让大量新的理财思想、理财方法、理财决策与计划不断涌现。好的企业财务管理主管的一个显著特点是其不断地渴求和探索小而实用的新的理财思想。为了不断提高企业财务管理人员的创新能力,应注意以下几点:一要培养其探索问题的兴趣;二要培养其进行抽象思维的能力;三要培养其转移经验的能力;四要培养其的借鉴能力;五要培养其思维、工作方面的灵活性;六要培养其进行财务评价的能力;七要培养其产生新思想的能力;八要培养其的预见能力;九要培养其运用语言进行表达的能力;十要培养其持之以恒完成创新的能力。

(四)建立具有中国企业特色的财务管理体系

由于各个国家的社会经济制度、政治制度、文化的不同,这就决定了不可能有一个统一的企业财务管理模式。就是在同一个国家,不同企业的财务管理也会有许多的差异。建立具有中国特色的财务管理体系应当是企业财务管理创新的目标之一,它要求与我国的国情和经济文化条件相适应。企业财务管理不应过分强调国际化,而应适当强调一下国家化、企业化,只有不断创造出符合我国国情、符合企业特点的财务管理体系,才是最有生命力的。比如我们有些人过分强调企业财务管理要制度化、法制化,这无疑是向西方企业财务管理看齐。但中国文化一味强调依法理财往往是行不通的,中国传统文化重视情理的作用,合法而不合情理的事往往难以在企业中贯彻下去。因此,建立具有中国企业特色的财务管理体系不仅仅是个理论问题,更是一个应当引起高度重视,具有现实经济意义的实践问题。

七、企业财务管理文化与财务管理创新

培养优秀的企业财务管理文化对于财务管理创新非常重要。优秀的企业财务管理文化主要表现在理财工作中求生存,求发展,求创新;强调在理财中要以人为本,尊重人的积极性和创造性,要为企业搞活经营创造条件。优秀的企业财务管理文化可以促进财务管理思想的更新,优化财务管理原则与方法,创造出全新的财务管理体系,形成新的财务管理学说。

传统的企业财务管理文化已经把理财活动理性化了,有其成套相对稳定的管理原则和方法,也有相对僵化的管理理论与程序,这对于企业理财虽有好处,但弊端亦很显著。

我们多年以前就提出财务文化的学说,目的是向传统的财务管理思想和模式提出公开的挑战。它向人们提出了一个值得深思的问题,那就是在激烈的市场竞争中,究竟怎样理财才能真正提高企业的竞争能力、生存能力和发展能力。我们一直认为要靠塑造优秀的企业财务管理文化。企业能否取得理财成功,不在于资金多少,而在于财务文化。财务管理文化制胜,这是企业赢得理财竞争优势的最佳途径。

优秀的企业财务管理文化对于财务管理创新的影响主要表现在:它可以引导企业财务管理树立起新的价值观,它可以培养出企业新的理财精神,它更注重各种财务关系的协调运转,它本身就以"不断创新"作为生存之本,它要求企业财务管理创新要注意履行自己的社会责任,塑造良好的财务形象。

现代企业财务管理,不仅包括优化企业内部财务管理,建立和健全各种经济责任制,还包括优化企业的经营战略,使企业能够适应不断变化的外部环境。而这一切需要企业财务管理文化力的作用,这本身也是一个财务管理创新过程。强烈的开拓意识和创新精神是企业优秀财务管理文化最为显著的特征之一,是否能进行财务管理创新是平庸的财务管理与卓越的财务管理的分水岭。

不断创新的企业财务管理文化追求的是企业价值的创新、财务管理目标的创新、财务管理方式方法的创新。它把不断创新,追求卓越,永葆第一,视为企业取得财务管理成功的关键。在企业内部,它鼓励一切有助于实现企业目标的活动,为每一个职工提供充分施展自己才华和智慧的机会与条件。

📖 本章小结

财务管理教材划分为原理(初级)、中级、高级,并不一定是初级最简单、中级较难、高级最难,而是一种知识内容上的递进与补充。原理讲财务管理的基础知识,中级讲企业财务管理中系统的、常用的基本知识,高级讲原理和中级中没有系统涉及的知识。

长期以来,我们重视财务管理本身的研究,亦重视财务管理制度的制定和实施,但很少涉及财务文化、财务管理制度文化这一层次。财务管理制度的完善,必然会直接触及整个社会的一般文化传统和文化背景。因此,研究财务文化、财务管理制度文化具有现实意义。

在目前我国财务管理研究中,财务管理假设问题研究相对不足,我们觉得还需要进一步深入探讨,现就财务管理假设问题发表一些我们的见解,期望得到同行们的批评指正。我们

认为财务管理假设是指财务管理人员对那些未经确切认识或无法正面论证的经济事物和财务现象,根据客观的正常情况或趋势作出的合乎事理的断定,是日常财务管理的必要前提。

在构建和谐社会的新形势下树立和谐财务观,坚持探索可持续发展的企业和谐财务管理模式,对和谐企业以及和谐社会的构建与发展都具有重要意义。

财务管理有自己的哲学,需要系统加以研究。我国改革开放后,企业财务管理发生了巨大的变化,如何协调好各种错综复杂的财务关系,成为企业管理者,特别是财务管理者非常关心的问题,亦成为企业财务管理特别重要的一个方面。协调在处理各种财务关系中处于网络的核心位置,反映着企业理财主体与财务关系人之间的和谐关系状态,既是财务管理的基本要素,也是企业理财的重要手段。

财务公共关系对企业来讲是一种客观存在,社会上每个企业都处于一定的财务公共关系之中,都在自觉或不自觉地创造或维持一定的财务公共关系。

财务公共关系对企业来讲是一种客观存在,社会上每个企业都处于一定的财务公共关系之中,都在自觉或不自觉地创造或维持一定的财务公共关系。

课后习题

1. 如何理解高级财务管理?
2. 如何优化我国企业财务文化?
3. 财务管理制度与财务管理制度文化是什么关系?
4. 如何加强企业和谐财务管理建设?
5. 为什么要研究财务管理哲学?
6. 企业制定和实施财务政策的原则是什么?

第二章

企业财务战略管理

学习目标：本章主要讲授企业财务战略管理的基本理论和分析方法。学习本章，应了解企业财务战略管理的基本问题，掌握企业财务战略管理的各种分析方法，了解现代企业财务战略，并能够对企业财务战略能力做出综合分析。与此学习目标相适应，本章包括企业财务战略管理基本问题，企业财务战略管理的分析方法，企业财务战略的种类与选择，企业财务战略能力的综合分析四节内容。

第一节　企业财务战略管理基本问题

一、企业财务战略管理含义及特征

（一）企业财务战略管理的内涵

随着经营环境的变化和竞争的日趋激烈,传统的服务于企业经营的战术性财务管理已不能满足企业经营管理的需要,因而企业财务战略管理越来越受到企业经营者的重视。企业财务战略属于企业职能战略,是企业战略的重要组成部分。结合企业财务管理与企业战略等相关概念的内涵,我们把企业财务战略管理定义为:为谋求企业资本均衡有效的流动和实现企业战略目标,增强企业竞争优势,在深入分析企业内、外部环境因素对企业财务活动影响的基础上,对企业资金运动进行全局性、长期性和创造性的谋划,并确保其执行的过程。其定义体现在以下几个方面。

(1)企业财务战略管理关注的焦点是企业资金运动。这是企业财务战略管理不同于其他各种企业战略管理的质的规定性。

(2)企业财务战略管理的目标是谋求企业资本的均衡和有效的流动并实现企业总体战略目标。这一目标的几个方面是相互联系的。"均衡"是"有效"的基础,没有"均衡"便不可能达到"有效"。而"有效"则是"均衡"的主导,也是长期"均衡"的保证。同时,只有资本实现了均衡、有效地流动才能保证企业战略的顺利实现;而资本长期均衡、有效流动的本身又依赖于企业制定并实施了正确的财务战略,并且该战略对企业资本流动起到了良好的指导作用。

(3)强调了企业理财环境因素对企业财务战略管理的影响。企业财务战略管理区别于一般财务战术管理的根本特征之一就在于它对环境的重视。但是,在财务战略管理中,对环境因素的分析,着重考察的是它们对资金运动的影响,这是企业财务战略环境分析的特殊性所在。

(4)强调了企业财务战略也应具备战略的一般特征:全局性、长期性和创造性等。企业财务战略在企业战略的层次结构中,属于企业职能战略。企业的财务活动和企业的其他经济活动有着紧密联系,企业财务活动作为一种智能活动的独立性是相对的,因此,企业财务战略与企业战略的关系是总体战略与子战略的关系。企业战略对财务战略起着指导作用,而财务战略则处于从属地位,其制定和实施必须服从于企业战略,并贯彻企业战略的要求;在企业战略体系中,财务战略对企业总体战略及其他子战略起着积极的支持与促进作用。在制定财务战略时,还必须确保财务战略与其他各职能战略之间的一致性。

（二）企业财务战略管理的特征

企业财务战略管理是企业战略管理中一类较为特殊的战略管理。认识企业财务战略管理的特征,对于指导实施企业财务战略管理,有着重要意义。对财务战略管理特点的研究很多,列举如下:认为财务战略管理有全局性、长远性、导向性、从属性和风险性;认为财务战略管理具有支持性、执行性、动态性和全局性;认为财务战略管理具有导向性、长期性、支持性、系统性、全局性和动态性;认为财务战略管理具有战略共性和财务个性,共性包括全局性、长期性、导向性、风险性、适应性和动态性;认为财务战略管理具有整体性、长远性、方向性、风险性和从属性。还有很多其他的研究结果,这里就不一一列举了。

全局性、长远性、风险性和动态性都是战略管理的基本特性,也是战略管理的共性。这些特性是任何一个战略管理都应该具有的,财务战略管理也不例外,但是作为企业战略管理的一个部分应该有其独有的特性。

概括起来,企业财务战略管理主要具有以下几个特性。

(1)从属性。企业战略管理居于主导地位,对财务战略管理起着统驭作用。企业财务战略管理必须服从和反映企业战略管理的要求。作为企业战略管理的一个子战略管理,财务战略管理不是独立于企业战略管理之外,而是服务于企业战略管理,与企业战略管理协调一致,从资金上支持和促进企业战略管理的实施以至完成。当然,这种从属性并不表明财务战略管理是简单地服从于企业战略管理,重要的是两者之间应保持一致。

(2)导向性。财务战略一经制定,就成为指导企业具体资本运作和财务管理行为的行动指南。财务战略不是详细的、具体的资本运营实施计划,而是用来指导企业在一定时期内各种资本运营活动的一种纲领性谋划,规定着资本运营的总方向、总目标和总方针等重要内容,是制定各种具体资本运营计划和措施的依据。

(3)长期性。企业财务战略管理的着眼点不是企业的当前,也不是为了维持企业的现状,而是面向未来,为了谋求企业的持续长远发展。因此,在制定财务战略时,不应当急功近利,而要从企业长期生存和发展出发,有计划、有步骤地改善、充实和提高企业资本实力,提高企业对未来环境的适应能力。长期性还指财务战略一经制定,就将对企业未来一个较长时期内的资本运营活动产生重大影响,而不是只有短期影响。财务战略具有相对的稳定性和长远性,它将对企业未来相当长时期内(5 年、10 年或 20 年)的资本经营行为进行指导。财务战略管理的长期性和理财环境的复杂多变性构成了企业生存与发展过程中的基本矛盾,这也是财务战略管理要解决的根本问题。不能适应理财环境变化的称不上是财务战略,没有稳定的财务方针也称不上是财务战略。

(4)系统性。企业财务战略管理是把企业资本运营当作一个系统来对待,注重它与企业整体战略,与企业内、外环境之间的关系和其自身各要素之间的关系,并且从整体的角度来协调好这种关系。因此,研究制订企业财务战略要有整体性、动态性、联系性、结构性和调控性观点等系统观念。

(5)风险性。企业财务战略管理不能完全消除风险,而且应该敢于冒风险,但财务战略可以指导企业善于冒风险,并有效地防范、规避风险,实现风险与收益的平衡。因此,财务战略注重资本运营与企业内、外理财环境之间的关系,注重对理财环境变化的灵敏性(或适应性)。所以,它能使企业对各种可能发生的风险做到心中有数,准备好应对策略,帮助企业抓住风险机会,避开风险威胁。可以说,出色的财务战略是勇气、科学的预见力和丰富的想象力与创造力相结合的产物。

（6）重大性。企业财务战略管理的影响或重大作用。正确的财务战略一旦实现，将会给整个企业带来勃勃生机和活力，使企业得到迅速发展。但是，一旦财务战略决策失误，将会给企业带来重大损失，甚至陷入破产、倒闭的局面。所以，企业必须高度重视财务战略的制定、实施和控制。

二、企业财务战略管理的内容与程序

（一）企业财务战略管理的内容

企业财务战略管理的内容主要包括筹资组合战略、资本投资战略、资本收益分配战略等三个部分。

1. 筹资组合战略

筹资组合战略是指根据企业内外环境状况和未来趋势预测，对企业的筹资规模、筹资渠道、筹资方式和筹资结构等进行长期而系统的谋划，旨在为企业战略实施和提高长期竞争力提供可靠的资金保障。筹资组合战略是企业财务战略乃至企业经营战略的一个重要组成部分。因为，不仅筹措必要的资金是企业战略和投资战略实施的前提，而且筹资成本的高低还会直接增加或降低企业的经营成本，进而波及企业的竞争实力。

企业筹资组合战略是根据企业内外理财环境的状况和趋势，对企业资金筹措的目标、结构、渠道和方式等进行长期和系统的谋划，旨在为企业经营战略的实施和提高企业的长期竞争力提供可靠的资金保证，并不断提高企业筹资效益。筹资组合战略不是具体的资金筹措实施计划，它是为适应未来环境和企业战略的要求，对企业资金筹措的重要方面所持的一种长期的、系统的构想。筹资组合战略的直接目的既要使企业达到资本成本最小化，又要确保企业资金来源的可靠性和灵活性，并以此为基础不断降低企业的总资本成本。

筹资组合战略针对筹资的动因、筹资渠道、筹资时间、筹资方式、筹资数额、筹资成本等问题确定应该采取的行动方针。与具体的筹资方法选择决策不同，企业筹资组合战略是对各种筹资方法之间的共同性和原则性问题作出选择，它是决定企业筹资效益最重要的因素，也是企业具体筹资方法选择和运用的依据。

2. 资本投资战略

资本投资战略是指通过资金的组合及运用，确定企业最佳投资方向和投资规模的谋划，旨在保持企业的竞争优势及持续发展。资本投资战略是企业财务战略管理的核心内容，决定着企业能否把有限的资金和资源合理配置、有效利用。主要包括固定资产投资方向、企业规模和资本规模的确定；用于外延扩大投资，还是用于内涵扩大投资；用于老产品改造还是用于新产品开发投资；自主经营，还是引进外资联合投资；自有资金投资，还是贷款负债投资；固定资产与流动资产投资比例决策；有风险条件的投资战略决策；通货膨胀条件下的投资战略决策等。

3. 资本收益分配战略

资本收益分配战略是指以战略眼光确定企业收益分配原则和股利分配政策的谋划，旨在保证企业和股东的长远利益。资本收益分配战略主要是解决在较长时期内的企业留利多少用于资本积累扩大再生产,多少用于分配给股东,多少用于改善职工生活福利提高职工生活质量等。这方面的内容,主要包括资本收益的管理、股份公司股利分配政策的制定等。

企业选择何种财务战略方式,要考虑多方面的因素。股东与债权人财务关系、股东与经营者财务关系、母公司与子公司财务关系以及企业所处的发展时期和发展阶段。

(二)企业财务战略管理的程序

企业财务战略管理的程序和企业战略管理的程序基本相同。首先,要正确分析企业内部条件和外部环境对企业财务活动的影响,并明确企业战略目标的要求;其次,在此基础上制定相应的财务战略;最后,组织实施财务战略,并对实施过程进行有效控制和评价。为使企业能制定和选择出一个确保企业可持续发展的财务战略,并使财务战略得以良好地贯彻和执行,就必须采用科学的方法和遵循必要的程序,来制订企业的财务战略。

企业财务战略是企业战略的一个子战略。财务战略在许多方面具有企业战略的一般特征。因此,财务战略可以,而且应该采用与企业战略类似的制定程序。当然,这一程序中各步骤的内容会发生变化,但企业战略程序的基本思路对于财务战略来说却仍然是适用的。另外,在其制定过程中必须考虑到企业战略的总体要求,即企业战略是财务战略的一个基本决定因素。如果我们把企业内、外部环境分析统一起来称之为战略环境分析,则企业财务战略管理的程序可概括为如下的几个步骤。

1. 财务战略分析

财务战略分析实质是为保证企业在现在和未来始终处于有利地位(长期竞争优势)。它属于财务预测分析范畴,即预测判断财务状况,是形成财务战略决策的基础。财务战略分析首先必须要能够意识到对企业长远和大局来说,正在和将要发生的重大事件是什么,然后通过对企业内外部环境因素的研究后,为财务战略决策提供各种可能的解决方案。其基本步骤如下。

(1)企业财务战略环境分析。财务战略环境分析是指制定财务战略时对外部环境和内部环境进行分析。因为企业财务是一个开放性系统,只有和外部环境相适应,企业才能生存和实现可持续发展;在适应外部环境的同时,还要和企业内部环境相配合。只有知内知外,寻求机会,明确风险,找出优势和劣势,才能制定出切合企业实际的财务战略。

(2)确定企业财务战略宗旨。在企业内外部环境分析的基础上,明确企业财务战略的宗旨和任务。这也是企业财务战略管理过程中最重要而又最困难的工作。财务战略宗旨必须把企业财务战略的性质、特点和目的描述清楚,财务战略宗旨不能定得过窄,也不能过宽,否则容易限制企业的行动或使企业无所适从。

(3)设置企业财务战略目标。在遵循财务战略宗旨时所要达到的长期特定地位,可以看做是企业财务战略在一定时期所要得到的结果。企业财务战略宗旨为企业高层管理者选择要达到的财务战略目标提供了方向和范围。财务战略目标应该做到清晰、明确,既有挑战性,又有现实性。

(4)制定企业财务战略。企业财务战略是为实现企业宗旨和财务战略目标服务的,是从企业发展全局出发而作出的长期性的财务谋划和财务活动纲领。企业财务战略应解决以下问题：如何面对变化了的财务环境；如何合理分配财务资源；如何参与财务竞争，如何进行财务合作；如何通过财务活动调动企业各部门的积极性。

（5）制定企业财务政策。企业财务战略的全部含义需要由企业财务政策来作进一步的阐述和说明。企业财务政策是指导人们实施财务战略的细则。它有助于建立一种规范的、可预测的行动方式，也有助于促进企业内部各单位之间的相互联系和协调。

2. 财务战略选择

在分析企业内外环境因素的变化趋势及其对财务活动影响的基础上，对企业资金流动所做的全局性、长远性、系统性和决定性的谋划，即对财务战略进行选择。在选择财务战略之前，首先要了解企业财务战略的内容。企业财务战略大体上可分为以下三种。

（1）扩张型财务战略，即企业预期到未来的市场环境和内部条件会发生有利变化，以企业的资产规模迅速扩张为目的的一种财务战略，根据扩张程度又分为"稳步成长型"和"快速扩张型"两种。企业采用这种财务战略，往往在留存大部分利润的同时进行大量外部融资来弥补内部积累对企业扩张需要的不足，从而使企业财务战略目标比原有的战略起点大幅度提高。

（2）紧缩型财务战略，即企业预期到未来的市场环境和内部条件会发生不利变化，预防出现财务危机并求得新的发展而采取的一种财务战略。企业采取这种战略往往会尽可能减少现金流出并增加现金流入，集中一切力量用于主导产业，从而使企业增强市场竞争力。这种财务战略目标与原有的战略起点相比会有向相反方向偏离的态势。

（3）稳健型财务战略，即企业预期到未来的市场环境和内部条件不会发生太大变化，以实现企业财务绩效的稳定增长和资产规模的平稳扩张为目的的一种财务战略。企业采用这种财务战略，一般会把优化企业财务资源配置，提高财务资源使用效率作为首要任务，从而使企业财务战略目标基本上不偏离原有的战略起点。

这三种企业财务战略是企业总体财务战略，它们之间相互联系、彼此衔接，共同构成了企业整个生命周期中企业财务战略体系。然而，财务总体战略只是对企业财务战略的性质和方向所作出的大体规定。

3. 财务战略实施

财务战略实施就是将财务战略转化为行动，它应当包括合理组织、实际执行、监督指导等几项基本工作。具体地说，财务战略方案确定后必需建立一定的组织形式，把企业财务战略的长期目标年度化，并制定出一系列确保目标实现的政策措施，在此基础上对企业的财务资源进行有效配置，对实施的执行情况进行实时监控，出现意外情况及时处理。

与此相适应，财务在全面资本预算的基础上必须建立起责任会计，把全面预算分解到各责任单位，建立年度财务预算和财务政策，在实际执行过程中利用管理会计信息系统进行差异分析和实施成本控制。从财务战略管理的高度看，尽管财务战略的实施是通过日常财务管理来进行的，但是财务战略管理主要是关注组织本身和财务资源配置的合理性、财务激励机制的有效性、影响财务战略目标实现的重大性偏差以及对重大事项的财务应变能力。

4. 财务战略控制

在制定财务战略的过程中，一方面必须在企业总体战略的指导下，对理财环境作出分析,另一方面在对理财环境进行分析时,必须着重于一般环境、行业环境及其竞争态势中有关财务的重要方面进行深入细致地分析。在理财环境分析过程中,主要分析宏观经济领域中可能影响到财务战略的各种因素及其变化,分析行业竞争态势及其演变趋势,特别是行业平均成本和平均收益、资金流向和现金流量、行业融(投)资等财务关键因素的变化趋势,敏锐洞察竞争对手的财务状况及其财务战略。经过详尽的理财环境分析之后,正确的财务战略就有了根本保障。不过,如理财环境变迁甚至突变,那么财务战略则应作出调整乃至重新确立。无论是企业战略还是财务战略,都必须对环境变化作出正确适时的反应,否则其后果可能是任何企业所无法承受的。由此可见,财务战略的顺利实施离不开对环境的严密监控,这也正是现代战略控制与传统控制的本质区别。好的财务战略及贯彻执行,绝对离不开对财务战略管理全过程的严密监控。因此,建立一个包括环境监控在内的有效的财务战略控制系统对有效地实施财务战略是极其重要和不可或缺的。而现代财务战略控制系统则是两者的有机统一,前者着重于对企业财务战略的动态监测,后者着眼于对企业财务战略的控制实施,它们在财务战略控制系统中,各有千秋、各有侧重、相互补充。

5. 财务战略评价

财务战略管理的发展客观上要求企业财务业绩评价体系的发展。企业财务战略评价的重点之一在于既定的财务目标是否能够实现,主要是运用财务指标来进行衡量;评价的重点之二在于企业是否有足够的现金流量保证企业按既定的财务战略的方向前进;评价的重点之三在于对评价的结果能够作出迅速反应和处理对策。

在正确进行环境分析和明确企业财务战略要求的基础上制定相应的财务战略是企业财务战略的中心环节。财务战略是否正确,能否有效地促进企业发展,关键在于这一环节的工作是否合理,是否成功。

三、企业财务战略管理对传统财务管理的挑战

财务战略管理尽管也属于企业财务管理范畴,但其许多内容和方法超越了传统财务管理固有的范围,从而对传统财务理论提出了挑战。

(一)对财务管理目标的挑战

尽管财务理论界对财务管理目标还存在争议,但普遍的观点认为财务管理的目标之一是实现资本增值及利润最大化。财务战略管理以扩大市场份额、取得竞争优势为目标,从长远看,二者并不矛盾,但从短期看,二者很难做到统一和协调,传统财务管理目标理论势必受到挑战。

(二)对财务管理假设的挑战

财务管理有几个假设,即财务主体、持续经营、货币时间价值、财务分期、有效市场等,财务主体的假设要求财务提供的信息限定在某一特定主体范围内,把该主体的信息与其他主体的信息区别开来。而财务战略管理恰恰是要提供宏观经济情况和整个市场的信息以及竞争对手的信息,传统财务主体假设已不复存在。货币时间价值假设要求财务管理要以货币

为统一的计量尺度,主要提供财务信息,而财务战略管理却要求提供大量的非财务信息,货币已不是唯一的计量尺度,货币计量也要受到挑战。财务分期假设主要要求按年度划分期间,战略财务管理虽然不排斥年度分期,但由于它更注重企业的长远发展,其财务分期可能会更长,如3年、5年等,财务分期假设也受到一定程度的挑战。

(三)对财务管理对象的挑战

财务管理对象是客观存在着的资本运动,这已是财务界的共识。资本运动就是价值运动,而在市场经济条件下,价值又是以货币来计量的。财务战略管理的计量尺度已不是单一货币,其对象也不局限于资本运动或价值运动,这也对财务管理对象理论提出了挑战。

(四)对财务要素的挑战

现行财务的六大要素是资产、负债、所有者权益、收入、费用和利润。传统财务管理是围绕着这六大要素来进行预算、管理以实现其职能的。财务要素是财务管理对象的具体化,财务战略管理的对象既然已经超越了传统财务管理对象的界限,其反映的内容也不是六大要素所能概括的,如市场占有率、市场购买力、产品质量等都不可归入六大要素中的某一个。因此,财务战略管理必然要求构建新的财务战略管理要素以适应其范围的扩展。

四、企业财务战略管理发展的历史进程

企业财务战略管理的产生与发展有着深刻的历史根源。从实践上考察,企业财务战略管理的发展大致经历了五个阶段。

(一)财务计划与预算控制阶段

20世纪初,计划与控制管理制度开始出现。科学管理创始人泰罗强调,要通过计划工作,挑选、培训和组织工人,以便增加产量。法约尔提出,计划与控制都属于管理的重要职能。在此阶段,财务预算成为重要的计划与控制手段,企业生产、销售、财务等部门分别制订年度预算计划。在财务预算的执行过程中,如果出现偏差,要找出原因,并采取必要的修正措施,以便实现既定的预算计划。这种管理制度的重点在于对财务预算的监督和偏差的控制。

(二)筹资财务管理阶段

这一阶段又称为"传统财务管理阶段"。在这一阶段中,财务管理的主要职能是预测公司资金的需要量和筹集公司所需要的资金。

20世纪初,资本主义发展到了帝国主义阶段。企业的大量出现和规模的不断扩大,急需大量资金作为保证。缺乏资金成为当时制约企业发展的关键因素,各公司都面临着如何筹集获取扩张发展所需要资金的问题。为了解决这个矛盾,企业内部开始出现新的财务管理职能,即筹资职能。在筹措资金方面,美国和西欧一些国家的主要做法是发行股票和公司债券,而日本由于积累率低,收益少,主要靠发行股票筹措企业需要的长期资金。当时股份

公司纷纷成立,投资银行非常活跃,人们把这一时期形容为"证券万能"时代。

与筹措资金在企业财务管理中居于支配地位相适应,当时从事企业财务管理理论研究的学者,大都把研究重点放在企业资金的筹措上。这就形成了以研究企业筹措资金和证券资本为中心的"传统型公司财务论"学派。直到今天,虽然企业财务管理理论和实践都有很大的发展,但传统型公司财务论对财务管理还有一定的影响。但是,传统型公司财务论未能深刻理解企业财务管理的职能和体系,对企业财务管理的研究内容和范围也不够全面,他们只着重研究了企业资本的筹措,却忽视了企业的日常资金周转和财务管理控制,也未研究出一套必要的财务管理和资金运用控制办法,所以即使筹措到资金也不一定能够发挥它们应有的作用,促使企业经营的良性运转和持续发展。

(三)内部控制财务管理阶段

这一阶段又称为"综合财务管理阶段",是财务管理的一个重要发展阶段。

20世纪20年代末30年代初的全球性经济危机以后,特别是随着科学技术的迅速发展和市场竞争的加剧,西方企业的财务管理人员逐渐认识到,要在残酷的市场竞争中维持企业的生存和发展,避免出现"黑字倒闭",财务管理的核心问题不在于筹措资金,而在于用科学的方法,控制、管理、使用好资金,如果企业不能有效地运用筹措到的资金发展业务,获得收益,也就没有达到筹措资金的目的。为此,很多企业纷纷建立了财务管理制度,加强了企业内部财务管理和控制机制,如实行预算管理,控制固定资金和流动资金的使用,保持企业财务资金收支平衡;强化成本意识,开展财务活动分析和考核投资经济效益等,力图通过严格的内部财务管理控制,提高资金使用效果,在竞争中取胜。在这一时期,公司内部财务决策被认为是公司财务管理最重要的问题,而与资金筹措有关的事项已退居第二位,这样企业财务管理便进入了内部控制财务管理阶段。

经济形势的这种变化,要求在理论上对资金筹措和资金运用进行统一的研究,从而促使财务管理理论迅速从"传统型公司财务论"向"综合财务管理论"转化。美国的洛夫在《企业财务》一书中首先提出了企业财务除了要筹集资金外,还要对资金周转进行公正有效的管理。此后,麦金西和格拉哈姆在合著的《财务管理论》一书中说,过去认为财务管理的重要内容是企业筹措资金的方法,现在认识到,企业是为了获得利润而筹措资金的,如果不能有效地运用这些资金,也就没有达到筹措资金的目的。英国学者罗斯在《企业内部财务论》一书中特别强调企业内部财务管理的重要性。他认为运用好企业筹措到的资金应是财务研究的中心内容。英国的希哈伯在《企业管理学》一书中,则更为系统地强调了财务管理对内与对外两部分的重要功能:对内财务管理包括计划、调度、控制企业所需要的资金;对外的财务管理,则指企业资金的筹措与处理。也就是说,财务管理一方面在研究如何取得企业所需要的资金,另一方面在计划如何去适当地分配资金,运用资金,控制资金。所以财务管理就是研究企业资金筹措、分配、运用的方法,并进一步去做适当的策划与分配。财务管理,不管是对内抑或对外,其任务无非在于使企业与财务遵循充裕、适时、经济的三大原则。

上述财务管理学家,既重视企业筹措资,更重视资金的科学管理和运用,从理论上把企业财务管理向前推进了一步。

（四）现代财务管理阶段

这一阶段又称"投资财务管理阶段"，财务管理的主要职能是运用科学的管理方法，分析和进行投资决策。

第二次世界大战以后，特别是 20 世纪 70 代以后，世界经济形势发生了重大变化，资本主义经济危机不断发生，第三世界民族经济迅速发展和壮大，加之严重的通货膨胀和石油危机，市场竞争更加激烈，西方企业经营困难重重，资金运用日趋复杂。面对这种形势，企业经营者逐渐认识到，如果不采用现代化手段加强企业财务管理，即使采用现代化的科学技术，提高企业经营效果，这种成果也难以保持和扩大。他们已深切地认识到，缺乏资金、技术都可以从外部或国外引进，但管理只能靠自己的力量，必须使企业财务管理尽快实现现代化，才能适应经济形势变化的需要。这就促使西方企业财务管理又从内部控制财务管理阶段向现代财务管理阶段转化。

这一阶段的显著特点表现为企业普遍更加重视财务管理工作，财务管理成为企业管理活动的核心；企业财务主管的地位有了很大提高；财务管理意识在企业中从上到下得到了加强。例如，美国的大企业普遍设立控制部，把过去的以事后会计核算管理为主发展为事前的财务预测、决策与控制，同时，重视实际财务管理技术方法的运用，力求采用新的管理技术方法以实现财务决策的最优化。价值分析、量本利分析、变动成本法、边际分析法、作业管理、标准成本控制等被广泛地引入企业财务决策和管理，在全面预算控制、制定最优投资方案、提高投资效果、加速资金周转等方面起到了极好效果。

与此相适应，财务管理理论也由"综合财务管理论"发展为"新财务论"。新财务论也叫"投资财务论"。创建这种理论基础的是美国学者迪安和路蒂，他们在《资本预算》和《企业投资理论》两本书中指出，新财务论是在资本市场价格最高的前提下，研究企业成长与扩充、资本支出与分配、资本的筹措与结构之间的最优财务决策（我国经济理论界称为资本优化配置）。他们首次采用了贴现现金流量法，顺序测定资本支出计划的经济性和收益能力，研究借入资本利润率作用与最低利润率目标的关系。美国的所罗门在《财务管理论》一书中指出：随着运用财务控制于内部经营程序的开展，财务管理逐渐变成企业管理的一个日益重要的角色。在过去，财务管理仅被告知企业需要多少钱，然后被授予筹措这些资金的责任，在新体系下，财务管理面对着有关企业经营战略决策的一些财务新问题，诸如企业的规模应该有多大？它的成长应有多快？它应以何种形态配置其资产？其负债之组成，投资组合应是如何？财务管理的焦点在于那些影响企业价值的决策与行动。

（五）战略财务管理阶段

从财务管理的发展可以看出，在近一个世纪的时间里，财务管理的理论与方法取得了异乎寻常的发展，成果显著。但不容忽视的是，现代企业经营环境的重大变化和战略管理的广泛推行，对企业财务管理所依据的理论与方法提出了新的要求与挑战，财务理论必须不断扩展以协调财务和战略的分析。在环境复杂多变并实行战略管理的条件下，传统财务管理理论与方法已很难适应当今企业战略管理的需要，无论从理论层面还是从现实层面，以战略管理的思想方法为指导，对企业财务管理的理论与方法加以完善和提高，从而将之推进到战略财务管理的新阶段,都是一种历史和逻辑的必然发展。

科学发展史证明,任何理论的发展都在很大程度上受到与其密切相关的理论与学科发展状况的影响与制约,J. K. 山克等人在其《战略成本分析:从管理会计到战略会计的演进》一书中对于管理会计理论与方法的发展阶段的论述,对此是一个很好的说明。他们指出,从历史上看,20 世纪 40 年代盛行的成本会计未能把 20 世纪 50 年代已开始流行的决策分析框架纳入其体系中,因而缺乏决策相关性。这一原因导致管理会计取代成本会计成为一种新的决策框架。战略管理这一新的决策分析范式的蓬勃发展,使人们开始重新审视现行管理会计理论与方法,并普遍认为其缺乏战略相关性,不能为战略管理提供强有力的决策分析。因此,自 20 世纪 80 年代开始,人们开始尝试把战略的因素引入管理会计的理论与方法中,从而将其逐步推向战略管理会计的新阶段。特别是 20 世纪 80 年代初,英国学者西蒙兹提出了"战略管理会计"的概念,他指出,战略管理会计就是"提供与分析企业及其主要对手的财务数据,以构建企业战略"。如今,一些西方国家已将战略财务管理作为加强企业管理,构建企业核心经营能力,取得竞争优势的有力武器。

由上述情况可见,管理会计理论与方法的发展与管理决策理论与技术的发展密不可分,把战略因素引入管理会计分析体系,发展战略管理会计,是现代管理会计理论与方法的一个非常值得,同时又是非常自然和符合逻辑的扩展。

财务管理的状况与此类似。作为企业管理的一个重要职能,它的理论与方法必然要受到一般管理理论与方法的极大影响。在现代高度竞争、复杂多变的经营环境下,企业经营者如果仅仅依靠以往的经验已经无法面对新的环境和形势,企业对此做出的必然反应是把战略管理作为管理的中心问题。在这种情况下,财务管理当然不能无视战略管理的要求。企业要实施其战略,必须拥有将战略设想转化为现实的必要资源,以及推进战略实施的具体行动。资金是一切企业战略实施所必不可少的关键资源之一,资金投放是推进企业战略实施的重要条件。所以,企业战略能否成功实现,在很大程度上依赖于整个战略期间内,是否具有与其协同一致的资金支持。

因此,企业实行战略管理必然要求其财务管理要反映战略的要求,能够支持、促进企业战略的实施,而不能与之相矛盾,更不能背道而驰。正如 W. O. 克里费雷所指出的,如果在财务上不可行,一项战略计划就是无效的。而一项财务计划如果没有反映管理当局和董事会制定的战略决策,它就没有任何价值。

现在,西方工业国家的企业财务管理都进入到了财务战略管理阶段,而我国的财务管理从理论到实践都远远落后于西方发达国家。随着市场经济的建立和改革开放的进一步发展,中国经济同国际经济接轨,企业财务战略管理理论与实务有待于加强和提高。

第二节　企业财务战略管理的分析方法

对行业和市场的分析主要是针对企业的投资战略部署而言的。企业存在是为了生存、获利和发展,而这些都离不开资金的投放。企业本身就可以看作是一个投资组合,因此投资战略作为财务战略的基本战略之一,处于核心地位。我们对行业、市场环境的动态分析主要是为了投资战略服务。企业财务战略管理的主要分析方法如下。

一、产品生命周期战略分析法

企业不能期望它的产品永远畅销,因为一种产品在市场上的销售情况和获利能力并不是一成不变的,而是随着时间的推移发生变化,这种变化经历了产品的诞生、成长、成熟和衰退的过程,就像生物的生命历程一样,所以称之为产品生命周期。产品生命周期就是产品从进入市场到退出市场所经历的市场生命循环过程,进入和退出市场标志着周期的开始和结束。

典型的产品生命周期一般可以分成四个阶段:引入期、成长期、成熟期和衰退期。

(一)产品生命周期的各个阶段

第一阶段:引入期。新产品投入市场,便进入了引入期。此时顾客对产品还不了解,除了少数追求新奇的顾客外,几乎没有人实际购买该产品。在此阶段,产品生产批量小,制造成本高,广告费用大,产品销售价格偏高,销售量极为有限,企业通常不能获利。

第二阶段:成长期。当产品度过引入期,销售取得成功之后,便进入了成长期。这是需求增长阶段,需求量和销售额迅速上升,生产成本大幅度下降,利润迅速增长。

第三阶段:成熟期。经过成长期之后,随着购买产品的人数增多,市场需求趋于饱和,产品便进入了成熟期阶段。此时,销售增长速度缓慢直至转而下降,由于竞争的加剧,导致广告费用再度提高,利润下降。

第四阶段:衰退期。随着科技的发展、新产品和替代品的出现以及消费习惯的改变等原因,产品的销售量和利润持续下降,产品从而进入了衰退期。产品的需求量和销售量迅速下降,同时市场上出现替代品和新产品,使顾客的消费习惯发生改变。此时成本较高的企业就会由于无利可图而陆续停止生产,该类产品的生命周期也就陆续结束,以致最后完全撤出市场。

表 2-1 产品生命周期在财务战略中的特征对照分析表

特征	引入期	成长期	成熟期	衰退期
经营风险	非常高	高	中等	低
财务风险	非常低	低	中等	高
融资来源	权益资本（风险投资）	权益资本（成长类的投资者）	债务与权益资本（留存收益、负债）	债务资本（负债）
股利分配	零分配	低股利	高支付率	全额发放
未来成长展望	非常高	高	中等偏低	负数
现实收益	几乎没有	低	高	低且呈下降趋势
总体财务战略	稳健型	相对稳健型	扩张型	收缩型
现金流量	负数	基本平衡,呈上升趋势	大量正现金流	基本平衡,呈下降趋势

由表 2-1 可见,企业内部的经营状况和发展状况对企业财务战略也有着重要的影响。

不同的阶段企业有着不同的财务战略予以支撑。了解自身的发展阶段以及未来的走势对企业确立相应的财务战略具有重要的影响。

（二）如何测定产品所处生命周期的阶段

能否正确判断产品处在生命周期的哪个阶段，对企业制定相应的营销策略非常重要。企业最常用的判断产品生命周期阶段的方法有以下两种。

1. 类比法

该方法是根据以往市场类似产品生命周期变化的资料来判断企业产品所处市场生命周期的阶段。如要对彩电市场进行判断，可以借助类似产品如黑白电视机的资料为依据，作对比分析，进行判别。

2. 增长率法

该方法就是以某一时期的销售增长率与时间的增长率的比值（k）来判断产品所处市场生命周期阶段的方法。我们可以通过不同比值来判断，见表2-2。

表 2-2　不同比值下所处市场生命周期阶段

比值（k）	所处生命周期阶段
$k<0.1$	引入期
$k>0.1$	成长期
$-0.1<k<0.1$	成熟期
$k<0.1$	衰退期

产品生命周期是一个很重要的概念，处于不同生命周期的企业有不同的战略重点，从而有着不同的财务战略。从财务战略对经营战略的支持性及经营风险与财务风险的互逆性来看，各个时期的财务战略肯定是不同的。管理者要想使他的产品有一个较长的销售周期，以便赚到足够的利润来补偿在推出该产品时所做出的一切努力和经受的一切风险，就必须认真研究和运用产品的生命周期理论。

二、波士顿矩阵投资组合分析法

一般来说，企业都会有一个或几个经营业务，如何对这些业务进行投资组合分析是企业管理者在战略制定时要重点考虑的问题。投资组合分析法中最常用的方法是波士顿矩阵（又叫市场增长率-市场占有率矩阵），它是美国波士顿咨询公司（BCG）在1960年时提出的一种产品结构分析的方法。这种方法是把企业生产经营的全部产品或业务的组合作为一个整体来进行分析，常常用来分析企业相关经营业务之间现金流量的平衡问题。通过这种方法，企业可以找到企业资源的产生单位和这些资源的最佳使用单位。

在图2-1中，矩阵的横轴表示企业在行业中的相对市场份额地位，是指企业某项业务的市场份额与这个市场中最大的竞争对手的市场份额的比。相对市场份额的分界线是1.0～1.5，划分为高低两个区域。某项产品或业务的相对市场份额多，表示其竞争地位强，在市场中处于领先地位;反之,则表示其竞争地位弱,在市场中处于从属地位。纵轴表示市场增长率,是指企业所在的行业某项业务最近两年的市场销售额增长的百分比。这一增长率表示每一经营业务所在市场的相对吸引力。在分析中,通常用10%的增长率作为增长高低的界限。最近两年平均增长率超过10%的为高增长业务,低于10%的为低增长业务。

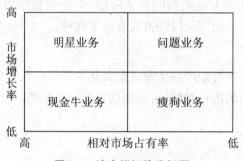

图2-1 波士顿矩阵分析图

下面介绍如何利用这一矩阵进行分析。

(一)高增长/低竞争地位的问题型业务

这类业务通常处于最差的现金流状态。一方面,所在行业市场增长率极高,企业需要大量的投资支持其生产经营活动;另一方面,其相对市场份额较低,能够生成的资金较少。因此,企业对于"问题"业务的投资需要进一步分析,判断使其转移到"明星"业务所需要的投资量,分析其未来是否盈利,研究其是否值得投资的问题。

(二)高增长/强竞争地位的"明星"业务

这类业务处于迅速增长的市场,具有很大的市场份额。在企业的全部业务中,"明星"业务在增长和盈利上有着极好的长期机会,但它们是企业资源的主要消费者,需要大量的投资。为了保护或扩展明星业务在增长的市场中占据主导地位,企业应在短期内优先供给它们所需要的资源,支持他们继续发展。

(三)低增长/强竞争地位的"现金牛"业务

这类业务处于有利的市场地位,盈利率很高,本身不需要投资,反而能为企业提供大量资金,用以支持其他业务的发展。

而"瘦狗"区域说明,企业在该领域不仅竞争力低且行业本身没有发展前途,采取清算、剥离或收缩战略才是企业的选择。波士顿矩阵分析法可以为企业分析自己的投资取向是否合理,结合下文提到的行业五力分析可以基本确定企业外部环境因素对企业的影响。而宏观经济环境所处的阶段为企业外部环境分析奠定了基调,此外企业应当用发展的眼光来看待环境影响。通过波士顿矩阵进行投资组合分析,还可以对企业制定正确的投资战略及其他相关的财务战略起到积极的指导作用。

三、企业价值链分析法

价值链分析法是由美国哈佛商学院教授迈克尔·波特提出来的,是一种寻求确定企业竞争优势的工具。

(一)企业价值链的思想内涵

企业价值增值过程,按照经济和技术的相对独立性,可以分为既相互独立又相互联系的多个价值活动,这些价值活动形成一个独特的价值链。价值活动是企业所从事的物质上和技术上的各项活动,不同企业的价值活动划分与构成不同,价值链也不同。

对制造业来说,价值链的基本活动包括内部后勤、外部后勤、市场营销、服务;辅助活动包括企业基础设施(企业运营中各种保证措施的总称)、人力资源管理、技术开发、采购。每一活动都包括直接创造价值的活动、间接创造价值的活动、质量保证活动三部分。企业内部某一个活动是否创造价值,要看它是否提供了后续活动所需要的东西,是否降低了后续活动的成本,是否改善了后续活动的质量。每项活动对企业创造价值的贡献大小不同,对企业降低成本的贡献也不同,每一个价值活动的成本是由各种不同的驱动因素决定的。价值链的各种联系成为降低单个价值活动的成本及最终成本的重要因素,而价值链各个环节的创新则是企业的竞争优势的来源。

价值流是指企业运转从开始到结束的多组连续活动,这些活动共同为顾客创造价值,顾客可能是外部的顾客,也可能是价值流内部的最终使用者。如订单从开始到履行组成订单履行的价值流,订单接收是组成订单履行价值流活动中的一项。

价值链涉及整个企业,计算成本和价差是价值链作为竞争性比较的基础,企业的业务要求推动价值链的发展;价值流涉及满足特定类型顾客(内部或外部)的一系列活动,为特定类型的顾客或用户提供特定的工作活动是价值流发展的基础。

价值链的含义可以概括为:第一,企业各项活动之间都有密切联系,如原材料供应的计划性、及时性和协调性与企业的生产制造有密切联系;第二,每项活动都能给企业带来有形或无形的价值,如售后服务这项活动,如果企业密切注意顾客所需或做好售后服务,就可以提高企业的信誉,从而带来无形价值;第三,价值链不仅包括企业内部链式活动,而且更重要的是,还包括企业外部活动,如与供应商之间的关系,与顾客之间的关系。

(二)价值链分析的特点

(1)价值链分析的基础是价值,各种价值活动构成价值链。价值是买方愿意为企业提供给他们的产品所支付的价格,也是代表着顾客需求满足的实现。价值活动是企业所从事的物质上和技术上的界限分明的各项活动。它们是企业制造对买方有价值的产品的基石。

(2)价值活动可分为两种活动:基本活动和辅助活动。基本活动是涉及产品的物质创造及其销售、转移给买方和售后服务的各种活动。辅助活动是辅助基本活动,通过提供外购投入、技术、人力资源以及各种公司范围的职能以相互支持。

(3)价值链列示了总价值。价值链除包括价值活动外,还包括利润,利润是总价值与从事各种价值活动的总成本之差。

(4)价值链的整体性。企业的价值链体现在更广泛的价值系统中。供应商拥有创造和交付企业价值链所使用的外购输入的价值链(上游价值),许多产品通过渠道价值链(渠道价值)到达买方手中,企业产品最终成为买方价值链的一部分,这些价值链都在影响企业的价值链。因此,获取并保持竞争优势不仅要理解企业自身的价值链,而且也要理解企业价值链所处的价值系统。

(5)价值链的异质性。不同的产业具有不同的价值链。在同一产业,不同的企业的价值链也不同,这反映了他们各自的历史、战略以及实施战略的途径等方面的不同,同时也代表着企业竞争优势的一种潜在来源。

(三)价值链分析内容

1. 识别价值活动

识别价值活动要求在技术上和战略上有显著差别的多种活动相互独立。如前所述,价值活动有两类:基本活动和辅助活动。基本活动可分为:

(1)内部后勤:指与接收、存储和分配相关联的各种活动;

(2)生产经营:指与将各种投入转化为最终产品相关联的各种活动;

(3)外部后勤:指与集中、仓储和将产品发送给买方相关联的各种活动;

(4)市场营销:指与提供一种买方购买产品的方式和引导它们进行购买相关联的各种活动;

(5)服务:指因购买产品而向顾客提供的、能使产品保值增值的各种服务,如安装、维修、零部件供应等。

辅助活动有四种,它们是:

(1)采购:指购买用于企业价值链各种投入的活动;

(2)技术开发:每项价值活动都包含着技术成分,无论是技术诀窍、程序,还是在工艺设备中所体现的技术。技术开发由一定范围的各项活动组成,这些活动可以被广泛地分为改善产品和工艺的各种努力。技术开发可以发生在企业中的许多部门,与产品有关的技术开发对整个价值链起到辅助作用,而其他的技术开发则与特定的基本和辅助活动有关;

(3)人力资源管理:指与各种人员的招聘、培训、职员评价、工资、福利相关联的各种活动。它不仅对单个基本辅助活动起作用,而且支撑着整个价值链;

(4)企业基础设施:企业基础设施由大量活动组成,包括总体管理、计划、财务、会计、法律、政治事务和质量管理等。它与其他辅助活动不同,它不是通过单个活动而是通过整个价值链起辅助作用。

2. 确立活动类型

在每类基本和辅助活动中,都有三种不同类型。

(1)直接活动:涉及直接为买方创造价值的各种活动,例如零部件加工、安装、产品设计、销售、人员招聘等。

(2)间接活动:指那些使直接活动持续进行成为可能的各种活动,如设备维修与管理,工具制造,原材料供应与储存,新产品开发等。

(3)质量保证:指保证其他活动质量的各种活动,例如监督、视察、检测、核对、调整和返工等。

这些活动有着完全不同的经济效果,对竞争优势的确立起着不同作用,应该加以区分,权衡取舍,以确定核心和非核心活动。

四、五种竞争力量——行业的竞争结构分析法

迈克尔·波特在《竞争战略》一书中提出:任何一种行业都存在着五种竞争作用力,即新进入者的威胁、买方的议价能力、现有公司间的竞争、替代品的威胁和供方的议价能力。企业的竞争环境就源于企业在行业内同这五种竞争作用力之间的相互关系。这五种力量确定着企业产品的价格、成本和投资,因此也就决定了行业的长期盈利水平,而这五种力量的大小会随着行业的发展而有所变化。行业竞争结构的五种竞争力量分析对于保持企业可持续竞争优势起着重要作用,可以了解企业在目前面临的行业状况和投资状况下,有没有继续增加投资以打击潜在进入者的必要等。如图2-2所示。

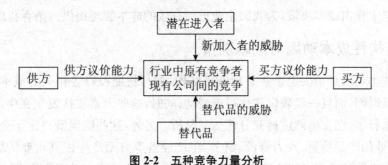

图 2-2　五种竞争力量分析

在进行战略动态分析时,要对这五种力量强弱变化进行分析,以确定行业结构是否发生重大变化,是否需要做出战略调整以适应外部环境的变化。通过考察每一种竞争作用力,预测每一深层次动因的大小,描绘出可能的行业利润潜力和综合前景。显然,行业结构分析对于维持长期盈利能力、创造企业价值起着重要的作用。

五、成本动图分析法

(一)战略成本动因

成本动因(cost driver)是指引起产品成本发生的原因。这些原因构成了成本的决定性因素(determinant)。由于各个企业的经营状况不同,影响其成本的因素也会不同。到底什么是影响企业成本的最重要的因素呢? 对于传统的管理会计而言,这是一个显而易见的问题,即产量就是唯一重要的成本动因。这是与传统的制造业下,直接材料与直接人工占制造成本较大比重的情况相联系的。随着新制造环境的出现,产品的成本性态发生了改变,使得传统成本计算方法对成本信息的扭曲越来越严重,导致了作业成本法的诞生。在作业成本

法下,许多过去不被重视的各种作业计量尺度,如材料移动次数、定单数量、准备次数等都被看作成本动因。但无论是产量,还是材料移动次数等都是作为客观的被动的成本动因用于成本分析,可以把它们称之为作业性成本动因。事实上,如果我们站在更高的高度以更宽广的视野来看待影响成本的因素的话就会发现,比作业性成本动因对成本影响更大的因素的确不少,这就是本部分所要阐述的战略成本动因。

所谓战略成本动因是指从战略上对企业的产品成本产生影响的因素。与上述作业性成本动因相比,其具有如下特点。

(1)与企业的战略密切相连,如企业规模、整合程度等。

(2)它们对产品成本的影响更长期、更持久、更深远。

(3)与作业性成本动因相比,这些动因的形成与改变均较为困难。

战略成本动因可以分为结构性成本动因(structural cost driver)与执行性成本动因(executional cost driver)。由于这些成本动因在成本计算中常不予考虑,因此常常被传统成本管理所忽视。这样,成本动因就可以按其对成本影响的程度划分为战略成本动因和战术成本动因,两类成本动因分别从基础经济结构和作业程序两方面影响企业的成本态势(cost position),并为企业改变其成本地位提供了能动的选择。对成本这样研究和划分,就能从经营战略的意义上作出成本决策,为我国企业进行有效的成本管理提供一条有益思路。

(二)结构性成本动因与成本决策

结构性成本动因是指决定企业基础经济结构,如与长期投资等相关的成本动因。其形成常需要较长时间,而且一经确定往往很难变动;同时,这些因素往往发生在生产开始之前。因此必须慎重行事,在支出前进行充分评估与分析。另外,这些因素既决定了企业的产品成本,也会对企业的产品质量、人力资源、财务、生产经营等方面产生极其重要的影响。因此,对结构性成本动因的选择可以决定企业的成本态势。结构性成本动因主要有以下五个。

1. 规模经济

所谓规模经济是指在价值链活动规模较大时,活动的效率提高或活动成本因可分摊于较大规模的业务量而使单位成本降低。几乎每一主要价值活动都存在规模经济的情况,规模经济对企业价值活动成本的作用主要表现在三个方面。

(1)规模经济使企业可以以不同的方式或更高的效率进行更大范围的活动。

(2)规模经济的更大销量增加了分摊无形成本,如广告费用和科研费用的能力。

(3)规模经济使支持该活动所需要的基础设施或间接费用的增长低于其扩大的比例。不过,企业规模的扩大也可能产生负面影响,当这种负面影响超过规模扩大所带来的正面效益时,便会导致规模不经济。

规模经济在不同的价值活动和不同的产业中的影响是各不相同的。对于有的价值活动而言,世界性规模可以带来效率的提高或成本的降低,而对于其他一些价值活动来说,影响其成本的最显著的因素可能是全国规模、地区规模、工厂规模、项目规模、生产线规模抑或是每个定单的规模。对于不同的企业,对其最有利的规模类型是不同的。企业应该选择敏感性最强的规模类型充分发挥其规模优势。

2. 整合程度

上述规模经济与水平一体化相关联,而整合程度指的是垂直一体化程度。整合(integrate)是指企业为了使自己所负责的业务领域更广泛更直接,在本企业业务流中向两端延伸至直接销售、零部件内制和原材料提供等。

企业的纵向整合程度会对成本产生影响。整合程度的提高可能带来效率的提高或成本的降低。主要表现在六个方面。

(1)它可避免使用市场所带来的额外成本,如采购费用和销售费用。

(2)它能使企业获得更多的附加值,相当于把供应商或销售商的利润转移到企业内部。

(3)整合可使企业减少对供应商的依赖程度,是确保稳定供求的一种重要手段。

(4)整合可以带来联合作业的经济性,就像钢材生产,如果直接从炼铁工序运送到工艺加工就不需重新加热的道理一样。

(5)整合可能带来各种无形资源的积累,包括直接面向消费者的情报和售后各方面的情报来源的确保、支配力和影响力的确立和技术知识的积蓄等。

(6)建立专卖店及其送货政策,可减少假冒伪劣商品对企业的冲击。

加强整合能够带来竞争优势,然而,整合并非总是带来成本的降低,在许多情况下其结果可能正好相反,原因如下:

(1)整合需要资金的大量投入;

(2)整合会造成企业组织弹性的降低,容易丧失灵活性;

(3)整合也许会带来成本的提高;

(4)整合程度过高可能形成企业与供应商或客户的关系冷淡乃至恶化的情况而不利于企业的发展。

资产重组与企业购并是我国企业界的热门话题,了解整合这一结构性成本动因正好可以使企业在购并决策过程中充分考虑整合对于企业产品成本产生的长期影响。企业必须详细评估整合的优点和缺点,视实际情况决定各价值活动整合的程度。企业既可以选择整合的策略,也可以选择解除整合的竞争策略,而解除整合的策略往往被企业领导者所忽视。当整合的自制成本已高于外购成本,影响了企业灵活选择竞争策略时,可以考虑降低现在的整合程度或解除整合。

3. 学习(learning)与溢出

企业价值链活动可以经过学习提高作业效率从而使成本下降。通过学习降低成本的因素有:

(1)随着时间的推移,来自用户信息反馈对企业的作用表现为根据市场反映改善产品设计,提高优质品率;

(2)通过逐步改善厂房布置、生产排程、作业进度降低成本;

(3)通过工人活动量的累积使劳动熟练程度提高;

(4)通过对同业和外部专家顾问的学习而不断改善生产技术水平和管理水平。

学习的作用因时而异,因而企业的学习策略会有不同。首先,处于不同生命周期的企业其学习效应会有很大区别。学习效应在企业刚建立时会表现突出,而在企业发展到非常成熟阶段时可能不太明显。其次,对于价格敏感性较强行业,学习作用会更为显著。另外,学习还存一个溢出问题,即学习成果可能通过咨询顾问、新闻媒体、前雇员和供应商等渠道从一个企业流到另一个企业。

4. 地理位置

企业的地理位置可以若干种方式影响成本。主要表现在以下五个方面。

(1)由于工资水平和税率在不同国家、不同城市的差异,影响了企业的工资成本和纳税支出。

(2)企业所处环境的交通便利程度及可利用的基础设施的状况都会影响企业的生产经营成本。

(3)企业所处气候、文化、观念等人文环境,不仅影响产品需求,而且影响企业经营观念和方式。

(4)地理位置可能在很大程度上决定了人才的流入。处于拥有优越生活环境、良好文化氛围和较高生活水平城市的企业往往能吸引更多人才。

(5)地理位置对营运成本有重要影响。相对能源和原材料供应商的地理位置是影响购货成本的一个重要因素。而相对买方的地理位置会影响企业的促销成本和销售成本,如运费。

由于地理位置对几乎所有价值活动成本均有影响,所以要求企业在进行厂址店址的选择、工业或商业布局活动中慎重行事。企业也可以利用这一成本动因作为取得成本领先优势的策略。企业利用地理位置这一成本动因改善其成本地位的策略可以是重新设定各种活动的地点。

5. 技术

技术是影响企业成本的又一重要因素,含于任何企业的每一价值活动中,它对成本的影响主要通过两个途径实现。一方面,它可以独立于其他成本动因作用于成本;另一方面,它还可通过改变或影响其他成本动因间接地影响成本。技术的采用可能降低也可能提高成本。只有那些使企业能保持其成本领先地位的技术变革能为企业带来持久的成本优势。技术变革并非总能降低成本。首先,技术开发或引用本身需支付较高成本。其次,技术变革可能带来较大风险。在技术革新迅速、产品日新月异的行业,技术的先行采用者可能因过早行动而面临所引用技术迅速被淘汰而又无力更新技术的窘境。

针对技术这一成本动因,企业财务战略主要涉及两大问题。

(1)采用何技术? 企业应选择能够带来最大持久性成本优势的技术,技术革新的成本必需与得到的利益相平衡。

(2)在所采用的技术中寻求领导地位,还是采取技术追随的战略? 若此项技术竞争对手无法仿效或企业创新的速度能超过竞争对手模仿的速度,则技术领先能够持久,企业可以采取技术领导战略。

(三)执行性成本动因与成本决策

执行性成本动因是指决定企业作业程序的成本动因。它是在结构性成本动因决定以后才成立的。而且这些成本动因多属非量化的成本动因，其他成本的影响因企业而异。这些动因若能执行成功，则能降低成本，反之则会使成本提高。执行性成本动因主要有以下两个。

1. 生产能力运用模式

生产能力运用模式主要通过固定成本影响企业的成本水平。由于固定成本在相关范围内不随产量的增加而改变，当企业生产能力利用率提高，产量上升时，单位产品所分担的固定成本相对较少，从而引起企业单位成本的降低。对于固定成本所占比重较大的企业而言，生产能力运用模式将对其产生重大影响，产量上升会带来单位成本明显下降。

需要指出的是，生产能力利用率的提高并不总是意味着企业效率的改善。有的企业产量提高而销量不变会造成本降低的假象。因为产量提高所引起的固定成本的分摊基础扩大造成了单位成本的下降，而这部分被分摊的固定成本实际上全部转入了库存。这是我国一些企业产品滞销而仍存在利润的原因之一，所以生产能力利用率的提高应以产销一致为前提。

2. 联系

所谓联系，是指各种价值活动之间彼此的相互关联。这种关联可分为两类：一类是企业内部联系；另一类是企业与供应商（上游）、客户（下游）间的垂直联系。

（1）企业内部联系。企业内部各种价值活动之间的联系遍布整个价值链。例如基本生产和维修活动的联系、生产作业和内部后勤的联系、广告和直接上门推销之间的联系、品质控制与售后服务之间的联系。针对相互联系的活动，企业可以采取协调（coordination）和最优化（optimum）两种策略来提高效率或降低成本。所谓协调，是指通过改善企业内部各车间、各部门相互之间的关系，使活动间配合融洽，信息充分沟通，从而整体的作业效率最高。例如，改善生产和采购协调可以降低库存。最优化则是通过工作流程的重整和工作品质的提高，使工作效率提高，进而降低成本。

（2）垂直联系。垂直联系反映的是企业活动与供应商和销售渠道之间的相互依存关系。与上游供应商的联系主要是供应商的产品设计特征、服务、质量保证程序、产品运送程序和定单处理程序等。这些联系会影响企业的成本结构。同样，企业与下游销售之间的联系也会影响其成本结构。

（3）全面质量管理。与传统质量管理不同的是，全面质量管理强调质量管理的范围应是全过程的质量控制，企业的每一名员工都要承担质量责任。全面质量管理的宗旨是以最少的质量成本获得最优的产品质量，并且最低的质量成本可以在缺点为零时达到，因为对错误的纠正成本是递减的，所以总成本会保持下降趋势，直至最后的差错被消除。故全面质量管理的改进总是能降低成本，对于质量成本较高的企业来说，全面质量管理会是一个重要的成本动因，能给企业带来降低成本的重大机会。

这项成本动因要求企业大力推行全面质量管理，树立强烈的质量意识，从企业的整个设计、生产过程的各阶段着手来提高产品质量，降低产品成本，真正做到优质高效。

（4）员工对企业的向心力。企业的行动是众多具体个人行动的总和。企业各部门的每一名员工都与成本直接相关，只有依靠全体员工的互相配合，共同努力，企业才能将成本置于真正的控制中,才能实现成本管理目标。员工对企业的向心力对成本的影响具体可归结为两个方面。一方面是显性的成本,如物耗高,设备利用率低,废品率高;另一方面是隐性的成本,例如人员不团结,职工情绪低落,对企业漠不关心。

传统成本管理会计按照成本核算制度计算的成本为核心内容,以物治人;现代成本管理则要求重视人的因素,强调以人为本,以人治物,充分组织和调动员工的积极性和创造力,提高员工对企业投入的向心力,从而达到充分降低成本,取得竞争优势的目的。

上述两种战略成本动因的最主要的区别是,对于结构性成本动因而言,并不是程度越高越好,而是存在一个适度的问题。比如说:企业规模应适应其发展的需要而越大越好;整合程度也非越高越好。但对于执行性成本动因而言,一般认为程度越高越好,例如,应尽量加强和鼓励员工的全面参与,健全全面质量管理体系。而且就企业而言,执行性成本动因总结的越多,将越有助于企业的成本管理。

总之,战略成本动因分析为企业改变成本地位,增强竞争力提供了契机。企业成本总是由一组独特的成本动因来控制,而每一个成本动因都可能成为企业独特的竞争优势来源,选择于己有利的成本动因作为成本竞争的突破口是企业竞争的一项策略,应引起企业领导者的高度重视。

六、财务风险与经营风险分析法

(一)财务风险(financial risk)

财务风险是举债筹资或利用优先股筹资而给普通股股东带来的额外风险。财务风险是与融资方式相联系的风险,它是由于企业资金困难,采取举债等筹资方式而带来的风险。财务风险主要包括:因使用财务杠杆导致的可能丧失偿债能力的风险——当企业在资本结构中增加固定成本融资比例时,固定的现金流出量增加,丧失偿债能力的概率也增加,每股收益变动性增加。

$$企业总风险(total\ risk)=经营风险+财务风险$$

(1)财务杠杆——经营杠杆一定的条件下,不同资本结构对企业普通股权益的影响。

(2)财务杠杆程度(degree of financial leverage,DFL)——每股净收益的变动相对于营业利润变动的比,用于衡量财务杠杆水平。

计算方法如下:

第一,利用每股净收益的变化率和营业利润的变化率的对比关系计算 DFL:

$$DFL = \frac{\Delta EPS/EPS}{\Delta EBIT/EBIT}$$

DFL 为财务杠杆程度,EBIT 为付息纳税前利润,EPS 为每股净收益。

第二,利用营业利润与税前利润的对比关系计算 DFL:

$$DFL = \frac{\Delta EBIT/EBIT - I}{\Delta EBIT/EBIT} = \frac{EBIT}{EBIT - I}$$

$$EPS = \frac{(EBIT - I)(1 - T)}{N}$$

因为
$$\frac{\Delta \text{EPS}}{\text{EPS}} = \frac{\Delta (\text{EBIT} - I)(1-T)/N}{(\text{EBIT} - I)/N} = \frac{\Delta \text{EBIT}}{\text{EBIT} - I}$$

所以有
$$\text{DFL} = \frac{\Delta \text{EBIT}/\text{EBIT} - I}{\Delta \text{EBIT}/\text{EBIT}} = \frac{\text{EBIT}}{\text{EBIT} - I}$$

I 为利息，T 为所得税，N 为流通在外普通股数量。

企业经营业务发生资金不足困难时，主要采取两种方式来筹措：一种是发行股票，所得之款便成为企业的资本；另一种是发行债券，所得资金是企业的一种债务，须按时还本付息。两者组成企业的资本结构。股票需要分配一部分净利给股东作为股息，但不固定，可以时多时少，也可以暂不支付，完全根据企业经营情况而定。而债券则不同，不管企业当年有无盈利或盈利多少，必须按期付息后，才能分配股息。因此，企业股票投资的财务风险的大小，可以通过企业借贷资金的多少来反映，企业偿债能力是投资者考虑财务风险的关键问题。在企业资本结构中，债务集资方式的比重大，偿债能力弱，则财务风险大；反之，借贷资金比重小，偿债能力强，则财务风险小。由于债券筹资比重大，偿债能力弱的企业，要先支付债券固定利息，留给分配股息的数额因而减少了，使普通股票持有者每年能得到的股息的变动和不确定性增大。因此，债务负担重，偿还能力弱的企业比起债务负担轻，偿还能力强的企业财务风险大，投资者可以通过对企业资产负债表的分析判断财务风险大小，明确自己的投资对策，把股票投资转向债务负担轻、偿还能力强、股息红利高的企业，以回避财务风险的损失。

（二）经营风险

经营风险是企业在息税前利润中固有的不确定性，受多种因素影响。经营杠杆是企业固定成本占总成本的比重，影响经营风险。经营杠杆程度是销售量变动引起的息税前利润变动情况，表明营业利润的变动幅度以及对资本成本的影响。

（1）经营杠杆（operating leverage）——企业的固定成本占总成本的比重，影响经营风险的因素之一。

（2）经营杠杆程度（degree of operating leverage，DOL）——计量经营杠杆高低的工具，为付息纳税前收益的变化率相对于销售量变化率的比。

计算公式：

第一，利用营业利润和销售量变化率的对比关系
$$\text{DOL} = \frac{\Delta \text{EBIT}/\text{EBIT}}{\Delta Q/Q}$$

第二，利用贡献毛益和营业利润的对比关系
$$\text{DOL} = \frac{\text{EBIT} + F}{\text{EBIT}}$$

F 为固定成本，Q 为销售量。

DOL 的意义：

（1）表明营业利润的变动幅度：企业固定成本比例越高，未来营业利润的潜在变动幅度就越大。

（2）表明对资本成本的影响：DOL 高，利润变动幅度大，未来不能支付利息的可能性增大，投资者将比较不愿意给予增加资金，或者在注入资金时要求较高的必要报酬率。

（3）企业的总杠杆系数是指公司财务杠杆系数和经营杠杆系数的乘积，是衡量公司每股获利能力的尺度。即：DOL×DFL＝DTL。

七、财务战略决策中的期权博弈分析法

随着市场环境的日新月异，未来不确定性和竞争战略交互作用已成为财务战略决策中不可忽视的重要因素。期权博弈理论是将期权理论与博弈论两种理论融合在一起，在采用期权理论思想方法基础上，对不确定性环境考虑到灵活性价值的同时，利用博弈论思想，对财务战略进行科学管理决策，是财务战略决策的最新发展。它既考虑了环境的不确定性，又考虑了竞争性。因而应用期权博弈思想来研究财务战略决策，对于提高企业价值创造能力，增强企业核心能力及其竞争优势就显得非常必要。

（一）期权博弈概述

1. 期权理论

期权（option）实际上是一种选择权，期权的买方向卖方支付一定数额的权利金后，就获得这种权利，即拥有在一定时间内以一定的价格（称为执行价格）出售或购买一定数量的标的物（实物商品、证券或期货合约等）的权利。

期权理论是一种思维方式，主要考虑在不确定性环境里选择灵活性的价值。按照折现现金流量模型，企业价值是未来期望现金流量的现值。期望现金流量通常都是源于已经实施或者正在规划中的投资项目。但在当今这样一个充满竞争和不确定性的环境里，企业生存发展往往取决于是否能够持续不断地发现新的投资机会。但常规的现金流量折现模型无法对这样的可能增加企业价值的机会进行分析和评价。如何对这种潜在的、尚未列入规划的企业价值创造的决策灵活性进行合理的估价，也成为现代企业价值计量研究的重要课题。

2. 博弈理论

博弈的英文为game，即是人们遵循一定规则下的活动，进行游戏的人的目的是"赢"。可以将博弈定义为：一些个人、团体或其他组织，面对一定的环境条件，在一定的规则下，同时或先后，一次或多次，从各自允许选择的行为或策略中进行选择并加以实施，各自取得相应结果的过程。

博弈论是解决竞争问题的重要工具，研究决策主体的行为发生直接相互作用时候的决策以及这种决策的均衡问题，也就是寻求在各个博弈方具有充分或者有限理性能力的条件下，合理的策略选择和合理选择策略时博弈的结果，并分析这些结果的经济意义、效率意义的理论和方法。由于博弈论研究的问题大多是在各博弈方之间的策略对抗、竞争，或面对一种局势时的对策选择，因此博弈论在我国也被称为"对策论"，具体的博弈问题则被称为"对策问题"。博弈论的引入使一些原来认为是外生的经济变量，转化为内生经济变量，从而揭示了经济系统运行内在规律，延伸了研究分析的深度。

3. 期权博弈理论

期权博弈模型最早出现在20世纪90年代。它首先出现在对金融市场上的可转换债券

的分析。因为这个分析方法中包含了期权理论和博弈理论，所以一般简称期权博弈理论（option-game）。我国对于期权博弈的研究和应用还很少见。安瑛晖、张维（2001）首次在国内对期权博弈理论进行介绍，并在介绍国外有关期权博弈研究发展的基础上，提出了一个期权博弈的基本研究框架。在应用方面，安瑛晖（2001）在其学位论文中首次将实物期权与博弈论结合应用于企业投资战略的制定；许民利（2002）在其天津大学博士学位论文《投资战略分析的期权博弈理论与方法研究》引用了 Weeds 的一些研究成果；王蔚松（2003）根据行业性质、竞争者反应程度和投资期权所具有的专属性或共享性，对企业采取抢先战略或等待战略以及何时采取合作或对抗性投资战略等博弈问题进行了分析，并在基于实物期权的战略思考中引入了博弈论进行了定性分析。

由于期权理论可以适当地描述企业财务决策中的灵活性，而博弈论在充分地考虑了企业竞争对手、市场需求变化等因素之后，确定了企业行动的策略和时间，两者结合起来，将克服传统的财务决策方法的刚性缺点：即期权理论解决了不确定性的定价问题，博弈论解决了投资时间的确定问题，期权定价理论和博弈论结合成了一个自然的想法，并形成一个连续的整体财务战略决策的分析方法。

可见，期权博弈论是在采用期权理论思想方法的基础上，利用博弈论的研究思想和方法，对财务战略进行科学管理决策的理论。它突破了传统决策分析方法的束缚，不是对传统决策方法的简单否定，而是在保留传统决策方法的合理内核的基础上，对不确定性因素及其相应环境做出积极响应的一种思维方式的总结和概括。

（二）投资战略决策中的期权博弈方法

1. 投资战略价值创造驱动因子的期权博弈分析

投资战略期权博弈的分析框架由企业的市场价值以及它的三个价值构成，将战略计划方法与价值创造的基本来源相联系，其分析的起点是企业经济价值创造的各种来源。而全面理解整体战略价值创造，必须考虑那些可以推动企业在未来不确定环境中增长的重要价值的驱动因素，以及当不利情况发生时，竞争战略行动是如何通过限制风险、降低损失，为企业提供这些增长机会的。投资战略期权博弈的分析框架如图 2-3 所示。

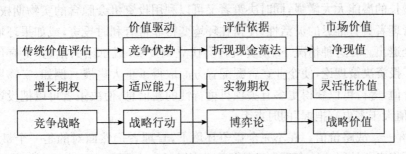

图 2-3　投资战略期权博弈的分析框架

净现值法（NPV）是目前分析企业投资决策的主要方法之一，是通过现金流的折现来评价项目的价值，为企业投资决策提供依据。净现值法要求决策者能够准确预测项目生命期内各年所产生的现金流和确定的折现率，同时忽略了项目在未来的许多不确定因素和来自对手的竞争因素,实际上是低估了投资机会的价值。因此在实际应用中,特别是在不确定的竞争环境下,净现值法存在着很大的局限性。期权博弈理论与方法为解决不确定条件下竞争项目投资战略分析提供了一个新的分析视角。

企业的市场价值并不完全由当前的有形资产以及有效利用它们的能力所创造的预期现金流构成,还应包括企业灵活性和战略价值。企业的增长机会可看作企业实物期权的集合,它受到竞争行动和新技术引进的影响。实物期权赋予了投资者获取收益的权利,也控制了风险。同时,企业战略地位的改变受到产业中其他企业战略行动的影响,博弈论成为分析企业间竞争互动的有效工具,从这个角度理解,期权博弈方法将战略与财务统一在企业价值创造的共同目标之下。

2. 期权博弈投资战略分析

期权博弈投资战略分析的目标和基本思路:价值创造是投资战略的直接目标,而投资项目价值最大化是其最终目标,其基本思路是在不确定和竞争条件下,全面考虑影响项目价值的各种因素,确定项目的价值函数和最佳投资时机,最终形成均衡投资战略。分析的基本理论构件有实物期权理论、博弈理论和传统财务管理理论。实物期权理论的作用在于解决项目投资的不可逆性、不确定性和灵活性问题,识别项目中所包含的实物期权价值;博弈理论主要是解决竞争者之间的交互作用对项目价值的影响,并寻求均衡战略;传统财务管理理论解决未来现金流的预测及其折现问题,是期权博弈投资战略分析的基础。

期权博弈投资战略分析方法即构建一个扩展的价值评估体系,除了已做投资的直接现金流价值外,还应包括灵活性价值和战略承诺价值。不确定条件下竞争的投资项目价值可以表示为如下扩展的净现值(NPV):

$$\text{扩展的 NPV} = \text{静态的 NPV} + \text{灵活性(期权)价值} + \text{战略(博弈)价值}$$

(1)期权——灵活性价值。随着市场环境的日新月异,未来不确定性已成为制定财务决策不可忽视的重要因素。传统的净现值方法,对高风险项目往往采用提高折现率或降低现金流量期望值的方法来回避风险。这一做法也许使许多非常有潜力的项目永远被束之高阁。从金融期权理论衍生出来的实物期权理论改变了传统观念,即许多投资机会应该被视为一种权利,而不是义务。基于这种思想,不确定性实际上增加了项目的价值,因为价值波动使向上增长的潜能大大增强,同时决策者又可以利用投资机会隐含的实物期权回避损失。由于允许管理者具有推迟的灵活性,使得在环境变得非常有利时投资,或如果环境变得非常不利时完全退出。在这种情况下,投资机会会比立刻投资(或承诺的推迟)更有价值。实物期权丰富了投资决策理论,使企业在资源配置方面取得了重大进展。例如,实物期权强调了"等待"的价值,等待可以获得更多有关项目可行性的新信息,使决策者可以把投资时机选择在"对净现值大于零更有把握"的时点上。

(2)博弈——战略价值。在不完全竞争环境下,管理者仍然面对的是一个最优问题,但该问题必须将竞争的影响结合到自己的投资决策之中。如果每个竞争者的投资都是取决于其他企业的行动或对其行动敏感,那么,一个更加复杂的博弈论处理方法是必需的。竞争者之间的交互作用对项目投资价值的影响必须考虑。在没有竞争的情况下,投资机会是专有的,投资者只需考虑项目未来的收益和其中所包含的实物期权的价值即可做出正确决策。但是,由于竞争的存在,还必须考虑竞争给项目价值,尤其是实物期权价值的影响。因为在竞争环境下投资机会是共享的,竞争者的投资会对项目中所包含的实物期权价值带来影响。例如,通过抢先的研发投资,企业可以开发出更多低成本、高质量的产品或服务。这样,取得先机的企业就可以凭借其率先确立的竞争优势在稳守已有市场份额的同时,与后续进入的企业一起参与剩余市场份额的竞争。因此,最佳的投资时机应该在等待与抢先进入的战略价值之间取得权衡。基于价值创造的投资战略决策要求我们不仅重视面对市场不确定性而灵活调整计划的期权价值,而且也应考虑竞争条件对期权价值的动态影响。

3. 期权博弈投资战略分析的步骤

期权博弈投资战略分析的具体步骤如下。

第一步,明确项目投资的基本问题。主要包括项目的投资成本、未来收益的预测;影响未来现金流量的不确定因素的识别及其所服从随机过程的确定;市场结构和竞争因素的识别:竞争对手的数量、强弱及其对项目价值的影响,项目中所包含的投资机会及其灵活性分析,即实物期权及其特征的识别等。

第二步,基本假设和变量的设置,随机因素的数学描述。由于实际投资项目所处环境的复杂性,必须对一些问题做出适当的简化和假设,如对市场结构、竞争对手、投资支出、生产成本及随机变量的分布等的假设。

第三步,确定参与人的价值函数及最优投资临界值。根据扩展的净现值观点,通过分析上述三方面影响投资项目价值的因素,分别确定出参与人的价值函数,然后利用最优停止理论和方法确定每个潜在角色的最优投资临界值。

第四步,均衡分析和均衡结局的确定。根据前面确定的投资临界值及每个参与人在不同结局中的收益,通过应用动态时机博弈理论和方法确定均衡结局。

第五步,根据上面的分析提出投资决策战略的建议。

(三)融资战略决策中的期权博弈思想

1. 融资战略决策中的财务灵活性期权

所谓财务灵活性,是指企业保留一定闲置内源资金和剩余负债能力以应对可能产生的无法预见紧急情况的能力。缺乏内源资金而过多增加债务,会促使债权人为保护其自身利益而提出更为具体和严格的债券条款,从而导致企业在投资、融资和分派股息决策上失去其应有的选择空间,增加企业的代理成本。对于项目期限长、发展方向不确定以及执行要经过多年才能见效、具有较大不确定性战略的企业而言,这种代理成本的影响可能很大。究其原因在于:首先,用足借债能力而失去财务灵活性的企业,可能会由于无法获得外部资金或获取成本太高而被迫减少对正现金流项目的投资。其次,企业的发展与投资者和客户、供应商的预期和信心密切相关。在信息不对称情况下,企业可以通过保守的融资结构,传递出企业良好偿债能力和安全持续经营的信息,从而使债权人愿意贷款,供应商、客户愿意和企业建立长期的交易关系。而企业能够利用的投资机会的增加,也是这种融资状况所派生的利益(凯文·多德,2003)。因此,这类企业尽管凭其现金流量现状可以负担更多的债务,但往往仍保持着较低的负债率。

实际上不论是 Wernerfelt(1984)的"资源基础观",还是目前被广泛认可的关键成功因素(CSFs)理论,也都认为财务资源的可获得性及其对企业产品竞争战略调整变化的适应性,对企业竞争战略的成功有重大影响,财务灵活性本身已成为一项竞争优势因素。然而,从另一方面来看,财务灵活性过大也有其弊端,即企业管理人员可能会由于拥有大量自由现金流而产生自利行为,闲置额外负债能力也可能丧失创造价值的机会。因而,企业必须根据不同外部环境和内部经营情况变化加以权衡。

2. 融资决策与竞争战略之间的互动关系——博弈思想

竞争战略是企业在不确定环境下根据竞争目标,对行业竞争对手所做出的计划、反映行动。融资决策对市场竞争中的企业战略规划以及目标实现具有重要影响力。越来越多的研究证实企业财务战略决策必须充分考虑竞争因素,这一思想日益为人们所重视。例如,Allen(1986),Maksimovic(1986),Rotemberg 和 Scharfstein(1990)等人,对特定时期特定行业以及特定市场结构中企业融资决策和产品市场竞争状况的相互影响关系,提出了理论性模型。Brander 和 Lewis(1986),Glazer(1994),Dasgupta and Titman(1994),Docker,Elsinger 和 Gaunersdorfer(1997)对垄断市场模型中的债务角色进行了分析,研究显示在不完全竞争市场中,企业所拥有的债务水平对企业的产品市场行为具有战略性影响。Kovenock 和 Phillips (1995,1997)发现在集中度高的行业,当业内主要企业因融资约束或杠杆收购导致高财务杠杆时,财务杠杆低、现金充裕的竞争对手往往主动发动价格战或营销战(增加广告投入、给经销商让利等),逼迫财务杠杆高的企业陷入财务危机,降低其竞争能力。因此,融资战略决策不仅与企业竞争能力密切相关,还对企业与竞争对手的行为互动具有重要影响力。

在寡头垄断市场,当企业面临产品需求不确定性时,债务的增加会使企业按照更高的需求状态进行生产,并选择更高的均衡价格,而具有互补关系的竞争者对此会做出同样提升自身价格的反应。这将引起行业价格的上升,增加了企业使用债务的预期利润,因此选择积极债务水平的企业具有财务战略性优势。然而,当企业面临产品需求确定而成本不确定情况时,债务企业会出于对降低成本的考虑而选择较低的均衡价格,并由此导致竞争者均衡价格的降低,因而使用债务会造成行业价格与预期企业利润的下降。

在寡头垄断竞争中,在其他条件不变情况下,由于市场需求曲线向下倾斜,如果某个企业提高了它的产量而增加了行业供给,必然使市场价格下降,从而降低其他寡头的边际收益,即寡头间产量决策存在着战略替代关系。如果一个企业增加其产量,另一企业则希望减少其产量以促使价格上升。在此博弈中,企业产量的调整与其生产能力有关,而产量决策动机则与企业融资决策所可能导致的财务困境后果有关。由于企业有义务偿付其债务,如果其收益不足以偿付债务,企业将破产。因此,资本结构影响产出市场均衡,企业具有做出促使其竞争对手陷入破产机会的产量决策的动机,即存在企业由战略原因而承担债务的可能性。

企业竞争压力不仅仅来自于现存竞争者,而且还来自于市场的潜在进入者。企业要获得最大的垄断利润,就应当能够阻止新企业进入该同质产品生产行业。为此,企业必须根据市场竞争战略需要对潜在竞争者设置行业进入障碍,使之无法经济地承受行业进入成本。然而,在现实中要以垄断力量形成一个有效的进入障碍,就必须以恰当的融资决策为企业谋取充足的额外资金,从而通过大量的营销费用投入创造强有力的品牌,通过巨额固定投资形成显著的规模经济,进而取得巨大成本优势。通过潜在进入者和市场内原来的垄断公司博弈形成的纳什均衡,是通过价格战威胁的可置信性而有效地阻止进入者的,其前提之一是现存者的融资决策必须满足其未来可能需要的过剩生产能力、广阔的销售渠道以及很强的反击能力的资金要求。潜在进入者对于现存企业反击威胁可置信性的预期,将对其进入决策产生影响。如果潜在进入者认为现存企业有能力进行有力的反击,则其进入欲望极有可能被遏止。因此现存企业在实施该竞争战略过程中,以适合的方式来募集其所需要的资金,具有重要作用。

总之,由以上分析可知,企业价值创造的组合战略计划得益于实物期权和战略互动的思想。在不确定环境下,期权思想更好地揭示了一个组合战略的灵活性价值。然而竞争者会对期权价值产生负面影响,但同时也会通过战略行为而获得战略价值。

期权与博弈论相结合的思想,可以在财务战略管理领域,用资源观、动态能力观以及战略互动观阐明了企业为什么投资于资源和能力,并以此在动态环境中获得可持续竞争优势。财务领域中的价值评估技术有利于对这些资源进行量化分析,以使企业能够灵活调整和重新配置资产,开发和利用协同效应,从而创造新的机会(比如市场时机选择、先发或后发优势等)。因而这一思想为优化资源配置和实现企业价值最大化所进行的财务战略决策提供了新的分析视角。

第三节 企业财务战略的种类与选择

一、成本领先战略

成本领先战略指企业决定成为所在产业中实行低成本生产的企业。企业经营范围广泛,为多个产业、部门服务,甚至可能经营属于其他有关产业的业务。企业的经营面往往对其成本优势举足轻重。成本优势的来源因产业结构不同而异。它们可以包括:追求规模经济、专利技术、自动化组装、原材料的优惠待遇、低成本设计、有利于分摊研制费用的销售规模、低的管理费用、廉价的劳动力和其他因素。追求低成本的生产厂商地位不仅仅需要向下移动学习曲线,而且必须寻找和探索成本优势的一切来源。典型的低成本生产厂商生产标准化或实惠的产品,并且要在强调从一切来源中获得规模经济的成本优势或绝对成本优势上大做文章。

实行成本领先战略的企业的优势是显而易见的,由于企业的成本优于同行业中的其他企业,所以产品在以行业平均价格进行销售时,企业取得的利润就高于同行业的平均水平,这一优势在行业内进行削价竞争时尤其明显,由于销售价格的降低,其他企业的盈利降低甚至接近于零或负,这时低成本的企业还存在盈利的空间,其低成本的地位即转为高收益。另外,如果企业产品销售保持的是行业的平均盈利率,那么企业产品的市场表现则是更低的销售价格,这无形中能够增加产品的竞争力,所以成本领先战略是企业最普遍最通用的竞争战略之一。

成本领先战略一般要求企业成为激烈竞争中的一员,因为每一个百分点的市场占有率都被企业认为是至关重要的。成为业内的成本领先者,不是争夺这个位置的众多企业中的一员,如果实行该战略未能认识到这一点,那么在战略上将会铸成大错。渴望成为成本领先的企业绝对不止一家,他们之间的竞争通常很激烈。

成本领先战略的关键在于其凭借成本上的领先地位来取得竞争优势,这与在市场销售上采取的低盈利、低价格的策略是截然不同的。成本领先战略的成功取决于企业日复一日实施该战略的技能。成本是不会自动下降为领先水平的,它是持之以恒实施的结果。企业降低成本的能力会有所不同,甚至当两企业的规模、生产量类似时也是如此,其领先能力不但取决于战略的实施,还取决于管理层对其的注意程度。另外,如果企业想要彻底地确立其成本领先地位,多数时候必须依靠重大技术革新来改变其成本地位,而小的成本领先很难使成本领先战略成为企业的主要竞争战略。

在实行成本领先战略时,我们常常需要注意下面一些错误导向:(1)重视生产成本而忽视其他:成本的降低使人首先联想到的就是生产成本的降低,但多数时候生产成本只是总成本的一部分而已,在我们重视降低生产成本的同时,我们还需要认真地审视一下产品的整个成本链,这往往成为成本降低的重要步骤;(2)将采购视为次要部分:采购是成本降低过程的最重要的环节之一,所以不能视采购为次要职能,也不要将采购分析限制于某些重要方面;(3)忽视间接的及小的活动:在实行成本领先战略时,不要将眼光放在能够产生大的成本降低或直接反应的方面上,而忽视占成本小部分或只有间接关系的部分,要知道小的降低能够累积为大的领先;(4)对成本驱动因素的错误理解:企业常常会错误地判断他们的成本驱动因素,如全国占有率最高而又是成本最低的企业,常被错误理解为市场占有率能够推动成本降低,错误的理解会导致产生错误的行动;(5)成本领先与产品特色的取舍:如果企业的产品在顾客面前表现为具有特色的产品,那么在实行成本领先战略时就必须充分地考虑这一点,在某些时候,成本的降低可能会影响产品的某些特色,降低成本还是让产品保持特色?这是需要深思熟虑的。

二、产品差异化战略

产品差异化是现代营销理念中一个非常重要的概念。在产品同质化日益严重的市场上,通过差异化,企业一方面可以减小与其他同质产品的竞争程度,形成自己的竞争优势,获得消费者的认可,甚至忠诚,还可以获得较高的溢价。另一方面,企业在进行产品线拓展时,就可以利用原有产品在消费者心目中既定的差异化形象,降低推广新产品所必须的大量开发及市场推广费用。对于一般商品而言,差异总是存在的,只是大小强弱而已,这些差异是产品存在的自然差异。产品差异化追求的就不仅仅是这个效果,它是指企业通过技术、营销等手段有目的地将本企业的产品与别的产品区分开来,所追求的差异是产品的"不完全替代性",即本企业为顾客提供的产品,至少一种或某些特性是对手不可替代的。"鹤立鸡群"是产品差异化追求的最高境。尽管各个企业产品差异化的招数林林总总、千差万别,但就差异化的着眼点,即差异化的出发点来说却不多。总结起来大致有如下八个。

（一）产品特性

利用产品特性为着眼点进行差异化，就是通过强调或突出产品的某种或某些特性，以此来形成产品特色，它是差异化中最常用的方法之一。有了自己的特色之后，企业产品自然就和其他产品形成了差异。海尔便在空调领域将这一点用到了极致，它所推出的每一款空调都在产品特性上大做文章。在节能方面，于1993年生产出国内第一台分体变频空调的海尔在某种程度上就成了变频空调的突出代表，变频就意味着节能，在消费者的头脑里海尔变频空调便有了显赫地位。在健康概念方面，海尔通过改变空调的送风模式，推出了上下吹风不吹人的"聪明风"空调，利用直流高效变频技术推出了海尔"氧吧"空调，并在空调中增加了除菌技术。"聪明风""氧吧"等形象生动的诉求马上就获得了消费者的关注，并在他们的脑海中有了很深的印象。海尔还充分将上面这些特色进行组合，推出了"海尔氧吧除菌空调""海尔高效氧吧变频王空调"，凸显海尔空调节能、杀菌换气、健康呼吸的特色，这些都极大地提高了海尔空调与其他空调的差异，从而奠定了其强悍的优势地位。2003年海尔包揽最畅销空调的冠亚军，在2004年上半年的空调市场上，海尔以38％的市场占有率高居榜首，这些便是差异化的最好说明。

（二）全面的解决方案

这是一种不太常见但却非常重要的差异化方法，其主要着眼点便是综合利用企业内部各项职能，通过将多种关联的职能有机结合起来为企业客户提供全方位、一系列服务，从而让本企业产品具有某种与众不同的优势。这要求企业自身实力强大、业务种类多且各项业务之间的关联度比较大。如IBM销售的大型机，它将IBM的产品、信息技术咨询、售后服务等都融合在一起。购买IBM大型机的客户，将获得不仅仅是一个由电子零件构成的大蓝盒子，还包括一种可靠的服务承诺——高水平服务、技术支持和咨询。这些也就成了IBM大型机与别的竞争产品最大的差异。在铁路设计行业，有着"老大"之称的铁道部第四勘察设计研究院，也是凭借其全面解决方案，赢得了越来越多用户的好评和信任，并逐步奠定了自己业内老大的江湖地位。它的最大过人之处，就是能根据客户的需求，提供包括勘察、设计、施工、监理等在内的一系列服务。

（三）时间/历史

利用时间/历史进行产品差异化，主要有两点依据：一是在消费者当中普遍存在着这样一种观念，即某种产品在市场上存在的时间越长，历史越久，产品肯定就越好。一方面，在长期生产经营中，企业的经验值越积越高，产品自然也就越做越好；另一方面，存在时间越长，历史越久远的产品，越可能具有某种特色，至少不会太差，否则它早就在激烈的市场竞争中被淘汰出局了。始于清朝道光年间，具有百余年历史的广东凉茶王老吉，就凭借"历史"轻易地在广东凉茶市场上占据了显赫地位。市场上很多"老字号"，如"六必居"、"同仁堂"等，厚重的历史感无形之中增加了消费者的信赖感，自然也与市场上的同类产品有了区别。另一个依据是某些产品的品质与档次和时间有很大关系。这一点在白酒行业尤其明显。人们通常认为白酒储存的时间越长，年代越久远，品质就越好，故在白酒行业出现了大量的以时间为差异化手段的做法。如古井贡酒首推十年陈酿、五年陈酿概念,借此在很好地凸显自己品牌酒品质与档次的同时,也与同等价位的白酒形成了差异。

(四)地理位置

利用地理位置进行差异化,就是利用产品原产地所独特的人文、地理以及生态气候等来与其他产品、其他品牌相区别。如内蒙古草原兴发集团借助大草原纯天然、无污染、得天独厚的资源优势来推广它的"草原兴发"绿鸟鸡。广告画面上,那些生活在一望无际的青青绿草上,"饿了吃青草,馋了食蚂蚱",来自内蒙古大草原的绿鸟鸡,自然就别有一番风味了。奇正藏药也是通过重点强调其药材都是来自充满神秘和传奇色彩的西藏,而以此来与别的药品产生差异的。伊利牛奶强调它是来自大草原的牛奶,凸显其清洁、无污染,在日渐强调绿色消费的今天,它自然也就有了很好的市场需求。

(五)产品组合

产品组合就是通过配套组合企业的产品,在让消费者使用起来更方便、效果更好的同时,也使自己的产品优势更明显,与其他产品的差异性更明显。如吉列剃须刀只有在与它配套的剃须专用水配套使用后,使用者才会感觉更舒适,也才能更好地体验吉列剃须新境界。创新公司在这方面也是一个比较成功的例子。它每推出一款新的声卡,都专门为这款声卡配套推出专用的音箱,在让消费者享受到更好的音响效果的同时,创新公司的产品也与竞争产品有了明显的差异。

(六)与第三方关联

与第三方关联进行差异化的方法有两种:一种是强调本产品使用了第三方的产品或技术,借用第三方市场影响力或市场威望来提升自己的产品,从而与别的产品形成差别。例如,志高空调强调其使用的压缩机是三菱的,90%以上的产品外包装上都非常醒目地标示了"采用三菱电机压缩机",以此与别的空调品牌相区别。上汽奇瑞宣称其 A15 系列采用的是宝马原装发动机,并把它作为自己产品的最大卖点,在提升自己产品档次的同时,也能与竞争品牌形成差异。北大四季沐歌太阳能强调其使用的是北大技术的真空管,突显其技术先进、品质过硬,为自己产品在市场中抢占了有利地位。另一种是强调第三方使用了本企业的产品。如长城润滑油自豪地称自己为"神舟五号"使用的润滑油,五粮液为"人民大会堂国宴酒",农夫山泉为"第××届奥运会唯一指定饮用水"等。

(七)声望

利用声望进行差异化的方法主要也有两种:一种是在推出新产品时,利用自己原有声望使之与别的产品相区别。如五粮液在推出新品——五粮春时,就大肆宣扬"名门之后,五粮春"。系出名门的五粮春便与同等价位的白酒品牌形成了差异。另一种是利用别人声望来凸显自己从而形成差异。如联想通过赞助奥运会,成为国际奥委会 TOP 赞助商,利用奥运会的声望与国内的 PC 品牌形成了差距,并拉近了与国际厂商的距离。

（八）用途诉求

当市场上同类产品的功效都大致相同时，要想使自己的产品与众不同、脱颖而出，企业可以超越产品的原有用途进行诉求。脑白金便是一个典范。它本来是一种保健品，但"送礼就送脑白金"，大范围、高密度、长期的广告宣传，硬是让受众接受了"脑白金"是一种时尚礼品。在品牌林立的保健品市场上，脑白金便借用独特的用途诉求，与其他品牌形成了差异。雕牌洗洁精也是一个比较成功的例子，在"会让盘子唱歌的洗洁精"的诉求逐渐深入人心的同时，雕牌洗洁精也具有了自己独特的差异化优势。

总之，在当今市场上，没有自己特色，无法让消费者感觉到你的特色产品，是很难获得消费者青睐的。但是，无论你如何对产品进行差异化，差异的存在与否，差异的有效与否，最终还是依赖于消费者的感知、评判。因此，对于产品来说，最重要的还是要从消费者出发，利用恰当的着眼点进行差异化。

三、目标集中化战略

目标集中化战略是主攻某个特定顾客群、某产品系列的一个细分区段或某一个地区市场。与低成本、标新立异的产品都是要在全产业范围内实现其目标不同，目标集中化战略的整体却是围绕着为某一特定目标服务这一中心而建立的。实施此战略的前提是：公司业务的专一化能够以较高效率、更好地为某一狭窄的战略对象服务，从而超过在更广阔范围内的竞争对手。目标集中战略有两种不同形式：企业着眼于在其目标市场上取得成本优势的是成本集中战略；而着眼于在其目标市场上取得独特形象的是别具一格集中战略。企业可以通过满足特殊对象的需要而实现产品的差异化，或者在提供专一的产品或服务时实现低成本，或者兼有二者。这种战略比较适合于某些中小企业。通过以专补缺、以小补大，满足市场用户的特殊需要，中小企业可以规避与产业中大型企业的竞争，获得企业生存发展的机会。

企业主体竞争战略的选择必须依据市场环境的特点以及企业自身的实力和优势，只有符合企业实力、适应市场特点的战略选择才可能为企业未来的发展带来优势。一旦选择好其战略体系的主体方向，就可以在此基础上依据具体环境来制定分战略。

在市场细分后只针对一个特定的目标市场提供非常有特色的产品和服务是很多中小企业的选择。这样可以避免激烈竞争，同时可以集中优势兵力在很小范围内或市场上专注经营，以形成竞争优势，如北大方正的中文电子排版系统和金利来的男士职业服装。

🔲 第四节　企业财务战略能力的综合分析

一、外部因素 PEST 分析

PEST 分析是指对宏观环境的分析，P 是政治，E 是经济，S 是社会，T 是技术。在分析一个企业所处背景的时候,通常是通过这四个因素来分析企业所面临的状况。

(一)政治法律环境

政治环境主要包括政治制度与体制、政局、政府的态度等;法律环境主要包括政府制定的法律、法规。

(二)经济环境

构成经济环境的关键战略要素:GDP、利率水平、财政货币政策、通货膨胀、失业率水平、居民可支配收入水平、汇率、能源供给成本、市场机制、市场需求等。

(三)社会文化环境

影响最大的是人口环境和文化背景。人口环境主要包括人口规模、年龄结构、人口分布、种族结构以及收入分布等因素。文化环境主要包括社会结构、社会风俗和习惯、信仰和价值观念、行为规范、生活方式、文化传统等因素。

(四)技术环境

技术环境不仅包括发明,而且还包括与企业市场有关的新技术、新工艺、新材料的出现和发展趋势以及应用背景。

二、SWOT分析

企业外部环境和内部环境都对企业的财务战略产生影响。因此,要做出最佳的财务战略决策,就必须分析和预测这些环境因素的变化和影响。一般而言,企业战略管理侧重于强调外部环境的影响,而传统财务管理是侧重于企业内部环境分析。实际上,企业外部环境和内部环境是相互影响、相互作用的。一方面,企业外部环境对企业内部环境有制约作用;另一方面,改善企业内部环境,可以增强企业实力,反作用于外部环境,从而形成新的竞争实力。充分利用企业的内部优势并抓住外部环境来发展自己,能够不断提高企业在市场上的竞争优势。因此企业财务战略决策必须进行企业内外部环境的综合分析,使企业在内外环境的动态平衡中,做出最佳的财务战略决策。SWOT分析如图2-4所示。

"增长"区域。这一区域情况最有利,外部环境机会很多,内部优势也强,因此企业可以增加投资,把力量集中在现有产品和市场上,使企业迅速扩大。

"退缩"区域。这一区域内部弱点明显,外部威胁巨大,撤资退出显得更为明智。

"转移优势"区域。这一区域内部优势很强,同时面临的外部威胁很大,此时,企业可以将已有的优势转移到稍有不同的相关领域中作进一步发展。即在相关领域内进行多样化投资,在充分利用企业业务优势的同时,又避开了巨大的威胁。

"克服弱点"区域。这一区域环境机会很多,但内部弱点也同时存在,所以企业投资战略应考虑克服和避免这些弱点。企业应通过SWOT分析确定自己的投资是否合理,为财务战略决策和实施服务。

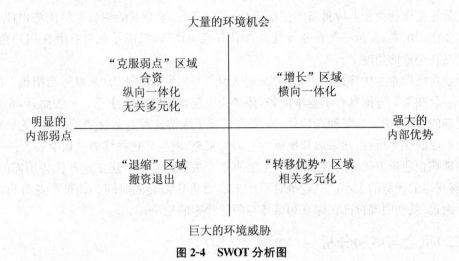

图 2-4 SWOT 分析图

企业内外部环境综合分析采用 SWOT(优势、弱点、机会、威胁)分析,通过揭示企业面临的机会与威胁、优势与弱点,将外部机会、威胁与企业内部优势、弱点匹配起来,形成不同的战略,这些战略应当能够发挥优势、抓住机会、克服弱点、回避威胁,最终为企业取得竞争优势奠定基础。优势、弱点、机会、威胁的组合配对形成了四个象限,每个象限有不同特征,因而形成不同的财务战略。

SWOT 分析实际上是将对企业内外部条件各方面内容进行综合和概括,进而分析企业的优劣势、面临的机会和威胁的一种方法。其中,优劣势分析主要着眼于企业自身的实力及其与竞争对手的比较,而机会和威胁分析将注意力放在外部环境的变化及对企业的可能影响上,但是,外部环境的同样变化给具有不同资源和能力的企业带来的机会和威胁却可能完全不同,因此,两者之间又有紧密联系。

(一)优势与劣势分析

当两个企业处在同一市场或者说它们都有能力向同一顾客群体提供产品和服务时,如果其中一个企业拥有更高的赢利率或赢利潜力,那么,我们就认为这个企业比另外一个企业更具有竞争优势。换句话说,所谓竞争优势是指一个企业超越其竞争对手的能力,这种能力有助于实现企业的主要目标——赢利。但值得注意的是:竞争优势并不一定完全体现在较高的赢利率上,因为有时企业更希望增加市场份额,或者多奖励管理人员或雇员。

竞争优势可以指消费者眼中一个企业或它的产品有别于其竞争对手的任何优越的东西,它可以是产品线的宽度、产品的大小、质量、可靠性、适用性、风格和形象以及服务的及时、态度的热情等。虽然竞争优势实际上指的一个企业比其竞争对手有较强的综合优势,但是明确企业究竟在哪一个方面具有优势更有意义,因为只有这样,才可以扬长避短,或者以实击虚。

由于企业是一个整体,并且考虑到竞争优势来源的广泛性,在做优劣势分析时必须从整个价值链的每个环节上,将企业与竞争对手做详细的对比。如产品是否新颖,制造工艺是否复杂,销售渠道是否畅通,以及价格是否具有竞争性等。如果一个企业在某一方面或几个方面的优势正是该行业企业应具备的关键成功要素,那么,该企业的综合竞争优势也许就强一些。需要指出的是,衡量一个企业及其是否具有竞争优势,只能站在现有潜在用户角度上,而不是站在企业的角度上。

企业在维持竞争优势过程中,必须深刻认识自身的资源和能力,采取适当措施。因为一个企业一旦在某一方面具有了竞争优势,势必会引起竞争对手的注意。一般而言,企业经过一段时期的努力,建立起某种竞争优势,然后就处于维持这种竞争优势的态势,竞争对手直接进攻企业的优势所在,或采取其他更为有力的策略,就会使这种优势受到削弱。

而影响企业竞争优势的持续时间,主要有三个关键因素:(1)建立这种优势所需的时间;(2)能够获得的优势的大小;(3)竞争对手作出有力进攻需要的时间。如果企业分析清楚了这三个因素,就会明确自己在建立和维持竞争优势中的地位。

(二)机会与威胁分析

随着经济、社会、科技等诸多方面的迅速发展,特别是世界全球化、一体化过程的加快,全球信息网络的建立和消费需求的多样化,企业所处的环境更为开放和动荡。这种变化几乎对所有企业都产生了深刻影响。正因为如此,环境分析成为一种日益重要的企业职能。

环境发展趋势分为两大类:一类表示环境威胁,另一类表示环境机会,环境威胁指的是环境中一种不利的发展趋势所形成的挑战,如果不采取果断的战略行为,这种不利趋势将导致企业的竞争地位受到削弱。环境机会就是对企业行为富有吸引力的领域,在这一领域中,该企业将拥有竞争优势。

对环境的分析也可以有不同的角度,比如前面介绍的 PEST 分析:即从政治法律、经济、社会文化和技术的角度分析环境变化对本企业的影响。

哈佛大学教授迈克尔波特的名著《竞争战略》中,提出了一种结构化的环境分析方法。有时也被称为"五力分析"。他选取的五种环境要素如下。

(1)产业新进入的威胁。进入本行业有哪些壁垒?它们阻碍新进入者的作用有多大?本企业怎样确定自己的地位(自己进入或者阻止对手进入)?

(2)供货商的议价能力。供货商的品牌或价格特色,供货商的战略中本企业的地位,供货商之间的关系,从供货商之间转移的成本等,都影响企业与供货商的关系及其竞争优势。

(3)买方的议价能力。本企业的部件或原材料产品占买方成本的比例,各买方之间是否有联合的危险,本企业与买方是否具有战略合作关系等。

(4)替代品的威胁。替代品限定了企业产品的最高价,替代品对企业不仅有威胁,可能也带来机会。企业必须分析,替代品给企业产品和服务带来的是"灭顶之灾"呢,还是提供了更高的利润或价值;购买者转而购买替代品的转移成本;企业可以采取什么措施来降低成本或增加附加值来降低消费者购买替代品的风险?

(5)现有企业的竞争。行业内竞争者的均衡程度、增长速度、固定成本比例、本行业产品或服务的差异化程度、退出壁垒等,决定了一个行业内的竞争激烈程度。企业核心竞争力分析如图 2-5 所示。

显然,最危险的环境是进入壁垒、存在替代品、由供货商或买方控制、行业内竞争激烈的产业环境。

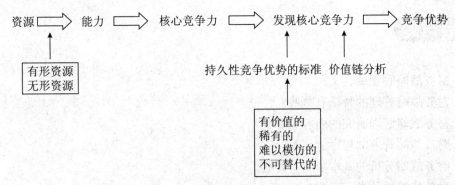

图 2-5　企业核心竞争力分析图

　　总之,企业的环境分析对财务战略的动态优化有重要影响,正是因为日益复杂和快速的环境变化,企业才需要调整财务战略。通过环境分析从而调整企业总体战略和财务战略以把握商机,建立企业独特的资源利用方式,保持企业的竞争优势。

本章小结

　　企业财务战略管理是为谋求企业资本均衡有效的流动,提高资本运营质量和效益,实现企业战略目标,为增强企业竞争优势,在分析企业内、外部理财环境因素对资本流动影响的基础上,对企业资本流动进行全局性、长期性和创造性的谋划,并确保其执行的过程。企业财务战略管理主要具有以下几个特性:从属性、导向性、长期性、系统性、风险性和重大性等。企业财务战略管理的内容主要包括筹资组合战略、资本投资战略、资本收益分配战略等三个部分。而企业财务战略管理程序可分为:进行理财环境分析、确定企业的长远发展财务战略目标、可行性论证,以及最终决策等几个步骤。财务战略管理对传统财务管理的挑战表现在对财务管理目标的挑战、对财务管理假设的挑战、对财务管理对象的挑战和对财务要素的挑战。财务战略管理发展的历史进程包括五个阶段,分别是:(1)财务计划与预算控制阶段;(2)筹资财务管理阶段;(3)内部控制财务管理阶段;(4)现代财务管理阶段;(5)战略财务管理阶段。

　　财务战略管理的分析方法主要有产品生命周期战略、投资组合分析之波士顿矩阵、企业价值链分析、成本动因分析、财务风险与经营风险分析、行业的竞争结构分析——五种竞争力量以及财务战略决策中的期权博弈分析等。

　　企业有多种可供选择的竞争战略,主要有成本领先战略、产品差异化战略与目标集中战略。企业要根据自身的特点和时机来选择合适的竞争战略,来巩固自身的地位。

　　在财务战略与企业竞争力的综合分析中,主要介绍了外部因素 PEST 分析与 SWOT 分析。

课后习题

1. 财务战略管理的含义。
2. 财务战略管理的特征有哪些？
3. 财务战略管理研究的内容有哪些？
4. 财务战略管理的程序。
5. 财务战略分析的基本步骤有哪些？
6. 财务战略的种类有哪些？
7. 财务战略管理发展的历史进程如何？
8. 产品生命周期战略的主要内容有哪些？
9. 投资组合分析的主要内容有哪些？
10. 企业价值链分析的主要内容有哪些？
11. 行业竞争结构分析的主要内容有哪些？
12. 成本动因分析的主要内容有哪些？
13. 财务风险与经营风险分析的主要内容有哪些？
14. 财务战略决策中的期权博弈分析的主要内容是什么？
15. 企业竞争战略的种类有哪些？
16. 成本领先战略的基本内容是什么？
17. 产品差异化战略的基本内容是什么？
18. 目标集中化战略的基本内容是什么？
19. 外部因素 PEST 分析的主要内容是什么？
20. SWOT 分析的主要内容是什么？

第三章

企业转移定价管理

💡 **学习目标：**通过对本章的学习，需要对企业转移定价管理的基本概念和理论进行概括了解，并熟练掌握相关的国内转移定价和国际转移定价方法以及建立转移定价系统的过程，以适应当前企业财务战略规划需要。

第一节 转移定价相关概念及基本理论

转移定价（TP）问题由来已久，针对该问题的研究也方兴未艾。早在20世纪40年代，转移定价问题已经逐步得到了人们的重视，特别是Hirshleifer(1956)运用微观经济学理论，通过建立数学模型，提出了当中间产品转移价格等于边际成本时总利润最大化的理论，该理论被认为是研究转移定价问题众多文献中的经典之一。针对任何问题的研究，我们都会从最基本的概念入手。研究转移定价问题也不例外，因此在这里我们首先需要明晰转移定价的内涵，并界定相关概念，同时我们还需要了解转移定价的相关理论。

一、转移定价的相关概念

定义基本概念是转移定价问题研究和开展转移定价理论及实际工作的基础，从而我们可以在交流和分析中做到准确、严谨。

（一）对转移定价内涵的理解

定价决策是一种十分重要的营销手段。在市场营销活动中，企业为了实现自己的经营战略和目标，经常根据不同产品市场需求和竞争情况，采取各种灵活多变的定价策略，使价格与市场营销组合中的其他因素更好地结合，促进和扩大销售，提高企业的整体效益。

转移定价是定价决策中的特殊形式。Transfer Pricing 中 transfer 一词来自于古法语"transferer"，意思是"移交"(remove)或者"接管"(convey)等。在拉丁语中 transfer 写成"transferre"，是 trans＋ferre 的组合体，其中"trans"含有"越过"的意思，"ferre"包含"拿着、携带"的意思。国内对 Transfer Pricing 的翻译主要集中在两种：转移定价和转让定价，其他诸如内部划拨价、调拨价、管理价只是实际应用过程中的称谓，在文献中使用得并不多，因此在这里我们只讨论"转移定价"和"转让定价"这两种情况。

通过对很多文献的研究发现：在有关税务方面的文献中大多使用"转让定价"这一概念，而在其他领域里，例如会计领域或者管理领域里多使用"转移定价"，虽然一字之差，但是其内部含义却出现了轻微变化。之所以有这两种意思，我们认为：从"转让"和"转移"的字面上可以看出："转让"带有感性色彩，有"让与"的意思，强调一方牺牲一定的利益，而另一方获得该利益；而"转移"是一个中性词，强调空间上的变化。在税务领域里，一些企业特别是跨国公司利用转移定价逃税、避税、规避贸易壁垒、贸易保护以及利用各种不正当手段转移利润，因此各国税务管理当局并不认可转移定价，把它看作一种不适当转移利润的手段，因此带有"贬义"，只把它作为人为操纵的手段，以便在特定国家通过减少利润、制造亏损来逃避税收和关税负担。其实真正从"转移定价"的初衷来看，它只是在企业内部分权条件下，为了更好地对各部门进行业绩评价所采用的一种管理手段。为了公平评价每一个部门业绩，要求制定转移定价时做到公平、公正,对任何一个部门利益的倾斜都会影响整个企业,因此它并不包含感情色彩,译作"转移定价"也更确切,因此基于以上考虑,我们主要使用"转移定价"的概念。其中,转移价格是企业定价过程中最终的价格。

(二)关于转移定价概念的观点及解释

1. 关于转移定价概念的争议

事物的发展总是在不断变化的,概念也是一样,它是随着主观和客观世界的变化而发展、成熟起来的,同时由于学者思考问题的角度不同,以及对问题的认识程度不同,对于转移定价的争论也会存在不同的观点。而且,由于所处时代不同,对转移定价的外延认识也不一样。针对转移定价概念的主要观点如下。

(1)最早认为企业内部的转移只是除最终产品以外的产品的转移,例如:原材料、半成品等,并没有包括最终产品。实际上在一些较大企业,经常会设立一种特殊部门,专门从事销售制造部门生产出的最终产品,把中间产品转移到该部门,并由该部门统一进行销售,部门成本依据规定的方式转移到其他部门中。

(2)早期的研究只把有形产品作为研究对象,而忽视了无形产品的转移问题。随着科学技术的发展,人们逐渐认识到无形资产的重要性,而且在企业中无形资产也会发生转移,例如专利权、商标、专营权、许可证、合同等。因此对无形资产转移问题也逐步得到研究。

(3)服务是一种特殊的商品,尽管看不见、摸不着,但是它却是以各种形式存在,例如企业中管理性质的服务或者维修性质的服务,甚至财务部门、统计部门,都会对生产部门提供服务,这些服务实际上都是一种内部转移的标的物。针对生产部门收取的间接费用、管理费用都可以看作是为提供服务所确定的价格,因此后来的学者也把服务看作是转移产品的特殊形式。

(4)早期研究一般认为转移只是发生在部门和部门之间,总部和部门之间并不发生转移。其实这也是认识上的片面性,一方面不仅是同一企业中发生部门和部门的转移,在部门和总部之间也存在有形产品、无形产品以及服务的转移,例如总部向下属部门提供一些有偿服务(会计、法律等),或者总部向下属部门提供带有垄断性质的材料等也都是该范畴的转移;另一方面随着企业集团类型的多样化,不仅在相同企业中会发生转移,即使关联方企业中的转移也被看作是转移定价的一部分。

2. 转移定价的内涵及内容

定价也就是针对产品作出价格决策,依据上述定义我们认为:转移定价是在同一个企业中,为了实现企业的整体利益,一个组织单位与另一个组织单位进行内部交易时所采取的定价方法。该定价方法与正常市场情况下的定价方法有一定的区别,其中由转移定价所确定的价格也就是转移价格。广义的转移定价还包括关联企业之间的转移定价。

从以上定义中我们在分析转移定价时,依据转移标的物来分,包括以下三种。

(1)产品的转移

第一,有形产品:指一切实物的有用的东西,通常也称为货物。

主要包括五大类:①原材料;②中间产品;③产成品;④零部件;⑤机器设备。

该领域中的转移,无论是从数量上来看,还是从金额上来看,在企业中所占的比重最大,也是最重要的一部分,因此也是最值得研究的一部分。

第二,无形资产:指虽不具有物质实体,却能使拥有者在生产经营中长期受益的非流动性资产,主要包括两大类:

①知识产权:包括专利权、商标、版权、计算机软件、方案思路、专门资料、秘诀和专有技术、商誉、顾客清单、职工队伍、企业管理系统等;

②其他产权:专营权、许可证、合同、物产权(如土地使用权、采矿权)、租赁权、优惠融资条件。

由于技术、专利、商标、专有知识、商业秘密和商业信誉等无形资产具有独占性,其定价缺乏外部相应的价格作为参照,在无形资产转移定价过程中,转移双方之间存在明显的信息不对称现象,因此这方面的定价也最困难。

(2)服务

包括三大内容:

第一,日常服务的提供:如提供会计、法律服务,一般要根据服务的成本再加以合理比例的利润来决定报酬的收取或支付,如果支付不是依据市场价格,就会出现转移定价问题。

第二,提供生产和质量控制方面的技术协助。

第三,提供管理性的服务。

(3)金融

主要表现在:

第一,有关贷款利息率:企业内部部门之间提供贷款的利息率如果与同样条件下市场利息率有差距,不论是过高还是过低,都会被视为转移定价。

第二,有关资本结构:减少自有资本数量的同时增加贷款数量,从而获得增加利息扣除的结果,这一方法也视为转移定价的一种形式。

3. 国内转移定价与国际转移定价

国内转移定价(domestic transfer pricing)是相对于国际转移定价而言的,企业中一个部门向另一个部门转移产品时没有跨越国界,只在同一个国家中的企业内部转移产品,因此并不存在各国税率不同的问题,它只是影响本国不同地区之间的分配。一些国家对转移定价的最初注意力是放在国内交易上,因为这些国家实行地区性鼓励方案,在优惠地区经营的关联企业把利润转移过来,可以获得税务上的优惠,而其他地区则不存在该优惠。

国际转移定价(international transfer pricing)也称跨国公司转移定价,它是国际关联企业之间内部交易的定价方法,也就是分布在世界不同地方的企业部门之间转移产品、服务、金融、无形资产的定价过程。

对于企业来说,由于两种转移定价相关的内外部因素不同,特别是国际转移定价处于复杂、多变的国际税务环境中,因此两种转移定价所带来的功效也有天壤之别。一般人认为,国内转移定价更加注重对企业内部管理上的影响,国际转移定价关注税务问题,两者在后面都会作重点阐述。

二、转移定价的基本理论

随着转移定价在企业中重要地位的不断提高，人们逐步认识到转移定价的重要性，致力于该方面的理论研究也很多，形成的理论体系主要有以下几个方面。

(一)经济学理论——追求利润最大化

经济学理论最具有代表性人物是 Hirshleifer。1956 年，Hirshleifer 运用微观经济学的原理建立了数学模型，并提出了一系列的假设：假设一，企业有两个部门，买方部门和卖方部门；假设二，每个部门的经营成本是独立的，也就是我们所说的供给独立；假设三，每个部门的对外销售不能减少其他产品的外部需求；假设四，每个部门生产单一产品；假设五，边际制造成本和边际生产成本是可计量的；假设六，一个单位中间产品生产一个单位的最终产品。

在上述假设的前提下，通过研究三种情况下的转移定价：第一种情况，当中间产品不存在外部市场，企业整个转移产品的数量是由总边际成本等于总边际收入下确定的，该种情况下最终确定的转移价格等于边际制造成本；第二种情况，当市场在完美竞争条件下，该种情况下确定的转移价格等于市场价格；第三种情况，当市场处于不完全竞争条件下，作者认为企业处于歧视垄断阶段，可以把产品销售到其他外部市场。

Hirshleifer 最终结论认为企业边际成本应该等于边际收益；上游部门的边际成本应该等于本部门的边际收益；下游部门的边际成本加上转移定价应该等于从顾客获得的边际收益。最终推导出当中间产品转移定价确定为与边际成本相等时，总公司利润最大。Hirshleifer 认为总公司应该制定规章，确定中间产品的内部转移价格等于边际成本，以确保总公司的整体利润达到最优，他倾向于企业目标的一致性。上游部门必须提供给下游部门转移价格的需求或供给表，下游部门依据转移价格确定输出水平，并要求销售部门以边际成本销售。但是我们发现，该方法存在严重问题：第一种问题，边际成本转移定价可能导致部门经理行为偏差，例如部门会为了自身利润最大化提供给总部错误信息，而且制造部门的无效率会传递到下一个部门，因此不符合业绩评价原则；第二种问题，定价系统高度集权化会造成部门的无效率。

很多人认为 Hirshleifer 的研究找到了企业利润最大化方法，但是减少了部门经理的自治。因为即使部门中间产品存在不完全竞争市场，管理中心也不允许买卖部门垄断经营，而且这一情况不适用于所有市场条件，高层管理中心人为设定的转移定价，会造成部门和管理中心之间的冲突。由于最终产品的价格并不明确，用 Hirshleifer 的转移定价方式存在两方面问题，主要是：由于不完全外部市场很难定义，因此不能保证企业总体目标的最大化；Hirshleifer 的转移定价只反映了购买方的风险，并不能反映制造部门的风险。因此主张：首先，依据部门的特点，把风险分配到部门之中，而忽略管理中心的立场；其次，把管理中心放在首位考虑，忽视部门的优势。由于主要从管理中心的角度把风险分配到部门之中，因此也没有体现部门优势。

近来很多学者认为 Hirshleifer 理论存在很大缺陷，对企业不具任何指导意义。主要原因是 Hirshleifer 在建立模型的时候忽略了代理成本(agency costs)。因为当中间产品存在非完全竞争外部市场时,上游子企业为了追求本企业利润最大化,将会尽可能将产品销往外部市场,而不愿以等于边际成本的价格转移给下游企业。为防止这种现象出现,总公司必须建立一套严密的监控系统监督其执行,这将造成很高的代理成本。另外,在对下属的业绩评价方面,一般企业对下属部门管理者的业绩评价是以各部门的利润状况为基础的,如果转移价格等于边际成本,则上游部门的管理者不会有积极性去进行产品革新。这是因为假如上游部门进行了产品改革,增强了最终产品的市场竞争力,为总公司获得了高额利润,但是上游部门得不到任何好处,利润全部转移给了下游部门,因此上游部门不会去进行技术改造,或者采用先进的生产技术和工艺流程来降低变动成本,甚至可能出现为了提高转移定价而操纵成本或虚报成本数据的现象。为了避免这种现象,总公司必须建立一套完善的管理系统来评价下属管理者的绩效,并进行收益分配。而这种系统需要搜集大量信息,并涉及管理的各个层面,要花费很高的成本。因此从长远来看,转移价格等于边际成本的定价策略损害了总公司对下属部门的业绩评价,打击了上游部门进行技术改造、生产合作的积极性,增加了管理成本,这样只能追求短期利润最大(short-run profit maximization),并不能达到企业的长期利润最优(long-run profit maximization)。

总的来说,经济学方法以管理中心为出发点,可以使企业达到整体利润最大。但是,由于管理中心干涉了转移定价和产出决策,因此忽视了部门的业绩评价,而且很多人在讨论此观点时都是建立在企业只有两个部门的假设之上,这显然与企业的实际情况不相符合,因此并不能解释现实中的企业特征。

(二)代理理论——管理者假说

在现代企业中,形成了一系列的委托代理关系,主要包括股东和经营者之间的委托代理关系,经营者和管理者(分公司经理、职能部门经理)之间的委托代理关系,管理者和员工的委托代理关系。委托代理关系的费用支出体现为代理成本,转移定价问题与代理理论的联系也是千丝万缕的。

一些观点认为:一个企业有两个部门,每个部门经理进行经营时都会以本部门利益最大化为出发点,这两个部门经理紧密相连点是企业的内部交易,通过内部交易每个部门都希望增加本部门价值,却忽略了企业的利益,因此管理中心利用转移定价和业绩评价来协调管理中的冲突。如果各部门经理补偿是依据本部门利润为基础,各部门投资并不理想;如果部门经理补偿是依据企业利润时,投资可以达到最大化。他们最终发现,最优风险补偿合同是包括部门和企业双重范围下的利润。

从理论上讲,转移定价应力图使委托代理关系的总代理成本最小化,然而在实际中,客观存在的种种复杂因素又影响着代理成本,由于企业委托人的需求与受托人不同,其行为动机存在一定差距。由于私利的存在,从委托人的角度来说,希望受托人以最大的付出,获得最小的回报;从受托人方面看,其经营动机一般是希望以尽可能少的付出,得到最大的收获。为满足其个人需要,在特定情况下,受托人可以不择手段,甚至会发生有损于委托人利益的行为。对此,委托人只得加大监督力度,通过订立合约、采用激励和约束手段等方式防范受托人的不规范行为,这就提高了直接合约成本以及监督成本,使管理成本加大,也不利于转移定价的执行。

通过全面了解,以判断它的价值,从而决定愿意支付的价格。一般来说,卖方所拥有的信息要比买方多,即对商品的了解要比买方充分。这种信息的不平等造成了交易中的不确定性,严重削弱了市场价格调节机制。一旦出现买卖双方的信息不均等,信息多的一方会占信息少的一方的便宜。这是交易成本的一个重要方面,在知识产品贸易中尤为突出,因此在服务转移定价中最为值得关注。

(三)会计学理论——责任会计假说

转移定价的研究在会计领域起步很早,我们可以找到大量的原始相关文献,而且转移定价问题在管理会计中也受到极大重视。很多人认为转移定价对资源分配影响很大,例如销售部门对内部销售的比例,购买部门内部购买的比例,各部门的产出水平,以及企业自己制造还是从外部购买决策、投资预算决策、最终产品定价决策等。很多文献针对转移定价与部门业绩评价问题提出了实质性的建议,认为转移定价引起了企业利润最大化与各部门利益的潜在冲突,为了追求企业整体利润最大化目标,必须寻求一个适当的转移定价。

会计学在转移定价方法的选择上,我们发现争论的关键是:企业使用市场导向转移定价还是使用成本导向转移定价。市场导向转移定价对部门的业绩评价很有价值,但是成本导向转移定价对企业追求整体利润最大化有相当重要的意义。一些学者阐述了转移定价以及成本导向和市场导向转移定价的优缺点,及管理利润中心的经理自治问题,以及利润中心问题。在1982年,郝格润(Horngren)提出转移定价一般原则是实支成本(经济学家叫做边际成本)加上企业整体的机会成本。在确定转移定价时强调部门自治的重要性,他认为:企业如果分权,部门经理在经营中自治程度很高时,转移定价并不是最优决策。企业处于不同的背景之下,在取舍不同的转移定价方法时,需要企业管理者从自身的实际出发,找到真正适合于本企业的定价方法。有关此问题的说明后续还将进一步阐释。

(四)战略管理理论——多元化战略假说

战略管理理论对转移定价的研究并不是很多,但是管理学专家对转移定价的研究范围很广泛,在管理学理论中,"利润满足化"概念替代了"利润最大化目标"概念。战略管理理论认为:分权制或者市场是管理交易的手段,该理论说明了内部组织的战略维度和竞争优势。企业行为理论说明了企业内部联合决策的重要性,也暗示不能以新经济学理论分析部门经理的私利,并说明了不要忽视激励部门经理进行合作和竞争。其中最有代表性的人物是:埃克尔斯(Eccles)和斯帕斯(Spicer)。

埃克尔斯(1983,1985)采用组织理论进行分析,并使用归纳法和实证研究,利用"二维经理分析平面"(managers'analytical plane)(如表3-1所示)进行分析。该分析说明了转移定价的依据是:(1)垂直整合战略;(2)多样化战略。通过对这两种形式进行分析,他认为:如果没有内部交易,也就不可能实施垂直整合战略,适当的转移定价系统使转移定价与业绩评价相互作用,为了减轻冲突的不良影响,制定转移定价要适当和公正。

表 3-1　埃克尔斯的二维经理分析平面

类别	多样化程度	
垂直整合	低	高
高	合作 强制性全部成本	协作 强制性市场导向定价
低	集权 没有转移定价	竞争 市场定价

资料来源：Robert G. Ecceles：*The Transfer Pricing Problems；A Theory for Practice*，Lexington：Lexington Books. Publisher：Simon & Schuster，1985.

　　斯帕斯通过分析转移定价模型中包含的一系列组织行为战略和交易变量等因素，并在模型中强调内部交易情况的特殊性，把转移产品按照特定标准分类，最终进一步说明在相互依赖的部门之间会产生资本投资复杂性和技术敏感性。中间产品"买卖决策"的关键是交易成本和生产数量，同时也反映了生产和外部交易中存在一定程度的风险。表 3-2 说明了在假定因素下，经过一段时间内部交易的稳定性是检验转移定价的重要标准。斯帕斯依据组织失败理论和行为理论制定了战略、组织结构和管理控制系统下的转移定价。

表 3-2　斯帕斯的组织理论模型

类别	特别投资交易程度		
	高 特殊性	中 特定	低 标准
部门相互交易			
稳定	制造成本		
每年变化		制造成本和协商	
每月变化	特别资产		市场价格
	不能有效竞争	短期差异	外部市场竞争

资料来源：Spicer，Barry H.：*Towards an Organizational Theory of the Transfer Pricing Process*，Accounting，Organizations and Society，1988.

　　一些学者认识到埃克尔斯和斯帕斯理论的有限性，因为他们认为转移定价不能适用所有情况，因此发展了一个说明性的框架，把转移定价作为一个定性和定量的变量。变量包含价值链、组织结构、部门自治和内部交易维度，以及业绩评价系统。该系统是一个动态、相互作用的，同时强调在特殊事例中需要变动的理论。

　　另一些学者提出了转移定价以市场为出发点，把公司的各部门看作一个独立企业，从企业政策的角度提出了公司高层决策转移定价的问题。而其他学者从行为学的角度运用行为模型，对转移定价进行研究，但是与转移定价在实际中的操作仍有很大距离。迈克尔简要说明了转移定价问题，认为如果转移定价与市场价格不相一致，企业中的一个部门会对另一个部门进行补偿，会误导管理者在决策时减少效率和损害部门之间的竞争。他认为：如果转移定价依据市场价格"不论行政上怎样要求，否定了逻辑上潜在的相互关系"。迈克尔的观点进一步明确了转移定价的困境,但是没有找到一个解决冲突的方法。

在战略控制过程中,很多人也认识到转移定价存在问题,发现了决策时依据产品总成本的重要性,也讨论了部门不仅对内部交易,也可以从外部公司自由买卖,并指出部门之间信息交流的重要性。

(五)交易成本经济学理论——组织替代市场假说

交易成本经济学(transaction costs economics)最早是科斯(1937)提出来的,他发现利用外部市场交易是有一定成本的,而企业内部组织是一种提高效率的有效方法。当市场交易所需成本高于企业内部协调成本时,企业内部交易活动将取代外部市场交易活动。该理论的核心观点是企业内部交易之所以存在,是因为可以节省市场中的直接定价成本或者减少市场交易费用,因此该理论又被称为"间接定价理论"。他认为企业的功能在于节省市场中的直接定价成本,市场上资源配置是由非人为因素进行调解,企业中则是通过权力来完成的,因此企业是价格机制的补充,二者的协调是通过市场定价成本与企业内组织成本之间展开的。

企业通过把单一企业与市场结合在一起,企业的优势不仅可以节省交易费用,而且使社会分工和市场交易内部化,依靠行政手段来有效地配置资源,还可以适应迅速变化的外界环境,提高企业的市场反应能力和竞争力,节省组织费用,在企业内部引入市场机制,促使资源合理有效地流动。

一些学者认为企业实行内部转移定价导致了决策的选择,企业买方部门是从外部购买还是企业自己制造,特别是在垂直一体化的企业中,该问题显得尤为重要。他们认为:企业具体的转移产品战略和产品特征与转移定价问题和企业管理转移产品的组织过程相联系。依据该假设,企业内部转移也是一种交易形式,他们认为交易成本经济学可以被用作解释内部转移定价方法和设定转移价格等问题。在他们的论述中,认为尽管企业战略影响中间产品的配置,但对企业内部交易的规模并没有提出详细说明。

企业规模无论是在外部购买还是内部制造的决策中都起到至关重要的作用。通过增加需求,获得有效的经营规模,会降低生产成本。如果产品是标准化的,从外部购买的交易成本会很低,否则企业会从内部购买特殊产品。不仅企业上游部门可以进行交易投资,下游部门也可以进行,二者的投资都会存在较高的交易成本,包括从外部获得相关零部件。具体交易的不确定性导致合同双方之间需要配合与协调,交易程度越大(频率和数量),企业获得产品经济(自己制造和内部交易)也就越多。因此我们发现企业内部交易不能完全消除潜在交易成本。当企业分权程度很高,在相对独立的部门之间转移产品时,与外部市场上销售非常相似。企业可以激励部门之间协作,并利用协调和控制系统激励更进一步的协作和相互依赖。

通过对以上五大转移定价理论研究发现,尽管不同的理论对转移定价的解释角度有所不同,但是都有突出的指导意义,在这些理论中,责任会计理论在实际中的应用最为广泛。

第二节　企业的国内转移定价战略

转移定价方法很多,大致分为成本导向转移定价、市场导向转移定价、协议转移定价和双重转移定价等。由于不同转移定价方法的特殊性,每种方法对业绩评价的影响也各不相同。

一、不同转移定价方法的说明

转移定价方法的选择是依据各企业的状况不同而不同的,即使最适当的转移定价方法也不能适合所有企业;同时一个企业也不仅仅使用一种方法,这需要我们依据企业目标,分析企业的状况,找到最适当的方法。

(一)企业使用转移定价方法的现状

很多实证研究发现,尽管市场转移定价可以有效地评价部门业绩,但是使用成本导向转移定价方法的企业最多;我国正处于转轨经济中,企业使用成本导向转移定价也相当普遍。以下是企业使用转移定价方法的现状。

1. 国外使用转移定价方法的现状

转移定价方法也就是企业内部转移产品时采用的定价方法,由于不同转移定价方法对部门业绩影响不同,而且企业所处的情况不同,选择转移定价方法也必须随之变化,因此针对该方面的实证研究也很多。正是由于选择转移定价方法时所依据的因素很多,由此演化而来的具体转移定价方法更是多种多样,其中企业通常使用的方法有:成本导向转移定价、市场导向转移定价、协议转移定价、双重转移定价等。安永和德勤两大会计公司针对跨国公司依据经济合作与发展组织(OECD)允许企业采用的转移定价法方法进行了调查,发现在各种方法中使用较多的依次是成本加成法、可比非受控定价法、转售定价法、交易净利润率法、利润分割法、其他定价方法。调查还发现,跨国公司还大量使用《OECD指南》规定以外的其他方法。

据统计,在美国企业中有37%采用市场导向转移定价,46%采用成本导向转移定价,另有13%采用成本加成转移定价,其他方法只占4%。1971年至1992年间,针对英国、美国、加拿大和日本使用转移定价方法的调查结果进行排序,发现转移定价方法使用依次为:成本导向定价法、市价导向定价法、协商转移定价法、其他定价方法。而美国学者唐对232家美国公司、91家英国公司、240家加拿大公司和119家日本公司进行调查后得出:跨国公司使用成本转移定价的比例分别为50.4%、47.3%、45%和46.2%;跨国公司使用市价转移定价的比例分别为21.6%、22%、25.8%和17.7%;采用其他方法的比例分别为18.1%、23%、18.8%和19.3%。

2. 我国使用转移定价方法的状况

我国从计划经济转向市场经济,经历的时间并不长,企业内部交易也从计划经济的上级部门指令价格逐步向市场价格转变,因此企业内部转移定价方法在很大程度上与国外相同,但是也有差别。根据李琪对上市公司年报的调查统计分析,我国上市公司关联交易所采用的转移定价方法主要有:(1)在购买和销售商品时,主要采用市场定价法、成本定价法、内部定价法、协议定价法、优惠定价法等;(2)在提供或接受资金时,主要计息或费用标准有协议利率定价法、定额利率定价法、同期银行利率定价法;(3)在提供或接受劳务时,其费用收支方法有协议定价法、市场定价法;(4)在租赁或购买无形资产时,其交易计价方法有市场定价法、协议价定价法、评估定价法、按相应比例计价法、政府规定定价法;(5)在资产、股权转让时,包括在建工程转让、整体收购产权,其定价方法主要有确认定价法、效益定价法、优惠定价法。

其实,国内和国际转移定价方法之所以存在差异,不仅是各企业本身使用不同,还包括这些研究都是采用实证研究方法,在样本选取、覆盖期间和数据有效性方面可能存在问题。

(二)企业选取转移定价方法的多样性

很多国内企业在生产中间产品时,企业是从外部寻找供货方还是从内部购买,买方部门有很大的决策权。因此制定适当转移定价方法,不仅可以使各部门作出最优决策,而且还可以为企业共同目标服务。

在制定转移定价时,如果上游和下游部门经理自治度很高,依据生产中间产品能力,协商中间产品的价格和数量,当中间产品存在有效的外部市场时,倾向于市场导向转移定价。尽管市场价格是左右转移定价的主要原因,产品成本也是值得考虑的因素,特别是当企业高层制定转移定价时,中间产品成本成为决定因素,因此制定转移定价需要依据不同情况,选择以市场导向或者以成本导向的定价方法或者其他方法。

目前,很多企业制定转移定价方法时,并没有系统地、长期地进行调整,而且实际中的数据差异很大,这样也造成了实际情况与相关推论和理论研究结论相矛盾,研究和管理咨询都利用行业实际资料,以及从公司管理人员获得的资料。1967年美国国家行业委员会在对190个公司的调查中,为了避免外国人员和税务法律因素的影响,主要选择了国内企业,排除了国外企业,研究发现,企业在实际中大多使用多个转移定价方法,而不是单一的转移定价方法。

(三)对业绩评价有直接影响的转移定价方法

企业在对责任中心进行行业绩评价时,选择考核指标要同时考虑成本和效益两方面的因素,内部转移定价既能衡量上游责任中心的经营成果,又可以反映下游责任中心的成本费用。选择适当的内部转移定价方法,将有助于企业经济责任的落实,正确考评各责任中心的工作业绩,以及企业进行生产经营的决策,实现企业战略目标。

前面我们已经阐明,企业使用的内部转移定价方法多种多样,不同转移定价方法对企业整体以及各部门的业绩评价也有一定影响。因此明确各种方法的特点,找到不同方法对业绩评价产生的积极和负面影响,不仅对企业中相关部门的业绩计量和评价起到了重要作用,还会对企业整体战略目标的制定和落实起到不可估量的作用。

1. 市场导向转移定价

市场导向转移定价(market-based transfer pricing)是依据产品或劳务的当前市场价格为基础来制定企业内部产品或者劳务的价格。由于企业各部门在外部市场交易过程中,会产生一定的交易成本,因此市场导向转移定价并不等于直接将市场价格用作内部结算价格,而须对外部价格进行一些必要的调整,如剔除外部销售价格中所包括的销售费、广告费,当产品转让发生在企业部门之间时,还应当扣除销售税金。

因此,使用市场导向转移定价必须满足三个假定:(1)企业内部各部门是相互独立的,该独立性要求本企业与外部市场中的企业一样,每个部门有充分自治权,可以自由地选择外部市场或内部交易决策;(2)产品可以在外部市场上找到相似产品,而且该产品与市场交易中的产品之间只有极其微小的差别;(3)产品的外部市场是一个完全竞争市场。

但是我们发现在实际企业中,企业以市场导向转移定价却极为困难,原因如下。

(1)完全竞争市场状态只是微观经济学中的理想市场类型,在该种情况下,两个部门的竞争不受任何阻碍和控制,既没有政府干预,也没有企业垄断市场的阻碍,它是建立在单个的买者和卖者行为对整个市场价格没有影响的假设前提之下的。而实际上,企业所参与的市场中,完全竞争的市场状态并不存在。

(2)市场上不存在完全一样的产品,不同企业之间的产品存在差异。产品差异是指产品的特征、工作性能、一致性、耐用性、可靠性、易修理性、式样和设计等方面的差异。也就是说企业生产的产品,在质量、性能上明显优于同类产品的生产厂家,从而形成独自的市场。对于同一行业的竞争对手来说,产品的核心价值是基本相同的,所存在的差异是性能上的和质量上的,在满足顾客基本需要的情况下,为顾客提供独特的产品是差异化战略追求的目标。因此,即使假设存在完全竞争市场,由于产品存在质量、数量、运输或其他因素的差异,不可能找到真正的外部产品,也找不到完全一致的产品价格。

(3)不仅产品差异影响定价,大量存在的临时性市场造成市价数量折扣、付款方式或其他的市场条件的差异,也很难获得正确的价格,而且信用条件等方面也存在严重差异,这样大大减弱了市场价格的可比性。因此在这些情况下,很难找到完全相同的产品。

(4)高新技术行业仿冒严重,高科技企业在研究和开发费用上的高额投入使其市价居高不下,难以与仿制者的价格相竞争。因此,无形资产转移定价更难找到市场价格。

以市场价格作为企业内部转移定价的基础存在很多优势,这是因为上游部门不会由于内部转移损失期望利润,下游部门也不会增加成本费用。企业选择内部交易,放弃外部销售还因为在内部转移时,上游部门不需要负担销售费用、广告费用、运输费用等,而这些费用也正是外部销售价格的组成因素。以市场价格作为内部转移定价的基础,上游部门获得利益一定会优于下游部门,这主要是因为市场已经包括了销售成本、广告、运输等费用。因此企业在转移定价时,应顾及买方利益,内部转移价格要适当低于市场价格,使"买""卖"双方互惠互利。

2. 机会成本转移定价

机会成本转移定价(opportunity-cost transfer pricing)是成本导向转移定价方法的一部分。这里的机会成本是指因企业产品参加内部交易而放弃对外销售所牺牲的利益。以机会成本作为中间产品的转移定价时,必须同时考虑到目标一致、业绩评价和自治三个标准。如果商品或劳务在公司内部进行转移,而且卖方所提供中间产品有外部市场,制定转移价格时,按此公式:单位转移价格＝单位变动成本＋单位机会成本,这里机会成本是整个公司单位利润贡献,也就是补偿买方变动成本加上转移的机会成本(即卖到公司外部可得到的利润贡献),若在公司内部实现销售的话,卖方不应遭受利益损失。机会成本转移定价必须具备两个前提:(1)与部门自治紧密联系,以部门拥有自主权为前提;(2)机会成本与市场机制也有一定的关系。企业整体的机会成本一般较难确定,故在实际应用上受到相当大的限制。机会成本产生的前提条件是:销售到外部的机会比内部转移更有利,任何内部销售是这些外部销售的替代,如果中间产品没有外部销售市场,在不考虑生产能力的情况下,机会成本为零。

机会成本转移定价分为上游部门的机会成本和下游部门的机会成本。当下游部门机会成本超过上游部门费用加上机会成本,需要调整内部转移定价,其中二者之间的差额是企业利润。如果转移定价是以上游部门费用加上机会成本作为定价基础时,可能会对上游部门的业绩评价有益;如果以下游部门机会成本进行转移定价,对上游部门会产生激励作用,这两种方法都可以保证产品的竞争力。

如果产品价格与原材料成本存在相关关系,会对上游部门利润产生一定影响,但是下游部门的利润并不会受到影响,因此制定适当的转移定价可以保证下游部门从内部购买。很多企业把新增加的利润首先归于上游部门,从转移定价的特点上我们看出,也不能忽视下游部门的贡献。如果依据转移定价来计量、评估供应部门的业绩时,当卖方部门的价格超过供给部门费用加上机会成本时,转移定价会造成次优化影响。

制定转移定价时,以卖方部门费用加上机会成本定价,在理论上符合转移产品成本加上一定的加成。这样通过改变卖方部门利润,避免了不能确定机会成本的问题,但是该修正并不能保证部门对整个企业利润贡献最优化。

如果上游部门更倾向于依据某种垄断技术优势来定价,这会造成下游部门的过多支付,而且下游部门很可能不接受该错误报价,因此对其内部购买就不会产生激励行为。卖方机会成本是以外部供给者的价格来计量,当产品找不到外部价格或者不能有效计量时,以上游部门机会成本定价可以保证激励的实施,并在决策时可以达到最优化,但是不能准确无误地计量部门利润。使用机会成本制定转移定价的最高限价是买方机会成本,最低限价是卖方的费用加上机会成本。

制定转移定价时,以卖方部门费用加上机会成本定价,在理论上符合转移产品最优化理论,但是在部门不能确定转移产品机会成本的情况下,需要修改费用加上机会成本的理论。有人提出了两个变通方法:(1)费用成本加上固定费用;(2)费用成本加上一定的加成。这样通过改变卖方部门利润,避免了不能确定机会成本的问题,但是该修正并不能保证部门对整个企业利润贡献最优化。

(四)对业绩评价有间接影响的转移定价方法

前面的分析认识到两种公正评价业绩的转移定价方法,其实在实际中,企业普遍使用的转移定价方法还很多,一些企业即使认识到某一方法可能造成对业绩评价的歪曲,但是出于本企业利益的考虑仍然会继续使用。

1. 成本导向转移定价法

实证研究发现,在众多方法中,使用成本导向转移定价方法(cost-based transfer pricing)的企业最多;其次是采用市场导向转移定价方法。一般来说在垂直整合企业中,存在多项制造和销售部门,尽管各部门被称为利润中心或者投资中心,大多数企业仍然使用成本导向转移定价;而且在横向整合企业中,也同样使用成本导向转移定价方法,例如运输部门的运费以及管理部门的管理费用。成本导向转移定价方法使用的频率如此之高,是因为企业在制定转移定价时简便易行,不仅可以获得比较稳定的成本数据,而且当计算内部交易时,在时间和金钱上也得以节约,同时企业总部设立该转移定价标准时,还可以减少部门经理之间的摩擦。

下面我们研究一下几种特定的成本转移定价方法。

(1)全部成本转移定价法

全部成本转移定价法(full-cost transfer pricing)也叫完全成本法,是以提供产品部门的全部成本作为转移价格。以此基础为内部产品转移定价时,不仅可以使提供产品的部门获得相应的经济利益,而且还可以在一定程度上提高产品供应部门的积极性。完全成本法的优点在于具有一定的客观性,容易理解、简便易行;缺点是交易双方的责任不易划分清楚,供方的低效率造成过高成本会转移给买方,因为以完全成本作为转移价格,将使供方得不到任何利润,所有的利润都表现在买方的账面上。而且由于供方的成本都转移给买方,买方承担了不受其控制的成本,因而供方缺乏降低成本的动力,也会削弱买方的市场竞争力。这样造成的一系列问题如下。

第一,企业中很多利润中心并不是纯粹意义上的利润中心,也就是说一些利润中心的权限很小,因此使用转移定价不能激励企业在内部转移产品。上游部门不能从中获得适当利润,只有产品销售到外部市场时,产品产生的所有利润才能得到体现,因此利润只能体现在最后生产阶段的下游部门,这样会造成部门业绩评价的不公正。

第二,上游部门通过产品转移定价把成本传递到下游部门,造成不能有效激励上游部门经理控制本部门的成本;

第三,全部成本转移定价还可能造成部门经理在对本部门决策时,大多是以本部门利益最大化为目标,而不是以企业整体利益为目标。特别是当下游部门在选择产品时,在是使用本企业的产品还是使用外部市场产品的决策中,该问题尤为突出。当外部市场价格比企业内部的全部成本转移定价低时,下游部门从外部购买,下游部门最终成本较低,那么利润也就会比较高,下游部门业绩会由于从外部购买而提高。但是这样会造成上游部门生产产品的销售问题,损失也是很明显的,因此企业整体生产和经营情况也会恶化。

(2)标准成本转移定价法(standard-cost transfer pricing)

在企业产出既定的情况下,当内部销售数量等于产出数量,此时的企业转移定价为标准成本。当中间产品的转移涉及利润中心或投资中心时,可用标准成本加成作为内部转移价格。"加成"使责任中心具有可供责任考核的"利润"。计算公式是:

$$内部转移价格=标准成本\times(1+加成率)$$

标准成本加成法的关键是加成率如何确定,一种最简便的方法是以利润率作为加成率,但是这与"按劳付酬"的原则相悖,因为假设某部门耗用的材料多、材料价格高,那么这一部门会得到较高利润;反之,另一部门耗用材料少、材料价格低,利润会很低,因此一些部门即使努力工作,最终得到的利润也不会太多。

标准成本转移定价中的标准成本是在正常生产经营条件下,生产产品所应当发生的,经过努力可以控制的产品成本耗费水平。标准成本转移定价可以缩短有关责任中心成本计算报表编制过程,使一个责任单位的浪费和低效率不致转嫁到另外的责任单位中去。它是以中间产品的标准成本作为内部转移价格,对成本中心之间交易是适当的,尤其是中间产品没有市价时更是必要的。标准成本法的优点是将管理和核算工作结合起来,可以鼓励上游部门控制其成本,改善其经营业绩,同时符合业绩评价时的公平原则,其难点在于标准成本的制定,要求在设定时既不会把卖方的浪费、低效转嫁给买方,也不会把卖方成本控制的良好业绩误计入买方。

(3)变动成本转移定价法(variable-cost transfer pricing)

变动成本即在当前生产经营条件下,按照成本变动比例在总量上发生的经常变动的成本,它与产品或劳务数量密切相关。以变动成本为内部转移价格,不仅可以使购买的责任中心准确地确定有关产品的成本水平,从而适时地进行某些短期经营决策,而且可以使相关责任中心在企业内部购买某些中间产品。

以变动成本作为内部转移定价方法,可以避免下游部门采购成本受到上游子公司的生产能力、效率等因素的影响。其缺点是,由于不考虑固定成本,造成对购买单位有利,因此不能采用投资回报率和其他盈余指标进行业绩评价,因而上游部门缺乏降低成本的动力,也会削弱买方的市场竞争力。此外,在现实中对一些费用进行固定成本与变动成本的区分也是十分困难的,而且变动成本仅对短期决策有用,长期决策必须使用完全成本。

2. 双重转移定价法

在内部转移定价过程中,双方部门在受惠程度不同,不能协商一致的情况下,高层管理者可进行适当干预,但这种干预不能过分,也不能硬性规定,否则妨碍部门的自主性原则。很多企业在高层管理者干涉无效的情况下,采用双重内部转移定价方法解决冲突。双重转移定价法是指对中间产品的上游部门和下游部门,分别采用不同的转移定价,制定的转移价格也各不相同,以维护整体利益。一般情况下,上游部门(卖方部门)选择较高的转移定价,但以不超过市场价格为度;下游部门(买方部门)选择较低的转移定价,但以不低于卖方的中间产品单位变动成本为度。

双重转移定价可用于很特殊的情况:本企业卖方生产的中间产品面临外部市场强有力的挑战,外部存在一个专业化的规模很大的企业,规模效应使它生产的产品市场价格低于本企业中间产品的成本,而本企业又不愿受制于该大企业,则必须使用双重转移定价方法。一般情况下,卖方部门参照生产成本定价,买方部门参照市场定价。采用双重内部转移定价会造成同时对买、卖部门业绩的高估,但这种高估仅仅影响业绩评估,并不会对企业整体造成损害;相反,由于促进了内部交易,一般会使卖方的生产能力得到更充分的利用,提高企业的整体收益。

使用双重转移定价法下,两个部门之间的利益不同,上游部门期望获得最高价格,下游部门期望支付最低价格,在这一情况下,使用单一计价方法不能确保目标一致。这种方法不仅解决了内部买卖双方之间的冲突,而且激励两个部门在内部交易时,以部门利益为目标,确保卖方以市场价格加上一定的销售费用计价,买方部门只是以产品变动成本支付,因此买方部门对相关的成本信息做出最优的短期决策。

该方法的缺陷在于实行双重计价法后,上游部门和下游部门都会获得较大利润,而企业整体实际获得利润却要小于各部门之和,因此出现了一种事实上不存在的虚增毛利。而且由于这种虚增,各部门不易明确本部门经营与企业整体利益的真实联系,从而会放松严格的成本管理,造成企业长远利益的损失。因此,尽管双重转移定价法对企业内部各部门都有利,但对整个企业不利。

3. 协议转移定价法(negotiated-based transfer pricing)

在协议转移定价方法下,部门经理自由谈判企业内部转移交易、转移数量及转移支付条件。该方法适用于两个部门是利润中心,而且各自可以对外独立经营,也就是说,两个部门都有对外销售权力。要充分合理地使用这种方法,必须注意处理好部门对外投资问题,即当企业在对部门业绩评估与激励时,依据部门利润为基础,而部门对外投资时,承担投资的全部成本并只获取投资收益的一部分时,由于部门经营以本部门利润最大化为基础,部门投资数量因此受到影响,一般情况下会小于该部门的最优投资数量,这种妨碍投资的行为是所谓的投资问题。企业为了解决该问题,高层管理者在制定本企业业绩评价和激励机制时,一般通过部门利润和企业整体利润相结合的方法加以解决,也就是对部门和企业整体业绩计量,这样可以促进最优投资决策。

协议转移定价法的缺陷在于以下四点。

(1)对产品协商定价的过程要花费大量人力、物力和时间;在协商定价时各方往往会相持不下,须企业高层领导裁定,因而会损害分权机制。

(2)尽管在实际中使用很多,但是该方法很难被充分认识。这是因为转移定价协议结果是依据管理者补偿协议、经理谈判技巧、部门的自治程度和企业协议基础制定的,因此受到各方面的影响。

(3)有时会增加经理人员的不信任甚至敌对情绪,导致公司内部矛盾,影响公司经营效益。例如:由于谈判技巧的差别,影响对子公司真正的业绩评价,可能出现企业部门一方获得不公平交易,一方的利润却很高,也可能达不成交易。

(4)即使当内部交易可以增加企业整体利润时,由于不能达成统一的价格,部门经理也会反对内部转移,这是由于忽视了部门相关成本。虽然各部门经理了解本部门的成本,但是拒绝相互交流,在定价时难免高报或者低报成本。这样依据经理的错误信息也会导致错误的决策。实际上,协议定价法是双方部门经理以及高层管理者共同协商制定的转移定价方法。

协议转移定价法的优势:该种方法兼顾了公司总体和各部门的利益,各部门通过协商,有关各方的利益都可以反映出来,而且公司的总体利益以及部门的具体目标都可以通过协商加以实现。

协议转移定价给企业管理中心带来了分权利益。在成本导向转移定价下,企业高层管理者首先获得部门信息,然后制定经营任务或转移定价。高层管理者制定长期决策时,都希望以花费最少的时间,来获得或拥有更复杂的信息。在协议转移定价下,高层管理者不清楚部门经理的私下信息,因此不能设定转移定价,也不能对部门经理人提供经营任务。相反,企业委托部门经理进行部门经营决策,主要是部门的生产水平和内部交易的转移定价。高层管理者允许部门经理自由协议转移定价,毫不干涉部门自治。只有当部门经理不能达成协议时才能干涉,很多干预大多通过激励机制和处罚进行。为了避免卷入部门经营中,企业高层管理者花费更多时间来制定企业战略、竞争地位、财务和适当的业绩评估计划,不需要过多说明部门相互关系和转移定价情况。

二、中间产品转移定价的战略选择

以前的研究在分析转移定价法方法时,忽略了转移定价方法的战略选择,直到现在,转移定价和资源决策的战略问题才备受关注。在转移定价选择时:首先权变理论认为,企业环境的复杂性会导致企业内部结构的复杂性,当企业内部结构与外部环境相一致时,企业管理才能达到最优效率。复杂和不确定的外部环境要求企业内部资源配置一定要与外部环境和内部决策相一致。企业经理大多十分重视外部环境变量对部门和企业的影响,因此当外部环境对企业产生负面作用之前,部门经理可以主动采取行动并调整,不断审视环境对组织的影响是企业管理的关键。

另外,在选择转移定价方法时,部门经理大都会考虑其他部门变化的影响,当其他部门对本部门行为产生不利影响时,需要调整本部门行为,并调整转移定价方法,没有一种转移定价方法适合于任何情况、要求,在转移定价方法的战略选择中,需要依据本部门的特点,选择适当的转移定价。

下面我们就企业中的两个部门在转移中间产品时,在不同的外部市场条件下,面对各部门不同的生产能力,分析各部门情况以及转移定价方法的战略选择。

1. 不存在外部市场的情况下

(1)由于两个部门的外部环境和内部生产条件都很相似,而且双方部门大都希望维持当前生产条件,因此转移定价的制定也更加公平。上下游部门都不能任意调整,只能确保下游部门维持当前的生产能力。因此在缺乏外部市场时,中间产品转移定价主要依据上游部门的可变成本。

(2)在第二种条件下,上游部门生产能力过剩,但是由于没有外部市场,因此并不能产生优势,而且下游部门有完全生产能力,在这种情况下,上游部门会减少经营,直到与下游部门生产能力相一致,才能达到生产效率最优。因此设定转移定价时,也要与上游可变成本一致。

(3)这种条件下,上游部门的生产能力受到下游部门生产能力影响,如果在未来某一时期,下游部门可以增加生产能力时,上游部门可以扩大内部交易,设定转移定价时与卖方的可变成本相一致。

(4)由于两个部门处于平衡状态,因此都不希望改变这一局面,因此双方部门进行协商,设定转移定价时,要与上游部门的可变成本相一致。

表 3-3 中间产品不存在外部市场

卖方 买方	生产能力过剩	完全生产能力
生产能力过剩	(1)两个部门生产能力都过剩	(3)买方生产能力过剩 卖方完全生产能力
完全生产能力	(2)买方完全生产能力 卖方生产能力过剩	(4)双方都是完全生产能力

通过表 3-3 我们可以看出,当利润中心经理在部门的收入和费用上有自治权力时,对上游部门来说,只有对外销售才能计量部门的控制能力;对下游部门来说,如果不能从外部采购,当然也就不能控制中间产品的成本。由于设定利润中心的主要目的是对部门业绩进行评价,因此中间产品没有外部市场时,两个部门不能作为利润中心和投资中心,只能是成本中心,企业设定转移定价时,要考虑以成本为导向的转移定价。

2. 中间产品存在外部市场情况下

(1)由于存在外部市场,转移定价会变得很不稳定也缺乏预测。在两个部门有过剩生产能力的情况下,如果下游部门可以从外部市场以低于转移价格条件下取得中间产品,也就可能迫使上游部门降价;上游部门有过剩的生产能力,如果转移定价时比外部交易价格高,也不可能从事内部交易,因此两个部门可以协商,当协商能力平衡时,在转移价格与市场价格相等情况下进行内部交易。

(2)由于存在外部市场,市场具有自动寻求价格平衡能力,确保上游部门销售到外部的价格与下游部门从外部购买的价格相一致。下游部门从外部购买特别依赖于上游部门的供应情况,上游部门会采取给下游部门折扣的方法,来补偿内部交易时成本的节约。为了提高生产能力,上游部门会降低交易价格,鼓励下游部门从内部购买,下游部门处于主动地位。双方以协议转移定价方式,确定的转移价格低于市场价格。

(3)上游部门在转移定价时处于主动地位,上游部门可以对外销售,达到完全生产能力,中间产品的转移定价以协议转移定价为基础,低于市场价格。

(4)双方部门都对外销售,设定转移定价以市场价格为导向。如表 3-4 所示。

表 3-4 中间产品存在外部市场

卖方 买方	生产能力过剩	完全生产能力
生产能力过剩	(1)两个部门生产能力都过剩	(3)买方生产能力过剩 卖方完全生产能力
完全生产能力	(2)买方完全生产能力 卖方生产能力过剩	(4)双方都是完全生产能力

通过对以上情况的分析说明,企业在制定转移定价时,要考虑企业外部环境和内部条件,当情况发生变化时,也要调整转移定价,达到和谐一致,才能保持企业效益最大化。

三、企业调整转移定价策略

很多人认为:一个企业选取了适当的转移定价方法,就可以保证企业长久不衰,这种观点是完全错误的。由于产品的特性以及企业发展,都需要我们以权变的眼光看问题,动态地选择适合于本企业现阶段的方法。

1. 产品生命周期下的转移定价策略

影响建立转移定价的主要因素是市场条件的变化,特别是在市场条件变化迅速的行业中尤其值得考虑,如半导体行业和电子行业。在动态、变化的市场上,转移定价方法不能一成不变,而应该随着市场变化、顺应条件而变化,如果市场条件已经改变了,企业不能及时改变转移定价,会产生新的风险或者造成已经存在的情况更加恶化,导致转移定价目标冲突和部门经理错误决策的次优化。

各部门之间转移产品使用市场导向转移定价时,必须找到可替代的产品才能对外部市场有帮助。在没有相同替代品的情况下,使用机会成本在理论上是可行的,机会成本还包括卖方部门依据机会成本进行转移定价,该方法的使用是相当困难的,一般认为,相比较来看,依据买方机会成本定价比较可行。因为市场条件迅速变化,这些变化的相关信息是内部定价的关键,部门和企业制定转移定价时必须掌握这些信息。实际上,很多企业下放权力给各部门,允许他们自由协商转移定价,而且协商者大多依据外部市场情况为参考制定转移价格。如果部门之间自由协商定价,可以确保部门使用适当转移定价方法,这是因为部门经理在选择方法时,更加了解市场条件的变化。下面我们就产品在生命周期的不同阶段,与相应的转移定价相匹配,找出它们之间的切入点。

由于产品生命周期不同阶段所处的企业背景和市场状况不同,因此设定转移定价也有所不同。

(1)在介绍期,产品是单一的存在形式,市场上没有相同产品,也没有替代品,很难找到市场的参考价格,因此定价主要是依据产品的成本,例如,依据买卖双方是否能承担风险,转移价格等于成本加上固定费用或者是成本加上利润分配。

(2)在成长期,企业的销售额直线上升以及利润增加,竞争对手也会威胁企业的市场地位,因此其他企业模仿并大量生产,这样会威胁到企业利润,当相似产品在公开市场销售时,可以找到市场参考价格或者是替代品的市场参考价格。

(3)在成熟期,替代品或者相似产品层出不穷,企业已经不能垄断产品。而且由于生产高度竞争、销售增长却由于替代品而减少,因此定价也是参考市场价格。

(4)在衰退期,产品饱和,销售和利润下降,很多企业退出市场。市场价格的参考作用并不明显,产品的竞争性也就越小,找不到市场参考价格,因此内部转移定价依据协商价格比较合适。

产品生命周期从介绍期到衰退期经历了一个独立的产品生产—相似产品或者替代品生产—独立产品生产的周期变化,市场也经历了萌芽—发展—成熟—萎缩的四个阶段,转移定价也应该遵从四个阶段(见表3-5)。

表 3-5 产品的生命周期和定价机制

产品的生命周期	介绍期	成长期	成熟期	衰退期
产品特征	生产唯一	有替代品	相似品	相似品
定价方法	成本＋固定费用 或成本＋分得利润	价格与替代品联系	相似品的价格	
参考价格	低————————————————————————→高			

2. 企业发展过程中的转移定价变化

企业的发展也会经历创立初期、发展、成熟等几个阶段。各阶段面对的内外部环境不同,因此,需要根据实际情况选择适当的转移定价。

不仅在产品生命周期中转移定价会变化,在企业发展过程中,任何一个转移定价方法并不能适应所有情况的需要。在很多情况下,选择适当的定价方法必须依据产品外部市场和特征,这些可能的情况与外部供应者的产品相联系。

对标准产品来说,外部价格是通过大量交易形成的,这些价格应该依据内部转移进行定价。在一定程度上,内部转移节约了交易成本,它等于上游部门的机会成本,如果在实际中并不能节约交易成本,采取下游部门的机会成本转移定价方法。

在一定程度来说,内部的转移产品与外部市场的产品不同。在一般情况下,买方机会成本转移定价是切实可行的,调整买方最终产品成本,为外部供应者提供了一个参考基础。在任何一种方法下,如果买方机会成本大于卖方费用加上机会成本就会发生内部转移,即使价格下降也会节约交易成本。

在建立转移定价时,当产品是唯一的,找不到替代品,下游部门的机会成本不能依据外部价格来确定。特别是企业如果选择短期经营,有时可能依据供应部门费用加成本定价,但是机会成本也很难确定,实际成本加固定费用等方法也都值得考虑(见表 3-6)。

表 3-6 产品分类与转移定价的关系

产品分类	转移定价
唯一产品 1)委托管理产品 2)投机类型产品	实际成本和固定费用 实际成本和分配的利润
非标准产品	最接近的替代物
标准产品	同类产品

第三节 企业的国际转移定价战略

国内转移定价是关于企业下属的分支机构在同一国家内的经营生产下的定价。在实际经营中,国内企业并没有参与两个以上国家中的生产经营,也没有跨国经营的经验。因此有关国内转移定价的规则和操作过程,并不适合国际转移定价的要求。

一、跨国公司转移定价问题

跨国公司需要从本身的实际出发,制定出适合国际经营的转移定价,这不仅有利于企业在国际市场环境下的发展,还有利于企业内部管理控制,并为实现企业整体战略打下坚实基础。

1. 跨国公司发展是实行转移定价的必要前提

(1)跨国公司发展导致内部交易呈逐年上升趋势

企业在生存与发展过程中,无论是出于追逐企业利润最大化的目的,还是为了实现社会价值,都会致力于扩张规模、增强影响力,以便最大限度地节约成本、创造利润。跨国公司是以全球战略为基础,从某种意义上说是企业发展的最高目标。

如果把 17 世纪英国的东印度公司的崛起看作跨国公司的萌芽,跨国公司有着 400 多年的悠久历史。20 世纪是跨国公司发展成熟阶段,特别是第二次世界大战以后,跨国公司在世界上得到空前发展,跨国公司作为一个强有力的经济实体,活跃于世界经济舞台。联合国贸发会议对"跨国公司"做出的定义:在本国以外,一个以上的国家从事生产经营的活动的企业是跨国公司。也就是说企业市场内部化的界限超越国界时就产生了跨国公司。根据该定义,联合国贸发会议统计,到 2003 年全球大概是有 65 000 家跨国公司,子公司约 80 万家。这些跨国公司的产值已占全球总产值的 1/3 以上,跨国直接投资已占全球跨国直接投资的 90%,跨国公司内部和相互贸易已占世界贸易的 60%以上,控制世界新技术和知识产权的 70%以上。据统计,在世界每 100 个最大经济实体中,就有 51 个是跨国公司。就我国而言,跨国公司的发展也是飞速猛进。美国《财富》(Fortune)杂志根据公司的全球销售额进行排名,"全球五百强"跨国企业中,有四百多家进入中国,跨国公司的发展引起了人们对跨国公司分支机构的管理问题和贸易问题的关注,同时也引起了国内各界对跨国公司的分析研究。

跨国公司以全球市场为贸易场所,利用全球市场的不完美,有效地依据本企业优势开拓市场,获得更大的竞争优势。而且跨国公司规模庞大、管理严谨,拥有覆盖面广、功能完备、类型齐全的内部结构,提供了一整套产品价值链,实现了更高的运作效率。在规避风险、协调内外部关系上,获得了更大的调整余地,可以有效地回避管制、汇率等各类风险。其整体的经营战略是建立在全球基础之上的,全球子公司取长补短,最大限度地实现公司的整体利益。

(2)内部交易带来转移定价问题

有关企业内部化的理论很多,很多人的观点大多与交易成本经济学相重叠。拉格曼在前人的基础上研究认为:由于知识信息、技术、零部件、原材料等市场的不完美,不能保证企业在传统市场上的交易最终都能获取利润,为了完善和补充外部市场,必须建立企业自己的内部市场,利用企业管理控制系统来协调企业内部资源流动与配套,使资源配置趋向合理化,协调各部门的合作关系,避免外部市场不完美对企业经营效率的影响。

由母公司和众多海外子公司组成了跨国经营实体,当跨国公司各子公司的经营业务在内部流动时,各子公司所处的国家不同,国际化程度不断提高。正是由于国际市场并不是处于完全竞争的地位,也就是说国际市场不完美,例如存在贸易保护、知识产权等结构性缺陷和风险、市场差异等交易缺陷,这必然导致公司内部分工细化。跨国公司内部分工不断细化,在一定程度上导致内部交易形成和发展。尽管外部市场会影响跨国公司经营战略的有效实施,但是内部交易作为战略的一部分,是企业战略成败的关键,也是对外部市场不完美的补充。因此跨国公司内部贸易成为跨国公司发展的必然选择,而且跨国公司规模越大,内部交易越丰富,外部市场对其影响更加弱化。

跨国公司实现内部交易的优势如下。

(1)利用市场不完美

外部市场并不存在完全竞争市场,理想的竞争市场只是理论上的一种假设。在完全竞争市场上,跨国公司进行外部交易和内部交易所处的地位是相等的,因此,在这种情况下,跨国公司选择内部交易还是外部交易并没有任何意义。

但是在实际中,由于市场的不完美,例如各国法律、法规的差异,特别是税率的不同、市场条件、劳动力、交易条件、付款方式等的差异,都会带来市场的非理想化。因此对跨国公司本身来说,尽管实行内部交易不可能补偿全部差异,但是也可以解决一部分问题,例如节约交易成本、运输费用,避免了外部交易签约风险、违约风险等。跨国公司为了避免外部市场经营的不确定性和交易成本过高的影响,通过内部交易,减小了不必要的麻烦。

(2)技术领先下的内部收益扩大

跨国公司特别是大型跨国公司,都拥有关键技术和大批的技术成果,不断补充自身技术上的劣势,增强技术研发的能力,并进而保证企业长期的技术垄断优势,技术优势是跨国公司最显著的优势。目前跨国公司垄断了世界上 70% 的技术转让与 80% 的新技术、新工艺。为了不断强化其技术控制,维持高进入壁垒,跨国公司通过大量招聘科技人才,构筑技术壁垒,谋求维持其市场优势地位。跨国公司无疑拥有先进的技术,然而由于市场经济的开放性,科学的进步、技术的普及和交流、信息传播的增长以及传播途径空前的广泛,需要技术优势不断更新,推陈出新。

(3)获得垄断优势

企业中特殊产品如人力资本、知识、营销以及管理技能等的交易,难以通过自由市场来进行,这是由于这些特殊产品具有其固有的单一性,产品之间的可比性并不高。如果通过外部市场交易,维护企业的经营活动,找不到相关的同质产品。跨国公司为了发挥本企业的优势,以内部市场来替代外部市场。依据成本效益原则,企业内部化收益要大于企业内部化成本。

跨国公司为了获得特殊垄断地位,也为了确保生产质量和及时供应,依靠内部生产技术进行内部制造生产,这样不仅可以保证产品质量、交货及时,还能避免技术外流,有利于企业的长期发展。

2. 当前跨国公司转移定价现状

很多国外研究统计发现:跨国公司利用转移定价的趋势日益增长,种类涉及方方面面,采取的方式也是多种多样。

(1)转移定价方法受到跨国公司广泛关注

全球经济的蔓延导致国内企业向跨国公司形式演变。跨国企业经营对国内和国外竞争者都很重要,并在跨国生产经营中发挥巨大影响。由于跨国企业在不同国家之间经营,经营包括子公司和母公司之间转移产品、原材料、无形资产或服务。这些子公司和母公司之间既具有相关性又是彼此分离的,因此在转移产品和服务时一定要设定内部的转移定价。据不完全统计,福布斯 100 强企业中,有 80％的企业使用不同的转移定价方法;1986 年美国有 36％对外贸易是跨国公司内部之间的交易,其中欧共体和日本贸易占比 55％,欧共体和美国内部交易占比 40％。

另外,《福布斯》针对 500 强企业的调查和《财经周刊》1000 强企业的调查发现:美国跨国公司在日本、加拿大、德国的子公司至少有一个子公司使用转移定价,使用转移定价的方法也各不相同。日本、德国、加拿大和英国的跨国公司,在美国的子公司也都使用转移定价。针对 601 个设在美国及其他国家的跨国公司的子公司,以及 687 个设在其他国家的美国公司的子公司的问卷调查,显示其中有 261 个企业在有形产品中使用转移定价,256 个跨国公司没有使用转移定价。

(2)跨国公司采用转移定价的方式

①跨国公司营销时,采用高报进口原材料、半成品、技术、劳务等的价格,低报出口商品的价格手段,大量转移企业利润。税务部门掌握不了国际市场上各种原材料和产品的价格,很难发现这些企业的转移定价行为。

②外国投资者在出资时,高估机器设备或者无形资产的价款,造成人为的夸大投资额,虚增成本。在经营时,多提折旧、少交所得税,以最小的投资获取最大的利润。

③跨国公司采用转移定价来谋求避税效应。由于各国所得税税率参差不齐,在高税率国家的纳税总额势必很高,低税率国家势必很低,因此对利润的影响较大。跨国公司出于逃税、避税的目的,以高于实际情况大量提出利润,达到转移利润的目的。很多跨国公司利用高税率国家的子公司向低税率国家出口,低价交易,从而将利润从高税率国家转到低税率国,在总体上降低公司的税收负担。

④为了加强子公司的竞争地位,通过控制内部交易的价格来影响子公司生产的成本或利润,母公司可以通过向子公司低价供应零部件产品或由子公司高价向母公司出售部件产品,来减少子公司产品成本费用,提高利润。当然,跨国公司也可以通过转移定价的应用来降低子公司利润以达到某种目的。

二、跨国公司转移定价特殊性

企业采用国际转移定价,会面对与自己完全陌生的国际环境,特别是各国、各地区税率差异,导致企业利用转移定价达到避税目的。而且企业使用国际转移定价和国内转移定价的目的也有所不同。

1. 跨国公司使用转移定价的发展演变

通过很多资料研究发现,跨国公司利用国际转移定价的发展经历了初期、发展、成熟这三个阶段。

(1)初期阶段——作为跨国公司内部管理的工具

国际转移定价是国内转移定价的国际化,是企业向国际迈进的结果。在跨国公司初期,使用转移定价也主要是为财务会计这一领域服务的。第一次世界大战以前,跨国公司大规模生产要求更加复杂的成本管理和财务业绩计量,为了保证高度分工合作的内部生产过程有条不紊地进行,必须找到适当的内部计价方法。

当时的跨国公司业绩评价与国内企业相似,主要采用会计提供的财务数据分析评价公司整体业绩,通过管理会计、成本会计提供的数据分析评价过程业绩,例如用利润率、单位产品成本、投资报酬率等财务指标来反映。一般来说,跨国公司在海外拥有数家子公司,而且子公司大多独立核算,各子公司和母公司相互间总会发生商品、劳务和无形资产的流动。为了考核和评估各企业的经营效益,总公司势必要确定在内部流动的所有商品、劳务和无形资产的价格。而且当时考评是采用财务指标体系,特别是子公司以利润为主,因此,跨国转移定价最初是被跨国公司用作考核下属企业经营业绩的工具。跨国公司不断发展壮大,下放给子公司的自主经营权也就越来越多,为了保证企业内部资源获得最佳配置,跨国公司以转移定价作为调节内部资源配置的有效工具,以促进子公司的有效经营,实现整体利益最大化,因此跨国转移定价最初是被跨国公司用作考核子公司经营业绩的工具。

(2)发展阶段——跨国公司利用转移定价的税务战略

以前的国际税收并未得到应有的重视,只把它看作为政府取得财政收入的一种手段,这时一国关税征收多少主要取决于本国国库状况,各国之间并没有进行协调。关税在产品成本中所占的比重并不多,因此并未得到跨国公司的重视。随着关税在商品中所占的比重加大,各国采取措施,对本国出口以及进口原料减免关税,以鼓励出口;进口制成品课征高关税以限制进口,例如,很多国家关税提高 100%～200%,甚至停止一些制成品的进口。不仅是跨国公司转移产品需要征产品税,当跨国公司对海外投资,取得利润时,这种跨国所得也要被纳入所得税的征收范围,而一国的征税权力扩大到境外,很容易与其他国家发生重叠,导致国家间出现所得税的重复征税,以及所得税收入的国际分配问题。正是由于跨国公司的发展,产生了国际避税问题。由于国际间的税率差异,以及贸易壁垒的增强,跨国公司认识到税率在企业经营过程中所占的比重越来越大。为了充分解决该问题,跨国公司在海外不同的国家设立相关联的子公司,利用转移定价手段把利润转移到低税率的国家中去,以避免高税率国家的税收。

由于各国税率的差异以及税务在跨国公司经营中地位的提高,跨国公司利用转移定价,从单纯为子公司的业绩评价为重点,向企业避税为重点转变。

(3)成熟阶段——转移定价成为跨国公司实施战略的手段

20 世纪 90 年代以来,公司治理成为跨国公司重点。管理控制问题是跨国公司战略实施的关键,没有控制机制起作用,企业战略也就不能实施。转移定价作为管理控制系统的一部分,与管理控制系统中的其他机制协调,实施战略。转移定价不再只是一个会计计量和管理子公司业绩的工具,逐渐发展成为激励经理决策的行为工具。因此,转移定价从最初的管理工具,走向企业实施战略目标的控制机制时,转移定价逐步成为一个重要的控制工具。

随着生产经营的发展和资本的国际化,特别是国际市场竞争日趋激烈,跨国转移定价已不仅仅是跨国公司内部经营管理的工具,而是与跨国公司全球战略相统一。转移定价作为企业战略的一部分,充分显示了转移定价在公司战略和跨国公司业绩评价过程的重要性。如果企业利用转移定价来完成企业的多项目标,那么转移定价效益对整个公司的成功与发展是相当重要的。

国外学者通过针对大型跨国公司高层管理者的调查,并分析了转移定价的目标和战略,最终发现:转移定价的作用与跨国企业战略相联系。母公司协调全球范围内的子公司的生产和投资,可以对整个公司的内部资源进行合理配置。跨国公司与国内企业相比的最大优势是突破了国家和地域,站在全球的高度,享有全球统一调配资源的优势,可实现人力、财力、物力在全球范围内的协调,保证其合理性和及时性。

当跨国企业面对全球市场时,不仅管理者的评价和部门业绩是至关重要的,而且还受到税务、竞争优势、外汇、通胀问题的影响。在完全竞争市场条件下,企业利益最大化为最优决策,但是由于全球市场的不完美,跨国公司在多国家中交易是为满足多项目标服务的。前面我们已经讨论过,转移定价不仅可以追求企业整体利益最大化,还为部门的业绩评价做出贡献。而且转移定价机制为实现全球目标起到关键作用,转移定价功能实际上是一个战略工具,也是战略执行过程中的必要条件。跨国公司战略和转移定价方法的关系很紧密,而且转移定价方法是组织战略的一部分,并不只是会计计账的手段,它是管理控制过程的一个要素。

2. 国际转移定价与国内转移定价基本目标的比较

国内转移定价大多是以企业管理控制为基础,因此其基本目标大多是围绕该问题展开的。由于生产经营的国际化,国际转移定价更加注重国际环境对转移定价带来的影响。一般来说,跨国公司可以通过国际转移定价方法促使本公司全球利润最大化,由于跨国公司所面对的内部和外部环境更加复杂多变,对公司的作用更加重要,因此与国内转移定价方法相比,国际转移定价问题显得尤为突出。

由于跨国公司子公司处于世界各个国家,每个国家的税率、外汇汇率、政府规则和其他经济和社会问题差异性很大,因此子公司对产品和市场政策也有所不同。如果子公司完全以外部市场价格作为内部交易价格时,则会忽视整个公司优势。为了避免这些问题,减少相关成本,必须在本公司内部市场上交易。也就是在每一个国内和外国子公司之间分配资源,那就必须要求跨国公司管理中心通过转移定价来获得目标。最高管理层和国内外子公司只有明确转移定价目标,并且确定这些目标相互之间的联系和相互影响,才能保证战略目标顺利实施。

(1)基本目标之间的共同点

国际转移定价的基本目标在一定程度上,与企业内部管理基本目标相同:公平业绩评价、对子公司经理激励、目标一致性。

跨国公司在设定国际转移定价时也把激励目标作为主要目标之一,而且激励目标与子公司业绩评价有直接的联系。在跨国公司内部转移产品或服务时选择适当转移定价方法,激励子公司经理扩大本部门利润,从而扩大跨国公司整体利润。在这种情况下,转移定价是为了激励部门经理获得最大的部门利润,最终实现本部门目标,从而赢得跨国公司目标(全球利润最大化)。但是子公司自治度过高也会对跨国公司目标产生冲突,因此制定转移定价需要遵循不同的标准。当子公司的激励系统与业绩相关时,国际转移定价成为业绩计量的工具必须符合四个标准。

①部门业绩是由部门经理行为活动产生的,由于其他部门行为造成对本部门业绩计量的减少时,必须把该部分除外。

②必须完全包含本部门经理行为引起的后果。

③部门经理必须认可本部门最终合理业绩计量,不能包含异议。

④部门经理一定要实现预期目标,如果存在偏差也必须找到解决办法。

由于子公司经理在经营时不能控制外汇汇率的影响,部门财务报告很容易受到政策法律、经济或社会因素等的影响,而且利润也受到通货膨胀、商品、股票影响,因此转移定价并不能完全计量子公司业绩。通过分析跨国公司转移定价对子公司激励的潜在影响,子公司经理为提高本部门业绩采取的行为和决策,会对全球目标或跨国公司整体利润有相反的作用。

子公司经理对本部门决策时,在保证增加本公司利润的前提下,同时还需要增加整个公司利益。如果国际转移定价可以提供给子公司经理信息并明确整个公司利益时,子公司经理就会对跨国公司整体利益作决策。在实际中,子公司和母公司管理者都认为,以国际转移定价计量的子公司利润也存在缺陷,如果依据该利润对子公司进行行业绩评价并不公平。这是由于子公司不仅受到母公司的影响,也受到很多外部因素的影响。制定转移定价方法即使考虑了子公司业绩评价、目标一致性和自治,针对子公司经理的业绩评价可能受到收入税、关税和外汇风险等的影响。

(2)具体目标之间的差异

企业跨国经营会形成企业全球性收益,而收益的全球性又导致税收的国际化,这是由于跨国公司面对多国政府机构的结果。由于各国对税收的居民管辖权与收入来源地管辖权有不同的确定标准,造成国际重复征税和国际重叠征税。跨国公司在法律制度允许范围内通过对内部利润与成本调整,可以回避潜在的不公平税赋。这是因为各国制定的税制并不相同,有些国家为吸引外资比较宽松,例如我国改革开放前期,给予外商很多优惠政策,但是有的国家却很严格。而且各国家的税率差异性很大,例如一些国家税率几乎为零,成为避税天堂。正是由于这些情况的存在,跨国公司有可能通过转移定价来利用其中的差异,实现自己的利益。

①由于跨国公司的子公司分布在世界各地,高税赋国家的跨国公司以较高的转移定价调往所得税税率较低的子公司,这样可以提高高税率国家经营成本、压低其销售价格,达到降低利润的目的;另外以较低转移定价从低所得税税率国家的子公司调出产品,减少在低所得税国家子公司的成本,提高其销售价格,达到提高其利润的目的。由于企业征收所得税的课税对象是利润所得,所以与正常的市场价格所对应的成本和利润相比较,上述转移定价的运用必然从总体上减轻跨国公司整体所得税负担。

②由于各国关税多采用从价计征的比例税率,即以进口商品的价格乘以关税税率计算征税额。因此,在两国关税税率有差异的情况下,如果位于低关税国的母公司或子公司向位于高关税国的子公司销售商品,采用调低出口商品转移定价的方法,便可大大减少关税额支付,有效增加公司总体经营效益。

适当的转移定价必须允许子公司以市场价格为基础自由地进、出外部市场,或者允许子公司依据本地区内的销售特点,自由地制定价格,例如以低价倾销实现由于需求减少或特殊地理区域经济条件的要求。转移定价还能帮助跨国公司管理外汇和通货膨胀造成的影响,跨国公司在处理评估、激励和外部定价问题时可以通过转移定价控制这些因素。

第四节　建立企业转移定价系统的战略

前面从点到面论述了转移定价对业绩评价的作用,这节利用前述资料,通过分析整理,最终建立一个有利于业绩评价的新系统。

为了更加清楚地分析转移定价系统,首先让我们了解一下转移定价系统的内容。

一、转移定价系统的内容

转移定价系统是一个特殊的系统,从系统的研究中我们可以发现:转移定价系统也符合系统的三个步骤,而且在企业管理中处于不可替代的地位。

1. 转移定价系统的三个过程

转移定价系统属于一种特殊系统,而且它是一个开放性系统。因为转移定价系统是企业通过收集信息并加以分析,以最终结果来影响高层管理者和部门经理的决策和行为。由输入经过转换到输出,经历了一个开放式的过程,首先输入了相应的资源,然后转换成产品,最终提供给企业决策。

总的来说,通过以上对系统三个阶段的分析,我们发现转移定价系统也分为三个过程,如图 3-1 所示。

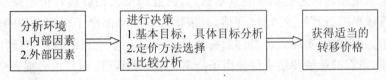

图 3-1 转移定价系统过程

其中:①分析影响企业的内部和外部环境,包括企业周围环境因素、组织环境、经济环境、相关产品成本等;②首先确定转移定价系统目标,然后根据企业内部以及外部的环境进行分析,从而选择合适的转移定价方法;③制定出最优的并能实现各项目标的转移定价。

适当的转移定价系统需要经过高层管理者的详细研究和设计,首先要了解企业组织结构,并了解当前企业内部转移定价的方案。只有得到高层管理人员的支持才能保证系统正常运转。当使用转移定价时,需要提供书面报告,并把报告传达到部门以及相关人员,要求提供的书面报告对内外部环境、决策过程以及事后处理问题都要进行充分完整的说明。

2. 影响转移定价的内部因素和外部因素

(1)转移定价内部环境的组成

①企业组织结构形式

如前所述,企业分权的组织形式导致了转移定价的产生,不同的企业组织,分权程度也各不相同。在大型企业中,管理层面对是否给予每个部门决策权力的决策,而且为了充分、有效地实施决策权力,高层管理者大多会选择分散决策权力,把权力下放到下层管理者手中的方式。管理层给予每个部门多少决策权力,也是部门经理最为关心的问题。实际上,各部门获得授权的程度,不仅在组织之间,而且在组织中的各部门之间都存在差异。

企业组织集权是企业高层管理者控制企业生产、经营等的交易和价格决策;分权是部门经理有权对本部门有关的事宜进行决策,也就是决策并不是由高层直接做出,而是把权力下放到组织之中,不同部门的经理依据权限进行经营决策。分权并不是随意给予任意的权力,也存在一定程度差异,高度分权组织是企业最下层的经理和雇员都有决策权。完全集权和完全分权的企业并不多见,大多数企业处于两者之间,因此给予下属部门多少权力一直是各企业管理的关键。

正是由于分权产生不少问题,因此需要通过控制和协调组织不同部门来解决,确保各部门在管理一致的情况下,追求组织整体的目标一致性。因此适当对部门进行业绩评估,不仅促进部门追求个别部门目标和部门经理目标,而且把追求组织目标作为重要决策。

跨国公司组织结构多种多样,既存在集权制形式又存在分权制,两者对国际转移定价有很大影响。在集权制高度统一的跨国公司中,管理高层制定转移定价,下属子公司并没有决定权,该情况下多采用成本导向定价方法或者是双重转移定价方法;在分权制较高的跨国公司中,转移定价的决策权力下放到各子公司,转移定价都是由本部门经理决策,在这种情况下,采用市场导向定价方法或协议定价方法。因此,跨国公司的组织结构确定了转移定价由谁决定的问题,各利益主体会从实际出发,找到有益的定价方法,确保公司组织管理体制有效运行,从而尽可能地提高其经济效益。

②企业内部业绩评价系统

业绩评价系统是转移定价实现的基本目标,因此跨国公司业绩评价系统对各子公司实现业绩和经营成果进行严格的考核、评估,并依据最终结果激励子公司经理的创造力、积极性及工作热情,并为他们实现公司整体目标指明了方向。不适当的转移定价往往会扭曲子公司实际业绩,错误的业绩评估不仅挫伤子公司经理的积极性,而且也会损害全体员工的努力。不适当转移定价也会影响各子公司之间的利益分配,造成不协调行为,从而影响跨国公司整体发展。因此,无论是子公司还是跨国公司高层管理者制定转移定价方法时,都应对各子公司及其经理在其可控范围内的经营业绩进行充分和科学的衡量,并且同时激励各子公司取得更好的成绩。

③各部门的内部影响

企业针对各部门生产的数量和价格的决策是依据企业整体的生产结构和经营情况来决定的,这些因素之间的相互关系经常以部门的生产和技术水平体现出来。由于市场的不完美,跨国公司在全球的生产也是各子公司利用本地优势和对其生产能力检验的过程,通过利用当地技术和资源、配额、分销网络,寻求全球的利润最大化。因此,在当前不完全竞争市场,选择适当的转移定价是依据以上信息分析决策的。

在劳动力密集型的企业中,劳动力成本和劳动力的生产效率对企业生产起到至关重要的作用。而且,即使在很多非劳动力密集型企业中,它也会对企业生产有所影响,这些劳动力的影响经常以生产效率、成本或供需表现出来,因此企业在制定转移定价时也应考虑这些因素的影响。而且,原材料的成本和原材料的质量也对企业生产产生重要影响,跨国公司在全球经营时,在制定国际转移定价时对劳动力和原材料的考虑会更多。

(2)转移定价外部环境的组成成分

企业经营受到经济、社会状况以及规章制度的影响,因此企业在设定转移定价时,不仅受到企业本身情况的影响,还会受到外部环境的影响,例如市场、经济环境、面临的风险、政府管制、行业的生产能力、劳力状况,而且在制定转移定价时,跨国公司比国内企业面对的情况更加复杂,例如税收和关税的限制以及各国的投资政策等。这些因素不仅对企业转移定价以及生产决策有很大影响,而且各因素之间还会相互作用,使得转移定价的应用更加复杂。因此,企业管理者在充分考虑这些因素的情况下,制定并管理本企业的转移定价。

①政治法律因素

一般意义上讲,所谓跨国公司的政治风险是指由于东道国与本国(甚至第三国)政治、经济、安全等关系发生变化,东道国政治和社会的不稳定性以及政策变化而导致的跨国公司跨国经营活动和价值受到影响的可能性。各国在制定本国战略方针时总是从全局出发,除了经济利益外,还要考虑政治利益、安全利益、军事战略利益等,当一些跨国公司的意愿同国家的战略目标相背离时,受损的往往是跨国公司的利益。

由于跨国公司运用转移定价方法会减少东道国和母国税收收入,并造成东道国的国际收支平衡、外汇流失等多方面的问题,东道国政府为了维护本国利益,干预和限制转移定价的实施。我们认为跨国公司应重视转移定价方法的选择,在制定转移定价时,应该以协调公司内部及外部东道国政府各方面关系为基本前提,以实现公司整体效益最优为目标,最终使跨国公司在国际市场中的竞争力得以提高。

②经济因素

所得税和关税、外汇风险、外汇平衡、市场竞争、通货膨胀都是影响转移定价制定的经济因素。为了保护本国利益,各国的所得税政策各不相同,差别很大。因此跨国公司制定本企业的战略方针时,都或多或少地认识到国际税收的重要性。由于各国都是以关税作为保护民族工业,维护本国利益的手段,制定适当的转移定价方法可以减少贸易保护的冲击。企业在转移定价时,一定要研究所在国家有关跨国公司的法律法规。如果该国对转移定价管理很严格,采取市场转移定价或者成本加成,则可有效地避免与当地政府发生冲突。

产品生产不能脱离市场,企业中间产品和最终产品的生产受外部市场状况的影响。例如,当地和国际市场需求状况、所占市场份额和市场结构特征等。特别是当子公司成立初期,跨国公司通过较低的转移定价方法,获得了低价优势,从而提高子公司的竞争力。因此,正是由于市场的不完美,导致企业在制定转移定价时受到市场和市场需求的限制。通货膨胀对转移定价的影响也非常大,较高的通货膨胀,使得本国的物价飞涨,当出口到低通货膨胀国家时,失去竞争优势,从而影响了向低通胀国家转移。

在发展中国家中,很多国家为了保护本国外汇储备和本国货币,政府对跨国公司在本国赚取的收益在汇出本国国境时施加了很多限制,不允许货币自由兑换成外汇,或者外汇兑换后不能自由地汇出国外;另一方面,为了改善本国国际收支状况的需要,有时会采取货币贬值的方法,使跨国公司的子公司遭受类似通货膨胀下的购买力损失。跨国公司为了避免这种损失,可以通过控制内部交易的转移定价,将软货币国家里的资金转移到硬货币国家中去,从而减少外汇交易的风险。

③文化因素

文化因素包括对增长和稳定的态度,以及对外国投资者的态度。一些国家对外国人的态度以及情感,往往从该国定立的对跨国公司子公司的管理规定中反映出来。因此跨国公司应集中注意那些可能改变人们潜在的社会情感及态度的事件,这些事件可能导致政治团体改变目前的税法、外汇管制等。

正是由于以上因素的影响,在企业经营过程中,要充分发挥本身优势,通过战略决策直接或者间接地管理转移定价,来获得所有权、特定区域以及国际优势,积极应对各种因素的影响,并通过法规或者协商来调整影响。

3. 转移定价具体目标

前面我们已经分析到设定转移定价需要考虑基本目标和具体目标,由于在下一部分重点强调基本目标,因此在这里只分析具体目标。

(1)利润最大化战略目标

以前调查显示,企业制定转移定价最主要目标是利润最大化,而且每个部门也追求本部门利润最大化,该目标是从部门业绩评价目标中派生出来的。部门利润最大化目标经常与公司整体利润最大化目标相冲突,特别是在垂直整合的组织中或企业部门之间,当中间产品发生购买和销售时,产生冲突的可能性非常大。

(2)调整汇率变动目标

当企业从事跨国经营,面临巨大的经营风险,为了规避风险,跨国公司往往利用转移定价将海外公司的有关收益或资金汇出或者汇入所在国。由于跨国公司的子公司所在国家不同,从而产生货币计量差异,各子公司分部报告的计量也存在币种差异。而且,如果进行部门业绩计量和评价,必须采用统一货币,否则就不可比较。由于国际上汇率是不断波动的,这对以不同汇率计价的跨国公司会产生直接影响,因此为了正确计量和评估业绩,很多跨国公司使用转移定价进行调整,在制定转移定价时把调整汇率变动作为主要战略目标。

(3)现金流量目标

企业针对现金流量的管理也是管理者最重要的目标之一,特别是在跨国公司中,对全球各子公司之间的现金流动的管理非常重要。对现金流量的管理,包括减少风险威胁、抵制返还限制或者为获得社会政治目标的重新投资策略等。部门现金流量目标也与部门利润目标相互联系,追求长期部门利润是现金流量的主要作用,因此我们可以发现,部门现金流量目标与其他目标相互作用也相互冲突。

(4)市场目标

它包括两方面:①以占领市场为目标。当企业生产新产品或者产品进入新市场时,为获得特别的市场份额或者为获得某种市场状况,企业往往强调市场目标的重要性。企业从战略目标出发,为了占领某一新市场,往往利用转移定价为子公司供应原料、中间产品和服务,从而使该子公司以较低的成本生产出最终产品,进而使其价格在当地市场具备竞争力,最终战胜对手,占领新市场。②以控制市场为目标。当子公司为了扩大市场,母公司以低价将中间产品销售到子公司,使生产成本大幅度降低,从而在价格竞争中击败对手。子公司利润率较高,有助于提高资信水平,易于在证券市场上或银行中谋取信贷。特别是在跨国公司里,市场短期目标与成本相关,但是长期目标与付款条件相关,例如外国政府之间的贸易关系和优惠条件等。因此,获得特别的市场份额或激励销售配额等的很多市场目标经常受到限制,为了避免这些限制,跨国公司也可以采用转移定价战略获得市场目标。

(5)经营目标

当分公司经营不善,陷入困境时,为了保证在市场上迅速打开局面,继续生存和发展,企业除了在资金上给予子公司更多的支持外,还可以用转移定价方法降低其经营成本、增加其账面利润,从而树立该子公司信誉,增强其在当地市场融资的能力及获取更多业务份额的机会,从而保证子公司的生存和发展。该目标也与当地的优惠条件相联系,例如成本的减少,包括原材料、劳力、运输和资本等;同时还与劳动力市场的自然特性相联系。经营目标是获得企业整体利润最大化的重要部分,但是有时与短期利润目标相冲突。

(6)纳税最小化

税务问题对企业各部门也存在不同影响,特别是在跨国公司中,由于子公司所处的国家不同,各国的税率差异,一些子公司可以享受优惠税收待遇,另一些子公司的税率相对很高,因此激励企业会尽可能把各部门收入转移到税收优惠的国家中,这样企业缴纳的整体税收很低,对整个企业都有益。由于转移定价可以利用各国或地区的税收优惠,降低企业整体纳税水平。纳税最小化是跨国公司重要目标之一,此目标有全球性和地域性两种。不同税率的相互影响导致了目标的复杂性,因此各国设计了很多税收条例来提高纳税,限制经济资源的流动,这些可能与部门的利润、现金管理和社会政治目标相冲突。

(7)行为目标

跨国公司也存在很多行为目标。也就是说,部门经理行为经常与企业经理行为产生冲突。公司管理者希望部门经理的行为与独立企业行为相同,并对部门业绩进行正确评估。而且企业经理也希望部门经理的行为有利于组织整体利益。在这种情况下,总公司和部门行为目标很容易产生冲突,因此,建议使用多项转移定价方法来协助解决该冲突。但是Yunker's认为:问题可能不像以前认为的那么复杂,因为使用转移定价扩大全球利润,当评估部门经理人业绩时,不能着重强调利润。

(8)保护少数者利益以及财务报表对关联方交易的进一步披露

很多人认为,不适当的转移定价导致企业侵占部门资产,这样会损害少数者的利益,因此各部门之间中间产品转移时,要采取适当的方法,维护其他少数成员的利益。而且由于转移定价是企业内部交易,因此它不仅对企业内部管理起作用,外部使用者也对其产生兴趣。财务报表针对关联方的交易进一步披露了企业交易列示和分类。针对内部交易的转移定价问题,各部门的收益披露依据重要性原则。如图3-2所示。

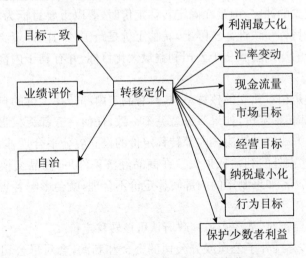

图3-2　转移定价与各目标之间的联系

二、企业建立转移定价系统的过程

如前所述,转移定价系统是企业经营管理时,由于高层管理与各部门之间信息不对称,为了使各部门经理充分提供本部门信息,提高企业管理效率和内部资源配置的一种企业战略管理工具。转移定价决策过程不仅是寻求最优价格,而且还要为企业整体利益服务。

1. 分析企业状况,遵循基本原则

前面我们已经阐述过,企业确定转移定价首先要分析企业的内外部环境。通过分析确定制定转移定价系统是必须遵循的原则。研究发现,无论是何种类型的企业,在制定转移定价时都必须遵循一定的原则。

(1)转移定价系统决策应与其目标相一致

当跨国公司使用转移定价时,首先应明确本企业使用转移定价目的,在满足该目标的前提下,进行对转移产品的定价。例如如果为了企业内部各部门的效益计量与评价,则转移定价就必须尽可能公正合理,即大多会采用机会成本定价和市场导向定价方法;如果为了实现跨国公司全球战略目标,则要依据所述目标的具体要求,在充分考虑各种综合因素(如东道国的限制因素、本企业内部各子公司、分公司利益关系等)的基础上转移定价。特别是当各种目标相冲突时,例如当利用转移定价合理避税时,规避关税和规避所得税这二者之间会存在着矛盾。这是因为母公司向海外子公司供货,如转移定价较低可以减少关税,但却会增加所得税,因为低价进货必定增加子公司利润,少交关税更可以提高利润水平,而利润的增加必将造成所得税的增加,这时转移定价要考虑它是否对公司总体利益有利,即能否实现企业利益最大化。

(2)企业整体利益最大化

企业转移定价目标无论是什么目的,也不能与企业整体利益相冲突,尽管在很多情况下,二者存在或多或少的冲突,但是在确定转移定价时,要以重要目标为主,辅之以整体利益最大化目标,也就是目标一致性。实际上,转移定价是跨国公司内部资金的转移和利润的分配。因此,转移定价的运用应服从于公司利益最大化目标,并有利于内部生产经营积极性的发挥和提高。

(3)各责任中心是相对独立的核算单位,具有制定内部转移定价的自主权和维护自身利益的权利。制定内部转移定价,如果双方意见不一致,任何一方都无权强制对方执行自己的意见,只有通过协商方式加以解决。内部转移定价的设立应公平合理,防止某些部门因价格上的缺陷而获得一些额外的利益或损失。在商品经济条件下,商品交换是按等价原则进行的,高质高价、低质低价,如果制定的内部转移定价不合理,就会影响各责任中心的生产经营积极性。

(4)当企业跨国经营时,需要东道国政府认可该转移定价

利用转移定价转移国外子公司或分公司的资金和利润,会对母公司及其子公司的收益产生影响,进而影响到子公司所在国利益。由此将导致东道国对跨国公司转移定价的检查、监督和控制。从长远目标看,这将不利于跨国公司在海外长期的经营和发展,因此转移定价应在东道国政府可接受的范围内进行。

2. 确定企业基本目标以及分析比较不同方法

管理控制是管理者影响组织中的其他成员落实组织战略的过程,被管理者用来控制组织行为的系统是管理控制系统(罗伯特·N.安东尼,维杰伊·戈文达拉扬,1998)。责任中心在管理控制环境中至关重要,管理控制系统的重点主要是对责任中心计划以及责任中心管理者行为的控制。如果责任中心投入的产品从外部购买,则很容易找到投入产品的成本,以进价加上一定的费用作为投入的成本是最直接的方法。但是,如果以企业内部其他部门的产品作为投入品的话,以什么方式计价则就是转移定价问题。实际上转移定价是责任中心的计价工具,不同的转移定价方法对责任中心业绩的影响是不同的,从而影响到责任中心的补偿。因此转移定价在管理控制中是至关重要的,它也是企业管理控制的工具,通过转移定价可以调节责任中心之间的协作关系,但是不适当的转移定价也会给二者之间带来冲突。

转移定价的基本目标应满足:(1)目标一致性;(2)业绩评价;(3)自治度。更确切地讲,自治度和业绩评价是正相关关系,但是与目标一致性则是负相关关系。这三个标准有助于判断管理控制系统应该如何依照企业战略进行设计或者改进,作为管理控制系统中一部分的转移定价,在制定时也需要遵循这些标准。转移定价系统是管理控制过程的子系统,因此转移定价系统必须符合管理控制过程的目标,正是由于目标一致性和业绩评价是基本目标,因此转移定价系统也必须符合这些基本目标。但是我们发现,无论是理论上还是实际中,我们很难同时满足这三个条件,高层管理者和部门经理利益上的冲突造成了目标不一致。通过代理理论我们可以认识到目标一致性问题,代理理论是与业绩计量和业绩回报相联系的,由于代理人和委托人之间的关系,部门经理一定要符合高层管理者的目标。

由于转移定价的基本目标——目标一致性和业绩评价——存在冲突。如果企业致力于首先满足目标一致性,把企业整体目标看作企业战略中最重要的一部分,那么就会淡化其他目标。特别是强调目标一致性,要求部门目标与企业整体目标相一致,部门服从整体,这样会造成牺牲部门的利益,来满足企业整体目标,对部门业绩计量不利,因此不能公正地评价部门业绩,特别是当依据部门业绩评价进行激励补偿时,只能造成损害。

找到企业目标以后,还需要针对不同的转移定价方法进行分析,比较企业使用不同的定价方法可能造成的后果,并依据最终分析结果选择几种定价方法。

3. 建立最优转移定价

转移定价系统理论上很简单,但是在实际应用过程中还需要企业不断完善。企业找到最适当的转移定价方法并不是在一朝一夕就可以解决的,需要企业分析当前使用方法,并把最终结论反馈到管理者手中,管理者利用收集到的信息加以分析和比较,决策出适合于企业的最优方法,并把该种方法下放到各部门中。企业各部门通过实际采用,不断把使用信息反馈到管理者。实际上转移定价过程也就是企业高层管理者与各部门之间的转移定价信息不断沟通的过程。特别是行业发展迅速,经营产品不断更新,高科技含量所占比重较高的企业,更需要及时地进行内部信息的交流,以权变的视角看待转移定价问题。企业一旦制定了适当的转移定价以后,也不能一成不变,还需要依据自身的情况不断调整,以适应日新月异的发展需要,这也是企业目前面临的最紧迫的问题。

很多学者致力于该方面的研究,并在前人的基础上提出了自己的方法。其中哈斯(Hass)的方法很特别,他提出首先设定没有外部市场的转移产品边际贡献为零,转移产品为中间产品。通过对供需曲线的反馈调整,找到最优的转移定价。如图 3-3 所示。

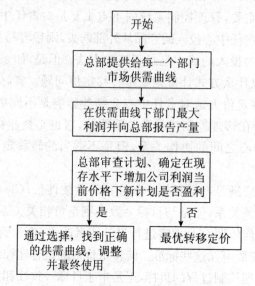

图 3-3　Hass 的最优转移定价决策

资料来源:Hass,J. E. *Transfer:pricing in a decentralized firm.* Management Science,Feb. ,1968.

📖 本章小结

转移定价是在同一个企业中,为了实现企业的整体利益,一个组织单位与另一个组织单位进行内部交易时所采取的定价方法。该定价方法与正常市场情况下的定价方法有一定的区别,其中由转移定价所确定的价格也就是转移价格。广义的转移定价还包括关联企业之间的转移定价。按照转移标的物分为:(1)产品的转移;(2)服务的转移;(3)金融。

当前针对转移定价的理论研究分为:(1)经济学理论——追求利润最大化;(2)代理理论——管理者假说;(3)会计学理论——责任会计假说;(4)战略管理理论——多元化战略假说;(5)交易成本经济学理论——组织替代市场假说。

企业选择转移定价的方法包括:(1)对企业的业绩评价有直接影响的转移定价方法:市场导向转移定价、机会成本转移定价;(2)对企业的业绩评价有间接影响的转移定价方法:成本导向转移定价、双重转移定价方法、协议转移定价方法。企业在制定中间产品定价战略时要充分考虑市场情况、产品的四个阶段以及企业自身情况。

很多跨国公司转移定价的目的主要为实现企业纳税最小化,但是,目前来看跨国公司转移定价的基本目标和具体目标与国内转移定价目标之间也存在或多或少的联系和区别。

企业在建立转移定价系统的过程中也要充分分析和了解现有状况,建立适合本企业最优的转移定价系统。

课后习题

1. 市场导向转移定价与机会成本转移定价的区别联系是什么?
2. 成本导向转移定价、双重转移定价以及协议转移定价的区别联系是什么?
3. 解释企业在制定中间产品定价战略时必须考虑的市场情况。
4. 转移定价的基本概念及相关理论是什么?
5. 企业制定转移定价系统的基本过程是什么?
6. 影响企业转移定价的因素有哪些?

第四章

企业国际财务管理

💡 **学习目标**：通过学习本章，需要对企业国际财务管理的基本理论进行概括了解，并熟练掌握有关的业务方法，以适应当前企业走向国际市场的需要。主要掌握以下知识点：企业国际财务管理的相关问题，包括企业国际财务管理的国际化、企业国际财务管理的特点、企业国际财务管理的内容；企业外汇风险管理，包括交易风险管理与决策、折算风险管理与决策、经济风险管理与决策；企业国际投资决策，包括企业国际投资的特点、方式、战略选择以及可行性分析；企业国际税收决策，包括国际税收的关系、纳税种类以及双重税的避免；跨国经营业绩评价等问题。

第一节 企业国际财务管理的相关问题

企业国际财务管理(international financial management)是当代财务管理的一个分支,很多人把它看作是传统财务管理向国际领域迈进的结果。早在 20 世纪 50 年代至 70 年代,国外学者已经开始针对企业国际财务管理的研究。进入 20 世纪 80 年代以后,由于跨国公司已经成为推动经济全球化的重要力量,深刻地影响着全球经济、政治和社会文化的发展变化,因此针对国际财务管理的研究也日益成熟,并逐步发展成为一门新兴的学科。直到 20 世纪 90 年代初,我国学者才开始着手研究国际财务管理,因此目前的很多研究并不成熟,还处于起步阶段。但是不可否认的是,随着全球跨国公司逐步把目光瞄向中国,以及中国走出去战略的广泛实施,我国本土跨国公司向海外寻求发展,无论是企业集团还是政府管理机构,都需要了解大量的国际财务管理领域的理论知识,因此建立系统的国际财务管理学体系也是我们当前急需解决的首要问题。

一、企业财务管理的国际化

一般人认为,企业财务管理产生于 19 世纪末的美国,并由此传入欧洲。此后,企业财务管理的发展经历了漫长的历史时期。直到第二次世界大战以后,欧美国家的企业管理逐步被亚洲一些国家所接受,极大地促进了这些国家和地区企业财务管理的发展。从各国企业管理资料上不难看出,财务管理的一些基本原理在各国大致相同,但是由于不同时期和不同国家所面对社会制度、政治、经济等多种因素的影响,特定的财务管理还留有某一国家的政治、经济和文化的印记。这需要制定一整套全新的国际财务管理理论和方法,来协调各国之间的差异,并将促进各国财务管理的不断交流和融合,因此企业国际财务管理应运而生。20 世纪 80 年代以后,由于高科技的发展,特别是信息技术的发展,信息成本逐步下降,信息交流更加顺畅,国际市场变成了一个"地球村",因此企业跨国经营迅速发展。国际企业面对的外部环境更加复杂,必须着重解决特殊问题,国内财务管理理论已经不能适应国际企业的需要,建立完整的国际财务管理体系是当务之急。同时,跨国公司面对国际经济环境,从事跨国性生产经营活动,需要解决企业在国际市场的资金运动及其财务管理的相关问题。因此,国际财务管理是传统财务管理向国际领域的延伸。一般来说,财务管理的国际化主要取决于以下三方面的基本因素。

(一)生产分工的国际化

当社会分工跨越国界,在世界范围内形成分工关系,就会产生分工的国际化,推动世界经济的发展。企业在各国之间的交易关系一旦突破流通领域,进入生产领域,就会导致全球化生产经营领域的分工协作。正是由于全球化的分工协作,传统企业打破了国家界限,走向了国际市场,建立了更合理的经济活动体系。无论是企业原材料的供应,还是生产、销售和技术都是在全球范围内进行的,形成了跨出本国范围、在国际范围内各自生产相互依赖、相互补充的格局。

19世纪末,出现了跨国公司萌芽。跨国公司在全球的分工协作和扩张,最终导致国际直接投资的形成,为财务管理的国际化创造了条件。特别是第二次世界大战以来,随着生产的发展和科学技术的不断进步,跨国公司的发展突飞猛进。20世纪60年代以来,国际直接投资有了巨大发展,跨国公司数量有了迅速增加。目前,全球约有8万多家跨国公司,这些公司在全球的分支机构约有100多万家,平均每家跨国公司拥有14个国外分支机构,以跨国公司为主要载体的对外直接投资,在世界经济中发挥着重要作用。近年来,我国对外直接投资发展迅速,2014年已经与引进外资基本持平,中国已成为对外投资大国,目前排名世界第三。与此同时,中国企业的实力和国际竞争力也明显提高,跨国公司的数量和进入世界500强的企业数量越来越多,企业的面貌已不同以往。倘若说20世纪中期以来是跨国公司主导的世纪,那么21世纪将是跨国公司主宰的世纪。为了应对国际经济新形势,各国纷纷调整发展战略,逐步摒弃内向型发展模式,积极推动跨国经营。

当跨国公司实行全球经营战略时,传统财务管理理论已经不适应企业集团的发展,例如企业集团把视野投向国际,在全球范围内以最低的成本筹措资金,并把筹集来的资金以最高利益方式投入国际市场,在全球范围内进行盈余的分配,以最优方式避免外汇风险等措施。

(二)资本的国际化

当企业集团的生产经营走向国际市场,必然会造成本企业的资本越出一国国界,在国际间流动,从而形成金融领域的国际化。早在第二次世界大战之前,伦敦、纽约、巴黎、法兰克福等金融中心已经具有相当大的规模。特别是20世纪50年代末,欧洲货币市场的崛起,形成了具有国际化水平的国际金融市场。随后在20世纪60年代,又形成了新加坡、中国香港、东京、马尼拉为代表的亚洲美元市场。据统计,当前全球有214个金融中心,世界级的国际金融中心为伦敦、纽约、东京;区域级的国际金融中心为法兰克福、新加坡、中国香港;还有更多的是国家级乃至地区级的金融中心。

正是由于国际金融中心的崛起促进了企业借贷资本的国际化,产生了借贷资本的国际间流动。主要表现为:全球信贷市场不断扩张;不仅融资规模急剧上升,其他领域,例如债券类别、币种结构均发生变化;跨国银行成为借贷资本国际化的重要力量。金融市场的不断完善以及国际化转变,是国际财务管理产生和发展的必然条件。特别是二战以来,资本的国际化趋势不断扩大,国际资金借贷日益频繁,国际资本流动达到空前规模,极大地促进了国际金融市场的发展。

资本市场的国际化大大加快了财务管理的国际化,并为跨国公司的筹资和投资活动找到了新的途径和领域,突破了传统财务管理限制,形成了崭新的国际财务管理模式。资本国际化趋势在为跨国公司迅速筹集资金和合理运用资金提供了方便条件的同时,也对跨国公司财务管理提出了新的要求,并为预测汇率的变动趋势,选用合理的避险方式减少或消除外汇风险提出了研究课题。

（三）营销模式的国际化

全球市场一体化进程的深入是企业集团无法回避的现实,提高本企业的国际化意识和营销运作水平成为"新营销"的重要内容。企业集团必须着眼于从国际大市场的角度考虑问题,以国际化竞争的要求开展自己的营销活动。在营销模式的国际化转变过程中,需要传统企业打破以往的营销模式。全球市场需求量的迅速扩大,必然会吸引交易商品的种类和数量大大增加,商品结构和地域布局发生重大改变。从事国际营销过程中,必然引起外汇资金的收支结算等一系列问题。传统企业的财务管理理论并不能解决这些问题,需要引入国际的管理观念,重新定位国际财务管理的目标。

以上论述我们发现,传统财务管理理论主要针对企业在一个国家中的理财理论,并不能适应国际领域中所涉及的一些特殊问题。国际领域会面临着更大、更复杂的风险,例如各国的汇率波动频繁,利率也会经常调整,各国对外汇管理措施的不同。但是我们知道,风险越大,利益也会越大,在面临风险的同时,企业集团投资和融资的市场也会更加广泛,也会给企业带还更大的生机和活力,因此财务管理国际化是企业走向全球的必然趋势。

二、企业国际财务管理的特点

前面我们已经认识到,企业国际财务管理是以国内企业集团走向国际化为前提,因此传统财务管理的基本原理和方法已经不能适应新环境的变化,还需要对其进行调整和补充。跨国公司在很多国家都会建立子公司,需要面对各国的法律、法规,因此国际财务管理一方面要根据不同国家的法律、法规开展管理工作;另一方面还要解决由于汇率变动所带来的风险。因此我们发现:国际财务管理比传统财务管理的内容更加复杂,也更加具有挑战性。一般来说,国际财务管理具有如下特点。

（一）影响投资活动的因素增大

传统的财务管理所涉及的投资行为主要是针对本国境内的投资活动,对本国基础设施及相关内容,例如对交通、通信、能源、原材料、零部件供应能力和质量有深刻的了解,对法律制度建设、市场经济体制、政策制定等也相当熟悉。但是,国际投资活动的不可预见性却相当大,这是由于国际企业不仅要了解本国的投资环境,更需要关注国际投资环境问题,特别是对本国的市场化影响,例如所在国经济发展水平、经济发展战略、经济体制、基础设施、市场的完善程度、产业结构、外汇管制和经济物价的稳定程度等,全方位、多层次、宽领域明晰与投资相关的内容。

这些因素中最主要的包括如下内容。

(1)自然资源。影响跨国公司投资的自然因素,例如研究与本集团相关的地理、人口和气候等。

(2)经济状况。经济状况是最直接、最基本的因素,也是国际投资决策中首先考虑的因素。经济状况主要研究经济发展水平、市场的完善和开放程度、基础设施状况、经济和物价的稳定程度和经济政策等内容。

（3）政治法律。例如政治的稳定性、政府的对外关系、政治体制、法律制度的健全性。

（4）社会文化。由于地理和历史的原因，各国的社会文化背景是不同的，在有些国家里甚至还存在地区间的差别。

以上这四个方面的差别使国外投资者在东道国投资时会遇到一些不便，这种不方便的程度对国际投资是有一定影响的。

（二）筹资渠道和方式更加灵活

国际企业筹资渠道和方式广泛，主要包括以下几个方面。

（1）跨国公司内部资金。即母公司与子公司之间相互提供的资金。跨国公司的内部资金不仅包括未分配利润，还包括国际企业内部积存的折旧基金。跨国公司内部相互融通资金不需要支付筹资费用，可以降低筹资成本。

（2）跨国公司母国的资金。一般来说，企业集团可以从母国金融机构获得贷款，或者在母国的资本市场上发行债券，以及通过母国有关政府机构或经济组织获得贸易信贷。

（3）跨国公司东道国资金。

（4）国际间的资金。例如，向第三国或者国际金融机构借款，向国际资本市场筹资等。

从以上分析我们看出，国际筹资渠道具有速度快、弹性大、资金量大的优点，因此跨国公司的资金筹集具有更多的可选择性，筹资方式也呈现多元化的特征。例如，跨国集团既可以利用母公司的资金，也可以利用子公司东道国的资金，还可以从国际专业银行信贷资金、非金融机构筹资，以及国外的其他企业筹资，因此可供选择的范围更加广泛。为了降低本企业的筹资成本，企业利用多方融资渠道，选择最有利的资金来源，增强了企业的竞争性。企业高层在筹资决策之前，必须对各种筹资渠道和方式进行认真的调查、预测、比较和分析，以便提高决策的正确性和及时性。

（三）不确定风险日益增强

跨国公司以复杂的全球市场为背景从事财务管理活动，既要谋求经营上的效益，又要重视社会效益。而且其子公司遍布全球各地，不同国家和地区的环境与条件相差较大，各地的经济状况、政治气候、法律环境、文化习俗及社会背景各不相同，相互交织，错综复杂。背景的多样化带来更多机会的同时也会产生更大的风险，因此，风险的不确定性比国内企业来说更甚，主要包括以下几个方面。

（1）政治上的风险。由于政治方面的原因使企业资产发生损失的风险，它是由国有化风险、战争风险和限制汇兑风险等组成的。

（2）汇率波动造成较大的外汇风险。由于跨国公司经营环境更加复杂，它不仅从事国际生产、国际贸易甚至涉及国际金融领域，因此需要经受更多汇率变化的影响。特别是经营跨国金融业务的行业，如跨国银行、跨国投资公司，会面临不同程度的外汇风险。汇率的不稳定给跨国公司的投资和经营活动带来收益的同时，也会产生一定的风险。因此我们看到，汇率的冲击既可以给跨国公司带来巨大的利益，也会使跨国公司的经营受到一定的挑战和压力。因此，国际财务管理针对汇率的研究是至关重要的，规避汇率风险也是主要课题之一。

三、企业国际财务管理的研究内容

企业国际财务管理作为一门新兴学科,有关目标、内容、方法体系等问题还存在争议,关于国际财务管理概念的表述也存在不同的看法。一些人把企业国际财务管理理解为世界财务管理,认为主要研究世界范围内各国企业财务管理普遍适用的原理与方法;另一些人把企业国际财务管理理解为比较财务管理,认为是研究各国的政治、经济、社会、法律、文化教育等理财环境,各国财务管理的目标、内容、方法也不同,在如实描述各国财务管理基本特征的同时,比较不同国家企业在组织财务收支、处理财务关系方面的差异,以便解决国际之间的财务问题;还有些人把企业国际财务管理理解为跨国公司财务管理,认为主要研究跨国公司在组织财务活动、处理财务关系时所遇到的特殊问题。我们认为,企业国际财务管理不仅研究跨国公司的财务管理问题,还要研究非跨国公司在国际经营活动中的理财行为。

有关企业国际财务管理研究内容的问题,现在无论是国内学者还是国外学者都没有达成共识。一般来说,有关国际财务管理的研究内容分为两大观点。

第一种观点认为企业国际财务管理的研究内容包括四个方面:①国际投资;②汇兑风险管理;③跨国公司投资;④国际贸易融资。

另一种观点则认为企业国际财务管理的内容主要包括四个方面:①外汇风险管理;②国际企业营运资金管理;③国外投资分析;④国外经营资金筹集。

其实我们应该认识到一个国际性的公司在组织财务活动、处理财务关系时所面对的问题与国内企业面临的问题截然不同。国际企业需要更多地研究在国际复杂的背景下,国际企业从事跨国性生产经营活动所面临的特殊领域的财务管理问题,是现代财务管理在国际领域中的延伸,是研究企业在国际市场的资金运动及其财务关系。因此我们认为国际财务管理研究的主要内容如下。

(一)外汇风险管理

当跨国公司在其国际生产、经营、贸易、金融等活动中,由于在不同国家之间进行,必然会面对各国之间货币的差异。当外币计价的资产或负债因外汇汇率变动而引起价值上升或下跌,就会造成一定的风险。对具有外币资产或负债的企业集团来讲,外汇风险只能造成两种可能的结果:获得收益或遭受损失。因此外汇风险管理是国际性企业财务管理的最基本内容之一。国际财务管理与传统财务管理最根本的区别所在也是外汇风险的管理问题,我们发现,很多相关内容都是在此基础上进一步扩展的。国际财务管理研究有关外汇风险的性质,以及避免和减少外汇风险的方法,并做出相应决策。

(二)国际投资决策

跨国公司通过筹资活动获得资金,并把筹集到的资金用于国际性的生产经营活动中,进行全球范围的投资,它是以获取高额利益为目的。相对于传统的国内投资而言,企业进行国际投资,所涉及的环境更加复杂,所面对的风险也可能更大。这都需要跨国公司做出正确的投资决策,不仅要研究投资机会,进行评估和分析,还要掌握可行性研究的方法,才能进行有效的国际投资决策。

（三）国际税收决策

由于跨国公司的迅猛发展，其收入来源的范围越来越广，收入的渠道也越来越多。跨国公司全球经营造成税收关系出现错综复杂的局面，由于国际税收所涉及的征收和缴纳关系到各跨国公司的自身利益，因此企业对国家间的税收问题十分重视。一些跨国公司还利用各国税制的不同，进行避税、逃税行为。各国政府为了维护本国的经济利益，近年来也重点关注国际间的税额分配等问题。所以，国际税务问题越来越受到人们的重视，并成为国际财务管理不可分割的一部分。

（四）跨国经营业绩评价

跨国公司企业目标与一般国内企业目标存在一定的差异，它是为实现全球利润最大化服务的。跨国公司的总部通过其海外各分部实现财务管理，是依赖于财务控制和财务监督进行的，最终保证了海外公司的目标与总部目标相一致。为了保证对海外公司的财务控制和财务监督充分有效，跨国公司的母公司必须建立一系列有效评价海外公司经营业绩的体系，并通过该体系对海外公司的经营业绩进行考核与评价。通常所采取的程序是：海外公司的管理者负责本企业的经营活动并向总部定期报告，总部管理中心对提交的财务报告和非财务报告进行比较、解释和评价，正确评价海外公司的获利能力、财务状况、经营管理状况，并对未来发展做出预测，最终依据该评价采取相应的奖惩措施。

综上所述，国际财务管理研究的内容与传统财务管理存在一定的区别。它主要是研究跨国公司在从事全球经营活动中，对资金运动及其财务关系的管理方法，即国际间筹集、运用和分配资金，以及避免外汇等风险，降低成本和提高盈利的方法与策略。因此，国际财务管理研究的内容比传统财务管理更广泛、更复杂，面对的风险更大。这里只做简要说明，在以下各节我们会依次重点阐述。

🔳 第二节　企业外汇风险的管理

企业外汇风险管理（foreign exchange exposure）是国际财务管理的一个重要内容，企业国际财务管理中的资金筹集、投资管理、营运资金管理，都涉及外汇风险问题。因此，它也是企业国际财务管理必须涉及的最基本问题。

一、外汇风险概述

（一）外汇风险

外汇是一国持有的以外币表示的用以进行国际结算的支付手段。跨国公司在国际间发生的债权、债务，必须按既定的条件进行清偿。不同国家的货币制度不同，一般来说，某一国家的货币不能在另一国家内流通使用,所以,外汇就成为清偿不同国家间的债权、债务的手段。

外汇风险可以从广义上和狭义上两个角度来考虑。广义的外汇风险包括资金投放的信用风险、利率风险和汇率风险。狭义的外汇风险是指在现行的浮动汇率制下,由于汇率的波动而使外汇交易者或外汇持有者遭受损失的可能性,因此也叫汇率风险。通常把承受外汇风险的外币金额称为"受险部分"或"外汇暴露",即外汇风险被暴露部分。

外汇风险的种类主要包括交易风险(transaction exposure)、折算风险(translation exposure)、经济风险(economic exposure)。在下面我们会分别介绍。

(二)外汇风险的管理措施

国际企业面对复杂的国际理财环境,所遇到的外汇风险的影响也是不容忽视的。因此,需要跨国公司从本企业的实际情况出发,找到相应的外汇风险管理措施。一般来说,国际性企业通过以下几种措施实现对外汇风险的管理。

1. 选择适当的计价本位币

一般来说,跨国公司从事跨国经营时,选择可自由兑换的货币计价。该做法的优势为当汇率市场出现变化时,可以随时在外汇市场上兑换。在汇率市场上存在硬货币和软货币之分;汇率相对稳定,未来可能存在上升趋势的货币为硬货币;汇率相对不稳定,未来可能下降趋势的货币为软货币。在国际结算中,企业应该"收软付硬",这样可以保证最终外汇不会因为汇率的上升或者下降造成利益的损失。也就是说,对于资产和债权采用硬通货计价;负债和债务采用软通货计价,从而避免汇率风险。

还有一些企业采用本国货币计价,在经营中避免外币兑换,防范外汇风险。如果可能还可以选取多种货币组合,也就是"一揽子"货币,保证一种货币的上升,另一种货币下降时的风险对冲。

2. 利用衍生金融工具

国际金融市场上的各种金融工具可以规避和冲减外汇风险。

(1)利用远期外汇交易。当企业进行交易时,双方签订合同,规定外汇买卖的币种、数量、汇率及未来的交割时间。交割期满时,双方按照合同规定,由买方付款后,卖方向买方交付外汇。企业同时与外汇银行签订合同,约定未来给定时间内按照合同规定的远期汇率买卖外汇。这样保证了交易、投资和筹资的保值避险作用。

(2)利用外汇期权交易。企业通过在一定期间内按照给定的汇率买进或者卖出一定数量外国货币的权利。优势在于一方面对期权合同的购入方来说,期权合同购入的是权利而又不必承担义务,当期权交易无利可图,则可以放弃该权利;另一方面说,对期权合同的购买方来说,使用外币期权可以使保值成本成为确定因素,无论汇率怎样变化,期权的保值成本不超过期权的购买价格。

(3)提前或者延迟支付。跨国公司的母公司与子公司之间或者各子公司之间通常存在资金往来。集团可以通过提前或者延迟支付的手段调整外汇受险额。例如,当预计某种外币即将贬值时,应加速收款而延缓付款;当预计某种外币即将升值时,推迟收款而加速付款。

(4)资产和负债的调整。如果企业资产负债表受汇率变动影响的资产和负债数额相等、方向相反时,即使存在汇率防线也会相互抵消,减少风险的发生。同时还要根据预测,当某种货币汇率上升,则保持和增加此种货币持有的资产,减少此种货币的负债;当预测某种货币汇率下降,则减少此种货币的资产,增加此种货币的负债。

二、交易风险的管理与决策

(一)交易风险的类型

交易风险是指企业因进行国际经济业务时,当取得外币债权或承担外币债务,由于交易发生日的汇率与结算日的汇率不一致,可能使收入或支出发生变动的风险。也就是说,交易产生的权利或义务,必须以外币清算所产生利得或损失来衡量。交易风险的关键是以外币计价的应收、应付业务发生时与结算时的汇率不同造成的。交易风险并不是单纯的买卖交易,还包括股利、利息、租金、专利权等。一般来说有关外国货币计算或支付的经营活动或投资行为都包括在该领域内。

交易风险的主要类型如下。

1. 以外币偿付的资金借款或贷款业务

当发生国际间的外币借贷业务,偿还时的汇率与借贷发生时的汇率有所变动,产生交易风险。例如某企业借入以外币计价的资金,如果在偿还时外币汇率上升,那么企业将偿还高于以原汇率计算的本息;相反,如果汇率下降,则会偿还低于以原先汇率计算的本息。另外,如果企业借贷采取浮动汇率,还会造成利率的不确定,形成汇率和利率的双重风险。

2. 以外币计算的商品及劳务的赊购和赊销业务

当跨国企业在国际间交易时,以信用为基础,即以延期支付为条件的进出口贸易时,当赊购和赊销以外币计价的商品,如果汇率发生变动就会造成交易风险。例如外币汇率下跌将使出口商蒙受损失,减少其实际收入;相反,外币汇率上升,由于进口商要支付比成交时更高的外汇,将会承受上涨的风险。

3. 尚未履行的期货外汇合约

利用远期外汇契约避免交易风险是很多跨国公司避险的主要方法。与金融企业的投机动机不同,一般来说,企业购买远期外汇合同是为了消除目前交易上的汇率风险。例如,我国企业向美国购进一套价值 100 万美元的设备,约定半年付款。当日汇率牌价 1 美元＝8 元人民币,需要 800 万人民币,如果半年后人民币贬值 1 美元＝8.5 元人民币,则需要 850 万元人民币,损失 50 万元人民币。为了减少损失,企业会在成交的同时从远期外汇市场上买入半年的美元期汇,当半年后支付货款时,该企业就可以避免汇率贬值带来的损失。

4. 以其他方式取得的外币债权或应承担的外币债务

相对来说,如果本国货币是硬通货,持有外币资产将会有损失,持有外币负债将会获得利益。

（二）交易风险管理

交易风险管理方法包括如下内容。

1. 远期外汇市场套期保值（forward market hedge）

利用远期外汇市场,通过签订具有抵消性质的远期外汇合约来防范由于汇率变动而可能蒙受的损失,以达到保值的目的。远期外汇合约反映的是一种契约关系,即规定一方当事人在将来某个特定日期,以确定的汇率向另一方当事人交割一定数额的某种货币以换取特定数额的另一种货币。至于履行合约的资金来源可能是现存的或经营业务的应收款或尚无着落,需要时再到即期外汇市场购买。通过远期市场套期保值可以得到完全确定的现金流量价值,但它未必是最大化的价值。利用远期市场套期保值的前提是必须存在远期外汇市场,而在现实世界中,并不是任何货币都存在远期外汇市场。

远期外汇套期保值涉及一个远期合约以及用收到的资金去履行合约。例如某国际公司到期一定能收到货款,公司采用远期市场套期保值的具体做法是:在应收账款发生时按 6 个月的远期外汇报价卖出 200 万美元的远期合约,汇率为 1 美元＝8.223 元人民币,6 个月后公司将香港客户的汇来的 200 万美元在远期市场上交割,获得人民币 16 446 000 元。如图 4-1 所示。

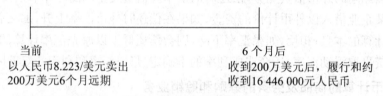

当前	6 个月后
以人民币8.223/美元卖出	收到200万美元后，履行和约
200万美元6个月远期	收到16 446 000元人民币

图 4-1　远期外汇套期说明

2. 货币市场套期保值（money market hedge）

通过在货币市场上的短期借贷,建立配比性质或抵消性质的债权、债务,从而达成抵补外币应收应付款项所涉及的汇率变动风险的目的。与远期市场套期保值一样,货币市场套期保值也涉及一个合约以及履行合约资金来源问题。但是,签订的贷款协议即寻求货币市场套期保值的公司需要从某个货币市场借入一种货币,并将其在即期外汇市场上兑换成另一种货币,投入另一个货币市场。至于履行合约的资金来源无非是经营业务的应收款,需要时再到即期外汇市场购买。如果属于前者,那么,货币市场套期保值就是"抛补性质的"(covered);如果属于后者,货币市场套期保值则没有保值,仍存在一定的风险。货币市场套期保值涉及借款换汇和投资(即借贷),这两个过程和两个货币市场,其保值机制在于两个货币市场的利率差异与远期汇率升(贴)水的关系。

货币市场套期保值的基本思想是,现在借钱投资,然后用将来收到的钱偿还贷款。例如星海国际公司借入一定的欧元,年利息为 10%,然后将其转换成美元,6 个月后偿还的欧元正好等于收到的货款,即 100 万欧元。假设首先借入的欧元为 A,则:

$$A(1+6/12×10\%)=1\ 000\ 000 \qquad A=952\ 380.95\ 欧元$$

星海国际公司将借到的欧元在即期外汇市场上按照即期汇率 1 欧元＝1.5 美元,兑换成

1 428 571.425 美元。如果投资时发现：①在美国投资年利率为 6％；②在欧洲投资年收益率为 8％；③在中国投资为年收益率为 12％。最终发现只有在中国投资，获得年收益率大于开始借入的年利息率 10％。

当然，货币市场的套期保值在实际上还存在着交易成本，也就是远期合约的买卖汇差以及借入和借出的利差。这些交易成本在比较远期合约套期保值与货币市场套期保值的过程中都应该进一步考虑。

3. 期权市场套期保值（option market hedge）

根据对外汇汇率变化趋势的预测，在外汇期权市场上，购买看涨或看跌期权，坐观外汇市场变化，决定行使或放弃期权，以达到既能保值又有盈利机会的目的。由于期权给予购买方的是一种权利而不是义务，购买方在汇率变化于己有利时行使期权，于己不利则放弃期权，确保收入底线而可望获得无限的盈利。如果跨国公司不能确定未来现金流量是否发生或何时发生，那么期权市场套期保值是最理想的保值工具。

假设某国际公司对未来欧元的变化不太明显，公司希望确定一个收入下限，但又希望在欧元升值时仍可受益。公司购买 6 月后到期的欧元看跌期权 200 000 欧元，交易合约金额为 10 000 欧元/份，协定价格 1 欧元＝1.5 美元，期权费 ＄0.025/欧元，每份合约佣金 100 ＄。

每份期权的价格：10 000×0.025＝＄250

佣金：　　　　　　　　100

——————————————————————

成本　　　　　　　　350

所需合约数：200 000/10 000＝20 份

总成本：20×＄350＝＄7 000

六个月后公司收到 200 000 欧元的货款，其美元价值依赖于当时的即期汇率。当即期汇率大于协定价格 1∶1.5 时，公司放弃期权，按照市场汇率兑换美元。当汇率为 1∶1.5 时，则公司在即期市场上可兑换美元。当即期汇率小于协定价格 1∶1.5 时，公司行使期权，按照协定价格购买美元。

（三）交易风险的决策过程

1. 企业集团首先测定本企业交易风险存在状况

企业集团在进行套期保值决策之前，首先应测定所有货币的单个净交易风险，即测定某一时期货币所有预期流入量和流出量的总和。一般做法分两步：首先，由子公司经理提供预期流入量和流出量的信息；其次，母公司合并各子公司的信息，确定出整个企业集团在未来期间内各种货币的预计净头寸。

2. 确定是否应该对本交易风险进行套期保值

经过测定风险之后，企业集团决策进行套期保值是否适当，主要是比较货币的即期汇率与远期汇率。例如某企业有一笔以外币计价的应收账款，如果该货币的即期汇率超过当前的远期汇率，那么采用净应付账款套期保值会获得收益；相反，如果未来即期汇率低于当前远期汇率，则采用净应付账款套期保值会遭到损失。

3. 如果进行套期保值,选择适当的套期保值方法

上面我们已经研究,套期保值的管理方法很多,企业集团应根据自身情况,选择适当的方法。

三、折算风险的管理与决策

折算风险又称会计风险、会计翻译风险或转换风险,是指在会计年度结束时,母公司将国外子公司以外币为单位的财务报表,改为以母公司所在国货币为计价单位编制合并报表的过程中,由于交易发生日的汇率与折算日的汇率不一致,使会计账簿上的有关项目发生变动的风险。一般来说,跨国公司的外币资产和负债项目,最初都是以发生日的汇率入账,当编制财务报表时,需要对其中某些项目以编表日的汇率重新进行换算。如果资产或负债项目发生日的汇率与编表日的汇率不一致时,换算后的结果会给企业带来会计账表上的损益,虽然并不影响企业当期的现金流量,但在进行财务分析时,却会使各种财务比率发生变动。

企业处理折算的方法有多种,一般认为主要有三种方法:流动性及非流动性法、货币性及非货币性法和现行汇率法。三者的主要差别在于对存货、固定资产及长期负债的处理。尽管每种风险都会有避险工具,但也会产生相关的成本问题。

(一)流动性及非流动性法(current and noncurrent method)

流动性及非流动性法的折算原则为:资产负债表项目中的流动性资产及负债以现行汇率计算;非流动性资产及负债以取得时的汇率折算。损益表项目以该会计期间的平均汇率加以折算;但是非流动性资产或长期负债有关的项目如债券溢价摊销等,则使用历史汇率折算。

流动资产和流动负债采用现行汇率折算,保留了原财务报表有关流动资产和流动负债的有关比率,因而有利于债权人评价公司的短期偿债能力,也有利于对公司流动资本的分析。长期负债受到外汇汇率的影响,也存在外汇风险。

(二)货币性及非货币性法(monetary and nonmonetary method)

根据货币性及非货币性区分折算,优点是符合历史成本原则,在合并报表中,国外非货币性资产是以历史成本法记录;缺点是所有兑换损失准备项目取消后,所有的外币交易的盈亏不论是否实现,首先列入当期损益,当汇率变动加剧,企业就不能进行缓冲;国外的各个项目以不同的汇率折算,可能会打破资产负债表的平衡,还需要利用调整项目来解决。

货币性及非货币性法的折算原则是,资产负债表中的所有货币性资产及货币性负债按现行汇率计算,其他资产及负债,则以原取得时的汇率折算;损益表中的项目原则上以该会计期间的平均汇率折算,但是若与非货币资产或负债直接有关的项目,则以取得时的汇率折算。

(三)现行汇率法

现行汇率法是所有折算以现行汇率为基础,其优点是个别资产负债项目相对比例保持

不变,如流动比率等,在折算过程中不会被扭曲;缺点是破坏了以历史成本入账的会计原则。

现行汇率法的折算原则是所有资产和负债以资产负债表日当天的即期汇率折算,普通股股本或实收资本以取得时的汇率折算,本年度留存收益是期初留存收益加减本年度外币折算的净利或净损失;损益表项目中的一般项目以收益、费用发生当天的汇率或该会计期间的平均汇率计算,股利则以发放日当天的汇率计算;折算损益不计入当期净利,留存收益的变动并不能反映折算的损益,而是在股东权益项目下设一个独立项目"累计折算调整"来处理折算损益。

(四)时态法

有关的货币性资产和负债,例如现金、应收账款、应付账款等以现行汇率折算,其他项目按照情况采用不同的汇率。以过去的交换价格登记的资产和负债按照历史汇率折算。例如过去购买的大型机器按照购买时的实际汇率来换算。收益表中的收入和费用中的折旧费用和摊销费用按照取得相关资产时的历史汇率折算,其他收入和费用项目按照会计期内的平均汇率折算。时态法抛弃了货币及非货币法的缺点,折算后保持了原来财务报表上各项目资产和负债计价基础,从理论上讲有其较强的合理性。但是,由于对各项资产和负债采用的汇率不同,折算后的各个财务比率会发生变化。不同折算方法的比较如表 4-1 所示。

表 4-1　不同折算方法比较

	流动/非流动	货币/非货币	现行汇率法	时态法
现金	现行	现行	现行	现行
应收账款	现行	现行	现行	现行
存货(成本)	现行	历史	现行	历史
(市价)	现行	历史	现行	现行
投资(成本)	历史	历史	现行	历史
(市价)	历史	历史	现行	现行
固定资产	历史	历史	现行	历史
其他资产	历史	历史	现行	历史
应付账款	现行	现行	现行	现行
长期借款	历史	现行	现行	现行
股本	历史	历史	历史	历史
…	…	…	…	…
利润表				
销货成本	平均	平均	平均	平均
折旧费用	历史	历史	平均	历史
其他项目	平均	平均	平均	平均

四、经济风险的管理与决策

经济风险是指由于意料之外的外汇汇率变动引起企业的生产经营的产出、价格、成本等的变化,导致企业未来收入或支出发生变化的一种潜在风险。经济风险涉及企业财务、销售、供应、生产等很多方面。它并不是在会计处理程序中产生的,而是在经济分析中发生的。一般人认为经济风险的管理应由企业多个管理部门来承担,而交易风险与折算风险的管理一般由财务部门来承担。经济风险是企业最重要的外汇风险,这是因为它不仅对企业生产经营产生长期影响,还会对企业财务状况等造成影响。

由于经营者和投资者已将可预测的汇率变动列入预期的营运结果和市场价值的评估之中,因此可预测的汇率变动造成的结果并不是经济风险。只有实际汇率改变时,才会有经济风险产生。名义利率的改变若不影响实际汇率,则不会有风险产生。

(一)经济风险管理的策略

由于经济风险是由实际汇率引起的,因此预测实际汇率对企业未来现金流量可能造成的变动影响是经济风险管理的重点。企业高层管理者不仅需要认识到实际汇率发生状况,而且还要在实际汇率发生变化时作出相应的对策。

跨国公司的高层管理者针对经济风险的策略有两种类型。

(1)当经济风险发生时,企业集团的高层管理者积极从事分散风险的工作,最大限度地避免不必要的损失或获得利益;

(2)高层管理者在事先设定一个投资组合,如果风险发生,其损益会自动冲减,也就是说,管理者只要在经济风险发生时能予以关注,并不需要采取进一步的行为来避免。

一般来说,跨国公司通过在全球内的分散经营来减少经济风险的发生,如果发现有迹象表明可能出现风险,管理者就会做出相应的反应。通过对企业全球战略的考虑,依据可能的变化,管理者调整经营战略。当汇率改变时,即使管理者不积极从事避险工作,也应该设立一些适当的组合模式,逐步化解经济风险。当跨国公司在融资决策时,还需要考虑筹资来源的多样性,分散风险,保障企业融资利益。跨国公司也必须熟悉国际资本市场的各种融资渠道,与各组织之间有广泛、密切的联系,通过各组织利率的差异获得更大的利益。跨国公司还须协调介入资金的货币组合,避免由于一种货币的动荡而带来的经济风险。

(二)避免经济风险的对策

经济风险与折算风险和交易风险不同,它需要通过协调企业生产经营的各个过程来应对。

(1)当生产产品时,跨国公司在生产产品时需要做到尽可能地降低产品生产成本,保证产品利润的一定比例;下属的生产厂不能只局限于一个国家或地区,还应该在众多有利生产条件的国家设立工厂,不仅会有接近原材料市场的优势,也可以分散币值变动的风险。如果工厂都设在相同地方,币值一旦发生变化,该企业将损失惨重。相反地,如果将子公司分散设立至不同的国家,一个国家或地区的汇率发生变化,不至于影响整个跨国公司的生产经营。生产地点的分散化,应注意从软货币国家购买原材料和半成品,向硬通货国家销售产品原则;如果某一国家的货币具有长期升值潜力,应考虑缩减在该国的生产,把生产厂转移到软通货国家。

(2)当企业营销时,跨国公司管理者营销产品必须事先预测汇率风险发生的可能,并采取相应的策略。如果一国的汇率发生变动,其定价、产品、促销及销路等营销策略会跟着作相应的调整;在汇率真正发生重大变动时,再仔细研究当时的情况,做必要的政策更改。政策更改包括:以往的销售渠道是否顺畅,是否还需要增加新的渠道;产品价格是否需要调整;销售费用是否需要调整,以及产品本身的式样、规格和质量的调整等。

(3)当财务处理时,跨国公司如果有长期外币借款,必须正确估计可能面对的风险。一般来说,借入软通货,贷出硬通货对本公司未来发展有利。但是正确的预测货币是否是硬通货也是相当困难的。例如,以前美元作为硬通货货币,在国际资本市场上占相当重要的地位,但是从 2001 年以来,由于美国政府采取美元贬值策略,现在逐渐变成了软通货。经济风险如果单靠财务部门,则会一筹莫展,必须由企业各部门通力合作,才可以达到避险的效果。三种风险的比较如表 4-2 所示。

表 4-2　外汇三种风险比较

项目	交易风险	折算风险	经济风险
内容	汇率变动引起的,对现行活动的短期现金流量(货币性资产和负债)的影响,导致外汇损益,由已经达成的合约决定的。交易风险是基于过去发生的,但是在未来结算	由汇率变动引起资产负债表中资产和债务以及收益表中各项账面价值的变化所导致的外汇损益,由会计准则确定,损益只在账面上	汇率变动引起未来经营现金流的变化导致的外汇损益,由公司未来竞争状况决定。它是实际发生的
影响	追溯性和前瞻性	资产负债表和利润表项目具有追溯性	与未来销售有关的收入和成本,具有前瞻性

第三节　企业国际投资决策

一、企业国际投资的概念和特点

(一)国际投资的概念

国际投资是指投资者跨越国界,投入一定的资金或其他生产要素,以期望获得比国内更高利润的一种投资。

国际投资按投资方式分为直接投资和间接投资。直接投资是将货币资本或实物资本直接投到国外的生产经营领域中,投资者可以直接在国外创办企业进行生产经营活动。间接投资是指投资者将资本投放到国际金融市场,用于购买国外的股票、债券等有价证券,通过股息、红利、利息等获取报酬。

（二）国际投资的特点

国际投资是国内投资的国际化,主要有四大特性。

1. 面对的风险更大,环境更恶劣

国际投资者除了需要面对东道国不同的自然环境、政治环境、经济环境、法律环境、文化背景、社会习俗等,还需要面对自身的决策水平和管理投资的能力和应对突发事件的能力。一般来说,国内的投资环境比较熟悉,也比较稳定,如果有变化也可能预知;国际的投资环境纷繁复杂,特别是东道国的政局变化、战争等需要特别关注。因此,国际投资比国内投资所面临的风险更大。

2. 互补性更强

由于地域性、经济发展水平和环境的差异,不同国家之间的原材料供应和销售市场存在差别。例如我国从 20 世纪 80 年代以来,积极推行对外开放政策,利用自身劳动力优势,大力发展劳动密集型企业,为其他国家的消费者提供了廉价产品。国际很多跨国公司纷纷在我国设立工厂,在资金、技术等方面互通有无,相互补充,促进投资的相互补充,达到双赢的局面。跨国公司对外投资以国际市场为背景,在全球参与经营活动,投资地域相当广泛,互补性更强。

3. 目标更具有多元化

跨国公司进行国际投资的目标很复杂,并不是只为追求利益最大化。国际投资的目标很多,例如远期目标、直接目标、间接目标、近期目标和最终目标等。国际投资开拓海外市场、分散集团风险、获取东道国资源、占领一定的市场份额等都很明显。国内投资目的只是追求利益最大,并不会产生复杂的目标。

4. 投资资金来源多样性

国际投资的资金来源于两个方面:本国企业的投资和东道国政府、企业和个人的投资;以及当地金融市场和国际金融市场的资金等。采用的计价货币也不同,也会产生汇兑、结汇等问题。

二、国际投资的方式

国际投资方式很多,一般来说,国际投资方式可以按不同标志进行分类。

（一）国际直接投资方式按进入方式可分为创建企业和购买产权两类

(1)创建企业。这种投资方式是由投资者独立自主经营,独立承担风险的一种国际直接投资方式。

(2)购买产权。它通常是在不破坏原有市场需要均衡的条件下,获得原有企业的市场占有率。购买外国公司相当数量的股票,掌握控制权。它是国际直接投资的主要进入方式。有关组织和有关国家都对国际投资中构成直接投资所需要拥有的最低所有权比例或具体条件作了规定,以区别于其他形式的投资。但是各方面对此的标准和解释不尽相同。例如,国

际货币基金组织认为,在所投资的企业中拥有 25% 或更多的投票权,可以作为控制所有权的合理标准。法国的外资政策规定,拥有企业 20% 的所有权是合格的外国直接投资的最低股权标准。有些国家(例如美国)规定在国外企业拥有 10% 以上的股份即视作直接投资。

还有的国家规定拥有的股份虽低于 25%,但属于下列情况之一者,均视为直接投资:①向被投资的企业派送管理或技术人员;②提供技术;③供给原材料;④购买其产品;⑤在资金上给予支持;⑥以补偿贸易方式给予贷款或投资等。

(二)国际直接投资方式按所有权性质可分为合资经营企业、合作经营企业和独资经营企业三类

1. 合资经营企业

亦称为股权式合营企业。是指由两个或两个以上属于不同国家和地区的公司或其他经济组织,经东道国政府批准,在东道国设立的以合资方式组成的经济实体。它是国际投资的主要方式。

合资企业的出资方式主要有以下三种:(1)现金;(2)实物;(3)工业产权。一般来说,现金的比例不能太低,实物和工业产权都要合理作价,以便计算出资总额。合资企业中各方的出资比例由合资各方协商确定。一般有如下三种情况:(1)外国合资者占半数以上;(2)本国合资者占半数以上;(3)双方各占半数。其中以第二种情况居多。

2. 合作经营企业

亦称为契约式合营企业,是指国外企业依据东道国有关法律,与东道国企业共同签订合作经营合同而在东道国境内设立的合作经济组织。

合作经营企业一般有两种形式:一种是法人式;另一种是非法人式。法人式是指合作企业有独立的财产权,法律上具有民事权利能力和行为能力,并以该法人的全部财产为限对其债务承担责任。非法人式是指由两国以上合营者作为独立经济实体,通过契约组成松散的合作经营联合体。它不具有法人资格,没有独立的财产所有权,只有财产管理和使用权,合作双方以各自法人资格在法律上承担责任。合同是合作经营的重要文件,合作经营企业双方的责、权、利都是由双方签订的合同加以规定的。合作经营企业的管理可以由合作各方派出代表组成联合管理机构,也可以委托一方或聘请第三方进行管理。

合作经营企业与合资经营企业的主要区别如下。

(1)性质不同。合资经营企业是股权式合营企业,而合作经营企业是契约式合营企业,这是两者的根本区别。

(2)组织形式不同。合资经营企业为法人实体,而合作经营企业可以是法人实体,也可以是非法人实体。

(3)投资收益分配不同。合资经营企业的利润按出资比例分配,而合作经营企业可以采用利润分成、产品分成或共同商定的其他方式分配。

(4)投资回收方式不同。合资经营企业通过利润分成收回,合资期满,剩余财产按出资比例分配,而合作经营企业可通过折旧和产品分成收回投资,合作期满,不再参与剩余财产分配,而全部留归东道国所有。

3. 独资经营企业

是指由某一外国投资者依据东道国法律,在东道国境内设立的全部资本为外国投资者所有并独立经营的企业。它是国际直接投资的一种传统形式。

许多国家都对外国投资者在该国投资,设立独资企业进行一些限制,比如军事、通讯等行业一般不允许外国投资者独资经营。一般发展中国家限制条件较多,发达国家限制较少。

(三)国际直接投资按公司类型分为国外分公司、国外子公司

国外分公司和国外子公司与母公司一起构成了跨国公司的组织形式。

1. 分公司

它是母公司为扩大生产规模或经营范围在东道国设立的不具有法人地位的经济实体,在组织上和资产上构成母公司的一个不可分割的组成部分,受母公司委托从事业务活动。分公司的主要特点是:没有自己独立的公司名称和公司章程,以其总公司的名义和委托开展业务活动,其资产属于总公司,总公司对分公司的各部门债务承担无限责任。

2. 子公司

它是指由母公司出资在东道国设立的独立法人企业。它虽然在投资、经营、生产等活动受母公司控制,但它具有独立的法人资格,拥有自己的公司名称和章程,实行独立的经济核算,自负盈亏,可以独立地以自己的名义进行各类民事法律活动,甚至进行诉讼。

分公司与子公司的主要区别:(1)法律地位不同。子公司是东道国的独立法人,具有东道国国籍,而分公司在东道国不是独立法人,只是总公司的一部分,不具有东道国国籍,被东道国视为外国公司;(2)创办手续不同。在外国设立子公司,须按东道国有关法律进行,手续较复杂,而在国外建立分公司只须按规定程序登记,手续较简单;(3)资本和偿债责任不同。分公司的资本全部来自总公司,总公司须承担分公司的全部偿债责任。而子公司的资本除母公司投资以外,通常还包括当地资金(独资子公司的资本金全部来自母公司),偿债责任只限于子公司资产;(4)利税处理不同。分公司的利润或亏损与总公司的盈亏合并,分公司只须向东道国缴纳营利事业所得税,分公司的利润汇回总公司时,不须缴纳预扣税。而子公司的利润或亏损不与母公司合并,子公司必须在东道国纳税,除了缴纳公司所得税以外,在将股利汇给母公司时,还须缴纳预扣税。

三、对外直接投资方式的战略选择

(一)购并与创建方式的比较

企业对外直接投资进入东道国有两种基本方式:一是收购或兼并东道国的当地企业;二是在东道国创建一个新的企业。跨国购并是投资者通过一定的程序和渠道依法取得东道国某企业部分或全部所有权,将其直接纳入自己的海外子公司组织体系的行为。它可以通过股票市场购买当地企业的股票达到控股程度来实现,也可以通过签订契约,直接购买当地企业的全部或部分资产来实现。因此,跨国购并只是东道国已有企业所有者的改变,而创建新

企业则会导致东道国生产能力和就业水平的提高。

由于购并方式与创建方式的优点与缺点表现为互补性质,企业对外进行直接投资时,应根据企业实际,作出正确的选择。

1. 购并方式的利弊分析

购并方式同创建方式相比具有如下优点:(1)有利于投资者利用被购并企业在当地市场已建立的良好商誉、广泛的客户关系及完善的产品销售渠道,快速进入市场。即使需要对被购并企业的生产过程或设备进行改造,所需要的时间也比新建企业短得多;(2)有利于投资者获得宝贵的人才资源。对外直接投资的迅速发展,有经验的管理和技术人员相对缺少。利用被购并企业现成的管理和技术人才,可以极大地减轻投资者在管理上的压力;(3)有利于实现产品多元化。当购并企业跨越原有产品的范围而实行多种经营时,购并方式不仅可以迅速增加产品的种类,还可使企业获得有关新产品的产销技术和经验;(4)有利于投资者减少资本支出。

投资者通常可以低价购并外国现有企业,主要有三种情况:一是购并企业有时比被购并企业更知道某项资产的实际价值;二是低价购买亏损企业,利用对方的困境压低价格;三是利用股票价格暴跌乘机购买企业。

购并方式的缺点:(1)容易受到东道国政府及社会的限制。一般来说,东道国政府担心外商购并当地企业不利于民族工业的发展,甚至会控制经济命脉。因此,购并方式通常受到东道国,特别是发展中国家的限制;(2)对被购并企业的价值评估存在一定的困难。一是不同国家有不同的会计准则,一些被购并企业的财务报表中的错误和粉饰,增加了购并时价值评估难度;二是有关国外的信息收集较难,且可靠性差,也将增大对收购该企业销售潜力和预期利润估计的难度;(3)失败率较高。由于被购并企业和购并企业在经营管理的体制、理念、方法上存在一定的差异,而且购并企业欲在被购并企业内推行新的信息系统和控制系统,需要一个缓慢而艰难的过程,这是导致购并方式失败率高的主要原因;(4)采用购并方式难以找到一个规模和定位完全符合自己意愿的潜在被购并企业。此外,购并方式需要对被购并企业一次性投入巨额资金,且需要现金,对于那些不具有资金优势的企业来说,将成为一种沉重的资金负担。

2. 创建企业的利弊分析

创建企业与购并方式相比的主要优点:(1)受东道国政府限制较少,有利于发挥投资者在资金、技术、管理经验等方面的优势;(2)有利于增加东道国工人的就业机会及该国、该地区的财政收入,能得到东道国的优惠待遇;(3)有利于投资者选择适当的地点并按自己所希望的规模筹建新的企业,按长远发展规划来妥善安排工厂布局,实现对资本支出的完全控制。

创建新企业的缺点:(1)增加了东道国当地市场的竞争,破坏了原有的供需均衡状态;(2)东道国政府出于对本国利益的考虑,可能会对投资者作出种种限制,如限制内销率、利润汇出以及撤资等;(3)创建新企业一般要比购并慢得多。

通过购并方式与创建方式的利弊分析,可见,购并方式突出特点是投资周期短,见效快,从企业组织控制的角度看,创建方式的风险比购并方式要小。

从目前我国对外直接投资的实践看,跨国购并将成为我国对外直接投资的战略选择,它不仅是推动国有企业战略性改组的重要内容,也是我国企业参与国际竞争,进行跨国经营的重要手段。我国现在已有一批企业具备了开展跨国购并业务的条件:跨国公司以实业经营为基础,具有较强的经济实力、出口创汇能力和直接参与国际竞争的能力;企业集团以贸易为龙头,通过强大的国际性经营与销售体系,开拓国际市场,促进商品、资本和技术的输出,具有遍及全球的跨国经营网络;企业以金融业务为主体,以资金为纽带,全方位开展在金融、贸易、生产、技术、服务、航空、信息等众多领域的投资。另外,我国企业在海外"买壳上市"的成功经验为跨国购并打下了良好基础。我国跨国购并起步较晚,发展速度较慢,规模较小。因此,需要从国家和企业两个方面为我国跨国购并的迅速发展创造良好的环境和条件。现在我国企业跨国并购已经步入快车道,发展势头良好。

(二)国际直接投资股权策略的选择

企业在国外建立其拥有股权的分支机构时,将面临的是直接投资建立一个拥有全部股权的独资子公司还是与东道国政府或经济组织合作建立一个合资子公司等股权策略的选择问题。股权策略的选择不仅涉及出资各方出资额的多少,还涉及利益分配和国家主权等一系列问题。因此,为了对国际直接投资的股权策略作出正确选择,应对不同所有权性质的对外直接投资方式的利弊进行分析。

1. 独资经营的利弊分析

从企业经营发展的历史来看,早期的西方国家跨国公司仍要采用独资经营形式,其优点主要体现在以下两个方面:一是投资者可以有效地控制和独占市场。因为这些跨国公司在资金、技术、管理等方面具有较大的优势,通过独资经营可以满足其保护技术与经营方面的秘密,维护其垄断地位,进而独占市场;二是独资经营有助于投资者全球经营战略的实现。由于对外直接投资的目的是为了整体利益最大化,为此,投资者采用独资经营,不仅能达到有效控制生产过程,占领市场,增加利润的目的,还能避免投资者与子公司的对立,保证其全球经济战略的实现。

2. 合资、合作经营的利弊分析

第二次世界大战以后兴起的跨国公司,包括日本和发展中国家与地区的跨国公司更多地采取了合资、合作经营的方式。其优点主要体现在以下几个方面:一是可获得政治上的优势。因为与当地企业或政府进行合资或合作,可以突出本地身份,减少被排挤的危险,当地的合作伙伴也会利用政治影响来抵御国家控制,保护企业;二是可以获得财务上的利益。通常母公司将先进技术、专利权、商标等作为公司的投资资本,这样,可以极大地减少其实际投资额,节约资金效果明显。同时,利用当地合作伙伴的关系网和信誉,可进入当地资金市场筹资;三是可以获得当地企业现有资源。由于当地合作伙伴拥有适应于本地企业的技术、营销或其他管理技能,采用合资、合作经营方式使这些资源的取得成为一种可能。它比新建独资企业要节省时间和费用。

合资经营企业和合作经营企业均是对外直接投资的主要形式,但二者有区别。合资经营企业的优点是:有利于取得多重投资优惠待遇和国民待遇;有利于减少或避免企业的投资风险,有利于了解东道国情况,开拓新市场。其缺点是举办合资经营企业的审批手续比较复杂,所需时间较长,因外资股权受到一定比例的限制,国外投资者往往不能对合资企业进行完全控制。合作经营企业投资的优点是合作经营的方式较为灵活并具有多样性;举办合作经营企业审批手续比较简易,所需要的时间较短。其缺点是不如合资企业规范,在合作过程中容易对合同上的有关条款发生争议,给合作经营企业的正常发展带来不利影响。

我国企业在对外直接投资股权策略的选择中,除要考虑独资、合资和合作方式本身的优缺点外,还要根据我国国情和跨国经营企业的现状进行具体分析。一般来说,如果从我国自身经济技术条件看,我国对外直接投资以合资为主。从投资目的看,如果投资的目的是为了利用外方资金、先进技术和管理经验及销售渠道,或是为了避开非贸易壁垒而进入东道国市场,则应采用合资方式;如果投资的目的是为了利用其资金和技术上的优势控制与独占市场,并继续保持其优势地位,进而实现其全球化战略,则应以独资方式为好。

为选择最佳的国际直接投资进入方式,除需要了解各种方式本身的特性外,还必须对企业的内部和外部因素进行分析和评价。如产品在企业发展战略中的地位、产品生命周期、技术水平、商标和广告开支、对外直接投资的固定成本等内部因素,及东道国的政治环境、经济环境、社会文化环境和法律环境等内外部因素,它们都对国际直接投资的进入方式的选择有着重要影响。

四、国际投资项目财务可行性分析

(一)国际投资项目财务可行性分析的内容和特点

财务可行性分析以市场销售和生产可行性分析为基础,对投资项目的获利程度、资金来源和税收因素进行分析。所涉及的内容如下。

1. 预期利润分析

根据市场销售和生产分析,预测投资项目投产后的收入、成本费用和利润。

2. 资金分析

预测投资项目每年的资金需要量,分析资金来源的难易程度,以便确定项目的融资方式。在研究资金来源时,通常都比较重视东道国的资金条件,即当地各种长期资金的获得方式、难易程度和成本;取得当地流动资金的难易程度和成本;东道国政府对外资企业融通资金的优惠条件。

3. 税收因素分析

东道国政府的税收规定是影响国外投资财务效益的重要因素。它主要包括:税收种类及税率高低、税务上对折旧问题的有关规定、税收优惠措施、东道国与母国的双边税收协定。

财务可行性分析主要是通过投资项目的现金流量,进行投资项目的效益分析。在西方国家将其称之为投资项目的资本预算。国外投资项目财务可行性分析,其原理与国内投资项目的财务可行性分析基本相似,但比国内投资分析要复杂得多。因为国外投资涉及一些国内投资所没有的因素,在编制国外投资预算时,要考虑外汇汇率、东道国通货膨胀率、外汇管制、税制、利润汇回限制等因素。由于对外直接投资的风险既包括一般风险(商业风险和财务风险),还包括汇率风险和政治风险,在这种情况下,估计未来现金流量和选择适当的折现率比国内投资要复杂。

(二)国外投资项目效益分析的程序和方法

一般来说,投资项目通过总体设计或初步设计后,在经济上实行统一核算、行政上实行统一管理。国际投资项目实施之前需要进行可行性分析,即对该项目的有关各方面情况,例如经济、社会、技术等方面的调查,对拟定方案进行分析、比较和论证,对项目建成后的经济效益进行预测和评价。国际投资可行性分析包括:市场分析、生产分析和财务分析。其中财务分析是项目分析的关键所在。

财务可行性分析是通过研究可能发生的投资费用和生产成本,对投资项目的成本和效益进行估算,实施经济评价。进行财务估计包括投资估计、收入估计、成本估计和其他财务费用估计,并依据最终结果编制财务报表。其程序和方法如下。

1. 投资费用和资金来源预测表

在国外投资办企业的费用包括厂房、设备等固定资产投资,以及原材料和现金等流动资产投资、各项费用要按当时汇率加以折算,用东道国货币来表示。各项投资费用总额确定之后,应规划其资金来源,除了用自有资本投资以外,还可以使用各种借入资金。投资总额和资金来源确定以后,就可以编制期初资产负债表。对长期负债还应编制还本付息计划。

2. 项目损益计划

为了预测国外投资项目的损益,需要进行以下预测分析。

(1)销售预测表。预测投资项目在生产经营期间各年的产品售量、销售价格和销售收入。在预测销售价格时,应考虑计价货币的通货膨胀率,各年的价格应随通货膨胀率水平的变化而升降。如果产品对其他国家销售,其外币销售收入应按各年预测汇率折合,以东道国货币表现。

(2)成本费用预测表。预测国外企业在生产经营期间各年的产品生产量、单位变动成本、销售费用和行政管理费用、折旧费,确定各年总成本费用后,确定各年变动成本时,应考虑通货膨胀率的变化。

(3)预计损益表。根据预测的销售收入、销售成本及税负情况编制预计损益表,计算经营利润(息税前利润)、税前利润和税后利润。

(4)贷款还本付息计划。一般归还投资贷款的资金来源主要是项目投产后的利润和提取的折旧。因此,要根据"预计损益表"和"固定资产折旧额预测表",预测贷款还本付息的进度和时间。

3. 现金流量计划

即预测国外投资项目计算期内各年的现金流入量、现金流出量和净现金流量。在编制现金流量计划时,先要预测生产经营各年净营运资本的需要量、各年追加净营运资本数以及生产经营期结束时资产终值。各年追加净营运资本数列作现金流出,生产经营期最后一年净营运资本需要(占有)量和资产终值列作现金流入。

应当指出,如果是在国内投资办企业,只作一张现金流量计划表即可,而在国外投资办企业,例如在国外办子公司,就需要作两张现金流量表。

第四节　企业国际税收决策

国际税收(international taxation)是指涉及两个或两个以上国家的税收活动,它反映了各国家政府在对从事国际活动的纳税人行使征税权力时,由税收征纳关系中所发生的国家之间的税收分配关系。企业国际税收决策是跨国企业财务管理的重要组成部分。研究国际税收决策为国际企业在复杂的税收环境下进行财务管理提出了新课题。

一、国际税收决策的意义

(一)国际税收的渊源

在一定程度上来说,税收的发展受社会生产力发展水平的影响。在奴隶社会和封建社会,由于生产力水平低下,生产的产品没有剩余可以出卖,只能维持自给自足的水平,在这种自然经济条件下,只有相对有限的销售领域,产生跨越国界的生产活动非常罕见。

随着社会生产力的发展,资本主义社会则完全不同。资本主义社会的生产力水平得到提高,机器大生产出现,产品出现较大剩余。生产者不仅要满足自身需求,还要为了出售而生产,所需的市场也就越大。当国内市场不能满足需求时,商品流通跨出国界。我们知道,当这种国际流通并不明显,所占比重并不大时,国际税收问题并不会出现。但是,随着工业革命的出现,生产力水平大幅提高,商品输出迅速扩大,国际贸易日趋活跃,国际税收问题逐步受到各国的重视。特别是各国政府为了扶持本国经济,激励本国企业争夺国际市场,相互之间纷纷建立关税壁垒,缔结关税同盟,税收的国际关系问题日益成为关注的焦点。

国际贸易的特点是资金、技术、商品和劳务在国际上流动,因此纳税人的所得和收入来源没有地域。例如跨国公司在多个国家有其分公司,因此收入来源于多个国家。由于不同的国家采取不同的税收管辖权,会造成多个国家对同一个企业所得征税。在这种情况下,如果一个国家对其征税,也会影响其他国家相关利益,因此产生各个国家之间的利益分配问题。特别是在社会生产力迅速发展,国际分工日益成熟,国际间相互依赖密不可分的情况下。跨国公司面对多国纳税问题,跨国纳税人的重复征税必须解决,由此产生了国际税收问题。

(二)国际税收的特点

一般认为,国际税收是纳税人的经济活动扩大到境外所引发的一些税收问题和税收现象。国际税收作为一种国际关系,并不是某个国家内部的事情,而是国与国之间在税收分配方面所发生的双边或多边关系。国际税收的本质是国家之间的税收关系,这种国际税收关系可分为税收分配关系和税收协调关系。国际税收只能在平等的国家都行使各自征税权力的基础上才能产生。

但是我们知道,各国行使征税权力时,如果在各自的独立征税范围内不跨越边界,也就不会形成国与国之间的交叉重叠征税,只有当某一纳税人在不同国家同时被认为是本国的纳税人,并同时对其征税时,才会产生征税的交叉重叠。也就是说,国际税收是以各国的税收为基础,而且,国际税收是为了保证各国税收对跨国纳税人形成交叉重叠征税而产生的。国际税收是为了协调各国利益矛盾而出现的,因此,最终也需要各国税收政府在平等的条件下共同解决这些矛盾。

二、国际税收关系

(一)国际税收含义中的关系

国际税收概念包含两个方面的关系,具体内容如下。

1. 两个或两个以上国家政府与跨国纳税人之间的税收征纳关系

税收是一国税务机构在其国家权力管辖范围内的纳税人之间产生的征纳关系。国内税收的征收者与缴纳者存在征纳关系,国际税收也同样存在此种关系。各国政府对其管辖范围内的纳税人征税,就会产生国际税收活动,同时也出现了各国之间的税收分配关系。与国内税收不同的是:国际税收的纳税人并不只在一个国家缴纳,他是跨国纳税人,其纳税行为超越了国界,必须同时向两个或者两个以上的国家纳税。

2. 国家之间财权利益的分配关系

国内税收活动反映在一国范围内,国家与纳税人之间的征纳关系,即反映国家与纳税人之间的分配关系。国际税收主体跨出了国界,涉及两个或者两个以上国家中,对同一跨国纳税人的跨国所得征税而引起的国家与国家之间的税收关系,这种税收关系导致了国家与国家之间的财权利益关系,涉及两个国家的利益,需要协商合作解决,不可能由一国政府独自说了算。因此,国际税收最终反映一个国家与另一个国家之间的财权利益的分配关系。

(二)国际税收关系的基本内容

国际税收关系主要包括以下几方面的内容。

1. 税收管辖权

税收管辖权是一国政府在税收领域的主权,也是一国政府行使主权课税方面所拥有的管理权力。包括居民地管辖权和地域管辖权。国家行使税收管辖权的原则是:在不违背国际法和国际条约的前提下,各国政府都可以自由选择税收管辖权。但是我们发现,在世界范围内统一实施相同的税收管辖权很难做到。

2. 国际间双重征税

国际双重征税是两个或两个以上国家,对从事跨国经济活动的同一纳税人所发生的同一征税对象同时征收相同或相似的税收。它是由于各国税收管辖权交叉的结果,因此会对国际经济的发展产生不利影响。这是因为国际双重征税加重了跨国集团的负担,不利于资金的跨国流动,而且还会对商品、劳力、人才和技术的流动产生负面影响。

3. 国际避税与反避税

国际避税是指纳税人以不违法的手段跨越国境,通过人、货、物的流动或非流动,来达到减少或免除纳税的目的。他并不违法,只是利用了各国在税法规定上的空隙。在税收的征管活动中,国际避税是各国需要重点解决的问题之一。很多国家采取措施,进行反避税。

4. 国际税收协定

国际税收协定是指两个或者两个以上的主权国家,为了协调相互之间在处理跨国纳税人征税事务和其他方面的税收事务,依据国际关系准则,所签订的一种协议或条约。它属于国际法中条约法的范畴,对当事国具有同国内法效力相当的法律约束力。

5. 国际收入和费用的分配

国际收入和费用的分配是指跨国纳税人的收入和费用的分配原则和方法。由于跨国公司总部与分支机构,以及各分支机构之间存在或多或少的联系,形成了关联企业关系。跨国公司以本企业利益最大化为目标,国际收入和费用的分配是为该目标服务的。通过利用各国税制的差异,获得最大收益,支付最小费用,逃避应纳税款,从而获得更大的经济利益。

6. 国际税收惯例

国际税收惯例指各国在长期的税收交往中所形成的一些习惯和原则,包括无差别原则、优先原则、独占原则、分享原则和独立原则。

三、国际纳税种类

(一)所得税

以企业的收益或所得为对象课征的税种,如公司所得税、个人所得税等。公司所得税和个人所得税是许多国家重要的财政收入来源。由于大多数发展中国家按人均计算的国民收入较低,个人征收所得税也较低。因此,在发展中国家公司所得税是财政收入的主要来源。由于国情不同,各国所得税率并不相同,20 世纪 80 年代以来,各国纷纷进行税制改革,大幅度降低税率,各国间的差距在逐步缩小。某些国家或地区为吸引国际企业来设立子公司,规定的所得税税率非常低,甚至不征所得税;一些发展中国家,为吸引投资而给予外国投资者一定的免税期,在免税期内,对外国投资企业免征所得税。

(二)增值税

以商品生产和流通环节的新增价值或商品附加值为征税对象的一种流转税。传统流转税对已纳税销售额重复征税、税上加税,而增值税的同一产品不受生产流通环节多少的影响,始终保持同等税收含量,不会出现应税产品因生产环节的变化,税负时轻时重的问题,同时又保持了流转税征收范围。增值税是国际公认的一种透明度比较高的中性税收,它不仅有利于国家的财政收入,而且有利于鼓励企业按照经济效益原则选择最佳的生产经营组织形式,也有利于按国际惯例对出口产品实行退税,增强本国产品在国际市场的竞争能力。

（三）关税

一个国家的海关对过境的应税货物所征收的税，主要是对进口货物征收，出口货物征收并不多见。征收关税不仅能筹措财政收入，还能保护本国工业。出于前者目的所征收的关税，税率一般比较适中，出于后者目的所征收的关税，税率一般较高。这是因为提高关税虽然并没有损害外国商品的完整性和质量特征，但较高的税率，必然导致外国商品的价格较高，因而不利于外国商品的竞争，从而可以保护本国民族工业的发展。

（四）资本利得税和预扣税

资本利得税又称资本收益税，它是指对企业出售资本性资产所得利益而课征的税，一般而言，资本利得税的税率要低于公司所得税税率。预扣税是由东道国政府对本国居民或经营法人向外国投资者和债权人支付的股息和利息所征的税。这些税通常是在对方收到这笔收入以前就已经扣除了。也就是说，这种税实际上是由支付股利或利息一方预先扣除。

四、国际双重征税的避免

（一）国际双重征税的影响

企业集团国际化进程加快是各国所得税制发展的税源基础，但是，税收的重复征税阻碍了经济生活国际化的进展，税收的不利因素对经济发展起到阻碍作用。跨国公司的一笔收入只能承担一次纳税义务。国际双重征税却使有的纳税人一笔所得多次被征税，造成地位同等的纳税人在税收及相关的范围内处于不同的竞争状态。双重征税的税后所得必然减少，如果两国均系高税率国，则跨国纳税人所剩更少，严重限制跨国公司的生产经营活动，阻碍国际经济和技术合作的发展。只有免除国际双重征税，减轻国际投资者的税负，才有利于国际资本的流动和加强各国经济的合作，促进世界经济的发展。

（二）国际双重征税避免的基本方法

上面所列的国际双重征税的种种影响，迫使各国政府消除彼此间税收管辖权的冲突，颁布消除国际双重征税的原则和规定，建立了许多避免国际双重征税的方法。目前消除国际双重征税的基本方法有三种：免税法、扣税法和抵免法。其中以抵免法最为普遍。

1. 免税法（method of full exemption）

即承认收入来源地税收管辖权的独占地位，对居住在本国的跨国纳税人来自外国并已由外国征税的那部分所得，完全放弃行使居民（公民）管辖权，免征国内所得税。这就从根本上消除了因双重税收管辖权而导致的重复课税。国际上通用的两种类型如下。

（1）只行使一种收入来源地税收管辖权的国家和地区，如阿根廷、多米尼加、海地、委内瑞拉、巴拿马、哥斯达黎加和中国香港等。其中以实行"避税地"税收模式的国家和地区为收入来源地管辖权，不论是居民还是非居民，在申报计税所得时不许有来源于境外的收入。

（2）使用两种税收管辖权，但对国外所得实行限定条件的免税。例如法国，对于来自国外的所得可以免税,但纳税人必须把其在外国纳税后的全部所得汇回本国,并在股东间进行股息分配。又如澳大利亚对国外的免税限定条件为不包括股息,而且免税所得必须在国外已经交过税。

2. 抵免法(method of tax credit)

即居住国允许本国居民纳税人在本国税法规定的限度内,用已在来源国缴纳的税款,抵免应就其世界范围内所得向居住国缴纳税款的一部分,以避免双重征税的一种方法。我国目前采用的是这种方法。计算公式为:

$$居住国应征所得税＝(居民的总所得－国外已纳所得税)×适用税率$$

抵免法有全额抵免和限额抵免两种。全额抵免是不管纳税人在收入来源国纳税多少,全部都给予抵免。限额抵免是抵免额不得超过纳税人在外国按居住国所得税税率所应缴纳的税款。当收入来源国的所得税税率低于或等于居住国的所得税税率时,全额抵免和限额抵免并无区别。当收入来源国的所得税税率高于居住国所得税税率时,超过居住国税率所应纳税款的部分则不能抵免。这对跨国纳税人是不利的,但对征税国有利,因此,世界上大多数国家都采用限额抵免法。我国也采用这种方法。

限额抵免包括:直接抵免法(method of direct credit),允许直接抵免的外国税收必须是跨国纳税人直接向收入来源国交纳的款项,它的特征是外国税收可以全额直接充抵本国税收,同一项跨国所得的外国税收抵免不能超过居住国的税收负担;间接抵免法(method of indirect credit),在国外的具有法人地位的独立公司,其在国外交纳的税收不能像分公司那样,作为母公司的直接交纳,只能部分交纳,母公司向居住国政府报应税所得额,不能把外国子公司的所得全部并入计算,只能合并计算母公司从国外子公司取得股息所还原出来的那一部分所得,子公司交纳的所得税不能在母公司全额抵免,所能抵免的只是子公司上交股息应负担的那一份;饶让抵免法(tax sparing credit),居住国(国籍国)政府对跨国纳税人在收入来源国得到减免的那一部分所得税,视同在外国已交纳的税收,准予饶让抵免,不再按居住国税法规定补征。饶让抵免的作用已超出消除国际重复征税的范围,因为跨国纳税人的跨国所得既没有向收入来源国交纳所得税,也没有向居住国交纳所得税,实际上是消除所得税的任何负担。

3. 税收协定法

即通过有关国家签订双边税收协定,以避免国际纳税人被重复征税的一种方法。免税法和抵免法仅是一国内部规定,不能解决在哪些情况下应由收入来源国优先行使征税权,哪些情况下应当仅由纳税人居住国征税,不能完全免除国际重复征税。因此,还必须采用国际税收协定的方法。运用税收协定避免国际双重征税主要有两种方法:将征税权归于一方,从而完全排除了另一方对该纳税对象的征税权,使国际双重征税得以免除;通过税收协定,双方确定各自的税收管辖权的范围,明确优先行使来源地税收管辖权及现实税收管辖权等。

第五节 企业跨国经营业绩评价

一、企业跨国经营业绩评价的特点

从以家庭为单位的小型组织到跨国公司等大型组织,分权的形式随处可见,无论是自然形成的家庭组织还是企业,都试图把人们的行为结合起来,最终获得集团目标。在对个人行为进行组织的过程中,个人目标和集团目标之间存在相互联系也存在差异,组织目标并不是个人目标的总和,而且有时个人利益与组织利益相矛盾,也就是说,在"搭便车"理论的作用下,个人追求以最小的代价获得集团目标的行为,并试图获得集团中较大份额的利益。正是由于这种原因,为了正确处理冲突以及资源分配问题,集团需要制定政策来解决:(1)组织给予部门的决策权力的大小;(2)个人对集团贡献的评估标准是什么,也就是部门业绩。

跨国公司业绩评价(performance evaluation)是指跨国公司为实现特定的评价目标,按照既定的评价标准,采用既定的指标体系,按照既定的评价程序,通过对比分析,对评价客体的经营做出客观、公正的综合评判,最终给出评价报告的一项管理控制工作。简单说来,它是为了实现跨国公司的经营目标,运用特定的指标和标准,采用科学的方法,对跨国公司各分、子公司的经营活动过程做出的一种价值判断。跨国公司业绩评价的特点有如下几点。

(一)个体服从整体战略

众所周知,跨国集团是一个拥有众多分支机构的团体,以总部为核心,同时又细分为不同的子公司或者分公司。每个分支机构或者分布于同一个国家,或者分布在不同国家。跨国公司总部为了谋求全球战略目标或者谋求整体效益最大化目标,往往对某些重大决策进行集中控制和实施。因此,为了保证集团的整体利益需要协同作战,虽然各分、子公司的利益互相关联,但是有时会放弃分、子公司的最优决策战略。跨国集团总部的这些整体战略决策,妨碍了各分支机构的经营活动,并对其的业绩评价具有显著影响。因此片面地依据该战略决策对附属公司进行业绩评价,会造成对下属公司的歪曲,在业绩评价时需要管理者实际分析,消除总部对下属部门的战略影响。

(二)多重评价标准战略

跨国公司全球化、国际化的一个主要原因是寻求企业的多样化经营,发挥其经营优势,降低风险。由于国际产品市场的不完美,以及技术和劳动力市场的不完美,导致跨国公司依据自身的区位优势和竞争优势,在全球范围内获取超额利润。企业不仅要保持现有市场、开辟新市场,还需要研制新产品。因此,跨国公司总部的目标大多是全局性和长期性,强调长期利润最大化,而不是短期利润最大化。因此跨国集团在对其附属部门进行业绩评价时,必须采用多重评价标准和评价形式,业绩评价的过程也相当复杂。

（三）分析环境影响战略

跨国集团的分支机构遍布全球，分布于不同国家。由于各国汇率、利率等金融因素的差异，因此在各部门进行投资决策和筹资决策时会有所差别。而且各国经济环境、社会环境和税收环境在一定程度上影响了各附属部门的决策。正是由于各国环境对集团总部和各部门的决策都会有或多或少的影响，特别是一些东道国的限制条款会对分支机构产生不利影响。因此，跨国公司在对下属部门进行业绩评价时也应考虑环境因素。

（四）通货膨胀的影响

国内企业在进行业绩评价时并不会过多地考虑通货膨胀的影响，这是因为国内通货膨胀水平一致，即使不考虑也不会对各附属部门的业绩评价有太多的影响。但是跨国公司却完全不同。由于各国通货膨胀率不同，因此会对在不同国家的附属部门的业绩产生不同的影响。这样会直接影响当地公司的资产和负债，影响成本、费用、收入和收入的计量，造成企业的财务状况、经营成果和现金流的歪曲，给跨国公司业绩评价造成影响。

二、跨国经营业绩评价的制度基础

投资单位的财务部门为了对境外企业的财务活动进行有计划的组织和控制，并对它们的财务业绩进行考核、评价，必须建立健全财务预算（计划）、决算报告和分析考核制度。

（一）财务预算制度

境外企业必须根据境内投资者提出的任务和要求编制财务预算。主要包括投资的资本预算和经营预算。资本预算包括长期投资方案的计划和评估；经营预算主要是短期预算，如一年、一季的预算。编制预算既可以预测未来的经营活动，又可以作为控制、考核、评价境外企业业绩的标准。由于境内投资者并不熟悉境外企业的国际经营环境，因此，为了正确编制财务预算，必须依靠境外企业管理者。境外企业经理和财会人员由于对经营环境较为熟悉，编制预算较为切实可行，因此，经境内投资单位批准同意后即可实施。境内投资单位还可以根据境外各附属公司的预算，再结合有关环境、目标、国际经营策略的变化编制整个企业集团的预算，并以此作为评价境外各附属公司业绩的依据。

（二）财务日常管理制度

我国《境外投资财务管理暂行办法》规定：

(1)投资单位应当制定本单位境外投资的具体财务办法，并督促或协同独资和控股的境外企业，按照驻在国法律和我国有关规定，建立健全企业内部财务管理和会计核算制度。

(2)投资单位必须要求所属境外独资和控股企业，对一切财务往来和现金收支建立必要的"联签"制度，所有会计凭证除经办人签字外，必须有负责人或者被授权的负责人签字，在企业任职的亲属必须回避，不得联签。

(3)投资单位必须要求所属独资和控股的境外企业建立和完善账户管理制度，在资信可靠的银行开设账户,并将开设账户的情况报国内备案。境外开设的账户不得转借个人或者其他单位使用。

(4)投资单位负责所属境外企业的工资管理工作,根据国家有关规定并结合实际情况,制定工资管理制度和实施办法,并按要求备案。所制定的工资制度应符合驻在国的法律规定,明确责、权、利关系,建立和完善考核奖惩办法。

(5)投资单位对规模较大的独资和控股的境外企业应当选派财会主管人员以及具有较高素质的财会人员。派驻境外企业的财会人员应当了解驻在国的经济法规,维护国家利益和投资单位的合法权益,建立和完善企业内部财务管理和会计核算制度,定期分析企业财务状况和经营成果,及时向投资单位或国内主管财政机关报送财务报告,反映重要财务问题。

(6)投资单位应当对所属境外独资或控股企业的负责人建立离任审计制度、境外企业财会人员发生变动时,应在规定时间内编制交接清单,办理交接手续,交接清单应当有交接双方和企业主要负责人或者被授权负责人签字。

(三)财务报告制度

投资单位应督促境外企业及时报送年度财务报告。境外投资年度财务报告包括年度会计报表和财务情况说明书,其中年度会计报表为资产负债表、损益表以及其他有关附表。

国家授权投资的机构、部门直接进行境外投资的,其年度财务报告由境外企业直接报送国内主管财政机关;国有企业、事业单位或者国家控股的有限责任公司和股份有限公司进行境外投资,其年度财务报告由投资单位汇总或者合并后报送主管财政机构,按规定编制合并报表的,应将境外投资财务报告作为附件。年度财务报表应经当地注册的会计师事务所验证。

投资单位在其境外清算完毕后,应当向主管财政机关报送清算机构出具的经当地注册会计师验证的清算报告,并及时收回应当归其所有的财产。

(四)财务分析评价制度

投资单位对境外企业定期进行财务评价,是加强境外企业财务管理的重要环节。通过财务评价,对各境外企业的财务状况和财务成果进行分析、比较,总结经验,发现问题,分析原因,采取措施,促进境外企业发扬成绩,克服缺点,不断提高企业的盈利能力。

三、境外企业业绩评价的指标体系

(一)财务指标体系

在跨国公司绩效评价指标体系中,财务指标一直是应用最为广泛的指标。

比较重要的财务指标包括:

(1)经营收入(operating income)。公司从事经营业务所取得的收入。

(2)经营利润(operating profit)。经营收入扣除经营成本费用以后的余额。

(3)投资报酬率(rate of return on investment)。经营利润与投入资本的比率。

(4)股权报酬率(rate of return on stockholders'equity)。经营利润与股东权益的比率。

(5)资产报酬率(rate of return on assets)。经营利润与资产总额(或净额)的比率。

(6)销售利润率(rate of return on sales)。经营利润与销售总额(或净额)的比率。

(7)剩余收益(residual income)。经营利润减去经营资产按照规定的最低报酬率计算的投资报酬额后的余额。

(8)其他各种财务比率。根据子公司的财务报告所计算出的其他各种比率。如流动比率(current ratio)、速动比率(quick ratio)、产权比率、营运资金比率(working capital ratio)、应收账款周转率(account receivable turnover)、存货周转率(inventory turnover)、每股利润(profit per share)以及每股现金流量(cash flow per share)。

(9)市场增加值。公司的市值减去全部资本(包括股权资本和债权资本)的余额,即MVA=公司市值-资产负债表资本。

(10)经济增加值(economic value added,EVA)。公司税后息前经营利润减去资本成本后的余额,即EVA=税后息前经营利润-投资资本×加权平均资本成本率。

财务指标虽然在绩效评价指标体系中占有主导地位,具有综合反映经营绩效、便于计量、体现公司目标等优点。但也存在某些缺陷,例如大多数财务指标往往着眼于短期利益,局限于对实物资产运用成果的描述,不能反映现在进行的创造未来价值的活动等。所以,应该注重在评价指标体系中引入非财务指标,并逐步提高对其重要性的认识。

(二)非财务指标体系

由于财务指标的缺陷,国外一些跨国公司采用财务指标的同时,还会引进非财务指标作为业绩评价的参考。销售企业注重的非财务指标主要包括生产率、市场占有率、产品的领先情况、个人的发展、员工的态度以及社会责任等;一些大的制造企业使用的非财务指标主要包括缺勤率、质量指数、生产率、生产进度、销售实现率、销售增长率、存货保证率及服务水平等。

不同的公司由于其自身的行业特点和战略管理要求不同,对非财务指标的选择也不尽相同,诸多国外学者的研究结论也因其研究的出发点和内在逻辑的不同而有所不同,不能照抄照搬。跨国公司业绩评价体系采用的非财务指标(按重要性排列)主要包括以下12个方面的内容:(1)市场占有率的提高;(2)生产率的提高;(3)与东道国政府的关系;(4)产品质量控制;(5)与母公司和其他子公司的协作;(6)环境适应性;(7)人才开发情况;(8)雇员安全情况;(9)劳动力流动状况;(10)研究与开发情况;(11)社会服务;(12)顾客满意程度。

采用非财务指标进行绩效评价有许多优点,如非财务指标能够与公司战略相联系,有助于对子公司及其经理人员进行适时评价、过程评价、未来评价和责任评价。但非财务指标的致命弱点是难以用货币量度加以衡量,某些非财务指标统计上的可靠性以及可度量性较差。

四、评价境外企业财务业绩的方法

一般来说,跨国公司总部在考核境外公司经营状况时,必须在每个经营期满时采取一定的形式对其海外公司的即期经营业绩进行考核与评价。我们发现,很多跨国公司大多采取以下几种方法。

（一）同行业企业或同集团内企业的横向分析比较法

总部在对境外企业进行比较分析时，不能简单地将境外附属公司的本企业即期财务业绩与所在国同行业竞争对手的同期财务业绩进行对比。这是因为，境外附属公司自主性的经营活动很少，很多情况下，由总部下达任务，统一安排和调控，因此，最终所报告的财务业绩与同行业竞争对手的财务业绩可比性并不高。依据最终的横向比较结果采取的激励机制以及改进措施也缺乏信服依据。

另外，一些跨国公司总部把分布在不同国家或地区的各附属公司的同期财务业绩进行比较。但是我们发现，依据该方法最终结果并不能说明问题。这是因为：首先，各附属部门分布在不同国家或地区，政治、经济、社会和文化各不相同，因此片面地依据该方法往往缺少可比性；其次，跨国集团建立不同附属公司，其战略目标也各不相同，上面我们提到，附属公司的战略目标一定要服从于企业集团整体目标，牺牲附属公司利益是为了集团的整体利益服务的，因此该方法只是片面对比。

（二）境外企业纵向分析比较法

纵向比较也就是将海外各附属公司的本期业绩同历史上其他时期的业绩相比较。当跨国公司的下属部门所处的经营环境没有太大变化时，采用纵向比较可以找出本期经营业绩产生变化的情况及原因。但是我们发现，采用纵向比较方法是以本期业绩与前期相比较，是一种追溯比较方法，只强调了本年的经营业绩好坏，而且如果公司所处的环境发生了变化，会导致错误的结论。

（三）实际与预期财务业绩比较法

附属公司的本期实际业绩与同期预算进行比较，即"前瞻性"比较方法。其中预算的指标通常是依据各附属公司的具体经营目标，以其历史业绩水平为基础，参照东道国同行业竞争对手的有关资料，并在对经营环境的变化进行预测的基础上编制的。实际指标与预算指标相比较，找出二者的差距，发现生产和管理方面的弊病，采取有效措施加以纠正，有效发挥事前预测、事中控制和事后反馈的管理控制功能。

📖 本章小结

企业国际财务管理是当代财务管理的一个分支，很多人把它看作是传统财务管理向国际领域迈进的结果。财务管理的国际化影响因素是：(1)生产分工的国际化；(2)资本的国际化；(3)营销模式的国际化。国际财务管理具有如下特点：(1)影响投资活动的因素增大；(2)筹资渠道和方式更加灵活；(3)不确定风险日益增强。有关国际财务管理的研究内容包括：(1)外汇风险管理；(2)国际投资决策；(3)国际税收决策；(4)跨国经营业绩评价。

企业外汇风险可以从广义和狭义两个角度来考虑。广义的外汇风险包括资金投放的信用风险、利率风险和汇率风险。狭义的外汇风险是指在现行的浮动汇率制下，由于汇率的波动而使外汇交易者或外汇持有者遭受损失的可能性,因此也叫汇率风险。外汇风险的种类主要包括交易风险、折算风险、经济风险。其中交易风险是指企业因进行国际经济业务时,当取得外币债权或承担外币债务,由于交易发生日的汇率与结算日的汇率不一致,可能使收入或支出发生变动的风险;折算风险又称会计风险、会计翻译风险或转换风险,是指在会计年度结束时,母公司将国外子公司以外币为单位的财务报表,改为以母公司所在国货币为计价单位编制合并报表的过程中,由于交易发生日的汇率与折算日的汇率不一致,使会计账簿上的有关项目发生变动的风险;经济风险是指由于意料之外的外汇汇率变动引起企业的生产经营的产出、价格、成本等的变化,导致企业未来收入或支出发生变化的一种潜在风险。

国际企业投资是指投资者跨越国界,投入一定的资金或其他生产要素,以期望获得比国内更高利润的一种投资。国际投资按投资方式分为直接投资和间接投资。国际直接投资方式按进入方式可分为创建企业和购买产权;国际直接投资方式按所有权性质可分为合资经营企业、合作经营企业和独资经营企业;国际直接投资按公司类型分为国外分公司、国外子公司。

企业国际税收是指涉及两个或两个以上国家的税收活动,它反映了各国家政府在对从事国际活动的纳税人行使征税权力时,由税收征纳关系中所发生的国家之间的税收分配关系。企业国际税收决策是跨国企业财务管理的重要组成部分。国际税收概念包含两个方面的关系:(1)两个或两个以上国家政府与跨国纳税人之间的税收征纳关系;(2)国家之间财权利益的分配关系。国际税收关系主要包括以下几方面的内容:(1)税收管辖权;(2)国际间双重征税;(3)国际避税与反避税;(4)国际税收协定;(5)国际收入和费用的分配。国际纳税种类包括:(1)所得税;(2)增值税;(3)关税;(4)资本利得税和预扣税。

跨国公司业绩评价是指跨国公司为实现特定的评价目标,按照既定的评价标准,采用既定的指标体系,按照既定的评价程序,通过对比分析,对评价客体的经营业绩做出客观、公正的综合评判,最终给出评价报告的一项管理控制工作。跨国经营业绩评价的制度基础包括:(1)财务预算制度;(2)财务日常管理制度;(3)财务报告制度;(4)财务分析评价制度。境外企业业绩评价的指标体系包括:(1)财务指标体系;(2)非财务指标体系。评价境外企业财务业绩的方法有:(1)同行业企业或同集团内企业的横向分析比较法;(2)境外企业纵向分析比较法;(3)实际与预期财务业绩比较法。

课后习题

1. 说明企业国际财务管理及其特点。
2. 说明外汇风险管理的措施。
3. 说明跨国经营业绩评价的特点。
4. 跨国经营业绩评价的制度基础有哪些?
5. 国际双重征税避免的基本方法有哪些?
6. 国外投资项目效益分析的程序和方法是什么?

第五章

企业柔性财务管理

💡 **学习目标**：理解企业柔性财务管理的概念与特征，认识企业柔性财务管理目标与职能，了解柔性财务管理的原则与主体、柔性财务组织结构与理念、柔性财务管理内容，理解数字化管理时代企业如何进行柔性财务管理，掌握企业柔性财务管理制度文化的含义及实施，正确认识民主理财。

老子说："天下莫柔于水,而攻坚者强,莫之能胜;天下之至柔,驰骋天下之至坚。"如今,当我们以一种现代的眼光和观点去体味其中的含义时,感触则更加深刻。

19 世纪末,被称为现代科学管理之父的泰勒最早提出了美国的科学管理理论,认为科学管理的中心是提高劳动生产率,为了提高生产率,必须为工作挑选"第一流的工人",使工人掌握标准化的操作方法,并实行刺激性的工资报酬制度,即形成后来的"福斯特"式生产线。这种极端的个人主义使个人和群体的创造性和创造力丧失殆尽。这种"刚性管理"的不足在许多企业濒临崩溃中暴露无遗。企业柔性管理日益成为 21 世纪企业财务管理的主流,是人本财务管理和文化财务管理的一种实现形式,它代表着新技术革命时代企业财务管理的发展方向。

第一节　企业柔性财务管理的概念与特征

一、企业柔性财务管理的源起与概念

我国传统管理理念非常强调协调人际关系,企业财务管理要平易近人,体现着以"仁"为核心,强调"仁、义、礼、智、信、和为贵、中庸之道、为政以德、正己仁爱、行仁义利、信与举贤、择善从之"等儒家学说的观点。一个古老民族的传统文化与现代技术结合,在此基础上的非刚性化的企业财务管理就是企业柔性财务管理。这种企业财务管理是在研究人们心理和行为规律的基础上,采用非强制方式,在人们心中产生一种潜在的说服力,从而把企业意志变为人们自觉行为的一系列财务管理方式方法。

知识经济的到来,信息革命的发展,经济全球化、网络化、企业业务虚拟化,无疑使财务管理成为企业管理的核心。企业财务管理的柔性化要求更为突出。企业柔性财务管理是集现代企业财务管理意识与传统文化思想于一体,它是在现代科技基础上,充分调动企业现有的人力资源,发挥个人潜能,提高各种财务资源的利用程度,从而达到资源的优化配置。企业柔性财务管理以人为本,崇尚提升人的价值在没有任何企业资源差异的情况下能产生差异很大的理财效果的财务管理。

权变理论认为,管理行为和方法与其所处的环境密切相关。在企业财务管理中要根据所处的内外部条件随机应变,不存在一成不变的财务管理模式和方法。企业柔性财务管理正是为了适应当今企业所处的环境而发展起来的。

在知识经济时代,知识共享的信息技术网络遍布全球,企业的竞争更加剧烈,一切以顾客为导向,追求个性化的消费观念,顾客创造企业价值观念日益深入人心。这一切使得企业由传统的流水线生产转向柔性生产、定制生产。企业柔性财务管理是一种灵活的财务管理模式,正好适合了这一时代特点,企业财务组织结构也相应发生了变化。

企业柔性财务管理是财务管理科学的一个新领域,但尚未引起财务管理理论界和实务界的充分重视。企业柔性财务管理是相对于传统的刚性财务管理而言的。古往今来,人们往往只强调带有强制色彩的刚性财务管理,只强调遵守和服从各种财务管理制度,完成各项财务指标,否则便给予惩处。显然,这种刚性财务管理具有强制性特征。而企业柔性财务管理则是在研究人们心理和行为规律的基础上,采用非强制方式,在人们心目中产生一种诱导性力量,从而实现企业财务管理目标,把企业的意志转化为大家自觉的行动。可见,这是一种更加高级,更加人性化、民主化的财务管理,也是一种更加理性化、科学化的财务管理。

二、企业柔性财务管理的基本特征

第一,在质的方面表现出一定的模糊性。企业柔性财务管理不强调非此即彼的二值逻辑,更重视模糊逻辑的应用。因为财务管理的对象不仅仅是资金,还涉及大量的人的管理,而人的心理倾向和行为强度往往是模糊的,是会随着情况的变化而变化的,处于两个极端状态的情况较少,往往处于某个中间状态。企业柔性财务管理体现人本管理特征,强调员工参与企业财务管理。

第二,在量的方面表现为非线性,即不可加性。此时叠加原理失效。因为财务管理中人的潜能是有很大弹性的,组织利用好人的潜能,财务管理的效率和效益就会大大增加;相反,就会造成很大损失。因此,财务管理效率的取得,不是简单的算术叠加。

第三,在方法上表现为感应性。企业柔性财务管理不强调权力、等级观念,不强调我命令你执行的财务管理方式。在财务管理中,人与人之间强调的是理解与尊重,靠对真理和美好未来的向往,靠高尚人格和心灵的互动,靠真诚和激情去把各种财务问题处理好。它强调的是感情管理、人本管理、文化管理。

第四,在职能上表现为塑造性。各个企业的各种财务管理制度只具有外在的作用,只有让大家从内心深处接受才能产生"效忠行为"。企业柔性财务管理在于塑造人高尚的理财精神,而一旦这种精神塑造成功,便会在实际财务管理工作中产生持久的效力。

第五,在效果上表现为滞后性。企业柔性财务管理往往不会像刚性财务管理那样具有立竿见影的效果。因为企业柔性财务管理有一个"外在—内在—行动"的转化过程。这个过程需要一定的时间,需要做大量的人的思想工作,它的效果往往不会马上显现出来。

第二节　企业柔性财务管理目标与职能

一、企业柔性财务管理目标

关于企业财务管理目标,归纳起来,财务界先后出现了三个代表性观点。

1. 利润最大化

在早期,企业所有者同时又是经营者。企业财务管理的任务是赚取超额利润,实现利润最大化,增加业主投资收益,扩大经营规模。

2. 股东财富最大化

随着资本主义的发展,企业间的竞争日趋激烈,企业所有者为了扩大竞争优势,聘请专门经理人员进行管理,并让渡部分所有者权能,如使用权、占有权、处置权等,但保留了财产权益和最终处置权。于是,一些财务理论研究者站在所有者的角度提出了股东财富最大化的财务目标。

3. 企业价值最大化

公司制企业尤其是股份公司的出现,使得企业股权由原来的少数几个人迅速分散,由于信息的不对称和内部人控制,他们也无法全面了解企业的经营状况。企业法人——公司董事会,成为独立的财务主体,拥有独立的企业法人财产权。很显然,股东财富的增加并非企业理财的全部目标,企业为了提高市场竞争力,扩大市场占有率,可以通过举债、募集股本,扩充企业的法人财产。企业财务管理目标集中体现为企业价值最大化。

由于企业柔性财务管理主体的扩大,企业柔性财务管理目标不再是以前那些狭义的财务管理目标,而是追求相关利益主体的利益和社会利益、资本配置最优化以及保证社会效益和生态效益的同时获取优秀人才,形成最佳知识结构及良性知识流。具体内容如下。

1. 相关利益主体的利益

在知识经济时代的知识型企业中,最重要的不是财务资本而是知识、信息与创造能力。因此,知识拥有者是企业最重要的人。而且利益相关者合作理论认为,企业本质上是利益相关者缔结的一组合约,其中,每个利益相关者都向企业投入专用性资产,都对企业剩余的形成做出贡献,按照谁贡献谁受益的原则,这些利益相关者都是企业产权主体,都有权参与剩余分配。因此,企业的利益是所有参与签约的各方的共同利益。

2. 社会利益

随着知识经济时代的到来,企业和社会环境的联系更为广泛深入,企业是社会大网络中的连接点和中继站。企业的社会性日益突出,要求企业高度重视自己的社会责任,如保护生态平衡,防止公害污染等。这给企业财务管理提出了更高层次的要求。企业通过财务管理活动致力于履行社会责任,不仅有利于实现其经营目标,而且有利于树立良好的企业形象,使企业在良好环境下生存和发展。

3. 保证社会效益和生态效益的同时,获取优秀人才,形成最佳知识结构和良性知识流

知识经济时代高科技企业更多的存在于社会中,由于企业大量采用新技术、新能源,将减少环境污染和对自然资源的掠夺性耗费,企业产品质量提高,并更注意售后服务,增加就业机会,企业的生态效益和社会效益将得到较好体现。企业意识到,拥有高素质的人才和员工队伍就有了获得财富和更多知识的可能,但是由于知识的飞速发展,人的精力有限,一个人不可能掌握众多的知识。因此,获得优秀人才,形成最佳知识结构及良好的知识流动程序,便成为企业柔性财务管理的目标。

4. 追求各项资本的最优化配置

财务的本质是一种对资本要素的配置,企业柔性财务管理下资本要素范围的扩大,使财务对资本要素的配置功能进一步加强,追求各项资本的最优化配置理所当然地成为企业柔性财务管理目标。

资本配置最优化包括对企业全部资本的配置,一方面对企业未来的财务活动,如筹资、

投资、收益分配有非常重要的影响;另一方面,在企业的不同成长期和理财环境下,可调节财务目标的部分标准,激励企业财务不断创新,提高优化配置资本的才能。如在企业发展期,考虑到智力资本的风险性和投资回报期长的特点,以物质资本的筹集和资本收益作为衡量资本优化配置的主要指标,而在企业成熟期,企业物质资本已非常雄厚,智力资本的比重就显得尤为重要。

二、企业柔性财务管理职能

财务管理职能是什么,虽然理论界有许多不同的看法,但一般认为有财务计划、财务协调、财务控制、财务分析、财务考核等职能。企业柔性财务管理职能与传统财务管理职能有较大的不同,它主要是指财务教育职能、财务协调职能、财务激励职能、财务互补职能。

财务教育职能是由柔性财务管理的最终目标——把企业的财务意志和目标转变为人们自觉的行动所决定的。只有让大家从被动的执行变成积极主动的参与,企业的财务目标的意志才容易实现。而这一切需要教育,需要把管理对象当作人而且是现代人去理解、关心、爱护,这样才能充分调动他们的工作积极性,企业的财务管理工作才能更加出色。

财务协调职能是企业柔性财务管理中大量的、经常性的工作。企业柔性财务管理中的协调与传统财务管理中的协调是不完全相同的。传统财务管理中的协调手段主要是指挥和控制,即靠管理者制定的财务规范、政策达到协调目的。而对于人们的思想、意志及人们之间的财务矛盾方面的协调,靠传统的财务管理的协调手段是解决不了的。这就是企业柔性财务管理协调职能发挥作用的领域。

财务激励职能是企业柔性财务管理中特别需要强调的,它不同于传统财务管理的激励职能,不是仅仅靠经济利益的简单刺激去激励员工,而是用更加人性化的理财手段去激励员工更好地工作,如更多的教育培训支出,更多的人文关怀支出,更加合理的分配制度和福利制度,更加优化的团队精神的培养支出等。

企业柔性财务管理的互补职能是相对于刚性(传统)财务管理的强制性而言的。在刚性财务管理中,强调外在的财务规范为主,通过各种财务规章制度形成有序的财务行为,通过统一的财务指标评价人们的功过。刚性财务管理是必要的,也是有效的。但是,由于刚性财务管理的形式化和外在性,难免有机械、肤浅和简单化的负面效应,出现理财的低效率和低效益现象。企业柔性财务管理通过各种调适手段,调整好企业中成员的理财心态,弥补刚性财务管理的不足,使之成为更加全面协调和完美无缺的财务管理,这就是企业柔性财务管理的互补职能。

🔲 第三节　企业柔性财务管理的原则与主体

一、企业柔性财务管理的基本原则

1. 内在重于外在原则

财务管理工作千头万绪,方法多种多样,但归纳起来,对人的财务管理只有两种形式:一种是外在的,诸如通过财务法规和制度进行严格管理。这种财务管理形式带有明显的强制性和不可抗拒性,无论是理解还是不理解都要执行。另一种是内在的,诸如通过说服教育、感情投资、形象影响、舆论宣传、激励尊重、心理沟通的形式进行更加能动的管理。企业柔性财务管理更加重视内在管理,更加体现"以柔克刚"思想,管理成效将更加持久,更有影响力。

2. 直接重于间接原则

财务管理的工作方式可以分为直接和间接两种。所谓间接财务管理方式就是财务管理者借助于一般意义上的财务管理方法和手段所开展的管理活动。这种方式的缺点是针对性不强,对财务关系人的心态没有深入分析。所谓直接财务管理方式就是财务管理者在一般性工作的基础上进行调查研究,发现特殊性,因人、因事而异做针对性财务管理工作。它的特点是财务管理者与被管理者直接见面进行思想交流,因而解决起问题更加直接而彻底,而这种管理方式是企业柔性财务管理更加强调的。

3. 心理重于物理原则

传统财务管理往往更注重"物理",即客观的物质条件,靠资金去推动和激励企业的各项活动。在企业柔性财务管理中,"物理"的作用是重要的,但更重要的是"心理"的作用,这是一个不断变化的广阔而神秘的世界。资金是有限的,而人的创业精神、奋斗精神才是无尽的资源。过分强调资金等物理因素,就必然压抑甚至窒息人们心中的热情,这恰恰是企业柔性财务管理的大忌。没有资金等物质条件当然不行,但如果广大员工没有了心理动力和干劲,没有奋斗和奉献精神,仅仅剩下物欲和贪欲,资金等物质因素便会化为乌有。有了心理动力,没有资金可以创造出资金!这就是心理重于物理原则的基本道理。

4. 个体重于群体原则

在企业柔性财务管理中强调个体重于群体的原则,是因为柔性财务管理的重要职能之一就是协调。协调财务关系主要从个体开始。传统的作用于群体的财务管理往往停留在一般的管理制度、一般的口号阶段,很难做到"一把钥匙开一把锁",不能做到点点入心、深刻具体。我们知道,不同的个体有不同的志向、爱好和需求,有不同的性格、态度和理想,有不同的知识、技能和潜力。这就是个体的复杂性、特殊性的一面。企业财务管理若不从这些方面入手去厘清个体这种复杂性,那就很可能误用有关财务规章制度的一般原则,造成许多不良后果。尽管一切外在的财务管理措施的制定都是针对所有的人,而在贯彻落实的时候又恰恰不能用同样的力度去影响所有的人。解决了企业中那些对企业意志不理解、有成见或执行起来有困难的人的问题,财务管理才能更加和谐,财务管理目标才更容易实现。

5. 肯定重于否定原则

肯定与否定是财务管理中经常使用的方法。在企业柔性财务管理中肯定重于否定不单是个方法问题,同时也是管理艺术问题,是个原则问题。在评价一个部门、一个人的工作业绩时,大多数部门和人在本质上还是积极进取的,应当充分加以肯定。就是对存在问题的部门和人,也应当在肯定其成绩的基础上指出其存在的不足,这不仅合情合理,而且容易被接受。大量的事实证明,在企业柔性财务管理中把握好肯定与否定的度,在信息准确的情况下,选择合适的时机与场合,充分肯定成绩将会收到良好效果。

6. 身教重于言教原则

传统财务管理对被管理者的教育运用较多的是言教。而企业柔性财务管理更强调的是管理者的身教。管理者以自身良好的形象去营造一个优化的财务管理环境。财务管理者能否做到知行统一、廉洁奉公,能否起模范带头作用,对一个企业将产生不可忽视的巨大而潜在的影响。

7. 务实重于务虚原则

在企业柔性财务管理中,我们会发现影响企业成员积极性的因素往往是些实际问题,不加以解决或不能作出客观的解释,工作就难以进行甚至一筹莫展。解决的办法第一步是务虚,即调查研究,探索讨论,但更重要的是第二步,即想尽一切办法来解决问题,多办实事,即务实。如果仅仅是坐而论道,就会形成恶习,使财务管理丧失群众基础,走向恶性循环。

8. 执教重于执纪原则

在企业柔性财务管理中的执教工作是最基本的工作。财务行为是由人操纵的,企业柔性财务管理要想深入人的内心世界,激励人的精神,改变人的意志,控制人的行为,只能通过感情交流、舆论宣传、典型引路、分析信息、因势利导来解决,而这一切都属于执教的范畴。当然,传统的财务管理更强调执纪,执纪的重要性也是不言而喻的。但执纪的目的还是为了克服消极因素。如果能用执教的方式解决,效果往往会更好。在企业柔性财务管理中,执纪属于不得已而为之的行为,关键还是在于执教。

二、企业柔性财务管理主体

在工业经济时代,企业财务管理是以企业作为一个独立完整的个体,仅对企业的资金流动过程进行管理。随着知识经济的到来,"网上公司""远距离多主体网上合作体"不断涌现,使得现实生活中形形色色的财务管理主体对应于两个空间。一个是"物理空间",即传统意义上的空间概念;另一个是虚拟的"媒体空间",各种网上实体便处于"媒体空间"中。随着网络技术的发展以及知识资本在经济发展中的作用的加强,"媒体空间"中的财务管理主体会越来越多,外延也越发难以界定。如当若干个企业共同投资于同一大型项目时,该项目的财务主体将不再是一个企业法人,而是一个超越企业法人的机构,即企业柔性财务管理主体具有多元化、扩大化的特征。

📦 第四节　企业柔性财务组织结构与理念

一、企业柔性财务组织结构——扁平化的网络结构

企业柔性财务组织结构是一种灵活简洁的管理体系。财务管理扁平化缩短了最高层和最底层之间的距离,使企业减少了信息反馈和决策的中间环节,从而对市场变化做出灵敏快速的反应,能使上下级之间的沟通相对容易,员工的创造力、闪光点能在尽量短的时间内被

捕捉到,并得到充分运用。这是知识经济时代企业在竞争中取胜的重要法宝。

企业财务管理扁平化将有越来越多跨部门、跨地区的协作小组取代传统的逐级汇报的等级制度,这些协作小组灵活、机动,可随时为解决突出问题而组合在一起。企业可以有效地控制人、财、物、信息等四大要素,避免因多级管理造成四大要素的配置不当。企业财务管理扁平化的一个先决条件是企业内部建立完善的现代化信息体系,它能使知识、信息的传输和管理极为快捷和严密,从而大大降低管理成本,同时,还要求企业的管理层比过去更富创造力,更具协调和组织能力。

扁平化的网络结构是在网络技术的基础上,实现了信息的远程处理、集中式管理,极大地延展了财务管理的能力和质量。这种财务管理实行源头管理,标准化信息可以通过信息网络由计算机实时处理并提供共享,非标准化信息则可以通过信息网络由人脑决策,企业之间所获得的信息与竞争都可以在网上进行。通过远程处理、在线管理,实现对财务的动态管理,真正实现了财务的事前计划、事中控制和事后反馈。这样以集权为特征的管理分工细密、管理环节复杂、成本高、效率低的金字塔型纵向层次结构,必将被以分权为特征的管理层次少、结构紧凑、反应灵活的扁平网络结构所取代。

二、企业柔性财务管理理念

1. 泛财务资源理念

传统财务学中的资源概念通常指资本,基本上属于硬资源的范畴,而泛财务资源的定义是对企业有用或有价值的所有部分的结合。从形态上看,泛财务资源可分为硬财务资源和软财务资源两大类。硬财务资源的构成主体是自然资源和传统的财务资源。软财务资源的构成主体是以智力为基础的资源和无形资产,包括知识资源和时间资源。企业柔性财务管理更加重视泛财务资源。

2. 以人为本理念

长期以来,财务管理被看成"对钱的管理",认为企业财务管理的对象就是资金,其主要职能就是搞好企业的资金营运,规划筹资、投资活动,进行利益分配等。事实上企业财务管理本身是门艺术。

首先,财务管理活动中,人的价值观念、行为方式起着决定性的作用,漠视管理客体的人性,仅强调管理对象的可控性和制度性,必然在实践中遇到阻碍。所以我们首先必须明确财务管理的客体是人以及因此形成的内外部财务关系;其次才是财务资源(资金、人力、信息或现金流转)。应在实施财务管理过程中,发挥人本管理的最大效用,如在制定财务预算时,通过常规会议加强参与者的交流,使预算的制定者和执行者之间形成统一认识,明确各自职责。

其次,企业的发展要靠科技创新。科技创新活动本身是人的活动,并且与其他活动相比,人的作用更加凸显,另外,科技活动的不断创新与进步,解放生产力,极大地唤起了人类的自我意识,人类的自我发展成为了整个经济和社会发展的中心。

以人为本的观念反映到企业柔性财务管理当中,就是以人的发展为出发点,围绕人的价值管理开展财务活动,协调好财务关系,充分调动人的积极性和创造性,最终实现企业的发展目标。

3. 知识管理、信息管理理念

未来企业的竞争,主要表现为知识的竞争,谁先掌握了最先进的知识谁就拥有了竞争的优势。知识管理的出发点是把知识视为最重要的资源,把最大限度地掌握和利用知识作为提高企业竞争力的关键。财务人员必须推动财务管理的知识化,同时增加自身的知识含量,包括信息网络技术知识、财务管理知识等,将其融会贯通,创造性地运用和发展,以使企业适应多变的知识经济环境。另外,信息的价值不仅与其自身的内容有关,而且与和它有关的其他信息有关,同时对信息的选择角度不同,利用力度不同都可以产生不同的效果。例如:"假发业之父"刘文汉在一个饭店与两个美国进口商人一起吃饭时,听那两个美国人说现在美国青年非常爱戴假发,做假发可以发财时,"假发"这两个字的信息成为刘文汉办假发厂的开始。经过十余年的努力,假发的出口总值达到 10 亿港元,成为香港排名第四位的出口产品。

4. 和为贵理念

人是企业中的基本要素,人有各种各样的人际关系。加上企业内在分工,每个人的地位、享有的利益不同,这样必然会在企业内部形成各种矛盾和冲突。协调这些矛盾和关系,使之协调平衡,从而使企业获得良好的生存和发展空间,避免因矛盾激化而影响企业的发展,是柔性财务管理的重要职能,也是衡量财务管理人员管理水平的尺度之一。

由此可见,"人和"是企业内部管理极为重要的因素。只有"人和"了,才能调动企业成员的工作热情,不断为企业做出贡献。"人和"在企业财务管理的人际关系管理中的作用可分为两个层次:第一层次的作用是化解人与人之间的紧张与冲突,从而有利于企业的稳定;第二层次的作用则在于企业成员间通过彼此的理解和沟通,实现同心同德,协力合作。这种状态下的人际关系是一种互为目的、互相尊重的关系,但各自的价值并未融入他人之中。它表明企业成员间应通过交往达到普遍沟通,在交往中要超越一己私利、小团体利益,而达到相互尊重相互信任的、牢固的人际和谐——"人和"。

"人和"表现在人际关系上,不是人云亦云,无原则的苟同,而是多样事物的统一,它承认事物之间的差异和矛盾,表现在人际关系上,是有原则的和睦相处。

全球经济成为一个整体,供产销各环节上的利益主体的利益息息相关,一个全新的财富创造机制正在出现,企业财富的创造完全依赖于各环节的通信、数据、思想符号的及时传递。企业理财人员应使企业的经营为整个供产销链条上的所有相关利益主体服务。另外,还必须考虑到企业经营的社会效应。

5. 行仁义利理念

义利问题,它反映的是人们对意识形态与物质利益之间相互关系的认识,是人们的哲学思想在经济问题上的反映。在处理义利关系时,采取义利分裂的指导思想是不可行的,不管是重义轻利,还是重利轻义都不利于企业财务管理。企业柔性财务管理主张以义生利,把义和利长期被对立起来的两端有机结合起来。这不仅是对传统管理思想的完善和发展,而且对财务管理者在处理义利关系时提出了新的目标,具有很强的现实意义。

经济利益是驱动市场主体从事经济活动的起因,要肯定经济主体追求自身利益的合理性,以调动人的积极性。但这种对利益的追求要合理、合法,更要合乎道德,反对唯利是图。因此,主张把义利统一起来,最差也能够做到利己不损人。当义与利发生冲突时,要先义后利。作为社会的一部分,企业柔性财务管理只有先承认国家、社会的利益,才能使自身财务利益的愿望变成现实。仁者爱人,这就是行仁义利理念的基本含义。

6. 竞争与合作理念

企业由于有其独立的利益,所以不可避免地会存在一定程度的竞争。全球经济一体化、网络化的发展,使得企业之间、企业内部及个人之间,一方面通过信息的快速传播与反映,加剧了市场的竞争;另一方面又通过信息的网络化、科学技术综合化进行沟通和合作。企业柔性财务管理要树立竞争与合作观念。在激烈的市场竞争中,正确处理和协调好企业各种财务关系,使各方面的经济利益达到和谐统一,实现企业的共赢策略目标。

7. 中庸之道与权变理念

中庸之道是企业柔性财务管理坚持"和"的管理思想的必然选择,也是企业柔性财务管理的重要基石。企业柔性财务管理在管理形态上力求进行动态管理,而在一个动态的均衡体系中,若偏执一端,没有中庸之道思想牵制,必然会走向极端,导致事物性质的转化,破坏原有平衡。企业柔性财务管理还主张权变,即灵活机动处理相关财务问题。

第五节　企业柔性财务管理内容

以人为本,充分利用科技创新、科技成果已成为企业谋求竞争优势和长远发展的重要手段,企业柔性财务管理的内容区别于传统财务管理。

一、突破"投资与筹资"等管理内容,实现"筹知与投知"的管理转变

现代市场是知识、科学技术的竞技场,谁掌握了高新科学技术、市场信息、相关知识,谁就掌握了市场,这是知识经济同工业经济最本质的不同点。企业不仅需要有维护生产能力的实物资本,更需要有具备创新能力的知识资本。企业具有大量的知识资本,就有了发展生产的主动权,可以从高层次上优化产品结构,创造符合时代需要、符合消费者需要的产品。这对企业财务管理提出了新的要求,必须紧密结合市场实际,为企业所需的知识资本的管理进行合理规划,制定经营方案,加强对企业无形资产及人力资本的管理,支持帮助企业充分利用其知识资源,不断创造和增加企业价值。企业柔性财务管理不再局限于"投资与筹资"等管理内容,还应该在"筹知与投知"上下功夫。

二、突破"管财与管物"的管理模式,实现"管人与管财"的有机结合

人是生产要素中最积极的因素,是知识的载体,是增强企业竞争优势的最重要的源泉。

企业柔性财务管理要注重企业人力资源的开发和利用,要通过建立责权利相结合的运行机制,强化对人的激励与约束,把人的知识潜能最大限度地挖掘出来,实施按实物投资分配与知识资本分配相结合的新模式,使企业的财务管理成为充分调动人的积极性和创造性的有效手段。企业柔性财务管理不但要管理好"财物",还要帮助企业管理好人,要让"财物与人"更好地结合。

三、企业柔性财务管理过程

企业柔性财务管理作为一项价值管理工作,其注意力不能总停留在价值层面上,柔性财务管理工作的价值目标——价值增值的实现必须在生产和流通的循环中进行,价值的物质载体的生产和组织所采用的技术将决定企业投入的价值能否增加或增加多少。首先,企业柔性财务管理以引入外界的科学技术或组织科学技术创新活动为着眼点或起点,然后引入生产,判断是否能构成可行性的投资项目,最后把经过详细论证的可行投资项目提供给投资者,以其高额回报为条件筹集资金。这样就形成一个新的财务工作过程:

科技创新→寻找可应用该技术的项目(投资规划)→筹资

传统财务工作过程可表示为:

已有投资项目→解决项目中的技术问题→筹资

已有资金→寻找投资项目→解决项目中的技术问题

从这三个过程互补性角度看,采用这三个过程的企业将长期并存,但科技创新的作用日益凸显,第一类企业占尽优势。

四、以人为本的企业柔性财务管理

企业柔性财务管理观念的确定,其发展的必然结果是人的价值管理成为柔性财务管理的中心。但这并不是要将每个人的价值都量化以后才可以进行。而在于招徕外来人才,留住已有人才,并为之创造良好的工作环境和条件,以激发其创造力和工作热情。

以大连三洋制冷为例,该公司员工管理的精髓是"爱人",以尊重人的价值,发挥人的才能,承认人的劳动,通过不断提高员工的素质带来产品的高质量、生产的高效率、企业的高效益、员工的高收入。这种"五高"模式是以人为本,以高质量、高效率、高效益为目标,最终又以员工的高收入为归宿的价值链。这与以人为本的企业柔性财务管理不谋而合。

五、企业柔性分配制度

北大方正的创始人王选教授,是中国知识分子迎接知识经济的代表人物,创办10年,从40万元人民币投资办厂,发展到1998年产值达到60亿元,利税3.3亿元,而在工业时代这样惊人的发展速度简直是天方夜谭。所以高级人才即使不向企业投入物质资本,但他们投入了知识资本,理所当然地也要成为企业税后利润的分配者。在企业内部建立起人力资本的利润分享制度,除支付给劳动者正常薪金外,还要将企业利润按知识资本进行分配。这充分体现了企业柔性分配制度,这也是企业柔性财务管理的重要方面。

丰田汽车公司的能力工资制也体现了柔性分配制度。公司按照人员的职务分工将他们分为事务职员和业务职员两种。前者属管理部门和间接部门,后者属生产部门和技术部门。对事务职员,新工资制度下工资总额的 60% 由基本工资构成,再加入 40% 的能力工资。其能力工资主要由以下五个要素组成:创造能力,人力利用能力,声望,贯彻能力,组织能力。对业务职员,新工资制度下工资总额的 80% 由基本工资构成,再加入 20% 的能力工资。其能力工资中 50% 由专业知识与能力确定,而余下的 50% 与事务职员考核指标相同,只须进行等比例缩小即可。如表 5-1 所示。

表 5-1 事务职员与业务职员的工资构成　　　　　单位:%

人员 ＼ 工资构成(%)	基本工资	专业知识与能力	创造能力	贯彻能力	组织能力	人力利用能力	声望	合计
事务职位	60	0	8	12	8	8	4	100
业务职位	80	10	2	3	2	2	1	100

工资构成确认之后,其实际发放由职员工作目标的完成程度来确定。具体做法是事先由职员提出自己一年的工作目标,然后根据这个目标的完成程度确定能力工资的发放百分比。这种工资发放制度有其独特之处,具体表现为以下几点。

第一,能力工资构成明确科学。年龄和进入企业的年限在工资中的权重减小了,而工作表现和工作能力等要素将职员的工资收入与其为公司所做的实际贡献紧密联系起来,充分体现了投入—产出分析思想。另外,还充分考虑了能力因素在不同职员对公司的贡献中所起的作用是不同的。

第二,能力工资制度具有明显的激励效果。能力工资的构成要素是员工提升的决定因素,从而将物质激励与权力激励直接结合起来,充分调动员工的工作积极性。

从员工个人来看,引入能力工资后,工资差别充分体现了工作绩效和能力的差别,使员工能自发提高自身素质,展开良性竞争。为此,公司相应完善了鼓励职工研究和进修的制度,员工适应多样化环境的能力明显增强了。另外,这种工资分配制度,适应了公司组织结构的扁平型、简单直线性的需要。

六、企业财务管理应该"刚柔相济"

企业柔性财务管理充分体现了灵活性、创新性,但并不抛开财务管理制度。企业柔性财务管理也是以"刚性财务管理"的一些内容为前提和基础的,可以想象,没有财务规章制度约束的企业必然是无序的、混乱的,柔性财务管理也必然丧失其立足点。在某种意义上说,柔性财务管理是刚性化财务管理的"润滑剂",是刚性财务管理的"升华"。

企业柔性财务管理作为财务管理的进步成果,有其存在和发展的条件,这个条件可以归纳为两点:一是科学健全的刚性财务管理体系;二是良好的社会风尚和领导者形象。离开这两点,柔性财务管理就难以发挥应有的作用,甚至会出现相反的效果。

企业柔性财务管理和刚性财务管理在最终目标上是一致的,只不过所采用的方法和手段、管理思想等方面有显著差异而已。我们在此论述柔性财务管理，没有否定刚性财务管理必要性的意思。恰恰相反，我们认为刚性财务管理是柔性财务管理的基础。

中国好的企业高管，都懂得"刚柔相济"的道理，并能成功加以应用。格力电器总裁董明珠原先是搞财务管理的。格力电器年销售额达600多亿元，14年来却没有一分钱贷款，也没有一分钱的应收账款，靠的是刚性财务管理，严格的财务管理制度，完善的内部控制。她所实施的精细化财务管理，真正做到了节约每一张纸的程度。如果员工没有正反面使用打印纸，往往会被除名。但她也为员工设立了阳光基金，员工遇到大的困难，可以得到公司100万元的资助。她把刚性财务管理和柔性财务管理结合在一起，起到了很好的作用。

企业财务管理如何才能"刚柔相济"？我们认为应该注意以下几点。

第一，财务管理要有人情味，不应该太生硬。太刚性的财务管理花了许多钱不一定有好效果，有时候虽然控制住了费用支出，但失去了人心。权变理论认为，管理行为和方法与其所处的环境密切相关。在企业财务管理中要根据所处的内外部条件随机应变，不存在一成不变的财务管理制度和方法。

第二，财务管理要及时沟通，注重效率。由于我国许多企业还是沿用金字塔式的组织结构，层次多，关系复杂，靠行政命令控制，信息不畅通，财务管理形象较差，缺乏与其他部门的沟通，许多人不认同企业的财务管理，效果必然较差。

第三，提高企业员工素质，完善财务管理人员队伍。许多员工只满足于完成自己分内的工作，对如何改善企业财务管理不感兴趣；财务管理人员只满足于制定各种财务指标，不了解企业其他员工的想法，这些对企业整体改善财务管理工作是不利的。

第四，培养一批优秀的知识型企业领导和财务总监。优秀的企业领导和财务总监是经济资源中非常宝贵的资源，在市场经济条件下，企业发展好坏与他们关系很大。他们的目标理想、精神状态、管理水平、经营能力、思维方式等对财务管理有很大影响。财务管理的"刚柔相济"需要一大批优秀的知识型企业领导和财务总监，但目前我们还比较缺乏。目前我国培养财务领军人才是非常必要的。

七、传统企业财务管理管理范式与企业柔性财务管理范式的比较

范式一词源于希腊文，即共同显示，可以引申出模式、模型、规范、范例等意。而将范式概念应用到理论分析中是由美国当代著名科学哲学家马斯·萨缪尔·库恩在《科学革命的结构》中提出的。他认为范式是"在科学实践活动中某些被公认的范例——包括定律、理论、应用以及仪器设备在内的范例——为某一科学研究传统的出现提供了模型"。库恩范式哲学有三个层次：价值观、基本定律和基本理论；模式、方法和技术。在库恩范式系统中价值观处于最高层次，没有价值观就没有范式。范式决定着社会科学研究的大方向。德国著名科学史学家汉斯·波塞尔曾经说过，没有范式，就没有科学。因为范式是理论化的坐标或罗盘，以此为基础才有可能对某一研究范畴进行归类与规范。

（一）传统企业财务管理范式与企业柔性财务管理范式的区别

财务管理思想的柔性主要表现在两个方面：一方面表现在对财务活动的组织和财务关

系的处理从推进式转变为牵引式;另一方面表现在与牵引式结合的财务关系的转变。传统的财务管理往往是根据企业的计划去组织财务活动,推进财务管理工作的开展。企业柔性财务管理强调的是根据变化了的环境,引导企业的财务活动,牵引企业财务管理工作的开展,理顺财务关系。变过去的简单化的债权债务关系为合作关系,变过去的竞争对手关系为互利共赢关系。

　　财务管理方法的柔性主要表现在改变过去程序化、刚性化的财务管理方法为非程序化、柔性化的财务管理方法。如为了缩短财务预算周期,用并行工程的方法来编预算;改过去的刚性责任中心为柔性责任中心,科技人员在企业内部自由流动解决生产经营中的问题,我们财务管理要采用相应的办法去支持企业的各种创新活动。通过合理加大产品设计的投入,既满足用户的质量需要和调动科技人员的积极性,又降低企业总成本。这些都需要财务管理的方法更加柔性化。另外我们还可以利用 ERP 系统使财务管理方法柔性化,既能快速满足用户需要,又能提高企业资源利用效益。传统企业财务管理范式与企业柔性财务管理范式的比较如表 5-2 所示。

表 5-2　传统企业财务管理范式与企业柔性财务管理范式比较分析表

比较内容	传统财务管理范式	柔性财务管理范式
1.价值观	以财富为本	以人为本
管理思想	规范化、专业化	快速反应、柔性化
2.基本定律和基本理论	传统财务管理理论	柔性财务管理理论
主导战略	低成本战略	多样化战略,市场领先战略
管理体制	部门管理、层次管理,各工作环节的顺序衔接	一体化管理,各工作环节的并行工程(强调管理集成)
3.模式、方法和技术	传统财务管理模式、方法和技术	柔性财务管理模式、方法和技术
组织结构	层次结构,职能部门界限分明	网络结构,职能部门界限打破
组织功能	财务管理	财务管理、协调、服务、创新
管理方式	集权式或相对分权式	注重财务灵活性
基本任务	建立财务秩序	应对改革,适应环境,改造环境
人才素质要求	专业人才,专业素质与管理素质分离,重技能	柔性人才,专业素质与管理素质相结合,重智能

(二)企业财务管理组织系统的变化

　　面对复杂多变的环境,企业财务管理中通常采用扩展其组织活动的范围和将不确定因素置于其内部控制之下的方式来适应环境。由此,财务管理组织目标复杂化导致财务管理的空间和内涵的全面扩张。而这种扩张了的财务管理组织所需要的财务管理系统就要比原先只从事相对单一财务管理的组织具有更为复杂的灵活性和动态性。由此,更多的企业财务管理组织将其结构从传统的稳定—机械式层次结构转向新型的适应—学习型"有机"结构。财务管理组织的层次结构和"有机"结构的比较如表 5-3 所示。

表 5-3　财务管理组织的层次结构和"有机"结构的比较分析表

比较内容	层次结构	"有机"结构
目标结构	单一目标主义	不断调整自身的多目标学习系统
目标特性	追求效率、稳定和连续性	创新、发展、解决问题
价值观	效率、安全、稳定、低风险	效益、适应、敏感、勇于承担风险
环境开放性	比较封闭,尽量减少环境的影响并力图降低不稳定性	比较开放,能够适应环境的影响并能应付环境的不稳定性
活动	有更多的规范,明确分工,职能部门相对独立	规范较少,分工和职能部门常有重叠
协调机制	等级制度、管理规则	相互协调、多样化
权力结构	集中的、等级式的	分散、网络式的
权力来源	职位	知识与专业特长
程序与规则	多而且具体,成文的	很少、不具体,往往不成文
决策	集权或主要集中于高层	分权,分散于整个组织
计划过程	重复、固定、具体	变化、弹性、一般
解决问题的方式	由上级来解决,照章办事,妥协、掩饰	由群体解决,因地制宜,对抗、公开
控制机构	等级、具体、短期,对成员进行外部财务控制	交互作用、一般化、长期,长远的是财务自我控制
激励机制	强调外部的奖励、安全感、低水平需求满足,X 理论观	强调内在的奖励、新生与自我实现,Y 理论观
结构持久性	倾向于固定不变	持续地适应新环境

　　企业柔性财务管理是财务管理系统"有效"处理环境变化和由环境引起的不确定性财务问题的能力。是否"有效"需要通过一些指标来衡量,如变化范围、响应速度、经济性等。能在较大范围内快速、平稳适应变化的财务管理系统比那些以很大的费用或较长时间而获得同样变化的系统更具有柔性。柔性财务管理的"有效性"是相对外部需求而言的。

（三）企业柔性财务管理的表现及实施条件

1. 企业柔性财务管理的表现

　　第一,企业财务文化建设。财务管理的表象看似是对资金的管理,其本质是对人的管理。而人又是受特定的精神力量控制的,因此,财务管理的发展趋势,必定注重对人的基本价值观和精神世界的引导。企业财务文化的管理方法就是基于这种认识基础上所形成的一种管理艺术。我们的财务管理要发挥企业员工的天赋和能力,这是我们取得成功的关键。企业财务文化作为一种管理文化,应当以人为本,以价值观的塑造为核心来引导、调控和凝聚人的积极性和创造性。人性、人的价值、人的自我实现和全面发展真正得到财务管理的高度重视。当然,企业财务文化建设还有许多内容,如企业财务精神、财务目标、财务形象、企业群体财务意识、企业领导财务管理风格。其核心是企业财务精神,财务管理作为一种文化现象,明显呈现出柔性化趋势。

第二,财务管理的非理性化。它有两层含义:一是对理性化财务管理模式的否定。传统的、规范的企业财务管理组织和模式是按照严密的逻辑原则和推理构建出来的,已经越来越不适应多变的环境和利益相关者的需要。相反,那些按照具体目标而临时构建的"财务管理组织"却能适应多变的环境和利益相关者的需要。二是在财务管理工作中对人的非理性因素的关注。比如财务分配,如果过分关注人的学历、经验、职位、工作时间这些理性因素,而不关注人的兴趣、爱好、习惯这些非理性因素,就会影响人的积极性的发挥和工作效率的提高。对有兴趣进行科研攻关的科技人员,就应当在工资及科研经费上加以支持。

第三,财务管理促进企业人才系统的形成。高质量的企业人才系统的建立已成为 21 世纪企业成功的关键。财务管理不能仅仅管理有限的资金,要算人才系统的投入产出账,这样才能占据市场竞争的制高点。

2. 企业柔性财务管理的实施条件

第一,科学健全的财务管理刚性体系。企业财务管理与刚性财务管理的最终目标基本上是一致的,当然还有一定区别。柔性财务管理还是为了更好实现刚性财务管理的目标,否则强调柔性财务管理是没有什么意义的。

第二,良好的社会风气和领导者形象。一个企业的内外部环境的社会风气如果很差,领导者作风不正,要实行柔性财务管理是不现实的,即便实行,效果也一定很差。良好的社会风气和领导者形象能产生很多正面效应,而这正是柔性财务管理所需要的。

第三,良好的管理对象。即企业的员工要有比金钱更高的精神追求,要有较强的民主意识,要有较高的文化素质,要有比较好的道德品质。这是企业柔性财务管理的基础。

3. 我国企业目前实施柔性财务管理的障碍

我国企业目前实施的还是刚性财务管理模式,表现出很大的局限性。

第一,财务管理的刚性过重,缺乏亲情,比较生硬。其实这样花了许多钱不一定有好效果,有时候虽然控制住了费用支出,但失去了人心。

第二,组织结构层次过多,不能及时沟通,造成财务管理低效率。由于我国许多企业还是沿用金字塔式的组织结构,层次多,关系复杂,靠行政命令控制,信息不畅通,财务管理形象较差,管理费用比较高。

第三,许多企业员工素质不高,管理人员的水平较低。许多员工只满足于完成自己分内的工作,对如何改善企业财务管理不感兴趣。管理人员只满足于完成企业下达的财务指标,习惯于和企业讨价还价,并不真正从企业整体出发关心财务管理工作。

第四,缺乏优秀的知识型企业领导和财务总监。优秀的企业领导和财务总监是经济资源中非常宝贵的资源,在市场经济条件下,企业发展好坏与他们关系很大。他们的目标理想、精神状态、管理水平、经营能力、思维方式对财务管理有很大影响。柔性财务管理的推广和实施需要一大批优秀的知识型企业领导和财务总监,但目前我们还比较缺乏。

4. 我国企业实施柔性财务管理应当做好以下几项准备工作

第一,思想观念要从生产导向转变为市场导向。传统刚性财务管理模式与生产导向关系密切,比较关心产品生产和经济生产批量,把价格和质量作为市场竞争的主要手段。柔性财务管理以市场导向为主,关心顾客的需求,把争取顾客作为市场竞争的主要手段。既要重视生产管理,更要重视"顾客关系管理"。

第二,组织结构要从纵向转变为横向。柔性财务管理要求企业提高对市场需求反应的灵敏度,要求内部信息高效率流动,内部各部门更加协调合作。而我国纵向的组织结构往往难以适应柔性财务管理的要求。因为它缺乏网络灵活性,信息收集和交流都比较缓慢。建立横向网络组织结构代替纵向金字塔组织结构已经成为大势所趋,这可以减少成本,还有利于部门之间的合作沟通。当然柔性财务管理要发挥协调作用,防止分权失去控制。

第三,管理方式要从控制转向引导和激励。传统刚性财务管理往往就是财务控制,企业财务经理的主要任务就是为了保证完成任务,加强对各部门和员工的财务控制。对于如何优化各部门和员工的财务行为考虑不够。实践证明,柔性财务管理已经不再是传统意义上的财务控制,而是引导和激励。在信息时代,只有通过有效的引导和激励才能更好地优化人们的财务行为,提升企业的价值。

第四,财务管理对象要从以资金为主转向以人为主。传统财务管理理论一直把资金作为管理对象。现在我们已经越来越认识到人在财务管理中的重要性。财务管理既是对资金的管理,更是对人的管理,人是企业的主体,人管理不好,资金就难以管好。一个企业只有让每一个员工积极参与到财务管理中来,财务管理才能真正成功。因此,关心员工的尊严和价值实现将成为实施柔性财务管理的前提。

第五,企业财务竞争要以柔性战略作为刚性战略的有效补充。过去我们许多企业在制定财务战略目标时表现出更多的刚性追求,盲目求大成为时尚。财务战略理论与方法也仅仅停留在"术"的层面,而没有与"道"相结合。企业财务战略表现出巧取有余,谋略不足。财务战略在过多刚性目标追求下,演变为拼资金、拼规模、拼人力、拼价格和广告等。当我们在财务战略中加入柔性思维后,就会意识到无论什么企业都不可能在任何情况下一往无前,它们也会受到环境的影响和制约,需要调整和变化,该收缩时就不要扩张。刚性财务战略如果没有柔性财务战略来配合,往往导致失败。当然仅仅靠柔性财务战略,其使用价值也是非常有限的,还需要刚性财务战略的正确指导。只有在两者完美统一时,才能获得最大价值。

第六节　数字化管理时代企业柔性财务管理

一、什么是数字化管理

为了理解什么是数字化管理?首先我们先了解一下什么是数字化?简单地讲,数字化就是将许多复杂多变的信息转变为可以度量的数字、数据,再以这些数字、数据建立起适当的数字化模型,把它们转变为一系列二进制代码,引入计算机内部,进行统一处理,这就是数字化的基本过程。数字化管理的本质就是将现代化管理思想、管理方法、管理技术、管理手段充分加以数字化,从而全面提高管理的效益和效率。由于国际互联网技术及电脑技术的飞速进步,数字化管理是一种理想,是一种潮流,是大势所趋、人心所向。数字化管理时代为企业柔性财务管理提供了广阔的空间。

二、数字化管理与企业柔性财务管理

数字化管理更加支持 Y 理论,强调要给员工授权,要激励员工发展各种能力,相信员工能做得更好,要让他们充分掌握智能化工具,要让员工充分进行自我财务管理。

数字化管理改变了传统的金字塔型的组织结构,形成一些扁平型和网状型甚至无中心组织形式,管理与被管理者的界限越来越淡化,更加强调他们之间的沟通与交流,从而提高管理效率和效果,这与企业柔性财务管理基本原理不谋而合。

数字化管理更加强调管理是一种服务,管理要创新,要面向未来。优秀的企业财务管理者,就是能利用好数字化管理工具,与全体员工成功地走向未来的人。

数字化管理强调竞争,但更强调合作。日本人创造了"竞合"这个词,实在是一个很好的管理理念。知识要分享,才能更有效率,大家只有合作,才能得到更多的回报,才能拥有更多的知识。同样企业柔性财务管理也非常强调"竞合",这样才能更有效益。

数字化系统将是一个速度快、效率高的数字神经系统,管理手段更加现代化。员工不再是机械工作者,而是知识工作者、信息和知识共享者。工作作风将更加务实,更加强调运用数字事实的力量。企业柔性财务管理要适应这样一种变化。

数字化管理是使经济数字化的重要保障,是知识经济时代的重要标志,是使知识资本成为共识和可能的前提。数字化管理的本质就是更加强调要尊重人的价值,确认知识资本的存在,并最大限度地发挥出知识资本的能量。知识资本等于人的能力乘以人的激情。数字化管理时代是实现以人为本的管理时代,是人的价值充分实现的时代,是使员工基本上都能成为知识工作者的时代,人将得到更加全面的发展。人们将有更多的时间进行思考、交流、战略设计和决策,人们将得到更多的机会和满足。企业柔性财务管理也将更加重视人的价值。

数字化管理是通过改变组织的神经系统,从而达到全面改变组织的物流系统、资金流系统、决策指挥系统,全面改善企业循环系统,提高企业素质,也将大大改变企业财务管理,企业财务管理将更加柔性化。

数字化管理将改变企业财务管理和决策的速度,使组织的运作更加稳健和有效,对财务危险和机遇都能迅速作出反应,财务信息能快速传递给需求者。

数字化管理可以打破个人和组织固有的边界,把他人甚至全世界的智慧都集中起来,以快于思考的速度管理好组织。

数字化管理将使那些单一和机械性工作全面被淘汰,管理者和员工将自主地、创造性地工作,最大限度地增加工作的附加值。让生产部门、其他管理部门和服务部门的员工利用好财务、成本数据,主动增加收入,降低成本,提高资金周转速度。

数字化管理对于改善企业产品品质和服务质量将起到很重要的作用,能大大扩展企业业务空间,使用电子商务系统,可以实现及时生产,实现零库存境界,减少中间商,降低营销成本,加强与客户的交流与沟通。

三、我国财务管理工作与数字化管理时代的差距

经过三十多年的改革开放,我国财务管理工作已经有了很大发展,数字化管理思想已经在一些先进的企业的财务管理中初见端倪。他们已经开始建立自己需要的数字神经系统,开始融入数字资讯流当中,快速、准确、广泛地接受、传递、反馈、应用数字信息,初步实现了财务工作过程整体的计算机信息化和计算机处理化,比较高效率地开展各项财务管理活动。

但我们也应该看到,从整体上来看,我国财务管理工作距数字化管理时代还有一大段距离,需要我们加快速度,缩短差距。

我国财务管理工作现代化标志之一是许多企业实现了会计的电算化。但目前我国电算化会计信息系统表面上虽然与手工会计信息系统有很大的不同,但本质上只不过是传统手工会计信息系统的翻版,仅仅是信息处理手段有了改变,并没有实现数字化管理的转变,没有实现用现代信息技术所提供的功能来改造传统的手工会计信息系统这一宏伟目标。目前我国会计软件的最大缺陷是财务管理的功能不足,不能满足现代管理的需要,离数字化管理的要求还很远。影响企业数字化财务管理管理进程的主要因素是专业人才的缺乏,财务管理人员中精通计算机的人才实在有限,需要大力培养复合型人才。

另外,我国企事业单位的会计电算化系统往往都是一些"孤立"的子系统,没有能够真正融入本单位的管理信息系统中去。比如 ERP(企业资源计划的缩写)目前在我国企业中还没普遍成功地实施。ERP 作为企业管理思想,它是一种新型管理模式;而作为一种管理工具,它同时又是一套先进的计算机管理系统,是目前数字化管理的象征。20 世纪 90 年代初期由美国 Gartner Group 公司提出 ERP,很快掀起一股热潮,也很快超越 MIS(管理信息系统)和MRPII(制造资源计划),并为许许多多企业带来了丰厚的收益。

从 1998 年以来,ERP 在我国也红极一时,国内许多软件厂商推出自己的 ERP 软件,很多企业也跃跃欲试,纷纷上马。这是我国企业初步进入信息社会的必然要求。许多企业已经意识到知识与信息是企业最重要的资源,而且是人、财、物等基本资源的表现形式与载体。企业需要综合管理人、财、物、信息、知识等资源,ERP 系统正是在这种情况下应运而生。

我们的会计电算化系统也只有融入 ERP 系统中去,才能发挥出更大的作用,也才更有价值。但也应该看到 ERP 的实施绝非一件易事,国际上实施 ERP 的失败率高达 60% 以上,80%～90% 的信息投资没有取得相应的回报!对于广大中国企业而言,更是困难重重,而且还要面对一系列特殊的具有中国特色的应用难题,如不成熟的市场环境,特殊的企业机制,管理不规范,基础薄弱,人才缺乏等。

我们必须看到,如果没有先进的信息系统,企业将无法实现数字化管理理想,无法真正提高管理水平,无法抢占经营管理的制高点,无法与国际上先进的企业进行竞争。ERP 将成为企业决战市场的通行证。我国许多新兴企业正在准备应用 ERP 系统。虽然我们面临许多困难,但不能等待,必须迎头赶上。

四、数字化管理时代重构我国企业柔性财务管理

第一，应当转变财务管理观念，紧跟数字化管理潮流。传统的财务管理观念认为财务工作是企业的一种具体的资金管理工作和账务处理工作，重复性的工作较多，主要是执行性的，创新性工作较少；主要目标是提高资金的使用效果；管理的组织结构是金字塔型的；财务管理者是监督者；财务管理手段主要是人工模拟系统。数字化管理则认为财务管理工作不仅仅是一种资金管理工作和账务处理工作，而是对企业综合资源运筹帷幄的工作；不是仅仅被动地去执行某项工作，而是创造性去开展各种工作；财务管理工作者要掌握更多的智能性工具，全面提高资源的利用效益；财务管理的组织结构更加扁平化和网络化，财务管理人员可以更加容易和企业内外部的各种人士进行沟通；财务管理人员不仅仅是监督者，而是服务者、创新者，是知识工作者，要与全体和企业有关的财务关系人共同分享知识，形成良性互动，实现更高的回报并获取更多的知识和智慧。

第二，加强统一领导，制定数字化管理的财务管理工作发展规划。数字化管理时代的到来，是人类社会管理的一场伟大变革，必须充分发挥政府的重要作用。政府应当制定数字化管理时代财务管理工作的发展规划，建立国家创新体系。国家创新体系包括数字化管理时代的财务知识创新体系、技术创新体系、知识传播体系和知识应用体系。规划应当有目标、有重点、有方针政策和实施办法，并且组织落实，按期完成。另外，政府部门还要加强这方面的基础设施建设，创造良好的环境，主要包括国家信息基础设施、数字化管理科研基地、数字化管理教育基础设施、数字化管理技术中心等。要完善数字化管理的法律保障体系，制定合理的支持政策，如科学研究政策、人才培养政策等。创造良好的社会氛围，形成尊重知识，尊重人才，紧跟时代潮流的社会风气。同时，政府还要搞好协调工作，加强数字化管理的学术、经验交流与合作，建立起分工明确、步调统一、团结协作的政、产、学、研之间的新型关系，促进各种要素之间的有机结合和有效结合，创造我国数字化财务管理的新时代。

第三，实施"科教兴国"战略，提高全体财务人员数字化管理水平，提高他们的知识创新能力。数字化管理作为一种知识经济时代的管理潮流，其灵魂是不断创新，而创新需要一批高素质的人，这有赖于科教事业的发展。虽然"科教兴国"已经成为我们的基本国策，但在具体落实方面，以及人们对"科教兴国"的具体认识方面尚存在诸多问题。我国财务人员之所以还不能在数字化管理中发挥巨大作用，这与我们的财务人员的素质上不去是有很大关系的。因此，只有调动各方面的积极性，动员一切可利用的人力、物力和财力，加快科教事业的发展，才能保证我们的财务人员及其他人员跟上数字化管理的步伐，促进我国社会主义现代化建设战略目标的实现。要建立起具有国际先进水平的数字化管理创新中心，要使有关的高校、科研院所成为数字化管理的研究和培训基地，加大这方面的投入，及时更新会计电算化软件，使会计电算化软件向管理型、智能化、通用化、兼容化方向发展。要改变财务人员的知识结构和培训方式，应当从应试教育向素质教育转变，加强创新意识和创新能力的培养，要树立终身教育思想，不断更新知识，这样才能将数字化管理思想落到实处。

第四，办好数字化管理的基础产业。实施数字化管理，没有先进的基础实施和管理软件是不行的，因此，办好以计算机、通讯、电脑软件等为主的数字化管理的基础产业将是头等重

要的事情。这些产业是数字化管理的先导,只有它们办好了,上去了,数字化管理的细胞才能在我们的经济机体中发生裂变,才能得到全面的推广应用。为此,要以市场为导向,加速发展数字化管理的基础产业,加速开拓国内外两个市场,实现与国际市场接轨,跟上国际先进水平,进入全球科技经济网络系统。要理顺这些高科技基础产业的管理体制,构造和完善其运行机制,多渠道筹集资金,加大这方面的投资力度,造就一大批高新技术人才,为我国的数字化管理的全面开展奠定基础。

第五,深化企业改革,增强数字化管理的主体意识。搞数字化管理,其主体还是企业。如果企业不深化改革,靠老一套去管理,不但没有出路,甚至连数字化管理的边也摸不着。搞数字化管理,企业的管理体制必须现代化,必须充分发挥科技人员及每一个员工的积极性和创造性,要依靠科技进步、知识更新和智慧来提高劳动生产率和经济效益。数字化管理首先要求的是管理的信息化和自动化。它要求对企业职工进行信息化素质的培养,对企业信息资源进行充分的组织利用。企业财务人员应当是企业信息资源的制造者、组织者,而且是高效率的利用者。数字化管理模式的建立,将从根本上改变企业的营销模式、生产模式、分配模式和管理模式。财务管理模式也必将发生根本的变化,财务管理完全可以做到"运筹于键盘之间,决胜于千里之外"。

第七节　企业柔性财务管理制度文化

企业柔性财务管理制度文化,或称企业柔性财务管理体制文化,是企业柔性财务管理思想与哲学的体现,对企业财务管理的运作具有很大的约束力。

一、企业柔性财务管理制度文化的演进原则

1. 自然进化原则

企业柔性财务管理制度文化是随着企业的成长而不断调整变化的。私营企业的柔性财务管理制度文化不同于国有企业的柔性财务管理制度文化;独资企业的柔性财务管理制度文化亦不同于合伙企业的柔性财务管理制度文化,更不同于公司制企业柔性财务管理制度文化。

2. 灾变演进原则

也叫突变演进原则,是指企业柔性财务管理制度文化在演进过程中的非平和的、因祸得福的演进,如在市场环境恶化,投资决策失误的情况下,企业陷入财务危机,但企业奋起自救,置之死地而后生。在这种剧烈的演进过程中,企业旧的财务管理制度弊端暴露无遗,但同时又给其财务管理制度改革与创新提供了良机。灾害、危机成了企业柔性财务管理制度文化转变和调整的临界点。

3. 风尚、示范制动演进原则

健全、成熟、优秀、成功的企业柔性财务管理制度文化具有巨大的示范作用,比如邯郸钢

铁厂的财务管理制度文化模式,带动了许多企业财务管理制度文化的不断演进。

4. 企业管理思想、经营准则和其他相关观念转变致动演进原则

企业柔性财务管理是在特定的企业管理环境下,在其经营准则的指导下进行的。其柔性财务管理制度文化的演进深受企业管理思想、经营准则的影响,其他相关观念的转变,如法制观念、货币时间价值观念、财务风险观念等,也会对企业柔性财务管理制度文化的演进带来冲击。

5. 企业经营领域、方向转变导致演进原则

这与企业自然成长引起的财务管理制度文化变动不同,它主要是由于企业经营结构变化引起的财务管理变化。当然这种柔性财务管理制度文化的演进往往只涉及企业柔性财务管理制度文化的重组,不是根本性的创新。

二、企业刚性财务管理制度文化与柔性财务管理制度文化

所谓企业刚性财务管理制度文化是指那些在企业财务管理文化史中变化频率和变动幅度不大的制度文化;所谓企业柔性财务管理制度文化是指那些在企业财务管理文化中变动频率和变动幅度较大的制度文化。

企业刚性财务管理制度文化对环境的变化不敏感,处于相对稳定状态。它受国家的文化传统的影响,它是企业长期财务管理经验、教训的结晶。但是它们一经形成,就具有较大的"保守性"。企业刚性财务管理制度文化作为企业存续的基本制度规范,具有很广泛的普遍性,不因企业的性质、规模等而有明显的不同。

企业柔性财务管理制度文化对环境的变化比较敏感,处于相对变动状态。由于社会经济发展变幻莫测,商品货币活动瞬息万变,市场竞争又很激烈,因此,企业财务管理制度也要经常变化、调整,以适应新形势的需要。也就是说企业财务管理制度文化是有柔性的,企业内部各种具体的财务管理制度通常具有更大的易变性、敏感性,它们会随着企业所接受的各种具体信号的变化而不断地调整。

企业财务管理制度文化只有一方面保持其必要的、充分的刚性,从而保证从整体上协调其与外界环境的关系,保证其能长久地存续下去,保证企业财务行为主体对其认同的简洁性、依赖感;另一方面又要充分体现其尽可能大的柔性,从而使企业具有较强的应变能力,使企业在理财上有充分的创新空间。优秀的、成熟的、健全的企业财务管理制度文化的一个显著标志是其制度文化保持刚性与柔性的协调统一。

三、企业柔性财务管理中的财产制度文化

各种不同企业财务管理上的区别,很重要的原因是由于企业的财产制度文化的不同。独资企业、合伙企业、股份制企业、国有企业由于财产制度文化的不同,就会形成不同的财务管理制度文化。私有制企业与公有制企业因为属于性质不同的企业,所以在财务管理制度文化上表现出惊人的差异。

独资企业和合伙企业的财产制度文化相当古老,公司制企业的财产制度文化可以追溯到 15 世纪,发源地为地中海沿岸城市,经过近、现代几个世纪的演化,公司制企业财产制度文化已经成为一个包括股份有限公司、无限责任公司、有限责任公司、两合公司、股份两合公司在内的多种形式的财产制度文化体系。这个体系包含了一系列各自配套的,适应不同投资主体偏好的选择形式,较为合理、公正、科学地解决了企业财产所有权、支配权及财务管理权之间的关系,对于协调好与社会经济发展的关系也起到了很大的作用。

公司法人财产制度文化的确立,使得现代企业财务管理得以正常运行。它使公司产权基本得以确立和保障,而且可以从民间筹集大量资金,克服了个人企业、家族企业、官办企业的种种弊端,财务管理的科学化逐步得到了制度上的保障。

随着股票、债券、交易所等的发展,尤其是股份有限公司的巨大进步,刺激了全社会的投资心理和投资热情,从而大大提高了全民的财务管理文化水平。有限责任制、无限责任制、混合责任制以及股份有限公司制等企业的全面存在,又为各类人士提供了广阔的理财空间,给予资产占有相关的人力资源的开发打开了方便之门。这为营造机会均等的财产制度文化开辟了金光大道,企业柔性财务管理制度文化也因此而丰富多彩。

四、企业柔性财务管理组织制度文化

企业柔性财务管理组织制度文化主要就是企业理财权力结构体系文化,作为企业柔性财务管理文化中的极为重要的一项,自企业柔性财务管理文化出现以来,就一直在演进、变化着。这种演进和变化使企业柔性财务管理组织制度文化丰富多彩。在这种演进过程中最值得重视和具有划时代意义的是,支薪财务经理制的确立和这个阶层的崛起。正是因此而使所有权和理财经营权得到了彻底的分离,从而为企业财务管理的正规化开辟了道路。

在现代市场经济中,企业财务管理是一项开放性、动态性、综合性的价值管理工作,在企业整个经营管理工作中处于非常重要的地位。在企业财务管理中,理财机构的科学设置和财务管理人员的合理安排,相关制度的制定与执行,对企业财务管理职能作用的充分发挥,具有十分重要的意义。

与财务经理制度创新同样重要的董事会制度,一方面保证了财务经理的财务管理受到必要的监督,保证企业重大财务决策的集体抉择;另一方面使所有者与经营者之间的关系有一缓冲地带,保证了各方财务利益的协调平衡。

另外,从我国来看,企业工会制和职工代表大会制度在财务管理制度上的创新意义也是很大的,企业只有实现了理财的民主化,才能取得更大的辉煌。

五、企业柔性财务管理中的人事制度文化

企业柔性财务管理中的人事制度文化虽然受企业财产制度文化、财务管理组织制度文化的影响,但它主要是以企业人力资源观念和意识为基础的。财务管理人员作为企业重要的人力资源,在企业财务管理中发挥着重要作用。财务人员是企业财务管理中的战略资源、核心资源,是凌驾于其他财务管理要素之上的基本要素。

当代企业财务管理中的人事制度文化是信息社会、人才竞争、智能竞争的产物。具有代表性的特征主要有以下三方面内容：(1)招聘高质量的财务管理人员；(2)对财务管理人员进行再培训；(3)制定科学、合理的财务管理人员晋升制度。高质量的财务管理人员既要有过硬的财务管理知识，也要有一定的生产、经营管理知识和社会知识，要掌握现代办公手段。现代企业财务管理者已经意识到对财务管理人员不断进行再培训的重要性，财务管理人员要想适应多变的社会环境，只有不断地学习才行。企业应在经费上保证财务管理人员再培训的需要，要鼓励财务管理人员进行在职学习。物色选拔优秀的财务管理人员走上领导岗位，是企业财务管理成功的关键。优良的财务管理人事制度文化，可以大大提高企业财务管理的效率，提高财务管理人员综合素质，减少企业理财中的重大失误。

六、企业柔性财务管理决策制度文化

企业柔性财务管理决策制度文化与企业柔性财务管理组织制度文化有着密切的关系和相近之处。但两者还不完全是一回事。企业财务管理决策由单人决策制向多人决策制和委员会决策制的演变，反映着企业财务管理决策制度文化的变迁。

企业柔性财务管理决策制度文化是由企业的财产制度，即由企业的性质所决定的，亦受社会经济环境、法律环境、文化环境和企业自身的特点的影响，与企业财务管理者的素质也有一定的关系。随着企业环境的变化，各种财务危机的冲击，企业财务管理决策制度也将发生相应的变化。集团式企业财务管理决策制度的兴起和确立，是现代企业制度的重要标志之一。现代大公司的财务管理决策制度也充分证明了这一点。现代大企业的财务管理非常复杂，各种重大财务决策非个人经验所能胜任。只有抛弃过去那种单枪匹马式的财务管理决策制度文化，精心构筑集团式财务管理决策制度文化，才有可能使企业在现代化的快车道上运行下去。

第八节 民主理财与企业柔性财务管理

企业柔性财务管理与民主理财关系密切，没有民主理财，企业柔性财务管理将失去群众基础。民主理财作为人们经常提到的一个概念，同样也是一个最为含混的概念。不同的人对民主理财有不同的理解，对民主理财的价值，对民主理财主客观条件的认识，也可以说是五花八门。民主理财与企业柔性财务管理有密切联系，这个问题值得广泛深入研究。

一、对民主理财各种不同价值观的评价

1. 认为在理财领域民主理财的价值高于一切

民主理财是社会主义理财学说的基本内涵，大力宣扬民主理财无可非议。但也有一些人在强调民主理财时把它推向了极端，认为在理财领域民主理财的价值高于一切。我们不同意上述观点。根据马克思主义基本原理，社会主义不等于民主主义，而是科学的社会主

义,强调的是科学而非单纯的民主。社会主义理财事业是科学的事业,应当按照客观规律办事。我们并不否认民主理财作为社会主义理财学说的重要意义,但用它来取代企业科学理财的地位是错误的。民主理财与科学理财不能等同,社会主义要强调理财民主化,但更重要的是要强调理财科学化。理财只有同时依靠科学和民主,企业理财事业才能健康发展。

民主理财具有双重价值,它既是目的又是手段,我们应当把民主理财作为长远目标之一,但民主理财主要还是为发展社会生产力服务的。显而易见,在民主理财的双重价值中,手段的价值具有更为基本的意义。因为发展生产力是社会主义的根本,民主理财也必须接受生产力标准的检验。如果有时候搞民主理财不利于生产力的发展,我们就不应当用牺牲生产力来维护民主理财。

2. 认为民主理财绝对必要

有些人认为民主理财绝对必要,民主理财代表正确与进步。其实这种看法是不确切的。民主理财的基本原则是按照多数人的意志办事,但科学和真理往往并不在多数人手中。如果一项重大投资决策也靠投票表决来实行,往往会带来重大失误,所以不可一概推行民主理财,否则就得付出沉重代价。

民主理财也是有风险的,很容易发生异化,容易走向自己的反面。民主理财弄不好就会导致愚昧和混乱,会鼓励员工滥用权利,最后导致理财集权和专制。柔性财务管理强调的是科学的民主理财。

民主理财是美好的,但民主理财的成本也是很高的。民主理财很容易因狂热和无知而滑向反面,最后广大群众失去理财的基本权利。一个企业在哪些领域需要实行民主理财,有哪些财务问题需要通过民主的程序和形式来解决,这本身是值得好好研究的。但民主理财并非绝对必要,由于受主客观条件的限制,民主理财并不代表绝对正确和进步。民主理财与科学理财、民主理财与依法理财、民主理财与高效率理财之间往往是矛盾的。过分强调民主理财,必然会损害科学理财、依法理财和高效率理财。只有摒弃对民主理财的绝对化理解和追求,财务管理才能更协调、更健康地发展。

3. 认为只有民主理财,才能保证企业稳定,才能调动大家的积极性

企业发展需要稳定的环境,需要大家积极性的充分发挥,这是不言而喻的。但也有人将民主理财与企业稳定和人的积极性的关系作绝对化理解,他们不考虑企业具体历史条件,认为只有民主理财,企业才能稳定,大家的积极性才能提高。

民主理财与企业稳定,与人的积极性提高之间的关系是辩证的,从长远来看,它们之间存在着正相关关系。但是作为两种不同的价值选择,民主理财与企业稳定,与人的积极性的提高又不可能是同一的,有时甚至是不成正比例的;在某种情况下还会发生矛盾和冲突。如有的企业"大锅饭"倾向严重,如果还搞所谓民主理财,"大锅饭"问题往往就不能解决,大家的积极性就很难真正提高。

一个企业如果没有稳定的治理结构,没有相对集中的财务管理体制,盲目地去鼓吹民主理财,其结果将是更加不稳定,最终丧失民主理财的基础,大家积极性的发挥就没有可靠的载体。

二、如何正确理解民主理财

1. 片面地理解民主理财就是一种权利

许多人认为,民主理财是职工当家做主的体现,是广大员工的一种权利,而很少提到民主理财的责任。这是一种对民主理财的错误认识,在理论和实践上都是有害的。

民主理财实际是一种责任理财,它强调广大员工责、权、利高度统一,要求广大员工对自己参与选择的后果负责。没有责任的民主理财只能导致混乱和失败。民主理财的基本原则是,广大员工必须是有责任心的,必须对组织,对他人,对自己负责。只有实现了责、权、利的密切结合,民主理财才能健康发展,不受制约的民主理财也必然导致腐败。

人们通常将民主理财视为经济民主、政治民主的一个要素,甚至把它当成经济民主的前提。但是,无论在什么国家、什么组织中,民主理财都必须与责任相联系,不与责任联系的民主理财,是一种消极的理财,应当加以摒弃。充分自由的民主理财,是不容许存在的。社会主义企业应当强调民主理财,但更应当强调理财责任,即理财的经济责任、社会责任和政治责任。

2. 任意扩大民主理财的内涵

不少人对民主理财的内涵不能正确把握,把民主理财当成一个"筐",什么都往里装。把财务监督、尊重多数、实行财务管理法制化等统统当成是民主理财的基本内容。

搞财务监督,尊重大家的意见,是实行财务管理法制化的重要意义,笔者是充分肯定的。但这一切并不是民主理财本身的含义和内容。任意扩大民主理财概念的内涵,只能导致无用甚至有害的结论。民主理财不可能包罗万象,它的基本含义只有一个,即多数人对组织理财方面的统治,强调人民理财主权,即少数服从多数的理财制度。

财务监督、尊重大家的意见、实行财务管理法制化与其说是民主理财内涵的扩展,不如说是对民主理财缺失的匡正和补充。民主理财绝非万能,它也不可能全然正确,因而它必须受到多方面的制约。

首先看财务监督。在西方,财务监督是作为经济自由主义而不是作为经济民主主义的基本内容而提出来的。在我国也错误地认为财务监督是民主理财的具体体现。这一理论是建立在对人性理性认识的基础上的,即人性不是完美无缺的,人性有自私和恶的一面,因此应当加以监督。而民主理财如果不受监督也必然导致腐败。

其次看尊重多数。历史经验告诉我们,民主理财的多数人统治原则如果不加以限制,必然导致"多数贪婪"。尊重多数人的意见并不是满足他们每一个人的欲求,更不是无限制、无原则地服从大多数人的意志。

最后看实行财务管理法制化。就民主理财而言,财务管理法制化有两层含义:一方面财务管理法制化是民主理财的保障;而另一方面财务管理法制化又是对民主理财的制约。财务管理法制化明确规定人们在进行民主理财时不得逾越一定的界限,必须按法规办事,严肃认真地行使自己的理财权,避免民主理财的随意性,不要简单化坚持多数人表决原则。对滥用民主理财权利的行为,法制就要给予制裁。财务管理法制越完善,民主理财才能越规范,越有力。

三、对民主理财经济基础的认识

1. 民主理财依赖于社会主义市场经济的发展

我们认为民主理财的决定因素是多元的,它需要经济、政治、文化等各方面的基础,对我国而言,社会主义市场经济具有根本的意义。社会主义市场经济不但可以极大地促进生产力的发展,亦为民主理财的推行奠定了必要的物质基础;而社会主义市场经济自主、等价交换、公平竞争原则对民主理财的产生与发展起着决定性作用。民主理财不可能仅仅是理想愿望的产物,它必须有使其茁壮成长的深厚土壤,而社会主义市场经济正是这一块适宜的土壤。

历史发展的事实也为社会主义市场经济对民主理财的决定作用提供了证据。自给自足的自然经济谈不上真正意义的民主理财,资本主义市场经济也不是完整意义上的民主理财,社会主义计划经济离民主理财也相距甚远,连企业厂长、经理都没有理财的自主权。只有充分发展社会主义市场经济,民主理财的愿望才有可能实现。

2. 民主理财需要雄厚的物质基础

民主理财需要相当程度的物质基础,这是民主理财的经济基础。民主理财意味着让组织中广大员工拿出很多时间和精力从事理财工作,没有雄厚的物质基础往往是办不到的,否则会出现本末倒置现象,即广大员工的本职工作没有做好,理财工作也没有做好。只有物质基础雄厚了,人们才有时间和精力去学习其他方面的知识,包括理财知识,才会有强烈的自主意识和参与意识,才会更加关注组织的财务状况和财务目标的实现,才能更有能力去影响组织的财务管理工作。中外企业大量事实也证明,只有当企业的实力更加雄厚的时候,才会意识到民主理财的意义,才会更多地考虑大家在理财方面的愿望和意见。

经过三十多年的改革开放,我国已经具有相当的物质基础,在许多组织中具备了推行民主理财的物质基础,有许多企事业单位在民主理财方面取得了很大的成绩。但是我们也不能盲目夸大我们的物质基础,许多地区、企业、事业单位的群众生活水平仍然很低。在我国还不具备全面推行民主理财的物质基础。民主理财并不能呼之即来,它必须用踏实的工作、辛勤的汗水去换取,必须有坚实的经济基础。

四、对民主理财中人的素质的认识

1. 人的素质全面提高是民主理财的必要前提

在民主理财过程中,人是最基本的因素,民主理财制度作为一种规范,其本身不过是一架空的躯壳。只有广大员工具备了民主理财素质、习惯、权利、责任感之后,才能赋予民主理财制度以真实的生命,否则只能是民主理财的空谈。

民主理财要靠制度来保证,而民主理财制度的实施,必须以人的素质全面提高为前提。因为我们许多企事业单位中的人的素质尚不具备条件,没有实施民主理财制度或实施了效果却不好,这些都是正常现象。

人的素质主要指文化素质、道德素质和管理素质,这些素质的全面提高不是短期内可以完成的,需要全社会的不懈努力才能实现。

2. 部分单位的员工初步具备民主理财的素质

我们认为,实行民主理财的单位,员工必须具备较高的素质,即文化素质、道德素质、管理素质都必须达到一定的水准。我们部分单位的员工初步具备了这些方面的素质,可以在财务管理的某些方面实行民主理财。但从总体上看,我们员工的素质不高是一个基本国情,让每个单位都搞民主理财既不实现,也不可能。许多企业领导人对财务管理尚且一知半解,要让每一个员工都在重大财务决策上举手表决显然是有悖常理的。民主理财是重要的,但只有人的素质与之相适应,民主理财才是可靠的,才能带来真正的效益。

3. 注意民主理财的参与度

民主理财只能走循序渐进的道路,不可能全面开放。民主理财可以在实践中慢慢培养,应当注意民主理财的参与度。不是什么领域、什么问题都可以搞民主理财的。比如进行风险投资,如果也来一个民主理财,企业的资金往往会被汹涌的波涛吞噬。因为大部分人不是风险投资专家,他们不会在风险投资的大海中游泳。职工奖金如何分配搞民主理财就比较合适。

总之,人的民主理财素质的提高是一个渐进的过程,应该扎实稳步地进行。民主理财与社会主义市场经济密不可分,人的素质也应当在发展社会主义市场经济中加以完善。社会主义市场经济是一项前无古人的社会实践,是一所培养人的全面素质的大学。通过大量的社会实践,可以培养人的权利感和责任感,提高民主理财能力,养成民主理财习惯。

第九节　构建三位一体企业财务管理理论框架

一、三位一体企业财务管理理论框架的基本含义

企业财务管理的本质是什么? 从企业财务管理的内在属性来讲,企业财务管理的本质是回答"是什么"的问题,即企业财务管理本身所固有的、相对稳定的、决定其面貌和发展的根本属性,是区别于其他事物的基本特征;从企业财务管理的外在属性来讲,企业财务管理的本质是回答"为了什么"的问题,即出发点和立足点是什么,包括企业财务管理的职能、职责、作用及其发挥途径等。

这里讲的三位一体企业财务管理理论框架是指以实现企业和谐财务管理为目标,以优化企业财务文化为基础,以刚性财务管理和柔性财务管理相结合为手段(刚柔相济)的这样一种理论体系。这不同于传统企业财务管理理论框架。传统企业财务管理理论框架往往是以实现企业价值最大化(或者股东价值最大化、利润最大化)为目标,以财务管理制度为基础,以刚性财务管理为手段的这样一种理论体系。

西方学者讲的企业(公司)财务管理框架,代表性学者美国的威廉·L.麦金森的描述是

企业财务管理人员是通过运用以下这些基本理论来分析并规划出具体方法,从而解决企业实际问题,这就是现代企业财务管理理论的基本框架。这些基本理论包括完美资本市场下的储蓄和投资、投资组合理论、资本结构理论、股利政策、资本资产定价模型、有效资本市场理论、期权定价理论、代理理论、信号理论、现代公司控制论、金融中介理论、市场微观结构理论。当然这一企业财务管理理论框架是建立在西方企业的社会经济基础上的,与我们国家的社会经济基础存在一定差异,也与双方国家的财务管理理论研究者的认识存在一定差异。

我国企业以和谐财务管理为目标体现的是一种普遍的人文关怀,符合当今社会发展潮流,也符合企业财务管理这一人造系统的根本目的,同时也与人们的普遍心理预期相一致。

企业财务文化具有丰富的内涵,除了涵盖企业财务的基本要素之外,还包括与企业财务相关的文化要素,使得企业财务管理理论更加丰富多彩。企业财务管理许多与文化有关,文化与财务管理结合,就形成财务文化或者财务管理文化。比如可以将心理契约理论引入企业财务管理理论,企业在处理各种财务关系时往往通过财务契约进行约束,书面化的财务契约是显性契约,体现的是显性财务文化;而心理财务契约是隐性财务契约,体现的是隐性财务文化。显性财务契约有利于企业进行刚性财务管理。而隐性财务契约可以填补显性财务契约的不足,良好的隐性财务契约可以提高财务关系人的满意度,同时也有利于企业开展柔性财务管理。

企业以刚柔相济为手段进行财务管理既符合我国传统文化,又符合财务权变理论,能够取得比较理想的效果,这已经被许多企业的财务管理实践所证明。我国的太极拳是刚柔相济文化的最好体现,刚柔相济既有利于健身,也有利于管理,历史上许多政治家、军事家、企业管理者都非常重视刚柔相济这一思想,在实际工作中也取得了成功。作为工作方法,刚柔相济是有科学根据的,符合辩证法原理。具体运作时就是要做到普适与例外的正确抉择,在正常情况下需要刚性财务管理,在特殊情况下就需要柔性财务管理,不能一成不变,要相辅相成。实行刚柔相济管理体制的国家不仅仅是我国,日本也如此。日本企业管理,纪律性非常强,但也非常灵活,充分体现刚柔相济特色。

二、构建三位一体企业财务管理理论框架的意义

为什么要构建三位一体企业财务管理理论框架?主要基于以下考虑:一是传统理论认为企业财务管理目标是企业价值最大化(或者股东价值最大化、利润最大化)。虽然有一定道理,但往往会带来许多问题,如过度筹资和投资,忽视企业社会责任,有时甚至追求虚假财务繁荣等。以实现企业和谐财务管理为目标,不以大为美,可以避免追求企业价值最大化的种种弊端。笔者一直认为企业财务管理一定要以和谐为目标,要多考虑各利益相关者的利益,要有社会责任感,企业生存比占有更重要。追求企业价值最大化说白了就是为了占有更多社会财富,是否能够实现社会和谐、企业和谐不是他们考虑的话题。实现企业和谐财务管理的方法往往不同于实现企业价值最大化的方法。例如,实现企业价值最大化可以通过激烈的市场竞争甚至恶意并购的方法,实现企业和谐财务管理往往只能通过善意的沟通和谈判的方法。二是传统企业财务管理以财务制度为基础,靠财务制度进行管理,忽视财务文化

的作用。这不利于财务管理的有效开展。企业优化财务文化对于财务管理工作非常重要，是财务管理的基础。以往我们一直把资金视为企业财富生成最重要的决定因素，并通过严格的财务制度进行管理。随着研究不断深入，我们可以进一步发现，一些不易被观测感知的非物质因素也对企业财富生成具有重要影响，如技术、知识、信息、专利、法律、制度等。那些无法通过感官直接观测感知的纯粹主观精神因素也对财务活动及企业的财富生成具有明显影响。乐观、充满希望的企业比悲观、失望的企业有更好的财务前景。诚信和信任也成为企业财富生成具有重要影响的文化因素。诚信和信任有助于财富生成。因为诚信和互信精神可以显著降低财务主体的交易与管理成本，扩大交易与相互合作的范围和深度，从而促进财富增长。耐心也是企业财富增长具有明显影响的心理因素。早在20世纪80年代，我们就系统地论述了信仰和价值伦理观念与企业财务管理的内在关联，提出了财务文化概念。企业财务文化是企业在一定环境下形成的财务物质文化和精神文化的统一。企业财务文化与财务资本的结合，是推动企业财务管理的关键因素。财务文化与财务资本结合带来的重要影响是，财务资本的运作方式要融入财务文化元素，企业财务管理要重人性管理，重社会效益。财务文化的发展和提升，反过来进一步推动了财务资本的提高。财务文化成为推动企业改善财务管理，提高财务资本回报的重要力量。财务文化力是企业财务管理软实力，其基本含义是指通过吸引而非强迫或收买的手段来实现企业财务管理目标的能力。三是传统企业财务管理以刚性财务管理为手段，其效果往往不太理想。而柔性财务管理往往可以克服刚性财务管理的不足。刚柔相济的财务管理往往是最为理想的。刚性财务管理往往缺乏人文关怀，一是一、二是二，有时不近情理，而柔性财务管理体现人本管理特征，更加重视人文关怀，强调员工参与企业财务管理。刚性财务管理不太重视人的情感力量，也不太关注人的心理倾向，财务管理的效果往往并不好，而柔性财务管理非常重视人的情感力量，也非常重视人的心理倾向，有利于挖掘潜力，提高效率。刚性的财务制度有很强的约束力，再配备刚性财务执行，其外在效果当然不可低估，但它难以让人产生"效忠行为"，而柔性财务管理有助于塑造出高尚的企业理财精神，往往能够产生"效忠行为"，在财务管理工作中产生持久的效力。当然如果没有刚性财务约束，过度进行柔性财务管理也会产生许多不良后果。刚性财务管理和柔性财务管理各有优缺点，为了取长补短，刚柔相济的财务管理才是不二法门。

构建三位一体企业财务管理理论框架的主要目的还是为了更好地开展财务管理活动，能够更加有效地处理好财务关系。这一理论框架虽然没有具体涉及财务管理要素，但其起点理论、基本理论、运行理论还是非常清楚明确的。即它的财务管理目标理论是和谐财务管理，财务管理基本理论是优化企业财务文化，财务管理运行理论是以刚性财务管理和柔性财务管理为手段。这里面都有大量的具体工作要做，也需要认真设计工作规范和流程。

三、如何完善三位一体企业财务管理理论框架

完善三位一体企业财务管理理论框架应当细化和谐财务管理目标。对于三位一体企业财务管理理论框架，有人肯定会提出批评意见，如以企业和谐财务管理为目标，这个目标如

何量化？如何管理？其实这个问题也是可以解决的。在社会主义市场经济条件下，企业和谐财务管理目标必须内含经济责任目标、社会责任目标和道德责任目标三个方面，其中的经济责任目标应当涵盖企业所有的利益相关者。换句话说，企业和谐财务管理应当是为所有的利益相关者服务，而不仅仅是企业的股东，实际上这也是中国儒家传统"和合"思想中讲求的"中庸"之道。既然是经济责任目标，就可以用许多量化指标进行管理。至于社会责任目标和道德责任目标两方面，既可以进行一些定性财务管理，也可以进行定量财务管理。如企业对消费者、社区、政府和环境等方面承担了哪些财务责任，回馈社会的资金有多少，效果如何等？企业在处理有利益冲突的财务关系的过程中，是否能够承担伦理道德责任？企业财务管理是否体现人文关怀？这些都可以看成企业是否进行和谐财务管理的具体体现。

完善三位一体企业财务管理理论框架应当借鉴行为财务学的研究成果。行为财务学就是将人的心理活动结合到财务理论的研究中来，探讨人的期望、心理对财务管理的影响。这与我们完善三位一体企业财务管理理论框架的目标是一致的，许多方法也是相通的，刚柔相济财务管理与行为财务学有异曲同工之处。行为财务学认为对财务现象的研究应从财务行为的发生、变化的内在机制以及心理活动的特点和规律入手，探索某种财务现象与其他财务现象之间的必然联系，从而揭示财务现象的本质。任何一种财务现象都是财务主体在一定的财务环境约束下、在某种价值观念的指导下产生的。因此完善财务环境，树立正确的财务理念非常重要。企业优良财务文化就是好的内部财务环境，加强企业优良财务文化建设对于实现和谐财务管理目标至关重要。财务文化具有"导向"作用、"激励"作用、"规范"作用。企业优良财务文化的培养需要做的工作很多：一要靠企业全体财务管理人员的合同努力，做好财务管理各项基础工作，提高财务信息透明度；二要加强企业财务道德建设，在财务活动中要有道德底线，要处理好义利关系，反对唯利是图、见利忘义；三要追求和谐财务关系，和谐财务管理既是目标，也是优良财务文化的具体体现，中国传统文化重和谐，追求和谐是一种很高远的文化。一套起点正确、好的财务管理思想对企业无比重要。因为财务管理思想决定企业财务制度，财务制度决定财务权力和财务行为方式。企业财务管理目标定为和谐财务管理，实际上就是为了人、企业和社会更美好，这可以赢得绝大多数人的信赖和支持。

完善三位一体企业财务管理理论框架应当优化内部财务环境，包括优化内部财务文化。在一个多元化的市场竞争环境中，企业欲获得财务管理的成功，必须优化自己的内部财务环境，必须建立与内部财务环境相适应的财务管理观念，采用刚柔相济的财务管理方法。内部财务环境对企业财务行为能够产生"导向"作用、"激励"作用、"规范"作用。内部财务环境主要包括各项财务规章制度、财务管理者的水平和素质、财务管理体制、财务资源状况、内部财务关系状况等。这些都会影响企业财务管理行为与方法的选择，也会影响企业和谐财务管理目标的实现。无论企业财务管理如何变化，内部财务环境始终被视为财务管理的第一要素。因此，优化内部财务环境成为企业财务管理的重中之重。内部财务文化作为内部财务环境的重要组成部分，企业应当引导员工树立正确的财务价值观，充分考虑财务文化对财务管理的影响，最大限度地发挥好财务文化的"导向"作用、"激励"作用、"规范"作用。

四、三位一体企业财务管理理论框架与我国传统文化

企业财务管理理论在我国近现代史上经历了一系列变迁,从晚清、民国时期简单学习、借鉴西方企业财务管理理论,到新中国成立时期学习、借鉴苏联企业财务管理理论,之后又形成了我国计划经济时期的企业财务管理理论,改革开放后又开始学习、借鉴西方现代企业财务管理理论。可以说到现在还没有形成真正意义上的有中国特色的企业财务管理理论体系。简单照搬西方企业财务管理理论,效果肯定不会很理想,因为西方企业财务管理理论是建立在西方的制度、文化基础上的。我国企业财务管理理论必须与我国的制度、文化相适应,否则照搬西方企业财务管理理论,其效果肯定是南辕北辙。作为正式规则,我国社会制度、企业制度、企业财务管理制度与西方有显著不同;作为非正式规则,我国传统文化与西方文化也有显著不同;作为实施机制,中西方也有明显差异。就拿企业财务管理制度而言,西方企业在执行财务管理制度时基本上可以做到一视同仁,高管与普通员工一样,而我国企业在执行财务管理制度时却很难做到,原因是我国传统关系文化、大权力距文化的影响,财务管理制度对企业领导与普通员工的约束力是不同的,对圈内人与圈外人也是不同的。虽然这种文化有一定弊端,许多人也不满意,但为什么长期存在,大家基本上习以为常?这就值得我们认真反思。其实这就是文化的力量。要改变一种文化需要相当长的时间。如果觉得某种文化现象不好需要改变,就需要设计出与之对应的文化制度加以限制、抗衡,经过不断的博弈,达到新的文化平衡。我国企业领导者在处理财务问题时只要不太过分,只要相对公平,大家心理上大多数是可以接受。从理论上讲,企业财务管理制度是刚性的,对企业所有人都应当有相同的约束力,但事实上难以做到。我国传统文化是讲等级、权变的,如果企业领导人没有一定的权变权力,完全与普通员工一样,没有权威,这不但与传统文化相悖,也难以调动领导者的积极性,领导者也难以有效开展工作。领导者要想有效开展财务管理工作,必须采取刚柔相济的财务管理方法,灵活处理一些财务问题。当然,这样弄不好也会带来许多不良后果,如领导者以权谋私、拉帮结派、贪污受贿。如何有效约束领导者的财务管理行为,对他们加强财务监督是另外一个课题。但不能因为可能出现不良后果就彻底否定传统文化,就要求领导者与普通员工完全一样受企业财务管理制度的约束。

三位一体企业财务管理理论框架与我国传统文化基本上是相适应的,理由是我国传统文化是追求和谐的,与企业和谐财务管理目标相一致。我国传统文化崇尚中庸之道,强调和为贵、家和万事兴,追求和谐,以人为本。构建社会主义和谐社会,也是我国未来的一项重大战略任务。企业以实现和谐财务管理为目标与我国的传统文化相协调,这对于企业财务管理工作的有效开展是非常有利的。优化企业财务文化也离不开我国传统文化。我国传统文化"重义轻利",强调"君子喻于义,小人喻于利",这对于企业财务管理中处理好义利关系是非常值得借鉴的。我国传统文化非常重视人际关系,这对企业财务管理的影响非常巨大。重视处理好财务关系,特别是人际财务关系,有利于实现和谐财务管理,也有利于具体财务问题的解决。我国传统文化强调"仁、义、礼、智、信",这对于加强企业财务管理职业道德建设具有非常积极的影响。我国大一统观念和集体主义文化传统对企业财务管理也有显著影响,有利于实行财务统一管理、集中管理。我国优秀的管理思想、管理文化、管理者大多是奉

行刚柔相济理念的,刚柔相济文化是我国优秀的传统文化。企业进行财务管理理应采用刚柔相济的手段,这样才能实现和谐财务管理目标,达到比较理想的境界。例如 2014 年春节期间,因为我国中东部地区有比较大的雨雪,造成交通中断,7 天假期高速公路免收通行费应该在 2 月 7 日零点结束,但江苏省高速公路管理部门决定延迟 3 小时。这既体现国家对民众的关怀,符合走群众路线原则,也是企业进行柔性财务管理的具体体现,效果非常明显,受到政府、社会广泛好评。铁路部门表示,因为列车晚点,旅客要求退票的,全额退款。这符合三位一体企业财务管理理论的基本原则。我国传统管理文化比较强调权力管理、人心管理、道德管理,三位一体企业财务管理理论框架可以较好地体现刚柔相济、人心管理、道德管理的内在要求。比如企业和谐财务管理目标体现人心管理、道德管理;刚柔相济财务管理体现刚柔相济;优化企业财务文化就是优化财务权力管理、人心管理、道德管理环境,为实现和谐财务管理目标创造条件。

本章小结

　　企业柔性财务管理是财务管理科学的一个新领域,但尚未引起财务管理理论界和实务界的充分重视。柔性财务管理是相对于传统的刚性财务管理而言的。古往今来,人们往往只强调带有强制色彩的刚性财务管理,只强调遵守和服从各种财务管理制度,完成各项财务指标,否则便给予惩处。显然,这种刚性财务管理具有强制性特征。而柔性财务管理则是在研究人们心理和行为规律的基础上,采用非强制方式,在人们心目中产生一种诱导性力量,从而实现组织的管理目标,把组织的意志转化为大家自觉的行动。可见,这是一种更加高级,更加人性化、民主化的财务管理,也是一种更加理性化、科学化的财务管理。

　　由于柔性财务管理主体的扩大,柔性财务管理目标不再是以前那些狭义的财务管理目标,而是追求相关利益主体的利益和社会利益、资本配置最优化以及保证社会效益和生态效益的同时获取优秀人才,形成最佳知识结构及良性知识流。

　　柔性财务管理职能与财务管理职能有较大的不同,它主要是指财务教育职能、财务协调职能、财务激励职能、财务互补职能。柔性财务管理主体具有多元化、扩大化的特征。柔性财务管理的内容区别于传统财务管理。数字化管理时代为企业柔性财务管理提供了广阔的空间。

　　传统财务管理管理范式与柔性财务管理范式存在许多区别,这是我们认识和研究柔性财务管理的基础。

　　企业柔性财务管理制度文化,或称企业柔性财务管理体制文化,是企业柔性财务管理思想与哲学的体现,对企业财务管理的运作具有很大的约束力。

　　民主理财作为人们经常提到的一个概念,同样也是一个最为含混的概念。不同的人对民主理财有不同的理解,对民主理财的价值,对民主理财主客观条件的认识,也可以说是五花八门。民主理财与企业柔性财务管理有密切联系,这个问题值得广泛深入研究。

课后习题

1. 柔性财务管理目标与职能是什么？
2. 企业传统财务管理管理范式与企业柔性财务管理范式有哪些区别？
3. 民主理财经济基础是什么？
4. 我国企业实施柔性财务管理应当做好哪些准备工作？
5. 什么是三位一体财务管理理论框架体系？

第六章

企业财务管理
控制系统

💡 **学习目标**:本章学习目标是使学生掌握企业财务管理控制系统的基本概念和基本内容以及财务管理控制系统设计的基本原理。其具体目标包括:了解内部控制的内涵与分类;理解财务管理控制的地位与内涵;理解财务管理控制目标与原则;了解财务管理控制内容与技术;理解财务管理控制系统的内涵;掌握财务管理控制系统的要素;理解财务管理控制系统的环境;掌握财务管理控制系统模式的内涵及其分类。

第一节 财务管理控制概述

一、内部控制内涵与分类

要界定财务管理控制系统的概念,首先需要明确财务管理控制本身的概念;而要界定财务管理控制的概念,则需要先明确内部控制的内涵和分类。

(一)内部控制内涵

内部控制内涵与控制系统和控制定义相关。从控制论角度看,控制系统一般由控制部分、被控制部分以及它们之间的各种信息传输通道构成,见图 6-1。控制部分也被叫作控制者或控制主体,被控制部分也即被控制的客体。

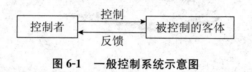

图 6-1 一般控制系统示意图

控制活动就是控制者对被控制的客体的一种能动作用。因此,一个控制系统至少是由作用者(即控制者)与被作用者(即被控制客体)以及作用的传递者(即控制媒介)这三个因素构成。在一个控制系统内,不仅控制者作用于被控制客体,而且被控制客体也可以反作用于控制者。前一种作用是控制作用,后一种作用则是反馈作用。

因此,控制是控制者同被控制的客体相互作用的一个方面,即控制者使被控制的客体产生合乎目的的变化,从而引向某一指定的状态的过程。控制的实质就是通过使用反馈原则而达到目的,控制的目的就是引导被控制客体达到某种预期的状态,而控制的内容则是把被控制客体引入符合这一控制目的的状态的过程。从控制的这一定义明确了控制是由控制主体、控制客体、控制目的、控制内容等要素组成。控制主体,即控制者;控制客体,即被控制对象;控制目的,即控制者预期被控制客体实现的状态;控制内容,即实现预期状态的过程。

由于控制系统的多层次和复杂性,所以控制还有内部控制和外部控制之分。这种划分是从控制主体角度进行的。内部控制是指控制主体与控制客体处于同一组织。内部控制最为权威的定义是由美国反虚假财务报告委员会发布的《内部控制——整体框架》研究报告所做出的,研究报告指出"内部控制是由企业董事会、经理阶层和其他员工实施的,为营运的效率效果、财务报告的可靠性、相关法规的遵循性等目标的达成而提供合理保证的过程"。外部控制是指控制主体与控制客体处于不同的组织,如政府部门对企业事业单位的控制,包括财政控制、税务控制、政府审计控制等;中介机构对企业的控制,注册会计师对企业的审计也都属于外部控制。

我国于 2008 年 5 月颁布的《企业内部控制基本规范》也对内部控制的概念进行了界定："本规范所称内部控制,是由企业董事会、监事会、经理层和全体员工实施的,旨在实现控制目标的过程。内部控制的目标是合理保证企业经营管理合法合规、资产安全、财务报告及相关信息真实完整,提高经营效率和效果,促进企业实现发展战略。"关于这一定义,需要从以下四个方面进行理解。

第一,内部控制的主体来自于企业内部,上至董事会,中至管理者,下至基层员工,人人有责,内部控制是一种"全员控制"的概念。

第二,内部控制的目标是多角度的,它包括合规目标、资产目标、信息目标、经营目标和战略目标等,而不仅仅是为了防止财务舞弊。因此,它是一种"全面控制"。

第三,内部控制提供的是一种合理保证,不是绝对保证,不是说企业有了内部控制就什么错误和舞弊都不发生,只是说发生错误和舞弊的可能性相对降低了。

第四,内部控制是一种动态的过程,内部控制不仅仅包括制度设计和制定执行,更重要的是需要对制度设计和制度执行情况进行评价。内部控制强调的是一种"全程控制"的概念,既包括事前控制和事中控制,也包括事后控制。

(二)内部控制分类

内部控制可以从不同角度或依据不同的划分标准形成不同的内部控制类别。

1. 按控制主体分类

内部控制从组织内部的控制主体角度可分为董事会控制,管理者控制,基层职员控制,从而形成三个层级的内部控制。

2. 按控制目标分类

根据 COSO 报告,实施内部控制的目标可分为实现营运效率效果、确保财务报告可靠、遵循相关法规三个层次。因此从控制目标角度分类,可将内部控制划分为管理控制、会计控制和法规控制三种类型。为实现营运效率效果而实施的控制属于管理控制,为确保财务报告可靠而实施的控制属于会计控制,为遵循相关法规而实施的控制属于法规控制。

3. 按控制内容分类

根据罗伯特·A. 安东尼(1965)对内部控制的类型划分,内部控制可根据控制内容分为战略控制、管理控制和作业控制三个层次。其中,战略控制考虑的是设置和制定整个组织的长期目标和战略规划;作业控制考虑的是确保作业和任务的可靠执行;而管理控制的过程设计则是为了确保整体目标能够进一步分解和落实部门目标和日常任务,并能够被所有组织成员以一种合作的形式执行,以最终实现组织的战略目标。

二、财务管理控制地位与内涵

财务管理控制的内涵最初是从内部控制角度提出的。财务管理控制的地位就是其在内部控制体系中的重要性。财务管理控制地位和内涵与内部控制的演进具有密切的关系。

（一）财务管理控制地位

从内部控制理论可以看出，内部财务管理控制不仅成为内部控制的一个重要组成部分，并且在内部控制整体框架中处于主导与支配地位。首先，从 COSO 报告关于内部控制的定义看，内部控制从控制目标角度可分为财务报告可靠性、营运效率效果和相关法令遵循。对于现代企业而言，其根本目标应该是实现资本保值增值，维护股东利益，因此提高营运的效率效果应该是企业内部控制的最高目标，这一目标决定了为实现企业营运效率效果的财务管理控制在企业内部控制中占有重要支配地位，并发挥主导作用，而其他控制的目标则是服从于这一根本目标。因此，在内部控制体系中，财务报告可靠性控制属于内部会计控制，它是内部控制的基础和前提；财务效率效果控制属于内部财务管理控制，它是内部控制的核心和关键；遵循相关法令的控制是内部会计控制和内部财务管理控制的保证，也就是内部控制的保证。其次，从罗伯特·A.安东尼对内部控制的层次划分来看，财务管理控制是内部控制的核心，是连接企业战略控制与作业控制的桥梁，没有有效的财务管理控制，不仅导致企业战略目标无法实现，而且企业作业控制将迷失方向。

（二）财务管理控制内涵

在现代组织环境日益复杂的条件下，融入了管理学、组织行为学、心理学等多学科的思维，并逐渐将非财务标准等控制手段纳入财务管理控制研究当中。

财务管理控制是处于战略控制和作业控制过程间的中间环节，战略控制是指整个企业长期目标的设定，作业控制是指确保任务被执行的活动。通过财务管理控制将二者联结，可以使得企业整体目标被分解成部门目标，长期目标转换为较短时期的目标。财务管理控制是财务管理者影响企业中的其他成员以落实企业战略的过程。

现代企业具有经营多元化和组织层级制的特点，因此企业要实现其战略目标，首先需要将战略目标进行逐步细化和层层分解，将其落实到企业内部的各个组织单元。这样，通过战略目标的分解和落实，企业的整体目标被转换为每一级单位的具体目标，即从企业整体目标到部门目标，再到个人目标。这样，在企业战略实施过程中，需要检查企业内部各部门和员工为达到目标所进行的各项生产经营活动的进展情况，评价实施战略后所取得的效果效率，并把它与预定的战略目标进行比较，分析产生偏差的原因并采取措施纠正偏差，使企业战略的实施能够更好地与企业当前所处的内外环境协调一致，从而最终实现战略目标。以上所有程序就形成了财务管理控制的一个完整的循环。可见，财务管理控制的功能在于引导和控制企业战略的实施，最终目的是使战略被执行，从而使企业的战略目标得以实现。如果说战略制定和战略规划需要以董事会为主体进行控制，那么对战略实施进行控制则主要是管理者的责任。财务管理控制的主体是以财务管理者为主的组织中的成员，财务管理控制是财务管理者影响企业其他成员以落实企业战略的过程，包括计划应该做什么；协调企业中多个部门的行为；传递信息和评价信息；如果出现偏差决定应该采取什么行动；影响人们去改变他们的行为。

三、财务管理控制目标与原则

财务管理控制的目标就是实施战略,并控制战略的实施,从而使企业的战略目标得以实现。财务管理控制的目标确定为进行有效财务管理控制指明了方向。进行财务管理控制需要遵循一定的原则。

(一)财务管理控制目标

财务管理控制的根本目标就是在财务方面确保企业战略实施的效果和效率,从而使企业的战略得以实施,企业的战略目标得以实现。其中,财务管理控制活动效果就是其实施控制活动不能偏离企业的战略目标,财务管理控制效率就是其实施控制活动应该追求尽量节约财务资源。

财务管理控制的具体目标又包括:第一,促进各级管理者努力实现其所需完成的财务目标;第二,提供正确的财务激励政策来促进各级管理者的决策和企业战略目标相一致;第三,公平地决定各级管理者因其努力和能力,以及其决策的有效性而应获取的报酬。为实现以上目标,企业需要进行制度设计,也就是需要与各级管理者签订包括上述要点的合同。假设管理者都是自我利益最大化者,所设计的合同要赋予管理者相应的权力,并为管理者提供动力,使其能够自主决策和实施战略,在实现其应承担的战略目标的同时获取所期望的报酬。

(二)财务管理控制原则

财务管理控制原则,就是企业在进行财务管理控制时需要遵循的基本要求。财务管理控制原则既有其一般性,又有其特殊性。一般性是指控制或者内部控制的一般原则都适合于内部财务管理控制,特殊性是指财务管理控制原则又具有与其他控制不同的方面。一般而言,财务管理控制原则主要包括以下内容。

1. 战略性原则

战略性原则是指财务管理控制应该反映战略规划的要求,完成战略目标。财务管理控制的功能就在于实施战略和控制战略实施,因此战略规划和战略目标决定了财务管理控制的方向。

2. 可控性原则

可控性原则是指财务管理控制应该确保财务指标属于各级管理者所能控制的范围之内。财务管理控制应该让各级管理者在其所在单位有财务资源的自主权,如果企业将无法控制的因素强加于管理者,只能起到适得其反的作用,无助于战略目标的实现。

3. 权变性原则

权变性原则是指财务管理控制应该考虑企业内部环境和外部环境的具体特征。企业是在一定背景中生存和发展的,财务管理控制应该依据企业背景的不同而权变。

4. 系统性原则

系统性原则是指财务管理控制应该符合系统观念。一个完善的财务管理控制系统应该属于企业管理系统的一个子系统,是一个由若干要素组成的系统。

5. 重要性原则

重要性原则是指财务管理控制应该针对关键的控制点实施控制,切忌面面俱到。在建立财务管理控制系统时如果追求"大而全",则有可能顾此失彼,甚至出现"捡了芝麻丢了西瓜"的现象。

6. 可接受性原则

可接受性原则是指财务管理者应该就财务管理控制具体目标与相关人员进行充分沟通。在进行分解和细化战略目标的过程中,企业应该与各级管理者进行反复沟通与交流,尽可能考虑管理者的合理意见,以便于财务管理控制具体目标能够为企业成员所接受。

7. 例外性原则

例外性原则是指在财务管理控制中要注重对那些非正常、非常规性的情形进行控制。由于企业背景的变化是动态的、持续的,因此战略实施过程难免会出现脱离既定轨道,如果不加以关注和控制,那么也难于实现预定目标。

8. 成本效益原则

成本效益原则就是财务管理控制系统的建立需要权衡控制收益和控制成本。一个良好的财务管理控制系统应能提供较其实施和维护成本更大的利益,这种利益包括基于财务管理控制所提供的信息对管理决策的改善。

四、财务管理控制内容与技术

财务管理控制内容是财务管理控制的被控制客体,是财务管理者实施财务管理控制所指向的对象,它与企业的财务活动内容有关。财务管理控制技术是在实施财务管理控制过程中具体针对被控制客体所应用的手段,它来源于控制论的基本技术。

(一)财务管理控制内容

根据法约尔的理论,组织活动区分为技术、经营、财务、安全、会计和管理等六种活动。财务管理控制的内容与企业财务活动相关。财务管理控制主要是对企业财务活动的控制。财务活动是企业的资金运动,具体又包括筹资活动、投资活动、营运活动和分配活动。资金是企业的"血液",犹如血液对于人体的重要性,资金状况的良好与否关系到企业的价值创造目标的实现,因此企业特别需要关注资金状况,加强这四项财务活动的控制。我国的企业内部控制规范指引体系中就针对资金活动专门制定了应用指引。

(二)财务管理控制技术

从控制论看,存在各种各样的控制技术,这些技术都可以应用于财务管理控制。各种控制技术并不相互排斥,并且为了有效实现财务管理控制目标,往往是多种控制技术交叉使用。

1. 按控制环节可分为现场控制、反馈控制和前馈控制

从过程的角度看,财务管理控制具有现场控制、反馈控制和前馈控制三种控制技术。现

场控制是控制工作的基础。它是发生在财务活动进行之中的控制,属于事中控制。这类控制工作的纠正措施是作用在正在进行的计划执行过程。在计划的实施中,大量的财务管理控制,尤其是较低层次的财务管理控制都属于这种类型。

反馈控制是财务管理控制中最常见的和主要的控制类型,也称为事后控制。反馈控制是以系统输出的变化信息作为馈入信息,其目的是防止已经发生或即将出现的偏差继续发展或今后再度发生。反馈控制的缺点在于财务管理者获得信息时损失已经造成了,这无异于亡羊补牢。但是在许多情况下,反馈控制是唯一可用的控制手段。

前馈控制也称事前控制。前馈控制是以系统的输入或主要扰动的变化信息作为馈入信息,其目的是在系统运行过程的输出结果受到影响之前就做出纠正。它的最大优点就是防患于未然。前馈控制是财务管理者最渴望采取的控制类型,因为它能避免预期出现的问题。这种控制需要及时和准确的信息,但不幸的是这些常常是很难办到的。

以上三种控制在现代企业的财务管理控制过程都需要采用,以便于行动之前有科学的预见,行动之中有及时的纠正,行动之后有快速的反馈。

2. 按控制行为可分为间接控制和直接控制

从行为的角度看,财务管理控制具有间接控制和直接控制两种控制技术。间接控制着眼于发现工作出现的任何偏差,分析产生的原因,并追究其个人的责任,使之改进未来的工作。直接控制着眼于培养更好的财务管理者,通过提高财务管理者的素质来进行控制工作,从而防止出现因财务管理不善而造成的不良后果。

直接控制是相对于间接控制而言的。间接控制是基于这样一些事实为依据的:即人们通常会犯错误,或常常没有觉察到那些将要出现的问题,因而未能及时采取措施,进行纠正。直接控制的指导思想认为,合格的财务管理者出现的差错最少,他能察觉到正在形成的问题,并能及时采取纠正措施。现在,财务管理控制越来越重视直接控制这种方式了。

3. 按输入内容可分为计划控制和目标控制

根据控制系统的输入内容不同,财务管理控制又可分为计划控制和目标控制两种控制技术。计划控制和目标控制是财务管理控制中常用的,也是最基本的两种控制方式。

计划控制又称程序控制。计划控制系统的输入是预先编好的计划。一个好的计划,如同在现实状态和目标状态之间架设了一座桥梁,可以使人们在目标实施时方向明确,步骤有序,工作协调。切实可行的计划,为以后实施中的控制建立了标准,提供了依据。控制正是按照计划提供的标准和要求,来纠正那些脱离计划的偏差的活动,使财务管理朝着既定的目标方向发展。因此,计划控制方式的有效性,取决于计划的可行性。但是,再好的计划也难以完全预料执行中可能发生的一切情况。当形势的变化需要修订目标、改变计划时,常常会出现系统运行的滞后性,表现出对情况变化的不适应。因此,计划控制一般适用于干扰作用较为稳定的系统。

目标控制又称跟踪控制。目标控制系统的输入是系统所要达到的目标。它是利用受控系统运行时的目标状态,相对于输入目标的偏差,来指导或纠正系统未来的行为。目标控制的特点在于:第一,受控系统自行调节,即受控系统同样需要计划,但由其根据自身的调节能力自行决定,并根据执行中的情况自行加以调整;第二,施控系统只管"两头",即施控系统主要抓目标输入和目标考评,而对受控系统的执行情况,除了提供必要的资源保障条件和咨询指导以外,一般不做过多的干预;第三,应变能力强,即受控系统的行动方案并不完全依赖于对未来预测的准确程度,而是根据系统当前的状态自行调节未来的行为。

在实际财务管理活动中,要善于把目标控制和计划控制等其他控制方式有机地结合起来。如在系统实现具有战略意义的长远目标时,可以运用计划控制,以协调各部门行动,确保整体不失控;而对其中一些具体直接的财务管理活动,则可以运用目标控制,让财务管理者自行决定行动方案,以适应环境的变化,以确保微观上不打击财务管理者的积极性和主动性。"控而不死,活而不乱"正是现代财务管理的基本要求。

4. 按控制目的可分为预防性控制和发现性控制

预防性控制是指控制的目的是想实现"防患于未然";而发现性控制的目的是想通过反馈、分析与评价发现问题并进行纠偏。按照这一标准划分,财务管理控制预防性控制措施,包括不相容职务分离控制、授权审批控制、财产保护控制、预算控制等。财务管理控制发现性控制措施,包括财务分析控制和绩效考评控制等。不相容职务分离控制要求企业全面系统地分析、梳理业务流程中所涉及的不相容职务,实施相应的分离措施,形成各司其职、各负其责、相互制约的工作机制。授权审批控制要求企业根据常规授权和特别授权的规定,明确各岗位办理财务业务和事项的权限范围、审批程序和相应责任。企业应当编制常规授权的权限指引,规范特别授权的范围、权限、程序和责任,严格控制特别授权。常规授权是指企业在日常财务管理活动中按照既定的职责和程序进行的授权。特别授权是指企业在特殊情况、特定条件下进行的授权。企业对于重大的财务事项,应当实行集体决策审批或者联签制度,任何个人不得单独进行决策或者擅自改变集体决策。财产保护控制要求企业建立财产日常管理制度和定期清查制度,采取财产记录、实物保管、定期盘点、账实核对等措施,确保财产安全。预算控制要求企业实施全面预算管理制度,明确各责任单位在预算管理中的职责权限,规范预算的编制、审定、下达和执行程序,强化预算约束。财务分析控制要求企业建立财务情况分析制度,财务经理应当综合运用生产、购销、投资、筹资、资金运营等方面的信息,通过因素分析、对比分析、趋势分析等方法,定期开展财务情况分析,发现存在的问题,及时查明原因并加以改进。绩效考评控制要求企业建立和实施绩效考评制度,科学设置考核指标体系,对企业内部各责任单位和全体员工的业绩进行定期考核和客观评价,将考评结果作为确定员工薪酬以及职务晋升、评优、降级、调岗、辞退等的依据。

第二节　财务管理控制系统

一、财务管理控制系统的内涵

财务管理控制系统的内涵可以从两个方面来理解:第一,财务管理控制系统是一种工具,是帮助财务管理者实施战略和控制战略实施的一种工具;第二,财务管理控制系统是一系列程序或者步骤,这些程序也构成了财务管理控制程序或步骤,这些程序或步骤通常是重复出现、一环扣一环的,是一个循环反复的过程,执行这些程序的目的是为了帮助财务管理者实现其目标。

除了以上两点以外,我们认为财务管理控制系统的内涵还可以从"系统"的本身含义来理解。根据系统理论,系统是指由若干相互联系、相互作用的要素组成,在一定环境中具有特定功能的有机整体。财务管理控制系统作为企业管理系统中的一个相对独立的子系统,也应该是一个由若干基本因素构成的具有财务管理控制功能的有机整体,其组成因素之间同样具有相互联系和相互作用的关系。从这一角度,财务管理控制系统定义中所提及的"程序"和"要素"本质上是一样的,"程序"是从动态的角度描述的,"要素"是从静态的角度描述的,财务管理控制系统"要素"之间相互作用的过程就构成了财务管理控制"程序"。

二、财务管理控制系统的要素

财务管理控制系统既然是由若干基本因素构成的具有财务管理控制职能的有机整体,那么一个典型的财务管理控制系统的基本要素是什么呢?

我们认为明确财务管理控制系统的要素问题需要从控制论和财务管理控制系统的本质出发。根据控制论的一般原理,一个控制系统至少应该包括目标设置、信息反馈、差异衡量、实施奖惩四个环节(见图6-2)。而财务管理控制系统的本质就在于它是确保企业能够按照财务管理者预期运行并最终实现战略目标的一种机制,为了确保企业能够按照财务管理者预期运行并最终实现战略目标,财务管理者首先需要细化和分解企业战略目标,这通常通过战略计划子系统来完成;其次需要一个信息与沟通子系统,以便于财务管理者与相关人员之间的信息反馈和沟通;再次需要评价结果,衡量实际结果与目标之间的差异,并采取措施纠正差异,这就是业绩评价子系统;最后财务管理控制系统是因人而设置的,要考虑人的行为性因素,对评价结果实施奖惩,以形成控制的良性循环,因此需要建立激励子系统。这样一个完整的财务管理控制系统至少应该由战略计划、信息与沟通、业绩评价和激励四个子系统构成,也就是说财务管理控制系统的基本要素至少包括战略计划、信息与沟通、业绩评价和激励等(见图6-2)。

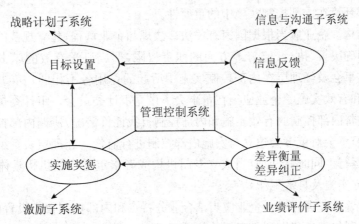

图6-2 财务管理控制系统构成

财务管理控制系统构成与企业内部控制要素是基本对应的。我国《企业内部控制基本规范》指出,企业建立与实施有效的内部控制,应当包括五个要素。

（1）内部环境是企业实施内部控制的基础,一般包括治理结构、机构设置及权责分配、内部审计、人力资源政策、企业文化等。

（2）风险评估。风险评估是企业及时识别系统分析经营活动中与实现内部控制目标相关的风险,合理确定风险应对策略。

（3）控制活动。控制活动是企业根据风险评估结果,采用相应的控制措施,将风险控制在可承受度之内。

（4）信息与沟通。信息与沟通是企业及时、准确地收集、传递与内部控制相关的信息,确保信息在企业内部、企业与外部之间进行有效沟通。

（5）内部监督。内部监督是企业对内部控制建立与实施情况进行监督检查,评价内部控制的有效性,发现内部控制缺陷,应当及时加以改进。

通过比较分析,可以看出,企业首先需要考虑内部环境进行风险评估,既通过战略计划子系统,设置企业年度战略计划目标,并进行细化与分解;没有目标,企业各单位、各部门就难于明确控制目标,对业务的控制就会失去依据。其次需要通过信息与沟通子系统,进行信息反馈、信息传递和内外部沟通,并根据信息与沟通的结果,及时采取控制措施,纠正不利的偏差（实际结果未达到目标的差距）。没有信息与沟通,就无从知道是否需要采取控制措施以及采取哪些控制措施。最后是企业需要通过业绩评价子系统对内部控制建立与实施情况进行监督检查,评价内部控制的有效性,发现内部控制缺陷。同时,企业还需要通过激励子系统对监督检查的结果实施奖惩。只有这样才能保证内部控制的效果效率。

三、财务管理控制系统的环境

环境在财务管理控制系统的运行中占据重要地位。我国《企业内部控制基本规范》指出,企业建立与实施有效的内部控制,应当重视内部环境的优化。内部环境是企业实施内部控制的基础,一般包括治理结构、机构设置及权责分配、内部审计、人力资源政策、企业文化等。可见,内部环境在内部控制实施中的重要性。

（1）治理结构。企业应当根据国家有关法律法规和企业章程,建立规范的公司治理结构和议事规则,明确决策、执行、监督等方面的职责权限,形成科学有效的职责分工和制衡机制。董事会、监事会及经理层在内部控制实施中所起的作用各不相同。董事会负责内部控制的建立健全和有效实施。企业应当在董事会下设立审计委员会。审计委员会负责审查企业内部控制,监督内部控制的有效实施和内部控制自我评价情况,协调内部控制审计及其他相关事宜等。监事会对董事会建立与实施内部控制进行监督。经理层负责组织领导企业内部控制的日常运行。同时,企业应当成立专门机构或者指定适当的机构具体负责组织协调内部控制的建立实施及日常工作。

（2）机构设置及权责分配。企业应当结合业务特点和内部控制要求设置内部机构,明确职责权限,将权利与责任落实到各责任单位。

（3）内部审计。内部审计机构应当结合内部审计监督,对内部控制的有效性进行监督检查。内部审计机构对监督检查中发现的内部控制缺陷,应当按照企业内部审计工作程序进行报告;对监督检查中发现的内部控制重大缺陷,有权直接向董事会及其审计委员会、监事会报告。

(4)人力资源政策。企业应当制定和实施有利于企业可持续发展的人力资源政策。人力资源政策应当包括下列内容:员工的聘用、培训、辞退与辞职;员工的薪酬、考核、晋升与奖惩;关键岗位员工的强制休假制度和定期岗位轮换制度;掌握国家秘密或重要商业秘密的员工离岗的限制性规定。

(5)企业文化。企业应当加强文化建设,培育积极向上的价值观和社会责任感,倡导诚实守信、爱岗敬业、开拓创新和团队协作精神,树立现代管理理念,强化风险意识。

第三节　财务管理控制系统模式

财务管理控制系统模式反映了财务管理控制系统运作的机理、方式和方法。财务管理控制系统模式的划分方法是多种多样的,这正是不同的财务管理控制模式产生的原因。研究不同类型的财务管理控制系统模式的分类对于我们今后设计某一企业财务管理控制系统具有借鉴作用。财务管理控制系统模式可归纳如下。

一、四种财务管理控制杠杆系统模式

财务管理控制杠杆是指通过财务管理控制手段调整与改变企业战略以实现财务管理目标。财务管理控制杠杆有四种:信念控制杠杆;边界控制杠杆;诊断控制杠杆;交互控制杠杆。每一种杠杆都有能力去改变企业战略。四种控制杠杆中每一种目的都是为财务管理者平衡创新和控制之间的关系。财务管理控制系统是财务管理控制杠杆发生作用的基础。对于每一个财务管理控制杠杆,都存在一个使杠杆发生作用的政策与方法系统,即财务管理控制系统。四种财务管理控制杠杆因此产生了四种财务管理控制系统模式,即信念控制系统、边界控制系统、诊断控制系统、交互控制系统,如图 6-3 所示。

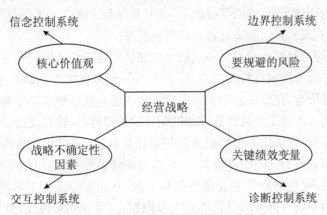

图 6-3　四种财务管理控制杠杆系统模式

(1)信念控制系统。信念控制系统的目的是激发和指导企业去探索与发现,去追求企业的核心价值。信念控制系统要吸引企业的所有参与者去关心企业的价值创造,同时激励着所有参与者进行创新。信念控制系统将财务管理者和员工的注意力吸引到企业的关键信念上:企业如何创造价值;企业追求的绩效水平;企业内个体如何处理内部与外部关系。财务管理者通常有意识设计信念控制系统以充分满足企业内不同利益相关者的要求。

(2)边界控制系统。边界控制系统的目的,就是规定企业可接受的财务活动范围,即这些财务活动应限制在信任系统确定的机会之内,而不能超出这个范围。边界控制是保证企业中所有人员都明确哪些事不能做。除此之外你可根据企业战略目标做任何正确的事。边界控制系统由两个部分组成,一是企业行为边界;二是战略边界。边界控制系统与信念控制系统相对应,信念控制系统可看作是中国阴阳学中的阳;边界控制可看作是中国阴阳学说中的阴。

(3)诊断控制系统。诊断控制系统是一种反馈系统,其设计的根本目的是帮助财务管理者完成企业目标和实现战略目标。因此,诊断控制系统的主要功能是反馈信息、计量结果、评价业绩和纠正偏差。诊断控制系统的工作如同飞机驾驶室的仪表刻度盘,驾驶员通过它观察不正常迹象,及时操作以保证飞机不偏离正确航线。企业经营中运用诊断控制系统帮助财务管理者追踪个体、部门或事业部是否背离企业的战略目标。财务管理者运用诊断控制系统进行计量、比较、调整,以监控目标的实现。

(4)交互控制系统。交互控制系统是一个重视未来和变化的系统。交互控制系统追踪战略不确定性,从而使高级财务管理者时刻保持清醒;交互控制系统注重持续变化的信息,使高级财务管理者考虑潜在战略。可见,交互控制系统是一种战略反馈系统。它不仅仅是执行战略的控制,还是调整战略的控制。正所谓"今天"的控制影响"明天"的战略形成。随着财务管理控制环境的迅速变化,财务管理控制信息提供了形成新战略的基础。

四种财务管理控制杠杆模式的意义如下。

第一,由于企业内在的三种类型矛盾(机会无限与注意力之间的矛盾;战略规划与战略实施之间的矛盾;关注自身利益与追求自身价值之间的矛盾),企业需要建立一套机制来正确处理这三种类型矛盾。这一套机制应该融财务管理创新和财务管理控制于一体,既鼓励财务管理者发挥创造性潜能,主动寻找机会,又要对财务管理者寻找机会行为进行引导和控制,在追求创新和实现目标之间实现动态的制约关系。

第二,财务管理控制杠杆的作用不是依靠单独使用某一个具体的财务管理控制系统,而是通过这几种财务管理控制杠杆的综合作用、相互补充来发挥作用的。这些系统产生的鼓励和限制作用相互影响,在鼓励创新和实现目标之间建立起一种动态平衡,要达到企业目标就必须做到这一点。不同类型的财务管理控制系统共同运行,相互支持,共同发挥作用。信念控制系统过于模糊,无法作为衡量财务管理业绩的标准,但有利于明确企业目标,并引导和激发个人在无限的机会空间中寻找机会;在信念控制系统的框架下,边界控制系统确定了可寻找机会的领域,允许财务管理者将决策权下放,从而使企业拥有最大的灵活性和创造性。尽管诊断控制系统对创新和寻找机会加以限制,以确保实现既定战略所确定的预定目标,但交互控制系统鼓励开拓与进取精神,允许企业成员在应对出现的机会和威胁的过程中改进既定战略并形成新的战略。

第三，四种财务管理控制杠杆的应用既不是一成不变的，也不是决定性的。使用的方式可以有多种选择，以适应面临不同背景的企业实施战略的需要。不同类型企业的背景千差万别，因此其战略也具有不同的选择。即使是外部环境相同的企业在内部环境方面也会具有差别，从而导致创新的内容和控制的重点不同。因此，企业应分析自身特点来选择和应用这些系统。更重要的是，一旦背景发生变化，企业应根据变化特点对所应用的财务管理控制系统进行相应的调整。

二、三种典型控制机制财务管理控制系统模式

财务管理控制系统存在规则控制、市场控制和文化控制三种典型的控制机制，如图 6-4 所示。

图 6-4　三种典型控制机制财务管理控制系统模式

所谓的规则指的就是企业的官僚式结构，所谓的财务规则控制就是以企业内部的科层制为基础、以行政命令和计划以及规范为手段，协调企业集体协作财务行为的一种财务管理控制方式。在这种控制方式下，下级按照上级的命令和计划行事，其财务活动的范围必须遵循企业内部的财务规章制度，而不能逾越企业可接受的范围，即企业财务行为边界和战略边界。随着现代企业规模的日益扩张，要使得处于不同地理区域的子公司和分支机构的财务活动符合其整体战略目标，就必须通过一整套的财务规章制度来约束子公司和分支机构财务管理者的财务行为。预算本质上也属于企业的财务规章制度的内容。实际上许多跨国公司，比如沃尔玛、麦当劳等公司，其分布在世界各地的分店遵循的都是同一套财务管理制度，而且许多跨国公司都要求子公司和分支机构编制预算，通过计划控制子公司和分支机构的财务活动。应该说企业的官僚式控制要更好地发挥作用，更重要的是通过公司治理结构和机制的完善。当然规则控制往往过于僵化，导致子公司或分支机构的财务管理者缺乏必要的自主权和能动性，子公司或分支机构缺少快速反应能力和创新精神。

在市场控制下，企业依靠外部市场力量控制财务管理活动。竞争规则、供求关系调节企业内的财务活动。市场控制方式就像亚当·斯密所说的"看不见的手"，调节企业内部财务资源的竞争与分配。因此，市场控制方式的焦点在于输出控制——市场最终判断企业决策的正确性，并为财务管理者保持或调整其财务管理行为提供信号。市场控制方式下，最重要的财务控制系统要素是转移价格、横向关系和管理补偿。比如，对于企业集团或跨国公司而言，其内部存在许多子公司，因此横向关系和议价构成其企业机制的各个环节，这样转移价格成为了其财务管理控制系统的中心。管理补偿为市场控制系统提供重要的强化功能。如果财务管理者是以其下属单位财务业绩为基础取得补偿，必然要求转移价格十分完美，也就是说管理补偿机制与转移价格之间存在联系，从某种意义讲，管理补偿可以弥补转移价格机制固有的局限性。对于现代企业而言，要有效实现其战略目标，除了采取制度控制以外，还

需要有效发挥各子公司管理者的积极能动性,这样就需要赋予子公司管理者较大的自主权,同时还需要建立管理补偿机制,通过对各级管理者的经营业绩评价,将其管理报酬与其经营业绩相挂钩,以此激励各级管理者。而要正确评价各级管理者的经营业绩,就必须正确确定企业内部转移价格。

所谓企业文化就是一个企业在长期的经营过程中,由企业经营者提炼和培养出来的一种适合本企业特点的经营管理方式,是企业群体所共同认同的特有的价值观念、行为规范及奖惩规则等的总和。企业文化的构成要素包括企业价值观、企业形象、企业道德等。所谓文化控制,就是通过建立和完善企业文化,使得管理者激励内部化,使企业目标成为管理者个人的目标。企业文化的控制功能具体体现在以下三个方面:激励内部化、目标一致性和降低不确定性。现代企业通过实施文化控制,一方面可以增加各部门对于公司本身和全球化经营战略的认同,增加企业凝聚力,使企业战略目标能够成为各级管理者个人的目标,从而提高企业目标和个人目标的一致性程度;另一方面能够使得企业内部群体成员形成共识,促使大家一致朝共同方向努力,从而增加企业抵御由于竞争环境变化所带来的风险的能力。需要指出的是,对于跨国公司而言,由于跨国公司下属的各个子公司可能处于不同的国家,而不同的国家具有不同的民族文化,这样跨国公司的母公司文化和子公司东道国的民族文化之间不可避免地存在差异,如果不能够很好地融合,可能会产生摩擦和矛盾,这样就会导致财务管理控制系统失去效力,因此在子公司推行跨国公司母公司文化的同时,需要考虑与东道国民族文化的差异与融合。

三种典型控制机制财务管理控制系统模式各有利弊,在帮助战略实施和控制战略实施的过程中所起的作用也不一样。因此,企业在设计财务管理控制系统时,需要使规则、市场和文化这三种控制机制成为一个整体,需要追求三者之间的互相补充和协调。另一方面,这并不意味着企业没有侧重点。由于不同的企业具有不同的背景,而这三种控制机制的有效发挥需要一定的前提条件,因此,企业可以根据自身背景的特征以某一种控制机制为导向,同时兼顾其他两种控制机制的原则,设计财务管理控制系统模式。

三、财务管理控制系统的四种子系统模式

企业内部财务管理控制系统应由财务制度控制系统、预算控制系统、考评控制系统和激励控制系统组成。

1. 财务制度控制系统

财务制度控制是指企业通过财务制度的形式规范与限制企业各级管理者与员工的财务行为,以保证财务管理活动不违背或有利于企业战略目标的实现。财务制度控制系统从控制环节看,包括财务制度的制定、执行和考核。财务制度控制系统从层级角度看,包括财务战略控制制度、财务管理控制制度、财务作业控制制度。财务制度控制系统从内容角度看,包括资金控制制度、成本控制制度、利润分配控制制度等。财务制度控制系统的作用在于使管理者及员工明确哪些事该做,哪些事不能做。按财务制度做事,做不违背企业目标的正确的事。

财务制度控制系统的优点表现在:企业财务行为规则明确;操作简单,便于全员执行;财

务制度控制系统建立的环境与条件限制较小。财务制度控制系统的缺点表现在：限制管理者及职工的主观能动性；定量控制不够，缺乏与企业目标直接衔接。财务制度控制系统适用于或应用于所有的企业。对于财务管理基础不高的企业，更应加大财务制度控制系统的建设。

2. 预算控制系统

预算控制是指企业通过预算的形式规范各级管理者的财务目标和财务行为过程，调整与修正财务行为与目标偏差，保证各级财务管理目标和企业战略目标的实现。预算控制系统从控制环节看，包括预算的制定、预算的执行、预算差异分析和纠正偏差。预算控制系统从控制层级看，包括企业预算控制、部门预算控制和项目预算控制。预算控制系统从控制内容角度看，包括经营预算控制、财务预算控制、资本支出预算控制。预算控制系统从控制标准角度看，包括比率标准刚性控制和总量标准弹性控制。预算控制系统的作用在于使管理者及员工明确自身量化目标，并能及时发现财务行为偏差对财务目标的影响，从而可随时纠正偏差，保证财务目标任务的完成。

预算控制系统的优点表现在：企业财务行为量化、标准明确；企业总体财务目标与个体财务目标紧密衔接；突出过程控制，可及时发现问题、纠正偏差。预算控制系统的缺点表现在：预算控制系统制定复杂；在某种程度上限制了管理者及职工的主观能动性；预算标准刚性使控制不能随着环境变化而变化。与财务制度控制系统相同，预算控制系统适用于或应用于所有企业。但对于财务管理环境和基础较差的企业，建立与执行预算控制难度较大；对于财务管理环境和基础很好的企业，预算控制相对容易，但过分强调预算控制可能束缚主观能动性。

3. 考评控制系统

考评控制是指企业通过考核评价的形式规范企业各级管理者的财务目标和财务行为。考评控制强调的是控制目标而不是控制过程，只要各级财务管理目标实现则企业战略目标将得以实现。考评控制系统从控制环节看，包括考评指标的制定、考评程序与方法、考评结果与奖惩。考评控制系统从控制层级看，包括董事会对高级经理的财务考评控制、高级经理对部门经理的财务考评控制、部门经理对项目经理的财务考评控制。考评控制系统从控制内容角度看，包括资金绩效考评、成本绩效考评等。考评控制系统的作用在于使各级管理者和员工明确自己的工作效果与自身利益及上级、同级目标的关系，从而调动其主观能动性，规范其财务行为，为自身目标和企业目标而努力。

考评控制系统的优点表现在：既有明确的财务控制目标，又有相应的灵活性，有利于管理者及员工在实现目标过程中主观能动性的发挥。考评控制系统的缺点表现在：缺少程序或过程控制，不利于随时发现与纠正偏差。考评控制系统相对于预算控制和财务制度控制是一种较高层次的控制。企业选择、应用考评控制系统，需要管理者及职工有较高的素质，企业文化与理念已深入人心，职工以为企业贡献而自豪。

4. 激励控制系统

激励控制是指企业通过激励的方式控制管理者的财务行为，使管理者的财务行为与企业目标相协调。激励控制强调的是管理者的创造性。激励控制系统从控制环节角度看，包括激励方式选择、激励中的约束、业绩评价。激励控制系统从控制层级角度看,包括企业所有者对高级管理者的激励控制、高级管理者对下级管理者的激励控制。激励控制系统从激励方式角度看,包括股票期权激励、年薪激励、工效挂钩激励、奖金激励等。激励控制系统的作用在于使管理者,特别是高层管理者将企业所有者目标与管理者个人目标相协调,根据不断变化的社会经济与技术环境,调整目标及战略,从而为企业创造更大价值或财富。

激励控制系统的优点表现在:将管理者的利益与所有者的利益相联系,通过利益约束机制规范管理者的财务行为;管理者可根据变化的环境及时调整目标和战略,保证企业价值最大化目标的实现。激励控制系统的缺点表现在:具体财务目标不明确,对企业文化、管理者素质要求较高。激励控制系统是一种高层次的、灵活性的控制系统。选择应用激励控制系统要求企业有较高的财务管理水平和良好的财务运行环境。

总之,财务制度控制系统、预算控制系统、考评控制系统和激励控制系统四种财务管理控制子系统构成了财务管理控制系统。这种财务管理控制系统模式具有如下启示意义。

第一,这四种财务管理控制子系统从控制方式、控制目标、控制优势和控制障碍方面都有所区别,各具特色,如表 6-1。四种财务管理控制子系统的比较说明,各种财务管理控制子系统都有其自身的控制目标和控制方式,而不同的控制目标和控制方式又各有其优点与缺点;财务控制环境对财务管理控制系统选择至关重要,只有选择适应自身环境的财务管理控制系统才能进行有效的控制。

表 6-1 四种财务管理控制子系统比较

控制系统	控制方式	控制目标	控制优势	控制障碍	控制环境
财务制度控制	规则	正确做事	规则明确 易于操作	缺乏量化与能动性	财务管理基础与环境较差
预算控制	过程	完成任务	量化目标 及时调控	缺乏变化与能动性	财务管理基础与环境较好
考评控制	目标	挖掘潜能	突出结果 鼓励进取	缺少过程调控与环境	财务管理基础与环境良好
激励控制	利益	创造财富	利益相关 随机应变	缺少相应环境与条件	财务管理基础与环境优秀

第二,这四种财务管理控制子系统既是独立的又是统一的。所谓独立是指它们各自可作为独立控制系统进行运作,如有的企业可采用财务制度控制系统,有的企业可采用预算控制系统。所谓统一是指同一企业又可同时采用两种或两种以上的系统,分别从规则、过程、目标和利益等角度进行控制。如一个企业集团可以采用以预算控制为主其他控制为辅的财务管理控制系统模式,这种模式的特点是,集团公司采用预算控制系统模式,子公司可根据各自环境特点分别采用财务制度控制模式、评价控制模式和激励控制模式。

第三,这四种财务管理控制子系统具有完整性、灵活性。因为各种财务管理控制系统可使财务管理控制从不同角度、不同层次以不同方式为实现共同目标而进行有效控制,形成财务管理控制完整体系。但每个企业或部门又可根据自身环境与要求,灵活运用不同的控制方式。

本章小结

控制是控制者同被控制的客体相互作用的一个方面,即控制者使被控制的客体产生合乎目的的变化,从而引向某一指定的状态的过程。由于控制系统的多层次和复杂性,所以控制还有内部控制和外部控制之分。这种划分是从控制主体角度进行的。内部控制是指控制主体与控制客体处于同一组织。

财务管理控制的地位就是其在内部控制体系中的重要性。财务管理控制地位和内涵与内部控制的演进具有密切的关系。从内部控制的理论进展可以看出,财务管理控制不仅成为内部控制的一个重要组成部分,并且在内部控制整体框架中处于主导与支配地位。

财务管理控制的内涵是财务管理者影响其他成员以落实企业战略的过程,包括计划组织应该做什么;协调企业中多个部门的财务行为;传递信息和评价信息;如果出现偏差时决定应该采取什么行动;影响人们去改变他们的财务行为。

财务管理控制的目标确定为进行有效财务管理控制指明了方向。财务管理控制的根本目标就是确保各级管理者提高财务活动的效果和效率,从而使企业的战略得以实施,企业的战略目标得以实现。财务管理控制还有其具体目标。

财务管理控制原则,就是企业在进行财务管理控制时需要遵循的基本要求。一般而言,财务管理控制的原则主要包括:(1)战略性原则;(2)可控性原则;(3)权变性原则;(4)系统性原则;(5)重要性原则;(6)可接受性原则;(7)例外性原则;(8)成本效益原则。

财务管理控制内容是财务管理控制的被控制客体,是控制者实施财务管理控制所指向的对象,它与企业的财务活动内容有关。

财务管理控制技术是在实施财务管理控制过程中具体针对被控制客体所应用的手段,它来源于控制论的基本技术。从控制论看,存在各种各样的财务控制技术,这些技术都可以应用于财务管理控制。各种财务控制技术并不相互排斥,并且为了有效实现财务管理控制目标,往往是多种财务控制技术交叉使用。

关于财务管理控制系统的内涵存在不同的观点。财务管理控制系统的内涵可以从两个方面来理解:第一,财务管理控制系统是一种帮助财务管理者实施战略和控制战略实施的一种工具;第二,财务管理控制系统是一系列循环出现的程序或者步骤;第三,财务管理控制系统应该是一个由若干基本因素构成的具有财务管理控制功能的有机整体,其组成因素之间同样具有相互联系和相互作用的关系。

一个完整的财务管理控制系统至少应该由战略计划、信息与沟通、业绩评价和激励四个子系统构成,这四个子系统是构成财务管理控制系统的基本要素。

环境在财务管理控制系统的运行中占据重要地位。我国《企业内部控制基本规范》指出,企业建立与实施有效的内部控制,应当重视内部环境的优化。内部环境是企业实施内部控制的基础,一般包括治理结构、机构设置及权责分配、内部审计、人力资源政策、企业文化等。

财务管理控制系统模式反映了财务管理控制系统运作的机理、方式和方法。研究不同类型的财务管理控制系统模式的分类对于我们今后设计某一企业财务管理控制系统具有借鉴作用。财务管理控制系统模式中具有代表性是：(1)四种财务管理控制杠杆财务管理控制系统模式；(2)三种典型控制机制财务管理控制系统模式；(3)四种子系统财务管理控制系统模式。

课后习题

1.什么是财务管理控制？

2.内部环境为什么属于财务管理控制系统的构成要素？

3.与其他类型企业相比，一个企业集团的财务管理控制系统设计存在哪些值得关注的地方？

4.各种财务管理控制系统模式的优缺点是什么？

| 第七章 |

企业财务业绩评价管理

💡 **学习目标**:本章学习目标是使学生掌握企业财务业绩评价和财务业绩评价模式的基本概念和基本内容以及财务业绩评价系统设计的基本原理。其具体目标包括:理解财务业绩评价的定义与实质,掌握财务业绩评价的分类与动因。掌握财务业绩评价系统要素及其相互关系,掌握财务业绩评价的基本程序,理解财务业绩评价模式的内涵与分类,掌握三种典型财务业绩评价模式的产生和局限性。理解财务业绩评价系统设计观念,掌握财务业绩评价系统要素设计的基本原理。

第一节　企业财务业绩评价概述

一、企业财务业绩评价内涵

要澄清企业财务业绩评价的内涵,首先需要界定企业财务业绩评价的范围;其次需要明确"财务业绩"和"评价"的含义,它们是构成"财务业绩评价"的要素;再次需要探讨关于财务业绩评价内涵的各种观点,比较不同观点的联系和区别;最后在上述分析的基础上,给出我们关于企业财务业绩评价的定义。当然为了进一步明晰财务业绩评价的实质,我们需要辨析财务业绩评价与财务业绩考核、财务业绩评价与财务业绩管理以及与财务分析之间的关系。

(一)企业财务业绩评价的定义

由于国内学术界并没有对"企业财务业绩"与"企业财务效绩""企业财务绩效"进行统一的规范,因此使得这三者在实践中都得以广泛应用,由此引发人们对这些概念的内涵和外延的争论。比如1999年国家相关部门出台的国有企业财务业绩评价体系,就是以"国有资本金效绩评价"命名,其制定者认为"业绩"与"效绩""绩效"之间存在区别。但是,我们认为"业绩"与"效绩""绩效"三者之间并没有什么本质上的区别,最主要的原因就在于这三个名词的英文表达方法都是"performance"。对于一个企业而言,其业绩不仅表现为战略目标的实现,而且还表现为实现战略目标过程的效率,即公司使用资源的节约程度。布雷德鲁普认为一个企业业绩包含三个方面,有效性和效率是其中的两个方面,三者的统一"将最终决定公司的竞争力"。因此"业绩"本身已经包含"效率"的意思,其内涵与"绩效"和"效绩"并没有什么本质的区别,对三者进行严格的区分没有实际意义。相反,"业绩"一词概括性强,更容易为人们所理解接受,更具有一般通用性。

根据现代汉语词典的解释,所谓"评价"就是评定价值高低;"业绩"是指建立的功劳和完成的事业或重大的成就。而根据《牛津现代高级英汉双解词典》的解释,所谓"业绩(performance)",其英文解释为notable action,achievement,即成就、表现、成绩;所谓"评价(measure)",其英文解释为find the size,extent,volume,degree,etc of(sth or sb),也就是度量或测量某物或某事的大小、范围、容量、程度等。

综上所述,业绩,是人们从事某一活动所取得的结果;评价,是人们对某人或事做出价值判断的一种认识过程。业绩评价,简言之,则是对这一结果进行价值判断的过程。因此,企业财务业绩评价就是指评价主体根据特定的评价目的,选择特定的财务评价指标,设置特定的评价标准,并运用特定的评价方法对企业在一定期间内的财务管理活动过程及其结果做出客观、公正和准确的综合判断。这种判断属于一种专业性的技术判断。

（二）企业财务业绩评价的实质

要理解企业财务业绩评价的实质，需要辨别财务业绩评价与财务业绩考核、财务业绩评价与财务业绩管理以及与财务分析之间的关系。

财务业绩评价与财务业绩考核之间既存在联系，又存在区别。财务业绩评价是财务业绩考核的科学基础和重要依据。财务业绩评价与财务业绩考核之间存在以下区别：

（1）主体不同。财务业绩考核主体往往是企业的利益相关者，并且通常属于具有非完全契约的利益相关者，如股东和经营者，前者成为经营者财务业绩成果的考核主体，后者成为内部管理者财务业绩的考核主体；而财务业绩评价主体可以是企业的利益相关者，也可以是企业的非利益相关者，在前提条件相同的情况下，财务业绩评价主体的范围比考核主体的范围要大。

（2）对象不同。财务业绩考核对象是以人为对象的，其根本着眼点是发挥人的积极性，以考察其受托责任的完成情况；而财务业绩评价对象可以是企业或者企业内部的某一部门，也可以是人，如经营者、管理者。

（3）标准不同。财务业绩考核标准往往是预先设置的，也就是通常采用的计划标准，当然在设置计划标准的过程中需要考虑历史标准和行业标准，甚至是经验标准；而财务业绩评价标准可以是事先确定，也可以是事后选择，而且选择的范围更为广泛，通常根据评价主体的评价目标而定。

（4）结果的处理不同。财务业绩考核主体对于考核结果的处理通常是与考核对象的个人报酬或者职位升迁相挂钩；而财务业绩评价主体对于评价结果的处理通常是为其决策提供依据，比如潜在的投资者可以通过对上市公司的财务业绩评价从而决定其投资的对象，当然股东可以根据对经营者财务业绩评价的结果决定是否更换经营者。

一般而言，企业财务业绩管理是针对包括高级管理者在内的雇员通过财务业绩指标的设计、财务业绩标准的制定、财务业绩结果的衡量和分析等一系列活动，以提高雇员的个人财务业绩，从而促进企业财务业绩提高的一种管理系统。因此企业财务业绩管理的目的就是使个体目标同企业的整体目标相一致，也就是将个体财务业绩同企业财务业绩结合起来。从这一角度而言，企业财务业绩管理实际上是企业财务业绩评价的发展。企业财务业绩评价系统要激励包括管理者在内的员工，但激励的目的是促进股东利益和员工利益的一致，最终实现股东利益的最大化。尽管企业财务业绩评价系统的设计要防范和惩罚员工的机会主义行为，但不能将员工置于对立面，而应该尽可能有助于员工实现其目标。

同样，企业财务业绩评价与财务分析之间的关系也是如此，既有区别又有联系。财务分析是以会计核算和报表资料及其他相关资料为依据，采用一系列专门的分析技术和方法，对企业过去和现在有关筹资活动的偿债能力、投资活动的盈利能力、经营活动的营运能力等进行分析与评价，为企业的投资者、债权者、经营者及其他关心企业的组织或个人了解企业过去，评价企业现状，预测企业未来，做出正确决策提供准确的信息或依据的财务管理工作。可见企业财务业绩评价和财务分析在内容方面具有相互交叉的关系，财务业绩评价需要对企业的财务状况进行分析，财务分析需要对企业的生产经营活动过程及其结果进行评价；在作用方面具有相互一致的地方，无论是进行财务业绩评价还是进行财务分析，其最终目的都包含为企业的相关利益者提供决策信息或依据。同时财务业绩评价和财务分析相互不能替代。其原因：一是对企业财务业绩评价不仅仅是对企业的财务状况进行评价，还包括对个人的财务活动进行评价；二是企业财务业绩评价的综合性评判结果无法反映出企业存在的问题以及产生问题的根本症结，还需要辅之以财务分析，对评价结果进行进一步的解释和说明。

二、企业财务业绩评价的分类

从根本上说，企业财务业绩评价一直是现代财务管理学理论与实践亟须解决而又很难解决的一个问题。之所以这样，原因之一就在于财务业绩评价的多样化。因此，要研究财务业绩评价问题，还需要搞清财务业绩评价的分类。根据不同的分类标准，可将财务业绩评价划分为不同的类型和不同的层次。

(一)根据财务业绩评价主体不同的分类

根据财务业绩评价的主体不同，可将财务业绩评价划分为外部评价和内部评价两大类型。外部评价就是由企业外部的有关评价主体对企业财务业绩做出的评价，内部评价就是企业内部的有关评价主体对企业财务业绩做出的评价。根据利益相关者理论，企业除了股东以外，还有其他的利益相关者。由于利益相关者是通过契约与企业形成特定经济关系，期望从企业经营中获取回报，或者尽管没有契约关系，但其利益受企业经营影响，因此利益相关者需要通过各种机制对企业经营和管理施加影响，其中财务业绩评价系统就是其中之一，因此不同利益相关者都可能成为企业财务业绩评价的主体。具体而言，其外部评价主体包括中小股东和潜在的投资者、潜在的和现有的债权人、政府有关部门、供应商和客户、社会公众等；内部评价主体包括大股东、各级管理者、基层职员等。

需要注意的是，内部评价和外部评价的评价依据不同。内部评价所依据的是企业的战略规划和战略计划，利用的是企业内部所产生的各种信息，包括财务信息和非财务信息；而外部评价则受信息获取方式的限制，主要以企业公开披露的财务信息和市场信息为主。因此内部评价通常要比外部评价更为精确。

(二)根据财务业绩评价客体不同的分类

根据财务业绩评价的客体不同，可将财务业绩评价分为整体评价、部门评价和个人评价三个层次。整体评价就是对企业整体财务业绩进行评价；部门评价就是对企业中的各个部门财务业绩进行评价，包括对业务部门和管理部门的评价；个人评价就是对个体财务业绩进行评价。从财务管理学角度看，财务业绩是企业期望的结果，是企业为实现其战略目标而展现在不同层面的有效输出。一个企业要实现其战略目标，需要将其目标进行层层分解落实到部门和个人，也就是说只有部门和个人的财务业绩目标实现了，企业财务业绩目标才有可能得以实现。

（三）根据财务业绩评价内容不同的分类

根据财务业绩评价的内容不同，可将财务业绩评价划分为财务评价和非财务评价。财务评价主要是对企业的财务状况进行评价，并且主要是利用财务指标，评价的内容具体又细分为盈利能力状况、偿债能力状况、营运能力状况和增长能力状况等方面。非财务评价主要是对影响财务业绩的非财务因素进行评价，并且主要是利用非财务指标，评价的内容主要包括客户、内部业务流程、员工和创新等。

（四）根据财务业绩评价范围不同的分类

根据财务业绩评价范围的不同，可将财务业绩评价划分为综合评价和单项评价。综合评价就是指对企业在一定时期的财务活动各方面的情况进行系统全面的评价。综合评价的目的是找出企业财务活动中带有普遍性的问题，全面总结企业在这一时期的成绩与问题，为协调各部门财务关系，搞好下期财务活动奠定基础或提供依据。单项评价是指根据评价主体或评价目的的不同，对企业财务活动过程中某一方面的问题所进行的较深入的评价。单项评价能及时、深入的揭示企业在某方面的财务状况，为评价主体提供详细的资料信息，对解决企业的关键性问题有重要作用。

三、企业财务业绩评价动因

企业财务业绩评价的动因受财务业绩评价主体和财务业绩评价服务对象的制约，不同的财务业绩评价主体进行财务业绩评价的目的是不同的，不同的财务业绩评价服务对象所关心的问题也是不同的。各种财务业绩评价主体的评价目的和财务业绩评价服务对象所关心的问题，也就构成了财务业绩评价的动因或财务业绩评价的目的。企业财务业绩评价的动因，主要区分外部评价动因和内部评价动因。

（一）外部评价动因

外部评价动因依不同类型的利益相关者而不同。由于外部评价主体包括中小股东和潜在的投资者、潜在的和现有的债权人、政府有关部门、供应商和客户、社会公众等，所以外部评价动因也就呈现出多样化的特征。有学者认为利益相关者都从不同角度关注企业财务业绩，由此构成企业财务业绩评价的四个基本层面：第一个层面是政府管理部门从行政管理和社会公众利益代表的角度对企业进行的社会贡献评价；第二个层面是投资者从投资决策角度对于企业财务业绩的评价；第三个层面是企业所有者对企业经营者财务业绩的评价；第四个层面是企业经营者对于内部各级管理者的财务业绩评价。前两个层面构成了外部评价；后两个层面构成了内部评价。

我们认为外部评价动因还可以进一步细分为：第一，从政府部门角度进行的财务业绩评价，是为了衡量企业的社会贡献；第二，从中小股东和潜在的投资者角度进行的财务业绩评价，是为了进行投资决策；第三，从债权人角度进行的财务业绩评价，是为了进行信用决策；第四，从供应商、客户和社会公众角度进行的财务业绩评价，主要是为了了解企业的财务效益和经营实力。

（二）内部评价动因

内部评价动因或目的主要体现在两个方面：一是分解和细化企业战略规划目标；二是衡量企业战略实施控制活动的效果和效率。对于一个企业而言，其最终目标是为了实现股东财富最大化，当然企业在追求股东财富最大化的同时不能忽视其他利益相关者的利益，需要满足其他利益相关者的需求和获得其他利益相关者的支持，否则也难以增加股东财富。

由于企业背景的复杂性和多变性，因此企业需要在不同时期根据不同的背景采用不同的途径实现战略目标，也就是需要进行战略规划。然而，有明确的战略规划，并不就一定等于能够取得良好财务业绩，因为战略目标的实现还需要取决于战略实施。因此，要使企业战略目标能够实现，就必须对战略实施的过程进行控制，也就是需要进行财务管理控制。财务管理控制的功能在于引导和控制企业财务战略的实施，最终目的是使财务战略被执行，从而使企业的战略目标得以实现。这样，企业财务业绩评价作为财务管理控制的一个重要环节，衡量的就是各级管理者的战略实施控制活动的效果和效率。

第二节　企业财务业绩评价系统与模式

一、企业财务业绩评价系统

企业财务业绩评价作为财务管理控制系统的一个子系统，其本质上属于一个由各个要素组成的具有整体目的性和内在联系性的综合体。一个典型的企业财务业绩评价系统应该由评价主体、评价客体、评价目标、评价指标、评价标准、评价方法、评价报告等基本要素构成。财务管理控制系统中的财务业绩评价，其评价主体和评价客体基本明确，评价主体主要是公司董事会和各级管理者，评价客体是各级管理者的财务业绩，当然也涉及对部门的财务业绩评价。

财务业绩评价系统各要素之间存在相互依存相互支持的关系，具体表现在：评价目标是财务业绩评价系统的指南和目的，它决定了评价指标的选择、评价标准的设置、评价方法的确立和评价报告的编报。评价目标从定性和定量两个维度又分解为评价指标和评价标准，即评价指标反映评价目标的具体内容，评价标准反映评价目标的具体水平。评价指标和评价标准相互影响。评价指标和评价标准是形成评价方法的基础，其类型的选择会影响评价方法的确立。评价方法不仅是对评价指标和评价标准的具体运用，而且是对实际财务业绩是否达到评价目标的判断过程和处理过程。评价报告是整个财务业绩评价系统的输出信息，是对财务业绩评价系统其他要素的最终反映和综合体现。当然，评价报告的深度、广度与可信度要取决于评价指标、评价标准和评价方法的科学性。财务业绩评价系统各要素及其关系如图7-1所示。

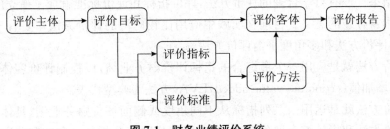

图 7-1　财务业绩评价系统

（一）评价目标

评价目标是与评价主体和评价客体相联系的一个内容,因为不同的评价主体对于同一评价客体存在着不同的需求,不同的评价客体又存在着不同的情形。评价目标与企业目标相关,但更多的是依赖于战略目标的分解,体现为影响战略实现的关键成功因素。对于基于价值管理的现代企业而言,其评价目标也趋于多元化,既包括财务目标,又包括非财务目标;既要追求股东价值最大化,又要考虑关键利益相关者的要求。

（二）评价指标

评价指标是指对评价客体的哪些方面进行评价,从财务业绩评价演变的进程观察,评价指标的变化趋势具有三种特征:第一,评价指标的表现形式已经从过去的单一财务指标逐渐过渡到多元的财务指标体系;第二,评价指标的计算基础已从当初仅仅只有会计基础财务指标逐渐发展成为各种基础皆有;第三,评价指标的反映内容已经从过去的关注财务结果逐步进化到目前的关注驱动财务结果的非财务活动。

在评价指标的选择方面应该遵循的原则是:第一,结果指标与动因指标相结合;第二,财务指标和非财务指标相结合;第三,内部指标和外部指标相结合;第四,不同计算基础指标相结合。

（三）评价标准

评价标准是判断评价客体财务业绩优劣的基准。评价标准最初是以实际的财务业绩水平为准来评判,也就是采取绝对基础。随着企业背景的逐渐变化,采用绝对基础作为评价标准的做法也逐渐被以相对基础(选择别的参照物为基础)作为评价标准的做法所替代;而后相对基础的评价标准,又由最开始的历史标准逐渐产生了预算标准和行业标准。因此就目前而言,财务业绩评价系统最为常用的三类标准是预算标准、历史标准和行业标准(包括竞争对手的标准)。在选择何种类型的评价标准时,除了主要考虑战略计划和评价目标以外,还需要注意:第一,区分绝对基础和相对基础评价标准;第二,区分不同相对基础评价标准(主要是历史标准、行业标准和预算标准三种类型);第三,区分个人基础和集体基础评价标准。

（四）评价方法

评价方法,解决的是如何评价的问题,即采用一定的方法运用评价指标和评价标准,从而获得评价结果。没有科学合理的评价方法,评价指标和评价标准就成了孤立的评价要素,也就失去了本身存在的意义。目前在实践中应用比较广泛的评价方法主要有三类:单一评价方法、综合评价方法和多角度平衡评价方法。

单一评价方法就是应用一个最综合的指标评价财务业绩,以控制评价客体评价目标的实现,以经济增加值(economic value added,EVA)方法为典型代表。

综合评价方法就是运用一系列指标从不同角度或侧面评价财务业绩,具体又可以分为指标分解评价方法和指标综合评价方法,前者以杜邦财务分析体系和帕利普财务分析体系为代表,后者包括综合指数法、功效系数法等。

多角度平衡评价方法本质上也属于指标综合评价方法,但是由于这一类型的方法与传统的评价方法相比,更多的是注重不同类型指标之间的平衡关系,强调不同类型指标之间的因果关系或互动关系,并且在评价指标设计、评价程序确立等方面具有一定的创新,因此单独列为一类方法,其中又以平衡计分卡(balanced score card,BSC)和业绩三棱柱(performance prism)为典型。

(五)评价报告

评价报告实际上属于财务业绩评价系统的输出信息,也是财务业绩评价系统的结论性文件。评价主体以评价客体为对象,通过财务管理控制信息系统,获取与评价客体有关的信息,通过加工和整理计算评价指标,将评价指标实际数值与预先设置的评价标准进行对比,分析差异的产生原因、责任及影响,从而得出评价结论,最终形成评价报告。评价报告的编制应按照评价指标计算、差异计量与分析、评价结论形成、奖惩建议等几个步骤进行,但其关键步骤在于评价指标计算和差异分析。

二、财务业绩评价程序

财务业绩评价需要遵循一定的程序。财务业绩评价的程序是指财务业绩评价系统的实施步骤,包括设计、应用、调整等方面。合理的程序是从组织方面为财务业绩评价系统的设计和应用提供保障。一般而言,财务业绩评价程序包括以下基本步骤。

(一)确定评价目标

评价目标包括财务目标与非财务目标。在基于价值管理情况下,企业财务目标实际上就是企业预算总目标,衡量的是股东价值创造的效率和效果;非财务目标反映的是影响股东价值创造的驱动因素。

(二)分析评价客体

对评价客体进行分析,并对评价客体进行分类,最重要目的在于明确责任。在基于价值管理情况下,企业内部可划分为资本经营中心、资产经营中心、商品经营中心和产品经营中心,不同的评价客体在企业价值创造中承担着不同的责任,因此需要区别评价。

(三)建立评价指标体系

通过战略规划和战略计划,将评价目标进行逐层分解细化。其中财务目标通过预算进行层层分解,逐步落实到各级管理者岗位,成为部门预算控制目标。在基于价值管理情况下,企业应该建立以财务预算为中心的全面预算体系,建立起基于价值的全面预算控制指标体系,财务业绩评价也应该以预算控制指标为依据。

(四)设置评价标准

根据战略目标,主要参考历史数据和行业数据,结合市场预测,最终确定各评价指标的具体水平,即设置评价标准。对于财务目标而言,就是形成各级管理者的预算控制标准,使之执行战略具有行动的依据。也就是说需要形成基于价值的全面预算控制标准体系,与全面预算控制指标体系相结合,共同反映企业股东价值创造目标。

(五)选择评价方法

在评价指标和评价标准确定之后,需要采用一定的方法运用评价指标和评价标准,才能获得评价结果。企业可以根据自身实际情况采用合适的评价方法。对于企业股东价值的衡量,我们可以采用单一评价方法,如采用 EVA 方法。对于多元财务目标的财务业绩评价,通常采用的是综合指数法、综合评分法等。

(六)收集并整理评价数据

没有基础数据,就难以与预先设定的评价标准进行对比,就无法进行正确的财务业绩评价。会计信息系统需要为财务目标的财务业绩评价提供基础财务数据。

(七)形成评价报告

应用所选择的评价方法,利用评价数据,将评价指标的实际结果与评价标准进行对比,计算出财务业绩评价的最终结果,并提交评价报告。财务业绩评价结果计算和评价报告编制需要由企业财务部门负责。

(八)调整财务业绩评价系统

如果企业的外部环境和内部环境发生了根本性的变化,或者根据财务业绩评价系统运行结果发现存在不合理之处,那么需要对现行的财务业绩评价系统进行调整。

三、财务业绩评价模式

财务业绩评价系统根据不同的划分标准可以划分为不同的模式。迄今为止,企业财务业绩评价的演进已经有两个多世纪了,从内部评价的角度看,总体上可以划分为五个阶段,分别是成本控制财务业绩评价时期、会计基础财务业绩评价时期、经济基础财务业绩评价时期、战略管理财务业绩评价时期和利益相关者财务业绩评价时期,这五个阶段分别产生了成本控制、会计基础、经济基础、战略管理和利益相关者五种财务业绩评价模式。这五种模式主要的区别在于评价指标的计算基础不同,当然还包括了评价目标、评价方法等其他因素的不同。其中会计基础、经济基础和战略管理是目前为止已被广泛接受并在实践中得到普遍应用的财务业绩评价模式。本章将重点介绍这三种财务业绩评价模式。

(一)会计基础财务业绩评价模式

会计基础财务业绩评价时期的起止时间大约为 20 世纪初至 20 世纪 70 年代。1903 年,面对如何协调垂直式综合性企业的多种经营部门和如何有效配置资源以实现利润最大化等问题,杜邦公司的高层管理者创造了大量的经营管理方法,并设计了多个重要的财务业绩评价指标。其中持续时间最长的,也最为重要的指标就是投资报酬率,投资报酬率为评价企业整体财务业绩和部门财务业绩提供了依据。早期,杜邦公司的资源分配是高层管理者的职能,部门经理不必对投资报酬率的高低负责。他们认为部门现有的规模是确定的,每一部门只需着力于提高部门内部运行过程的效率就可以了。因此只有高层管理者运用投资报酬率来指导资源分配,以及评估各运营部门的表现。

尽管如此,在 20 世纪 20 年代至 20 世纪 60 年代,运用最为广泛的财务业绩评价指标是销售利润率。这是因为在当时的情况下,许多控股公司的重点目标是税负最小化,母公司一般只注重子公司的资本安全和现金流量,长期的获利能力是第二位的问题,对财务业绩评价问题更是很少关注。许多控股公司出于成本效益及管理便利考虑,常借助"投资中心"或"利润中心"实施对子公司的管理与控制,虽然投资报酬率和剩余收益开始被用于财务业绩评价,但是销售利润率常常被认为是更重要的指标。随着杜邦公司、通用汽车公司这类多部门企业组织形式的发展,投资报酬率指标的应用范围才得到拓展。人们开始认识到有必要针对子公司特有的经营环境,建立适合控股公司的特定财务业绩评价方法。到了 20 世纪 70 年代,投资报酬率成为应用最为广泛的财务业绩评价指标。

尽管非财务指标在这一阶段已开始出现,并且开始用于对部门管理者财务业绩的评价,但是从 20 世纪初到 20 世纪 80 年代之前,以销售利润率、投资报酬率等为典型代表的会计基础财务指标长期以来一直是内部管理财务业绩评价的主流。

会计基础财务业绩评价模式的内容和方法根据评价对象与评价目的的不同而有所不同。如它可以是对筹资活动、投资活动、经营活动和分配活动的综合评价;也可以是对盈利能力、营运能力、偿债能力和增长能力的综合评价。我国企业经济效益评价体系(1995)从评价指标体系看,是对盈利能力、偿债能力和社会贡献能力三个方面进行综合评价。我国国有资本金效绩评价体系(1999)从指标体系看,是对财务效益状况、资产营运状况、偿债能力状况和发展能力状况四个方面进行评价。[①] 会计基础财务业绩评价的方法有许多,包括综合指数法、综合评分法、功效系数法等。企业经济效益评价使用的是综合指数法;国有资本金效绩评价使用的是功效系数法。

---

① 2002 年国家财政部、经贸委、中央企业工委、劳动保障部和国家计委对这一体系进行了修订,并更名为企业效绩评价体系。

（二）经济基础财务业绩评价模式

经济基础财务业绩评价时期的开始时间为 20 世纪 80 年代,EVA 的出现是其最重要标志。与传统的会计基础财务业绩评价模式相比,经济基础财务业绩评价模式更注重于股东价值的创造和股东财富的增加。

20 世纪 80 年代以来股东价值观念正在美国掀起了第二次浪潮,"价值基础管理"和"股东价值分析"这些观念更加深入人心。企业管理思想的这种改变同时也影响着传统企业财务业绩评价方法的改变。于是在这种背景下,美国先后出现了几种新的企业财务业绩评价方法,其中最引人注目和应用最广泛的就是经济附加值方法(economic value added,EVA)。EVA 这一指标是由美国纽约斯特恩·斯图尔特咨询公司(Stern Stewart & Company)于 1982 年正式提出。

EVA 指标之所以出现,主要原因就在于会计基础指标存在内在缺陷。会计基础指标虽然应用广泛,但随着传统的市场经济发展为现代市场经济,企业的目标从利润最大化发展为股东价值最大化,这种传统方法越来越无法反映企业的真实财务业绩,具体体现在:

(1)会计收益的计算未考虑所有资本的成本,仅仅解释了债务资本的成本,然而却忽略了对权益资本成本的补偿;

(2)由于会计方法的可选择性以及财务报表的编制具有相当的弹性,使得会计收益存在某种程度的失真,往往不能准确地反映企业的财务业绩;

(3)会计收益是一种"短视指标",片面强调利润容易造成企业管理者为追求短期效益,而牺牲企业长期利益的短期行为。

自 EVA 评价方法产生以来,有不少著名的跨国公司在实际当中采用该方法评价本企业以及企业内部各业务部门的财务业绩,如 AT&T、Coca-Cola、BriggsStration、Chrysler、Compaq Computer、GE、Quaker Oats、Scott Paper 等,这进一步推动了 EVA 的应用。

美国纽约斯特恩·斯图尔特咨询公司还在 EVA 的基础上创造衍生出一系列指标,比如 MVA(market value added)、FGV(future grow Value)、EVAPS(average EVA per share)、STDEVA(standardized EVA)等;与此同时,除了 EVA 之外,美国学术界还提出了其他的一些财务业绩评价指标,如经济利润(economic profit)、CVA(cash value added)等一些指标,这些指标与 EVA 大同小异,不仅都考虑了股东权益资本成本和反映了股东价值的创造,而且都可以用于部门层次的财务业绩评价。

EVA 是经济基础财务业绩评价模式的典型代表。EVA 指标衡量的是企业资本收益和资本成本之间的差额。EVA 指标最大的和最重要的特点就是从股东角度重新定义企业的利润,考虑了企业投入的所有资本(包括权益资本)的成本。这种利润实质上就是属于投资者所有的真实利润,也就是经济学上所说的经济利润。EVA 指标由于在计算上考虑了企业的权益资本成本,并且在利用会计信息时尽量进行调整以消除会计失真,因此能够更加真实地反映一个企业的财务业绩。更为重要的是,EVA 指标的设计着眼于企业的长期发展,而不是像净利润一样仅仅是一种短视指标,因此应用该指标能够鼓励经营者进行能给企业带来长远利益的投资决策,如新产品的研究和开发、人力资源的培养等。这样就能杜绝企业管理者短期行为的发生。此外,应用 EVA 能够建立有效的激励报酬系统,这种系统通过将管理者的报酬与从增加股东财富的角度衡量企业财务业绩的 EVA 指标相挂钩,正确引导管理者的努力方向,促使管理者充分关注企业的资本增值和长期经济效益。

斯特恩·斯图尔特公司(Stern & Stewart Co.)不仅是 EVA 的创造者和商标持有人,而且提出了基于 EVA 的设计框架。斯特恩·斯图尔特公司用 4 个 M 来归纳 EVA 评价系统设计框架的实质内涵:

(1)应用唯一的评价指标(measurement)——EVA,来统一评价企业的财务业绩;

(2)实施以 EVA 为衡量标准的管理体系(management);

(3)设计基于 EVA 的激励机制(motivation);

(4)建立有助于 EVA 运行的理念体系(mindset)。

大多数公司在不同的业务部门使用不同类型的财务业绩评价指标。EVA 评价系统的创造者认为这种做法缺乏统一标准,往往导致不同部门各自为政,在实现本部门财务业绩目标的同时可能对其他部门甚至企业整体财务业绩目标造成影响。他们认为企业的成功应该以最终的经济效果来衡量,而不是应用一系列指标来进行评价,因此他们提出 EVA 的概念,并应用 EVA 指标来评价企业的财务业绩。企业的各部门及其管理者都应该围绕一个目标进行经营活动,即增加 EVA。这样有助于不同部门的管理者为企业的整体利益协同一致地工作。应用 EVA 评价财务业绩,并不意味着每个部门就不需要建立一套评价指标体系。相反,EVA 只是反映企业最终目标的综合性财务业绩指标。为了提高企业的整体 EVA 水平,部门管理者还必须能够找出影响 EVA 的关键因素,并了解哪些因素是他们可以通过自己的管理行为直接影响的,从而建立一套评价指标体系用以测评、报告并改善本部门的财务业绩表现。EVA 评价系统的另一个显著特色是它强调与报酬计划紧密结合。

由于 EVA 评价系统所选择的评价指标是唯一的,即 EVA 指标,从而造成评价主体只关心管理者决策的结果,而无法了解驱动决策结果的过程因素,结果 EVA 评价系统只能为战略制订提供支持性信息,而为战略实施提供控制性信息这一目标则不易达到。EVA 评价系统的另一局限性在于 EVA 指标的计算。EVA 的计算本身就是一个复杂的问题,其难点反映在两个方面:其一,EVA 的会计调整;其二,资本成本的计算。由于这两个问题的存在增加了 EVA 计算的复杂程度,结果对 EVA 的应用造成了一定的负面影响。

(三)战略管理财务业绩评价模式

战略管理财务业绩评价模式源于 20 世纪 90 年代,此时人类社会开始由工业经济向知识经济转轨。引入非财务指标并将评价指标与战略相联系是战略管理财务业绩评价模式的显著特点。平衡计分卡(BSC)是这一模式的典型代表,强调财务指标与非财务指标之间的平衡。

如果说工业经济时代强调的是财务资本,那么在知识经济时代限制企业发展的关键因素是知识或者说智力资本。无形资产在企业生产经营中起到越来越重要的作用,是影响企业价值的关键驱动因素。因此,企业界的管理者基于传统财务业绩指标的固有局限性,感觉到有必要对股东价值创造的流程进行监控,有必要评价企业在其他非财务领域上的业绩。基于这种背景,实务界和理论界逐渐致力于将财务指标、非财务指标和战略联系起来,对战略财务业绩评价的研究迅速升温。

1990 年马克奈尔、林奇和克罗斯(McNair、Lynch 和 Cross)提出了一个把企业总体战略与财务和非财务信息相互结合起来的财务业绩金字塔模型。该模型从战略管理角度给出了财务业绩指标体系之间的因果关系,反映了战略目标和财务业绩评价指标之间的互动性,揭示了战略目标自上而下逐级反复运动的层级结构。

战略管理财务业绩评价模式最具有代表性也最具有广泛影响力的是 BSC。1992 年,哈佛商学院教授罗伯特·卡普兰(Kaplan)和复兴全球战略集团创始人戴维·诺顿(Norton)在《哈佛商业评论》上联合发表了一篇题为"BSC:驱动业绩的评价指标"的文章。该文章是以 1990 年参与项目小组的 10 家公司试用这一新型财务业绩评价方法所得到的实证数据为基础的①。这篇文章在理论界和实务界引起了巨大轰动。之后,他们通过发表文章和出版著作等多种形式,进一步解释了企业在实践中应该如何运用 BSC 作为控制战略实施的重要工具。卡普兰和诺顿的这些文章和著作集中体现了 BSC 自产生以来的发展历程:不仅评价指标不断丰富和创新,而且系统本身逐渐也从单纯的财务业绩评价提升到了战略管理的高度。

BSC 的基本思路,如图 7-2 所示,就是将影响企业运营的包括企业内部条件和外部环境、表面现象和深层实质、短期成果和长远发展的各种因素划分为几个主要的方面,即财务、客户、内部经营过程和学习与成长等四个方面,并针对这四个主要的方面,设计出相应的评价指标,以便系统、全面、迅速地反映企业的整体运营状况,为企业的平衡管理和战略实现服务。因此,BSC 是以企业的战略为导向,以管理为核心,以各个方面相互影响、相互渗透为原则,建立起来的一个网络式的财务业绩评价系统。

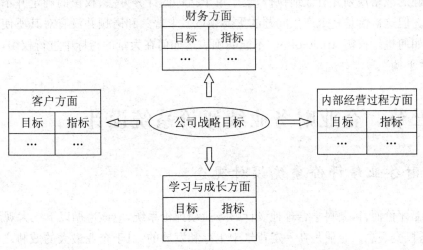

图 7-2　平衡计分卡的基本形式

平衡计分卡(balanced score card,BSC)作为一种财务业绩评价系统,其优点在于:第一,将目标与战略具体化,加强了内部沟通;第二,有效地实现了指标间的平衡,强调了指标间的因果关系;第三,兼顾了不同相关利益者的利益,有利于获取和保持竞争优势;第四,兼顾非财务业绩计量,增强了过程控制和结果考核的联系。正是由于 BSC 的这些优点,BSC 自 20

---

① 1990 年,美国的诺兰诺顿学院设立了一个为期一年的项目,专门研究了一个新的内部管理业绩评价模式的开发,一共有 10 家公司参与了这一次开发项目,包括苹果电脑、杜邦、通用电气、惠普、加拿大壳牌公司等。

世纪 90 年代初产生以来,便迅速在西方受到广泛关注并取得长足发展。《哈佛商业评论》将 BSC 评论为过去 75 年来最具影响力的管理思想之一。越来越多的企业应用 BSC,BSC 已成为西方企业的一项重要管理工具。BSC 自产生以来在西方显示出旺盛的生命力,它适用于各种行业与组织,可以通过不同模式为不同目的服务,并创造出千变万化的具体结构和内容。

以 BSC 为例,战略管理财务业绩评价模式的局限性体现在以下方面。

第一,在评价目标的确定方面,尽管 BSC 从不同方面关注了客户、员工等利益相关者的利益,但忽略了通过利益相关者分析来认识企业经营目标和发展战略,因而可能导致不能准确地确定提高利益相关者满意度的关键动因。

第二,在评价指标的选择方面,BSC 对于如何选择特定的业绩评价指标并没有具体展开。在已有的相关文献中,几乎没有关于 BSC 如何将结果和方式相联系的指导性原则。正是由于这种因果关系的不明确,导致了 BSC 遭到了许多的质疑。另外非财务评价指标的设计和计算也是一个难题。

第三,在评价标准方面,如何设计业绩标准的主题在 BSC 的已有文献中没有深入地讨论。尽管 BSC 对应用预算标准提出了批评,但是对于如何更加准确地确定所选择评价指标的具体值却没有给出明确的解决方案。

第四,在评价方法方面,BSC 并没有给出明确的答案,一种可能的解释就是,BSC 作为一种管理理论,其创新之处在于使经营者有一种正确认识企业财务业绩评价的视角,帮助经营者做出正确的战略规划并有效地执行,至于单个指标的计分方法、权重的确定并不是它所讨论的重点。但这恰恰是一个产生问题的重要领域。卡普兰和诺顿并没有对其所使用的不同指标说明如何进行权衡(trade-off)。不能明确表达如何在大量的指标中进行权衡,计分卡就无法达到"平衡"。

第三节　企业财务业绩评价系统设计

一、财务业绩评价系统设计观念

就内部评价而言,要科学合理地设计财务业绩评价系统,应该遵循以下三大观念。

第一,权变观念。企业是在一定背景中生存和发展的,对于企业最大的威胁之一就是其财务管理不能与企业背景及其变化相适应,无法适应企业背景及其变化的财务管理将会落后甚至被淘汰。因此作为企业管理系统中一个相对独立的子系统,财务业绩评价系统的设计也应该依据组织背景的不同特征展开。

第二,整合观念。财务业绩评价作为实现企业战略目标的一种保障机制,要完成企业战略目标,发挥财务业绩评价作用,不仅需要战略计划、信息与沟通和激励等其他三个子系统的支持,而且财务业绩评价需要与其他各子系统之间保持一致。如果财务业绩评价与其他三个子系统之间无法相互匹配或者缺乏相互合作,那么财务业绩评价的作用就会受到限制。

第三,系统观念。作为内部评价,财务业绩评价系统的评价主体和评价客体相对是明确的。因此财务业绩评价系统作为企业管理系统中一个相对独立的子系统，是由评价目标、评价指标、评价标准、评价方法等基本要素组成的一个完整的系统。四个要素之间存在着相互联系、相互影响的关系。因此在设计财务业绩评价系统时，不仅需要注重系统要素的整体完整性，而且需要关注系统要素的内在逻辑性。

以上三种观念之间存在相互关联的逻辑关系，如图 7-3 所示。

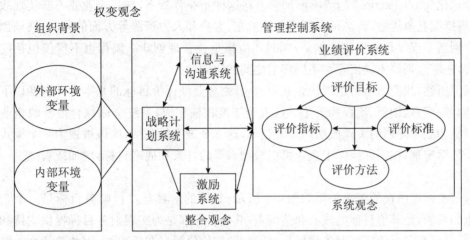

图 7-3　财务业绩评价系统的设计观念关系图

先进的观念是设计财务业绩评价系统的前提。财务业绩评价属于企业这一大系统中的支持子系统，而评价目标、评价指标、评价标准和评价方法等则是构成它的要素。一方面财务业绩评价子系统的运行必然存在与企业管理的其他子系统的融合问题，另一方面财务业绩评价系统本身各要素之间存在协调问题，更为重要的是业绩评价子系统的应用要受到企业内外环境的制约。因此，只有摒弃单纯的财务业绩评价观念，才能有效解决以上所说的制约、融合和协调问题。设计观念是对财务业绩评价系统设计的指导性理念，贯穿于财务业绩评价系统的整个设计过程，指导财务业绩评价系统基本要素的设计。

二、财务业绩评价目标设计

评价目标是整个财务业绩评价系统运行的指南和目的，决定了评价指标的选择、评价标准的设置和评价方法的确定，而评价目标的确立更多的是以关键成功因素(KSFs)的形式与战略目标和战略规划联系在一起。对于一个现代企业而言，影响其战略目标和战略规划实现的关键成功因素(KSFs)究竟包含哪些维度？

我们认为 BSC 从四个维度概括影响战略成功的因素还是较为全面和较为合理的。因此 BSC 应该成为我们探讨财务业绩评价目标选择的指导性框架。当然，BSC 对关键成功因素(KSFs)的划分也并不完整，比如我国学者张蕊(2002)就指出 BSC 未能很好地体现企业取得战略成功的关键因素：创新。她认为企业战略经营的成功和经营目标的实现取决于其核心竞争力的形成与保持，而这又有赖于企业持续不断的创新，创新是"新经济"条件下企业立于不败之地的经营法宝。作为对企业战略管理财务业绩进行评价的系统，应考虑影响企业经营成功的主要因素。毫无疑问,创新,包括产品创新、技术创新理应作为 BSC 的一个重要层面单独予以评价。

同时,我们认为企业背景应该是分析财务业绩评价目标基本选择问题的起点。对于现代企业而言,目前所处的企业背景与以往相比其变化主要表现在:市场竞争(competition)不断加剧、客户需求更加多样化和个性化(customization)、社会环境变化更加快速(change)、经济全球化(globalization)趋势不断加强。在这种企业背景下,现代企业要不断实现战略目标,获得持续竞争优势,就必须在高度关注股东、客户和人力资源等方面的同时,强调创新和流程。创新不仅仅是重视技术创新,同时还应该重视管理创新。流程也不仅仅包括内部业务流程,还应该强调不同流程和不同环节之间的协同性。

综上所述,我们认为对于现代企业而言,其财务业绩评价目标的基本选择包括以下五个维度:财务、客户、创新、流程和员工。这五个维度相辅相成,系统全面综合地反映企业实现战略目标和战略规划的关键成功因素。当然,这五个维度的概括,应该被视为一个模式而不是一个数学定理,在实际操作中企业可以根据自身的背景和战略目标,增加或者减少一个或几个维度。

这五个维度内在的逻辑关系如图 7-4 所示,具体的解释是:(1)财务目标是一个企业最终追求的目的,是其他目标的核心和落脚点;其他目标都是为实现财务目标提供支持和服务的,并且最终都需要落实到财务目标上;(2)企业的价值源泉在于市场,因此要使企业财务目标实现,关键是让客户满意,客户对企业生产的产品和提供的服务是否满意直接关系到企业所创造的价值是否被认同;(3)要使企业所创造的价值被认同,企业就必须不断进行创新,包括技术创新和管理创新,使生产的产品和提供的服务能够不断增加客户的满意程度;(4)运行良好的流程可以使企业在其目标市场内吸引和保持客户时准确表达自身的价值观念,可以使企业与其主要利益相关者建立良好的关系,从而从根源上满足股东追求股东价值最大化的终极目标;(5)无论是提高客户满意程度和实现财务目标,还是加快创新速度和有效执行流程,都需要通过包括各级管理者在内的员工来完成,只有调动员工的积极性和激发员工创造力,才能使企业得到持续发展,取得战略成功。

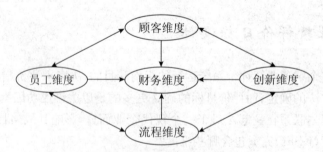

图 7-4   内部管理财务业绩评价目标的基本选择

三、财务业绩评价指标设计

评价指标的设计是建立内部财务业绩评价系统的关键与核心环节,评价指标的选择正确和完全与否关系到是否能够真实全面地反映管理者控制战略实施活动的效果和效率,从而直接影响财务业绩评价结果。评价指标的设计过程实际上就是一种选择的过程,也就是说如何在众多的评价指标中选择出能够反映评价目标实现程度的财务业绩"指示器"。

1999年颁布又经过2002年修订的国有资本金效绩评价指标体系虽然存在许多缺陷,但是这套指标体系是我国目前最具有代表性的企业财务业绩评价指标体系。因此,建立适合于我国企业的财务业绩评价指标体系的基本思路应该是:以BSC业绩评价系统作为指导性框架,参考国有资本金效绩评价指标体系,充分吸收EVA、业绩三棱柱、动态多维业绩框架等现代企业创新型财务业绩评价系统的合理成分,将以上指标体系相互结合和相互补充,并充分考虑我国企业的实际情况,从财务、客户、流程、创新和员工等五个维度建立财务业绩评价指标体系。

一个企业的财务维度关键财务业绩评价指标主要集中在价值创造、盈利能力、成长能力、营运能力和偿债能力五个方面,同时可以将价值创造指标作为核心指标,通过将EVA指标进行层层分解,与盈利能力指标、营运能力指标、成长能力指标和偿债能力指标建立联系。

一个企业的客户维度关键财务业绩评价指标主要集中在市场份额、客户获利能力、客户保持率、客户获得率、客户满意程度和企业品牌形象等方面,同时可以将市场份额、客户获利能力、企业品牌形象等方面作为结果指标,通过将这些指标进行层层分解,与其他具体的客户维度财务业绩评价指标建立联系。

创新维度的KPIs应该区分技术创新和管理创新两个角度进行设置。以研究和开发(R&D)为核心内容的技术创新是形成企业核心竞争力的关键。反映技术创新的KPIs可以从以下几个方面考虑:研究和开发(R&D)的投入规模;研究和开发(R&D)的效果效率;研究和开发(R&D)的创利能力。反映管理创新的KPIs则可以从企业实施管理创新方案或采纳合理化建议的成本、数量、效果和效率等角度进行考虑。比如应用百元收入管理咨询费用、合理化建议采纳率、合理化建议贡献率等指标。

流程维度的KPIs设计可以从以下几个角度进行:(1)采购流程,考虑采购周期、采购质量、与其他相关流程的协调性等方面;(2)存储流程,考虑存储周期、存储质量、存储安全、运输质量、运输成本、与其他相关流程的协调性等方面;(3)生产流程,考虑生产周期、生产质量、生产效率、生产安全、与其他相关流程的协调性等方面;(4)销售流程,考虑销售周期、销售效率、销售质量、售后服务质量、与其他相关流程的协调性等方面;(5)支持或服务流程,可以采用支持或服务满意度指标反映;(6)外部关系的处理,这一流程主要反映企业对于政府关于环境方面规定的遵循程度,可以采用环境财务业绩评价指标反映。

员工维度的KPIs可以从以下三个方面设置:(1)评价员工能力的KPIs,具体又分为员工创新能力评价(可通过申报专利数、接受的员工建议数等指标反映)、员工信息沟通能力评价(可定性评价)、员工团队合作能力评价(可定性评价);(2)评价员工培训效果的KPIs,可采用员工培训次数、员工培训费用、员工对培训计划的满意度、员工对培训组织的满意度、员工对培训计划的满意度等指标反映;(3)评价员工积极性的KPIs,可采用员工满意度指标(可利用调查问卷获得评价结果)、员工保留率或者员工流失率等指标反映。

四、财务业绩评价标准设计

评价标准是判断评价对象财务业绩优劣的基准,从这一角度看,如何选择评价标准在财务业绩评价系统设计过程中同样是个关键环节。

我们认为就内部评价而言,我国企业财务业绩评价标准的基本选择就是预测标准。其原因在于以下两个方面。

其一,从理论上而言,预测标准是最为合理的一种财务业绩评价标准。预测标准的制定符合内部评价的目的和本质。内部评价的目的就是衡量管理者控制战略实施活动的效果和效率,其本质上是战略目标和战略规划实施的一种保障机制。通过制定战略计划,可以将战略目标自上而下层层分解到企业内部各个层次,之后又通过战略计划的编制自下而上地提供战略目标(包括财务目标和非财务目标)实现的具体运作方案。这样通过自上而下和自下而上两种程序的结合使得企业战略目标和内部经营过程紧密地结合在一起,显然大大提高了管理效益。

其二,从实践上来看,预测标准是我国应用最为广泛的一种财务业绩评价标准。许多国有企业多年来在沿袭着传统的计划模式,依据管理者的经验和财务部门的历史数据来确立计划,并严格按照行政层级自上而下地推行。尽管其不是依托于市场经济和现代企业制度的企业计划管理,但是这种传统模式可以为企业实施战略管理奠定基础。自 20 世纪 80 年代以来,我国企业开始尝试采用和推行预算管理,迄今取得了长足的进步。预算管理现阶段对于我国企业改进管理效率,提高管理水平具有一定的功效,并且在相当长一段时期内还会继续存在。问题的关键在于我们需要以企业的战略目标和战略规划为起点,将企业的边界扩展到市场和客户,将其战略目标与经营计划有机融合,并延伸至全面预算管理系统,形成更具有全面性和综合性的战略计划。

尽管预测标准存在以上的种种优点,但是应当指出预测标准的确定也在一定程度上受到人为因素的影响,从而缺乏客观依据。因此,需要采用科学合理的方法制定预测标准,同时注意以下四个问题:一要结合企业现状纵向分析企业的历史数据;二要进行横向比较和研究同行业和同类企业的相关数据;三要进行企业战略规划,不仅明确关键成功因素,而且明确关键成功因素与战略目标之间的逻辑关系;四要考虑其他组织背景变量,尤其是外部环境和组织结构的影响性,从而区分可控因素与不可控因素。

五、财务业绩评价方法设计

评价方法,解决的是如何评价的问题,即采用一定的方法运用评价指标和评价标准,从而获得评价结果。没有科学合理的评价方法,评价指标和评价标准就成了孤立的评价要素,也就失去了本身存在的意义。

目前在实践中应用比较广泛的评价方法主要有两大类型:单一评价方法和综合评价方法。单一评价方法就是选择单一指标,计算该指标的实际值,并与所设置的评价标准进行比较,从而对评价客体的经营业绩做出评价结论。EVA 实质上就是这样一种单一评价方法。

综合评价方法就是以多元指标体系为基础,在评价指标、评价标准和评价结果之间建立一定的函数关系,之后计算出每个评价指标的实际数值,并根据这种函数关系得出综合的评价结论,如综合指数法、功效系数法等。

采用单一评价方法固然简便,但是从理论上分析应该采用指标综合评价方法,其原因在于:其一,单一的财务业绩评价指标往往难以涵盖代理人努力的所有方面,代理人的全部财务业绩也往往难以在单一财务业绩评价指标中得到及时、充分的反映,同时由于不可控因素的影响,单一的财务业绩指标也很难做到对代理人的努力水平进行准确的衡量。这样,导致各种财务业绩评价指标的一致性和准确性程度往往不相同,有些指标可能在一致性方面较好,有些指标可能在准确性方面较佳,而难以完全符合评价指标的质量特征要求。研究成果表明,财务业绩指标的一致性和准确性可以通过财务业绩指标的合理搭配来得以提高。其二,由于在现代企业中,影响企业财务业绩的关键成功因素更加复杂,因此管理业绩表现趋于多元化,既包括财务方面的业绩,也包括非财务方面的业绩。财务方面的业绩也不仅仅局限于盈利能力方面,还包括营运能力、偿债能力、增长能力等方面,这样,即使综合性较强的单一指标也难以全面反映管理业绩的整体特征。

因此在实践中应该尽量采用综合评价方法。对于定量指标一般采用综合指数法而不是功效系数法。主要原因就在于功效系数法操作技术比较复杂,对应用者要求较高,体现在财务业绩评价标准的建立、财务业绩评价指标的计算、财务业绩评价结果的定义等方面。应用综合指数法还应该注意一些问题的处理,包括指标的同趋化处理、指标的无量纲化、指标的权数确定等。

为什么要进行指标的同趋化处理?其原因在于各项指标根据与评价标准的关系可以划分为正指标、逆指标和适度指标三种类型。因此在选择评价指标时就应尽量保持方向的一致性,即尽量都选择正指标,或都选择逆指标。如果无法避免,则需要进行同趋化处理。

为什么要实现指标的无量纲化?这是因为在多元指标综合评价体系中,不同的评价指标可能具有不同的量纲(单位),由此会产生不可比性或不可公度性。因此需要进行无量纲化处理。基本的做法就是把各个不同量纲的评价指标折算成同一的效用单位,这样才有可能把一个多元指标的评价问题转化成单一指标的评价问题来进行比较和排序。有些综合评价方法本身就可以解决多元指标体系的"异量纲"问题,如综合指数法、功效系数法等。

为什么要确定评价指标的权数问题?指标权数又称"指标权重",它是在一个多元指标体系中各个指标所占的比重。指标权重是对评价内容重要程度的认定标志。在多元指标评价体系中,由于事物本身发展的不平衡性,有的评价指标重要程度高,有的评价指标重要程度低。为了表示不同评价指标对评价结果的影响程度,需要将所有评价指标进行加权处理,权重大表明评价指标的影响或作用大。这样评价指标的权重具有重要的导向作用,权重的大小反映评价指标对评价结果的贡献程度。这样,在指标体系一定的情况下,权重的变化将直接影响评价结果,因而需要科学地确定指标权重。

应该说应用指标综合评价方法的难点在于指标权重的确定。因此,我们认为在设计财务业绩评价方法的过程中应该着重注意指标权重的设计。指标权重的确定方法包括主观赋权法和客观赋权法。主观赋权法一般采用德尔菲法,也称为专家意见法。我国目前的国有资本金效绩评价体系就是采用德尔菲法确定的权数。客观赋权法主要有相关权重赋权法、系统效应权重赋权法(因子分析法)、变异权重赋权法、比重权重赋权法、排序权重赋权法和距离权重赋权法六种方法。

就方法本身来看,主观赋权法和客观赋权法各有利弊,优劣互补。根据代理理论,决定权重分配的重要因素是评价指标的质量特征,而各种指标的质量特征依不同的组织背景而不同,比如公司采取不同的战略类型、部门相对公司的规模大小等因素会对权重分配产生影响。基于此,在确定评价指标权重的过程中,应该根据公司内部的具体情况具体分析,注意公司及部门的发展阶段、竞争地位和战略类型等现实存在的差异,将主观赋权法和客观赋权法结合起来考虑。也就是说评价指标权重的设置应该遵循权变观念,充分考虑组织背景的影响。评价指标权重的确定并不意味着从此一成不变,一旦公司和部门的组织背景发生了相应的变化,评价指标权重应该动态灵活地进行调整。

本章小结

对于一个企业而言,财务业绩评价就是指评价主体根据特定的评价目的,选择特定的评价指标,设置特定的评价标准,并运用特定的评价方法对企业在一定期间内的财务管理活动过程及其结果做出客观、公正和准确的综合判断。这种判断属于一种专业性的技术判断。

要理解财务业绩评价的内涵,还需要辨别业绩评价与财务业绩考核、财务业绩评价与财务业绩管理以及与财务分析之间的关系。

根据不同的分类标准,可将财务业绩评价划分为不同的类型和不同的层次。根据财务业绩评价的主体不同,可将财务业绩评价划分为外部评价和内部评价两大类型。根据财务业绩评价的客体不同,可将业绩评价分为整体评价、部门评价和个人评价三个层次。根据业财务绩评价的内容不同,可将业绩评价划分为财务评价和非财务评价。根据财务业绩评价范围的不同,可将财务业绩评价划分为综合评价和单项评价。

财务业绩评价评价动因,主要区分外部评价动因和内部评价动因。外部评价动因依不同类型的利益相关者而不同。内部评价动因或目的主要体现在两个方面:一是量化企业战略规划目标;二是衡量企业战略实施效果和效率。

财务业绩评价作为企业财务管理控制系统的一个子系统,其本质上属于一个由各个要素组成的具有整体目的性和内在联系性的综合体。一个典型的财务业绩评价系统应该由评价主体、评价客体、评价目标、评价指标、评价标准、评价方法、评价报告等基本要素构成。财务业绩评价系统各要素之间存在相互依存相互支持的关系。

财务业绩评价需要遵循一定的程序。财务业绩评价的程序是指财务业绩评价系统的实施步骤,包括设计、应用、调整等方面。合理的程序是从组织方面为业绩评价系统的设计和应用提供保障。一般而言,财务业绩评价程序包括以下基本步骤:确定评价目标;分析评价客体;建立评价指标体系;设置评价标准;选择评价方法;收集并整理评价数据;形成评价报告;调整财务业绩评价系统。

财务业绩评价系统根据不同的划分标准可以划分为不同的模式。迄今为止,企业财务业绩评价的演进已经有两个多世纪了,从内部评价的角度看,总体上可以划分为五个阶段,分别是成本控制财务业绩评价时期、会计基础财务业绩评价时期、经济基础财务业绩评价时期、战略管理财务业绩评价时期和利益相关者财务业绩评价时期,这五个阶段分别产生了成本控制、会计基础、经济基础、战略管理和利益相关者五种财务业绩评价模式。这五种模式主要的区别在于评价指标的计算基础不同,当然还包括了评价目标、评价方法等其他因素的不同。其中会计基础、经济基础和战略管理是目前为止已被广泛接受并在实践中得到普遍应用的财务业绩评价模式。

设计观念是对财务业绩评价系统设计的指导性理念,贯穿于财务业绩评价系统的整个设计过程,指导财务业绩评价系统基本要素的设计。就内部评价而言,要科学合理地设计财务业绩评价系统,应该遵循以下三大观念:权变观念;整合观念;系统观念。以上三种观念之间存在相互关联的逻辑关系。

评价目标的确立更多的是以关键成功因素(KSFs)的形式与战略目标和战略规划联系在一起。对于现代企业而言,其财务业绩评价目标的基本选择包括以下五个维度:财务、客户、创新、流程和员工。这五个维度相辅相成,系统全面综合地反映企业实现战略目标和战略规划的关键成功因素。

建立适合于我国企业的财务业绩评价指标体系的基本思路应该是:以BSC财务业绩评价系统作为指导性框架,参考国有资本金效绩评价指标体系,充分吸收EVA、业绩三棱柱、动态多维业绩框架等现代企业创新型业绩评价系统的合理成分,将以上指标体系相互结合和相互补充,并充分考虑我国企业的实际情况,从财务、客户、流程、创新和员工等五个维度建立财务业绩评价指标体系。

由于可选择的评价标准存在多种类型,不同类型的评价标准各有利弊,由此引发出如何确定评价标准类型的问题。就内部评价而言,我国企业财务业绩评价标准的基本选择就是预测标准。

目前在实践中应用比较广泛的评价方法主要有两大类型:单一评价方法和综合评价方法。通过比较单一评价方法和综合评价方法的优劣,我们认为对于我国企业而言,财务业绩评价方法的基本选择是综合评价方法,其中定量指标采用综合指数法,定性指标采用专家判分法。应用综合指数法还应该注意一些问题的处理,包括指标的同趋化处理、指标的无量纲化、指标的权数确定等。

课后习题

1. 有人说财务业绩管理是财务业绩评价的更进一步的发展,你认为应该如何理解?
2. 为什么说中小股东属于外部评价的主体,而大股东又属于内部评价的主体?
3. 试对EVA和BSC两种财务业绩评价模式做一比较。
4. 与大中型企业相比,你认为设计一个小型企业的业绩评价系统有什么特别的地方?

|第八章|

企业集团财务管理

💡 **学习目标**：通过本章学习，了解企业集团的含义、类型与特征，认识和理解企业集团组织结构的一般模式；掌握企业集团财务管理制度以及财务战略的类型与选择；理解和掌握企业集团财务控制的主要方法。

我国自 20 世纪 80 年代中期倡导和组建企业集团以来,通过合并、兼并、控股、承包和租赁经营以及国有资产授权经营等方式,组建了一大批企业集团,它们在调整产业结构、优化资源配置、发挥规模经济效益以及增强企业自身竞争力等方面发挥了积极作用。随着经济体制改革的不断深入,这些企业集团的管理逐步走向规范化,但企业集团财务管理等问题仍有待深入研究和解决。本章主要讨论了企业集团的含义、类型与特征,企业集团组织结构的一般模式、企业集团财务管理体制与财务战略的类型与选择,以及企业集团财务控制的主要方法等。

第一节　企业集团概述

一、企业集团的基本内涵

19 世纪末 20 世纪初,随着生产社会化程度的提高和生产规模的扩大,社会分工越来越细,企业间的竞争也日益加剧。为抵御日益增强的竞争压力,企业逐渐由单一主体走向大型化和股份化,企业之间的外部分工协作关系也由于"管理上的协调比市场机制的协调能带来更大的生产力、较低的成本和较高的利润"而变为企业内部的分工协作关系,企业集团应运而生。作为社会化大生产高度发展和市场经济发展到一定程度的必然产物,兼并和收购是其实现的主要方式。德国的"康采恩"、美国的"利益集团"或"金融集团"、英法等国的"财团"等都是企业集团发展的早期形式。

"企业集团"不是一个法律概念,世界各国也没有一个统一关于"企业集团"含义的界定。在美国,企业集团是一种承担组织社会化生产职能的企业组织形态,它具有以大银行为中心、以资本参与为主要形式、以金融信贷关系和人事组织关系为基础等特点。在日本,企业集团是具有相互持股、设立联合投资公司、以城市大商业银行为中心综合商社与配套等特点和标志的大企业结合形式。在我国,一般来说,企业集团是指为了追求更大的经济利益,多个法人以一定的形式结合起来,服从于体现共同利益的某种决策体系的经济联合体。换言之,企业集团是以一个或多个实力雄厚的大型企业为核心,以若干个在资产、技术上有密切联系的企业、单位作为其外围层,由各成员企业按照自愿互利原则组成的具有多层次组织结构的稳定的大型经济联合体。从法律地位上看,企业集团不是法人,不具有独立承担民事责任的主体资格,也没有相应的法人财产权,但集团内部的各成员企业则是独立的法人,有其独立的资产并以其承担民事责任,也有各自独立的经济利益,同时又在共同的利益基础上联合在一起。

二、企业集团的类型

受各国企业制度、银行制度和经济法规等方面差异的影响,不同国家有不同类型的企业集团,而不同类型企业集团的特点也是截然不同的。

在日本,企业集团有两种类型:财团型企业集团和系列型企业集团。财团型企业集团的特点是集团内成员企业相互持股、银行在集团中处于支配地位、集团由社长组织协调集团企业间的重大事务等。系列型企业集团的特点是以处于寡头垄断地位的巨大企业为顶点,通过参股、长期交易、技术指导等方式,由分公司、关系公司等组成。在德国,主要的企业集团形式是康采恩。这类企业集团的主要特征是:以一个大企业为核心,通过参股、控股形成母子公司结构;银行在整个集团中起着特殊的作用;大多在一个特定的行业经营。美国的企业集团则可称为复合型集团,它同时具有财团型企业集团与系列型企业集团的一些特征:银行或其他金融机构在集团中处于核心地位;财团所属企业之间相互持股;财团所属大公司一般都有自己为数众多的子公司、孙公司等,从而形成以大公司为核心的系列型企业集团。这里重点介绍以下几种分类。

1. 依据企业集团的联结纽带,企业集团可以分为股权联结型、契约联结型以及混合联结型

股权联结型企业集团是指按照企业之间的控股与被控股关系、参与和被参与关系而组建的企业集团。控股企业通过持有多数股权,对从属企业在经营上施加决定性影响,从而建立控制关系。由于相互参股,集团内企业之间形成了一种"你中有我,我中有你"和"一荣俱荣,一损俱损"的利益约束关系,使此类企业集团真正成为利益共享、风险共担的利益共同体,具有较强的凝聚力和向心力。

契约联结型企业集团是指各企业通过订立合同,进行产品生产的横向联合或销售联合而自愿结合而成的企业集团。参加联合的各成员企业拥有完全的自主经营权,享有独立的法人地位,原所有制、行业隶属、税收方式和渠道均不改变。此类企业集团在我国不仅数量众多,而且发展得最早。此类型受客观外在因素的制约小,容易得到较快发展。其不足之处在于组织结构比较松散、功能不全,联结纽带也较为脆弱,规模不大。

混合联结型企业集团兼具上述两种类型企业集团的特征,集团内各成员企业既通过投资参股形式的股权联结,又通过技术、产品、销售等合同契约形式的联结,形成了具有大跨度、多层次集团性的网状组合体。此类企业集团克服了单纯契约联结型的弱点,又保持了股权联结型的优点,是企业联合中较规范的一种形式。

2. 依据核心企业的经营活动范围,企业集团可以分为纯粹控股型和混合型

纯粹控股型企业集团的母公司(核心企业)是单纯的控股公司,不直接参与生产经营活动,而是通过持有多数股权,对子公司的生产经营活动进行管理与控制。投资公司作为控股公司掌握着子公司的股份,但目的是从事产权买卖,因而并不是企业集团,不是控股型企业集团。

混合型企业集团的母公司既通过控制子公司的董事会控制子公司的生产经营,又直接从事生产经营。因此,此类企业集团的母公司既有控股型企业集团母公司的性质,又有一般企业的性质。此外,混合式企业集团控制整个企业集团的职能由核心企业代理行使,即实行"一套机构,两块牌子",在一定程度上难以适应对集团整体进行控制的要求,其结果往往是分权过渡,该管的管不起来,所以混合型企业集团发展到一定程度必然转化为控股型企业集团。

3.依据集团采取的多元化战略,企业集团可以分成纵向一体化、相关多元化、非相关多元化三类

纵向一体化企业集团是以主导产品的生产为中心,将经营范围向产品价值链的下游延伸而发展起来的企业集团;相关多元化企业集团是指企业运用某种有形或无形的资源(主要是技术或市场)为中心发展与之相关的多种经营而形成的企业集团;非相关多元化企业集团是指企业并不以某项生产或某种经营资源为中心,而是在彼此没有直接联系的行业和领域中发展多种经营业务而形成的企业集团。

三、企业集团的基本特征

不同国家、不同类型的企业集团各具特色,但企业集团作为现代企业的高级组织形式之一,也具有一些不同于一般企业的共同特征。具体来说,企业集团具有以下基本特点。

1. 群体性

企业集团是一个具有多层次结构的联合体。它不同于一般的企业群体,也不同于单个企业。一般的企业群体是一个更为广泛的概念;单个企业即使规模再大,也只是大型企业。企业集团是一种通过特定纽带联合而成的特定的企业群体,不具有独立的法人地位,但其成员企业往往都是独立法人,而且相互之间存在参股或控股关系。

2. 联结纽带以资本为主

企业集团要成为有机整体、充分体现资源整合与管理协同效应以及集团整体的竞争优势,必须在其各成员单位之间建立起各种联结纽带。这些纽带可以是资本,也可以是行政、资产、技术、财务、研究与开发、人事等许多方面。其中,资本联结纽带具有可以增强企业集团的凝聚力、优化集团内部的资源配置、扩大集团的规模、增强集团实力的优点,所以在上述诸多方面中资本是最为基本、最重要的联结纽带,大多数企业集团就是通过资本的控制、参与,进而形成控股、参股的利益关系而将各成员单位有机地联系在一起。从某种意义上讲,没有资本作为联结纽带就没有企业集团。

3. 规模大型化

规模巨大是当今企业集团的一个基本特征。这里的规模既指企业集团整体的规模,也指集团核心企业(母公司)的规模。在发达国家中,企业集团的数量并不多,但其规模却非常大,如 1992 年日本六大企业集团的企业数量只占全国法人企业(金融机构除外)的 0.007%,但其资本金却占到 15.29%,总资产占 12.52%,利润占 10.63%。如果把核心企业与其所控制的子公司、关联公司的资产加起来,则几乎控制着日本经济的大部分。

集团内部相互独立的成员单位的数量也在一定程度上决定了集团整体规模的大小。一般来说,大型企业集团往往拥有几十个甚至几百个成员企业,小型企业集团也会有十几个成员单位。以日本为例,日本的六大财团型企业集团的成员企业数分别为三井 26 家、三菱 29 家、住友 20 家、三和 44 家、芙蓉 29 家、第一劝业银行 48 家;在韩国,78 家大型企业集团中拥有 20 家以上子公司的就有 16 个,其中三星集团为 52 家、现代集团 43 家。

4. 组织结构多层次化

无论是纵向持股形成的企业集团,还是横向持股形成的企业集团,从持股关系与比例来分,都可以分为核心层、紧密层、半紧密层和松散层四个层次。其中,核心层是企业集团的核心,紧密层、半紧密层和松散层与集团联系的紧密程度依次降低,对集团的影响也依次减弱。以丰田汽车集团为例,其核心层由 15 家丰田汽车集团成员企业构成;其紧密层由丰田汽车公司持股 20% 以上的公司构成,1985 年计 161 家;180 家生产零部件厂家和 65 家设备生产厂家共同构成该集团的半紧密层与松散层。一些著名的大企业,如通用汽车公司、国际商用机器公司等也多达 20 个以上的层次。尽管 20 世纪 90 年代之后,压缩管理层次,企业扁平化成为一种趋势,但无论如何,多层次都是企业集团的基本特征之一。

5. 经营多元化

企业集团作为市场经济的产物,兼并和收购是其产生的主导方式。通过购并,不同所有制成分、不同行业和领域、同一行业但经营不同产品的企业都可能被包括进企业集团这个大系统中。在此过程中,企业集团成了一个集多种所有制成分、跨多个行业与领域,同时生产和经营多种产品的复杂系统,并呈现出多元化的特点。这种多元化既体现为经营范围上的多元化、综合化,又体现为经营方向上的系列化,既围绕着核心企业的主导产品展开经营,又开展其他相关经营活动,如美国的国际电话电报公司(AT&T),不仅是美国最大的电信器材生产和电信业务经营的公司,同时也是生产电子元件、水泵、自动防火系统及其他通用机械,提供消费品生产和劳务服务的公司。

四、企业集团的组织结构

组织结构是一个组织内部各构成部分之间所确立的关系形式。组织结构是否合理和科学,直接影响到组织能否高效地运转。企业集团作为由多个法人组成的经济联合体,其集团的组织价格要有利于对集团内部公司的协调与控制。一般来说,企业集团的组织结构分为:U 型结构、H 型结构和 M 型结构。

1. U 型结构

U 型结构(unitary structure)也称"一元结构",是一种高度集权的组织结构。在这一结构下,集团从最高管理层到最低管理层按照垂直系统进行管理,各级领导直接行使对其下属公司的统一指挥与管理职能,不设立专门的职能机构,一个下属公司只接受一个上级领导的指令,这也在客观上要求管理者具有全面管理所负责下属公司的专门知识与能力。U 型结构的优点是机构简单,决策迅速,权责明确。我国企业经常采用的直线职能制就是其表现形式之一。

在企业创建初期,U 型结构的权利集中,能够促进企业集团的快速发展,但随着集团规模的日渐壮大,其缺点也逐渐显露出来。

(1)在这种集权的、依靠职能部门运作的企业集团中,随着集团经营规模的扩大,经营活动变得极为复杂,直接控制各职能单位经营决策的高层管理人员会因整日忙于协调、评估和决策等烦琐的行政工作而耗费精力,管理效率下降。虽然企业设有财务、营销和生产方面的专家监督各职能业务,有专门的人员收集和选择信息,但业务的多样性仍使他们无法进行有效的管理和决策。

(2)U型结构往往因管理幅度过大而造成管理失控,加大了行政管理费用;事无巨细地过分集权将使企业无力顾及企业长期发展战略决策与控制实施,无法做好企业长期性资源配置工作。

(3)集权与集中决策并不一定保证决策的准确性,因为除了企业最高决策者有限理性的判断偏差之外,高层管理人员通常都各自负责一个职能部门的工作,他们几乎总是从各自负责的工作角度来评价公司的政策。这就有可能出现为了平衡各部门的关系而牺牲集团整体利益,甚至放弃集团长期目标的倾向。

伴随着有限理性压力的日益增加,U型结构中的机会主义悄然兴起,各职能部门往往机会主义地利用自己的信息优势,在目标上偏离企业利润最大化而追求各自的目标。因此,U型结构这一过分集权的组织架构在企业集团各成员企业进行纵向合并的初期、集团发展规模较小、经营品种单一时可以采用,否则就会影响组织的运行效率。

2. H型结构

H型结构(holding structure)是实行集团内部分权的一种形式,与U型结构的集权形成鲜明对比,控股型企业集团是这一结构的典型代表。在H型组织结构下,母公司作为出资人持有子公司部分或全部股份,并通过资本运作,以较小的资本规模控制着整个集团的大量的资本与资产资源。集团内各成员所从事行业的关联度一般不大,从而在集团内部形成相对独立的利润中心和投资中心。

H型组织结构的优点是:母公司不能对子公司实行行政化直接管理,从而确保了子公司较大的独立性和自由度,对于提高子公司的经营积极性,规避和分散经营风险具有积极意义。然而,作为典型的分权组织结构,集团总部往往没有明确的总体发展方向和战略,与下属公司在业务上也互不相干,这样容易导致集团高层管理人员在战略决策、计划、资源配置、监控、激励等方面发挥的作用有限。具体表现在以下几个方面。

(1)控股公司的战略计划、方针等难以向子公司贯彻。子公司完全以资本结合为主,以资本收益率、盈利状况为评价标准,使得企业集团在管理上缺乏直接统一指挥的力量而过度分权,管理效率低。

(2)子公司难以充分利用控股公司总部的参谋人员。控股公司和子公司都是独立的核算单位,除了董事兼任以外,母公司的各职能部门并不直接为子公司提供服务。

(3)从长期和战略的角度看,母公司无力对各子公司的经营业绩作恰当的评价,所以管理成本较高。

(4)控股公司的投资协调比较困难。子公司的投资不受总公司的直接控制,子公司的利润被用于自身的投资,因而较难从公司全局性的未来利益出发,利用子公司的利润进行长期投资,子公司之间的协调也较差。

H型结构的企业集团最初发端于英国。由于此类集团的管理运作主要是依据资产纽带,下属企业又大都具有法人资格,因此,整个集团在结构上往往过于分散,控股公司(母公司)也比较难于有效控制下属公司,受其影响,尽管H型结构是一种迅速扩张企业规模的组织创新形式,但其持续的时间并不长。

3. M型结构

M型结构(multidivisional structure)也称事业部制,是U型和H型两种结构发展、演变的产物,是一种分权和集权相结合、更强调整体效益的大型公司结构。M型组织结构的显著特征是战略决策与经营决策分离。在M型结构下,企业集团是按产品、技术、销售、地域等设立可以独立核算、自负盈亏,但不具有法人地位的半自主性的经营事业部;不同的部门和人员负责各事业部的战略决策和经营决策,集团公司的高层管理者则集中精力从事长期战略计划的制定,对各事业部的工作进行评价、监控,从而从日常烦琐的管理工作中解脱出来,有效地实现了集团内集权和分权的有机结合。不仅如此,M型组织结构还具有以下优点。

(1)M型结构实现了层级制与市场机制的有机结合。M型结构中,各分部虽然不是独立的法人,但是都是相对独立的利益主体。对于上市公司和其他联合核算控股企业,集团公司拥有重大战略决策权及上市公司的重大投资权和决策权,是绝对独立的利润中心。集团公司各分部、上市公司、控股公司之间存在着“准市场交易”或“内部转移定价”交易,具体采用哪种价格,由集团公司与交易双方共同协商决定。在企业集团内部的这种准市场体现了企业集团的层级制与市场机制的有机组合。

(2)M型结构有利于改善信息传递和激励机制。信息是决策成败的关键,所以企业集团的决策要让最具有信息的人或部门去做。M型结构中,集团公司总部掌握有关企业集团的长期发展信息,保证了企业集团决策的全局性、发展战略决策的科学性和有效性。高层决策者对分支公司的具体经营业务不加干涉,而将决策的权力下放到各分部,让处于较低层次、掌握有关信息的人来负责局部性决策,同时通过适当的激励机制,对他们进行有效指导和协调,从而保证了局部性决策的正确性。

(3)M型结构有利于加强协调和控制。M型结构出现以前,在企业集团中普遍采用H型结构,这种过于分散决策的组织架构使决策单位之间缺乏应有的协调,母公司也没有掌握必要的信息以评价和协调各单位的计划与决策,从而导致了各部门之间、各子公司之间缺乏协调的局面,增加了管理成本。M型结构克服了这些缺陷,在M型结构的企业集团中,有分散的事业部或具有某些事业部性质的子公司,又有负责协调、监督、战略性决策的集团公司,从而保证了必要的协调与控制,事业部的决策往往要在母公司的总体规划框架下作出,集团内部的管理成本大大下降。

M型结构使得大企业充分发挥了组织形式的优势,将大部分公司的事务交给部门经理处理,根据他们的业绩给予报酬。实行向前、向后一体化,将交易内部化,把越来越多的业务活动置于一个企业之中,从而扩大了生产线的规模和产品组合的范围。尽管M型结构是对U型结构和H型结构的一种创新形式,但他运用到企业集团公司中也存在问题,主要表现在以下几个方面。

(1)权力分散有利于更好地利用局部信息。集团公司总部与各事业部门所掌握的信息不对等,会进一步恶化道德、风险问题。分部或上市公司等为了自己的利益有可能向母公司隐瞒某些真实情况。在分部之间、上市公司与其他联合核算的控股企业之间,由于利益的相对独立性,各自就有可能采取类似于市场主体的机会主义的行为,传出有利于自己的不真实信息。

(2)不利于事业部之间的横向联系。集团公司高层管理者如果不注意协调,事业部容易产生本位主义,只顾眼前的局部利益,忽视长远的整体利益,影响集团内成员企业之间的协作。

(3)转移定价决定内部交易中可获得的收入,因此是各部门经理所关注的焦点。部门经理在交易中有权决定购买与否及购买的数量。如果转移价格定得不好,公司的利益就会受到损失。

第二节 企业集团财务管理体制

一、企业集团财务管理体制的类型

企业集团的财务管理体制是母公司为规范企业集团财务权限分割、财务责任和利益分配关系的基本制度与规范。它是企业集团财务管理工作的"上层建筑",对其"下层"的财务活动起着规范、引导和推动作用。正确确定财务管理体制是进行企业集团财务管理的前提。由于集团内企业联结的紧密程度、利益等因素的差异,企业集团的财务管理体制有多种不同的模式,通常可分为集权制、分权制和混合制三种。

1. 集权制

集权制将子公司的业务看作是母公司业务的扩大,所有的战略决策与经营控制权(财务的与非财务的)都集中在母公司,母公司对子公司采取严格控制和统一管理的财务管理体制。在这一模式下,子公司只享有少部分的财务决策权,其人、财、物及供产销统一由母公司控制,子公司的资本筹集、投资、资产重组、贷款、利润分配、费用开支、工资及奖金分配、财务人员任免等重大财务事项都由母公司统一管理。母公司通常下达生产经营任务,并以直接管理的方式控制子公司生产经营活动。在某种程度上,子公司只相当于母公司的一个直属分厂或分公司,投资功能完全集中于母公司。

集权制最大的优势在于财务管理效率较高,利于企业集团发挥整体资源的整合优势,提高整体资源的利用效率。通过集权,母公司能够指挥和安排统一的财务政策,便于降低管理成本,也有利于发挥母公司财务调控的功能和财务专家的作用,降低集团的财务风险,完成集团统一的财务目标,还有利于统一调度和使用集团资金,保证资金头寸,降低资金成本。

然而,集权制也有自己明显的不足:(1)往往"一统就死"。在这种体制下,财务管理权限高度集中于母公司,容易挫伤子公司参与管理的积极性,不利于发挥子公司管理层及工作人员的主动性和创造力;(2)不利于母公司"抓大放小"。母公司财务管理的重点应在于关系公司长远发展的战略管理。事无巨细地对子公司的财务管理与经营事务进行管理,会导致母公司"眉毛胡子一把抓",分不清工作的主次和轻重缓急,不利于集团的长远规划和发展;(3)整个集团可能会因母公司的决策失误而蒙受巨大损失。母公司对子公司的财务事项管得过多过细,不仅会影响企业集团的长远发展,而且一旦决策失误,将导致子公司的破产或清算,并使母公司陷入困境,整个集团也因此蒙受巨额损失。

作为一种财务管理体制,集权制主要适用于以下几种情况:企业集团的规模不大,且处于组建初期,需要通过集权来规范子公司的财务行为;子公司在整个集团中占据特殊重要地位,集团不能对其进行分权;子公司的管理效能较差,需要母公司加大管理力度。

2. 分权制

分权制是将决策权分散于各子公司,子公司拥有充分的财务管理权限,母公司只起控股公司的作用,对下属公司以间接管理为主的财务管理体制。在这一模式下,子公司相对独立,在财权上的资本融入及投出和运用、财务收支、费用开支、财务人员选聘和解聘、职工工资福利及奖金等方面均有充分的决策权,并根据市场环境和公司自身情况做出更大的财务决策;母公司不采用指令性计划方式干预子公司的生产经营与财务活动,对子公司的管理强调的是结果控制,即对子公司完成受托责任的情况进行考核和评价,以增强其实力。

财务管理权限集中与分散互为反正,由此产生的利弊也大致相反。分权制提高了子公司的积极性,使子公司能够根据市场变化迅速作出反应,从而抓住商机,增加创利机会,同时也减轻了母公司管理者的决策压力,并使其有更多的时间和精力考虑企业长远的战略发展。作为一种管理意识与管理体制,分权制具有时代性,它代表一种潮流。但分权制也存在一些不足:(1)不利于企业集团统一指挥与协调。分权制下,母公司难以对企业集团进行统一的指挥和协调,财务调控功能弱化;(2)不利于集团加强对子公司的管理与控制。分权制下,母公司难以及时发现子公司面临的风险和存在的问题,也不能有效约束经营者,从而出现子公司各自为政、损害集团整体利益的"内部人控制"问题,并最终影响企业集团财务管理目标的实现。

从国内外企业集团的财务管理实践看,分权制主要适用于 H 型企业集团组织或控股型企业集团,同时对集团中某些无关集团大局的子公司也可实行分权制。

3. 混合制

集权制与分权制是两种极端的财务管理模式,它们都存在比较明显的缺陷。实践中采用更多的是集权和分权相结合的混合制财务管理模式。此模式强调分权基础上的集权,是一种集资金筹集、运用、回收、分配于一体,参与市场竞争,自下而上的多层决策的集权模式。混合制综合了集权与分权的优势,既能发挥集团母公司的财务调控功能,激发子公司的积极性和创造性,又能有效控制经营者及子公司风险,有利于集团整体财务管理目标的实现。

根据母公司权力集中程度的不同,混合制财务管理模式可进一步分为集权为主、分权为辅和分权为主、集权为辅两种形式。前者主要体现了集权制的优点,不仅有利于母公司对子公司实施有效的控制,而且还能部分地避免由于权力过度集中而造成的子公司缺乏积极性和灵活性的问题。此种财务管理模式尤其适合于发展初期的企业集团;后者则不但体现了分权制的优点,而且加强了集团内部的协调,更多适用于发展已经相对成熟,并且规模较大的企业集团。如何准确把握集权与分权的度是混合制财务管理模式应用的关键。

二、企业集团财务管理体制的影响因素

企业集团不同财务管理体制的差异实质上就是财务管理权限的归属,以及财权的收放与收放的程度问题。在实践中,集权与分权历来是企业集团管理所面临的最大难题。因为

权限的分配不仅涉及企业集团的管理体制,而且与集团总体及其成员企业的经济利益与经济责任密切相关。因此,企业集团在选择和构建适合自身的财务管理体制时应慎重,应全面考虑各种因素的影响。

1. 企业集团的发展战略

发展战略是企业发展的总设计和总规划。科学的发展战略能够引导企业兼顾当前利益和长远发展,正确处理一系列关系,使企业始终保持长盛不衰的持续发展状态。企业发展战略大致可分为扩张型、稳步发展型和防御型三种。企业集团在某一阶段采取的具体战略的差异必然要求以不同的集权分权管理模式为支撑,选择和构建的财务管理体制应服务和服从于集团发展战略,体现集团发展战略的指导思想,并在战略发生变动时自觉、迅速、及时地对已有的财务管理体制进行调整。

具体来说,当企业集团通过自我积累、对外购并等形式快速扩张时,需要有相应的资本融资方式与之相匹配。此时过分强调集权是不明智的,应该积极鼓励子公司开拓外部市场,形成集团内多个新的经济和利润增长点,分权程度必须大一点;当企业集团通过资产剥离、回购股份、出售子公司等进行调整性后退时,母公司除了需要审慎估计上述行为可能给集团战略产生的各种不利影响外,还需要在财务上作出事先安排,尤其是强调财务集权;当企业集团维持在某一特定领域现有的投资水平,寻求稳步发展时,母公司则需要对投资融资权从严把关,同时对有关资金运营效率方面的权力适当放开。

2. 企业集团的发展阶段

每个企业的发展都要经过一定的发展阶段。最典型的企业一般要经过初创期、成长期、成熟期和衰退期四个阶段。在不同发展阶段,企业集团的财务管理体制存在很大的权变性。

在初创阶段,集团控股公司由于缺乏足够的资金和财务专家,往往较多将财务管理决策权下放给子公司,实行分权式管理;在成长阶段,控股公司有了较强的经济实力和较多的财务专家,就要集中重要的财务决策,并通过信息交流和规定的报告程序,来统一管理和协调子公司的财务活动;进入成熟阶段后,控股公司既需要加紧对子公司财务决策的控制,又无须对每一项财务决策都进行控制。此时,控股公司通常会将集权与分权结合起来:一方面颁布标准程序规范,规定各子公司的权限标准(如当地借款额度),各层在相应的权限范围内行事;同时运用最优化原则,管理其辖区的子公司之间的交易;另一方面,负责审阅重要的财务决定以及子公司的经营成果,并提供指导、咨询和信息。

3. 企业集团的联合方式

企业集团按其联合方式不同可分为:横向型企业集团、纵向型企业集团和混合型企业集团。横向型企业集团内部的各企业无论在产品、组织结构和行业上都非常相近,甚至完全相同,这就为实行统一的财务管理制度提供了可靠基础。并且,集团内部各企业之间的密切联系和相互依存关系,也要求从整体上对整个集团的理财活动进行组织和协调,即实行权力高度集中,并以完善分配机制为重点的集权制财务管理模式。

纵向型企业集团已经开始涉及多元化经营,即跨部门经营。此类企业集团以产品为纽带,集团内各企业的经济效益有较强的相关性。如果产品供过于求,整个集团的利润都会下降。因此,纵向型企业集团应保持权力适度集中的混合制财务管理模式,并在向混合型企业集团发展过程中,逐步转变为权力分配型的财务管理模式。

在利润平均化规律作用和风险分散的要求下,企业集团必须不断进行产业结构调整,从而就出现了以多元化经营为特征的混合型企业集团。实行多元化经营的结果是企业集团的各企业之间在生产和业务上彼此相关性不强,甚至完全不相关。因此,企业集团公司也就不可能、也没有必要统一各子公司的财务管理制度,而只需要在资本投入、重大项目决策以及整体资金运营的协调上加强管理,以保证集团整体利益最大化,并为子公司发展提供有利的资金环境,使企业集团在产业转换中保持可持续发展的能力。分权制是此类集团财务管理模式的合理选择。

4. 企业集团的产业与产品定位

从理论上讲,企业集团存在明显的产业定位。按照多元化程度的差异,可以把企业集团产业定位划分为四类:(1)产品密集型定位,即企业集团以单一产品为投资经营对象,在此前提下,开辟新的业务领域,增加新的花色品种,提高市场占有率,全面肯定生产和销售;(2)一体化产业定位,企业集团围绕某一产品,实现其供、产、销三方面的投资与经营的一体化,使得原料供应、加工制造、市场销售实行联合,以扩大生产和销售能力;(3)相关联多元化定位,是指企业集团将多元化扩展到其他相关领域,同时没有任何单项产品的销售收入能占到集团销售总额的70%;(4)无关联多元化定位,指企业集团进入与原来业务无关的领域从事产品的生产和销售。

如果企业集团的行业和产品比较单一、生产流程衔接紧密、产品必须统一面向外部市场实行垄断竞争,集权程度就高一些;如果企业集团的行业和产品众多,生产流程无紧密联系,各种产品面对的市场情况不同且经常变化,分权程度就应大一些。

5. 成员企业在企业集团中的重要程度

对于企业集团而言,并非所有的企业都处于同等重要的地位。为实现集团发展的战略结构、维护和增强集团的核心能力并扩大核心产业的市场优势,集团母公司应当加强对关乎集团前途命运的重要成员企业的统一管理与控制。而对那些与集团的发展战略、核心能力、核心业务以及可预见的未来发展关系一般、影响不大的成员企业,可采用分权型财务管理体制,以提高管理效率、发挥各成员企业的积极性、增强市场竞争的应变性。对于那些与集团的发展战略、核心能力、核心业务以及可预见的未来没有关系的其他领域的成员企业,母公司通常没有必要实行集权管理,对这类成员企业实行高度的自治,反而更容易达到维护集团整体利益、促进成员企业发展的双赢效果。

6. 企业集团的管理文化

管理文化的不同对企业集团的财务管理模式也存在一定的影响。在深受“自由与民主”思想影响的西方文化看来,无论是子公司还是其他成员企业,与母公司一样,在法律上享有平等的法人权利地位以及独立社会人格特征。因此,西方的企业集团更易采用分权制。这既被视为对子公司或其他成员企业管理层行为能力的尊重,也被视为对其积极创造性的保护与人格价值的社会认同。相反,在先社会价值而后个人价值的东方文化结构以及“集中统一”的社会意识背景下,东方的企业集团在管理上更易于采用集权制。我国很多的企业集团就深受东方传统文化的影响,在财务管理体制上倾向于集权。

集权与分权历来是企业集团财务管理面临的最大难题。因为它不仅涉及企业集团的管理体制,而且涉及企业集团对成员企业的管理战略与管理认同,更与集团整体及其成员企业自身的经济利益与经济责任密切相关。企业集团应在深入分析自身特点的基础上,综合考虑上述因素以及集团的组织结构、地理分布、生产技术特点、控股公司的股权结构、集团所面临市场竞争的状况等因素对集团财务管理体制的影响,设计、构建和实施行之有效、切合企业实际状况的财务管理体制,并根据集团的发展变化不断修订和完善。

第三节 企业集团财务战略

一、财务战略的含义

"战略"一词源于军事领域,其含义是对战争全局的筹划和指导。1962 年,战略一词开始进入管理领域,用以指导企业管理实践。公司战略称为能够帮助企业适应未来的环境变化,实现长期生存和稳定发展的总体性和长远性的规划。财务战略则是企业整体战略的重要组成部分和在财务上的具体化,是企业在一定时期内根据宏观经济发展状况和自身发展战略,对财务活动的发展目标、方向和道路作出的一种客观而科学的概括和描述。

企业集团财务战略主要包括:(1)资金筹集战略。这一战略是对企业集团资金筹集的通盘的、长远的谋划,主要解决长期内与集团战略有关的筹集资金的目标、原则、规模、渠道、工具和结构等重大问题。随着企业组织规模的日益扩大和市场竞争的不断加剧,因融资结构不合理导致企业财务危机和破产的诸多教训使资金筹集战略显得尤为重要;(2)资金投资战略。这一战略是企业集团对投资的通盘的、长期的谋划,主要解决长期内与企业集团战略有关的资金投放以及运营管理的目标、原则、规模、方向及结构问题。此战略在综合考虑企业集团未来投资环境和自身优势的基础上得以确定,并随着未来投资环境和自身优势的改变而改变;(3)收益分配战略。这一战略实际上是资金筹集战略和资金投放战略的延伸,主要解决长期内与企业集团战略有关的企业净收益分配问题,特别是股利的分配与发放等重大问题。

二、企业集团财务战略的特点

企业集团财务战略是战略管理的核心内容之一,财务管理与其他职能管理部门互相配合,才能实现企业集团的整体战略目标。依据财务战略与企业集团母公司和下属子公司的关系,企业集团财务战略具有以下几个主要特征。

1. 支持性

财务战略的支持性,表现在它是企业集团整体战略的一个组成部分,也是企业集团战略的执行与保障体系。企业集团战略是全局性的战略,它指导着财务战略以及其他职能战略的制定。筹资必须为投资服务,理财必须为经营服务,是财务管理应确立的基本理念。作为企业集团战略的支持与保障系统,财务战略的目标是实现企业集团战略以及确立企业集团的竞争优势。通过合理地安排企业集团的财务资源规模、期限、资本结构、资产结构、成本结构，科学有效的财务战略可以提高资金运转效率，建立健全财务风险与危机预警系统，从而为企业集团整体战略目标的实现提供良好的财务环境基础保障。

2. 全员性

尽管财务战略的制定和实施是由财务职能部门完成的，但这并不意味着企业集团中的其他管理层次在财务战略的制定与实施中不起作用。例如，在建立 M 型管理体制的企业集团中，任何可行的财务战略都是在总部与事业部两个层次间以及总部财务管理人员与事业部经理间进行交流后进行决策选择的。财务战略不仅涉及企业集团整体，更涉及财务资源在不同事业部之间进行的配置与整合。具体来说，从纵向看，财务战略制定与实施是企业高层主管（如财务副总裁）、企业集团财务部门主管、事业部财务及下属各子公司财务多位一体的管理过程；从横向看，财务战略必须与其他职能战略相配合，并依据企业集团的发展阶段与发展方向来确定各职能战略管理的主次，同时，财务战略意识要渗透到横向职能的各个层次，并最终由企业集团财务部门负责协调。

3. 动态性

财务战略必须保持动态调整。一般认为战略立足于长期规划，因此应具有前瞻性。但是战略是基于对企业集团环境分析的结果，而企业集团所面临的环境常常是变动的，因此，战略的作用在于以变制变。结果表现在：当环境出现较小变动时，一切行动必须按战略行事，体现战略对行动的指导性；当环境出现较大变动并影响全局时，企业集团战略必须做出调整，从而财务战略也应随之调整。

4. 综合性

所谓综合性就是指企业集团财务战略以统一的价值尺度综合地反映企业集团在战略执行期间人、财、物和供、产、销对资金的总需求、使用方向、耗费水平以及企业生产经营预期产生的效果总目标。这一特点是由财务管理对象"资金"的综合性决定的。

5. 安全性

所谓安全性就是指企业集团在制定和实施财务战略过程中，除了谋划企业集团获利能力和营运能力以外，也对在企业集团战略期间可能产生的生产经营风险予以充分考虑，并规定了控制目标予以充分防范。例如，企业集团的财务战略目标中一般包括偿债能力目标和流动性目标，这就为企业集团在战略期间的安全经营奠定了良好的基础。

三、企业集团财务战略的类型

财务战略的类别因观察角度的不同而不同。如，从财务管理派生内容的角度看，企业集团财务战略包括投资规模战略、投资方向战略、企业购并战略、分部财务战略、特殊条件（如通货膨胀）之下的财务战略等；从业务经营能力的角度看，企业集团财务战略包括快速扩张型、稳健发展型和防御收缩型财务战略三类。

1. 快速扩张型财务战略

快速扩张型财务战略是以实现企业集团资产规模的快速扩张为目标的一种财务战略。

为实施这种战略,集团往往需要在将绝大部分乃至全部利润留存的同时,大量地筹集外部资金,或进行并购。此时,集团可以采用激进型的融资策略,主要通过负债筹资解决扩张所需的资金问题,也可以通过发放新股或换股筹资来进行对外并购。前者可以为企业集团带来财务杠杆效应,但会增大企业集团的财务风险,后者虽然较为稳健,却容易稀释净资产收益率和每股收益。所以,快速扩张型财务战略一般表现出"高负债、低收益、少分配"的特征。在扩张型财务战略下,集团必须合理安排筹资结构。在通过并购进行扩张时,还需做好可行性研究,以保证并购能够成功实施。

2. 稳健发展型财务战略

稳健发展型财务战略是以实现企业集团财务绩效的稳定增长和资产规模平稳扩张为目标的一种财务战略,也是大多数企业集团采用的财务战略。实施此战略的企业集团,一般将尽可能优化现有资源的配置和提高现有资源的使用效率及效益作为首要任务,将利润积累作为实现企业集团资产规模扩张的基本资金来源,合理分配利润;慎重筹集和使用外部资金,尤其是负债资金,以降低财务风险和利息负担;审慎进行并购和多元化经营,走专业化、规模化发展之路,以推动集团稳步发展。相应的,此财务战略一般体现出"低负债、高收益、中分配"的特征。

3. 防御收缩型财务战略

防御收缩型财务战略是以预防出现财务危机和求得生存及新的发展为目标的一种财务战略,也是一种调整性的后退战略。实施防御收缩型财务战略,一般将尽可能减少现金流出和尽可能增加现金流入作为首要任务,通过各种方式(如剥离资产、回购股份和出售子公司等)盘活存量资产,改善集团的现金流量状况,并通过削减广告和促销费用、精简机构等节约成本支出,以集中一切可以集中的人力、物力,用于企业集团的主导业务,增强企业集团主导业务的市场竞争力。此实施过程往往伴随着债务偿还、对子公司持股比例减少、经营范围收缩、集权程度加强等现象。"高负债、低收益、少分配"是此战略的一般特征。

随着企业集团经营环境的日益复杂,组织形式的变化、金融工具的创新、企业集团自身发展所处的阶段的不同,财务战略不再是纯粹的"扩张、稳健、防御收缩",从不同的角度分析,企业呈现的总体财务战略可以是以上三种中的任意一种,也可以是某一种的局部修正或者创新。

四、企业集团总体财务战略的规划

企业集团财务战略的选择必须考虑经济周期波动情况、企业发展阶段和企业经济增长方式等并及时进行调整,以保持旺盛的生命力,实现长期、稳定发展。

1. 财务战略的选择必须与经济周期相适应

经济的周期性波动是经济发展过程中不可避免的现象,是经济系统存在和发展的表现形式。这也要求企业集团顺应经济周期的过程和阶段,通过制定和选择富有弹性的财务战略,减少经济大起大落对财务活动的影响,尤其是经济周期中的上升和下降对财务活动的抑止效应。在不同的经济运行阶段,实施的财务战略应有所不同。

在经济复苏阶段,企业集团应采取扩张型财务战略,即应增加厂房设备,采用融资租赁筹资,储备存货,开发新产品,增加劳动力。

经济繁荣阶段有初期和后期之分。在繁荣初期,企业集团应采取快速扩张型财务战略,即应继续扩充厂房设备,采用融资租赁,继续储备存货,提高产品价格,开展营销筹划,增加劳动力;在繁荣后期,企业集团应采取稳健型财务战略。

在经济衰退阶段,企业集团应停止扩张,并出售多余的厂房设备,停产不利产品,停止长期采购,削减存货,减少雇员。经济进入萧条阶段后,特别是在经济低谷时期,企业集团往往建立严格的投资标准,在保持市场份额,压缩管理费用的同时,放弃次要的财务利益,削减存货,减少临时性雇员。也就是说,在这两个阶段企业集团都应采取防御收缩型财务战略。

2. 财务战略的选择必须与企业集团发展阶段相适应

不同的财务战略是与不同的企业集团发展阶段相适应的。企业集团在选择使用财务战略时,需认真分析自身所处的发展阶段及其特点。

初创期,企业集团对现金的需求量较大,此时企业集团需要大规模举债经营,因而往往面临较大的财务风险,股利政策也一般采用非现金股利政策;成长期,虽然企业集团的现金需求量也很大,但它是以较低幅度增长的,财务风险仍然较高,股利政策一般可以考虑发放适当的现金股利。在上述两个发展阶段,企业集团宜采取扩张型财务战略。

成熟期,企业集团的对外现金需求量有所减少,有些还可能出现结余,财务风险降低,现金股利水平可适当提高。此时,稳健型财务战略比较适合此阶段企业集团的发展特点。

衰退期,企业集团的现金需求量会持续且大幅减少,最后还会出现亏损,财务风险则进一步降低,高现金股利随之成为现阶段企业集团常用的股利政策。此时,企业集团所选择采用的财务战略自然是防御收缩型了。

3. 财务战略选择必须与企业经济增长方式相适应

在相当长的时期内,低水平重复建设与单纯数量扩张的经济增长,是我国企业经济增长的主要方式。这些方式虽然易于在短期内见成效,但却缺乏相应的技术水平和资源配置能力的配合,从而制约了企业生产能力真正和长期的增长。为寻求更大的发展,越来越多的企业由粗放增长转向集约增长。企业集团财务战略也应适应此转变,在以下两个方面作出调整。

一要调整企业集团财务投资战略,加大基础项目的投资力度。企业经济真正的长期增长要求提高资源配置能力和效率,而资源配置能力和效率的提高取决于基础项目的发展。虽然基础项目在短期内难以带来较大的财务利益,但它是经济长期发展的重要基础。因此,企业集团在投资的规模和方向上,要向基础项目倾斜,要实现基础项目相对于经济增长的超前发展。

二要加大财务制度创新力度。通过建立与现代企业制度相适应的现代企业财务制度,既可以约束企业集团追求短期数量增长的行为,又可以强化其进行集约经营与技术创新的行为取向;通过明晰产权,可以从企业集团内部抑制掠夺性经营的冲动;通过以效益最大化和本金扩大化为目标的财务资源配置,限制高投入、低产出对资源的耗用,以实现企业集团的集约化、高效率经营。

五、企业集团财务战略的实施

企业集团财务战略的实施包括制定具体的实施步骤和建立保障措施两部分。企业集团在实施过程中,应注意妥善处理以下问题。

1. 企业集团财务战略的执行力不强

虎头蛇尾、流于形式的现象在我国广泛存在,企业集团财务战略的执行也不例外。不少企业集团在制定财务战略时热情高涨,但真正进入实施阶段后,往往由于实际工作的复杂性和投入的进一步扩大而热情大减,使财务战略形同虚设。企业集团应采取有效措施,有效避免此类问题的发生。

2. 企业集团财务战略与总体战略及其他职能战略的配合度不够

目前,一些企业集团在实现财务、经营等职能战略时往往不能实现动态管理或实施动态管理时动态性不强,结果导致职能战略不能很好地为实现总体战略目标服务;同时,各职能战略间的协调性也不强,各职能部门经常相互推诿,权责界限不清,结果不仅影响了总体战略目标的实现进度,而且降低了整个企业集团战略管理的效率。

3. 企业集团财务战略的实施得不到有效保障

目前,国内大多数企业集团财务工作的重点仍然停留在传统的记账、算账、报账、编制财务计划、审核财务收支和分析财务报表上,提供的财务信息不能适应战略管理的需要。因此,应建立适当的保障措施,使财务战略得到有效实施。这些措施包括:充分利用先进的信息化工具,逐步实现企业集团财务管理信息化;重视企业集团预算管理,提高财务战略的可操作性和导向性;不断调整财务战略以配合总体战略目标的实现进度,实现对企业集团财务战略的动态管理等。

第四节　企业集团财务控制

对作为经济联合体的企业集团而言,无论企业集团集权或分权的程度如何,其最核心、最本质的问题都是利益问题。子公司往往为维护自己的局部利益而损害集团的整体利益,即存在逆向选择倾向。子公司利益的相对独立性与企业集团整体利益的不完全一致性是此问题产生的根源。为消除子公司的逆向选择倾向,确保企业集团整体发展目标的顺利实现,企业集团应在权力下放的同时,强化财务控制。

企业集团总部或母公司对子公司保留一定的财务约束力,建立和完善适合本企业集团的财务控制制度,有效地强化对子公司及其他成员企业财务活动的监测、督导和控制,有助于增强成员企业的积极性、创造性和责任感,提高企业集团整体财务资源的配置效率,尤其对完善企业集团的治理机制,促进成员企业对企业集团财务战略、财务政策的认同与贯彻实施具有重要意义。

一般来说,企业集团可通过财务总监委派制、财务制度、预算、激励等加强对子公司的财务控制与约束。

一、委派制

　　财务总监是产权所有者授权对企业整体财务进行专业监督的高层管理人员,由产权控股方推荐,报企业董事会批准,并成为董事会成员。财务总监委派制是企业集团从人员方面加强对子公司财务控制的具体措施,在此制度下,子公司财务总监由母公司直接派出,并纳入母公司财务部门的人员编制,由母公司对其实行统一管理与考核奖罚。依据财务总监的职责范畴,财务总监委派制通常有以下几种类型。

1. 财务监事委派制

　　即母公司以所有者和控股者身份对子公司派出财务总监,专门行使对子公司财务活动监督的职能。在此委派形式下,财务总监是母公司出于保护自己在子公司中权益的考虑而派出的监督代表,他有权检查、监督子公司的经营方针、管理政策等是否符合母公司的总体政策、目标或章程,也有权批准或否决子公司作出的涉及母公司所有者权益的重大决策等。此时的财务总监具有财务监督的性质,故将其称为财务监事更为合适。

　　作为母公司派出的监督者,财务监事的主要职责是:检查、监督子公司的经营方针、管理政策,特别是财务政策是否符合母公司的总体政策、目标或章程,是否得到了切实贯彻以及财务制度是否健全有效;对子公司作出的涉及母公司所有权利益以及母公司总体政策、目标或章程的重大决策通过母公司行使批准或否决权;财务监事确认子公司决策项目存在重大缺陷时,有权要求子公司对该决策项目重新论证并进行复议;对子公司经营者违反法律、法规以及母公司政策、目标或章程的行为进行监督。一旦发现子公司经营者的行为损害了企业集团或母公司的利益时,有权责令其立即纠正;行使对子公司重大例外事件的决策处置权;母公司赋予的其他决策监督权。

　　财务监事委派制的实施,可以在很大程度上弥补权力下放情况下子公司监督约束机制不力的缺陷,从而有效约束子公司经营者的行为,使其在追求子公司局部利益的同时,保证企业集团整体利益目标的实现。但是,财务监事毕竟不是子公司决策层的成员,他不能直接介入子公司的日常决策管理,也很难将其工作业绩与子公司的经营业绩联合起来,以达到激励、约束财务监事本人的目的。财务监事自身的知识结构、素质能力等也直接影响着财务监事委派制的实施效果。

2. 财务主管委派制

　　即母公司以总部管理者的身份,向子公司派出财务主管人员,在将其纳入母公司财务部门的人员编制、进行统一管理和考核的同时,让其具体负责子公司的财务事务,直接介入子公司的决策层。也就是说,与以监督机制为特征的财务监事委派制不同,财务主管委派制主要是一种财务决策机制。

　　由母公司委派的财务主管同时具有子公司经营者助手和母公司经营者代表的双重身份,并承担相应职责。作为子公司经营者的助手,财务主管需要在子公司经营者的直接领导下主持所在公司的日常财务工作,建立健全子公司自身的财务监控体系,并发挥专业咨询顾问作用,积极协助子公司经营者做好各项重大的经营决策与财务决策事宜;作为母公司经营者的代表,财务主管则需要从母公司总体的管理政策、目标与章程出发,对子公司经营者的行为实施控制,并以母公司的名义或通过母公司授权,对子公司决策项目或决策行为与母公司管理政策、管理目标、制度章程的符合性作出分析与判断。一旦财务主管确认子公司的决策项目或经营者的决策行为存在重大缺陷、偏离、违背甚至损害了母公司的总体管理政策、管理目标与制度章程时,有权要求子公司的经营者对决策项目重新论证并进行复议,并有权对经营者的不当行为予以制止,并责成纠正。

显而易见,对子公司委派财务主管,使之直接介入管理决策事务,能够缩短母子公司的信息沟通时间,提高决策效率,强化母公司对子公司的财务控制,也有利于财务主管发挥专业特长,提高子公司决策的正确性和科学性以及与母公司管理政策、战略目标的一致性。然而,财务主管的双重身份本身就是一对矛盾。财务主管的经营者助手身份使得财务主管委派制首先是一种财务决策机制,但这却使得财务主管在参与子公司决策的同时,很难对自己、对子公司的经营者实施有效监督,更无法对其实施强有力的财务控制。

3. 财务监理委派制

在此委派形式下,由母公司派出的财务总监代表母公司对子公司实施财务监督和财务决策的双重职能:一方面,财务监理作为母公司对子公司的监督代表,对子公司实施产权范畴的财务监督职能;另一方面,作为母公司经营者的代表,财务监理又以子公司财务主管的身份直接介入子公司的决策管理层,管理子公司的各项财务管理决策事宜。

从母公司的主观愿望上讲,财务监理委派制可以弥补单一形式的财务监事委派制或财务主管委派制各自的缺陷,实现财务监督机制与财务决策机制的协调统一,但是如果对同一财务总监赋予财务监事与财务主管的双重身份,无论是在理论上还是实践上都是自相矛盾的。因而,如何解决财务监事委派制与财务主管委派制各自固有的缺陷,以及怎样确定财务监事与财务主管彼此的行为规范与职责界限,消除可能的矛盾抵触,使二者达到既能相互约束制衡,又相互沟通协作等问题,都有待于进一步研究和探讨。

以财务权力和责任为核心的内部财务制度是企业集团开展财务活动的行为准则,也是企业集团实行科学财务管理的前提条件。财务制度控制是母公司通过制定一系列的财务规章制度,要求子公司严格执行,以实现对子公司财务活动的控制。

二、财务制度控制

以财务权力和责任为核心的内部财务制度是企业集团开展财务活动的行为准则,也是企业集团实行科学财务管理的前提条件。财务制度控制是母公司通过制定一系列的财务规章制度,要求子公司严格执行,以实现对子公司财务活动的控制。

1. 企业集团财务制度的制定依据

企业集团内部财务制度的制定,必须以企业集团整体利益的最大化为出发点。其制定依据主要有以下几个方面。

(1)国家法律、规章和制度。公司法、证券法、金融法规、担保法、财务制度等,都是企业集团开展财务管理工作必须遵循的法律规范,企业集团内部财务制度的制定必须以此为依据。

(2)企业集团本身的组织结构特点和整体利益目标。企业集团内部财务制度既要体现企业集团内部各层次的财务目标的一致性,又要保证各成员企业生产经营的完整性和相对独立性,充分注意成员企业自主经营权利,以调动其生产经营积极性,实现企业集团整体利益的最大化。

(3)企业集团财务活动规律。企业集团内部财务制度应体现其自身的财务活动规律,既要对财务活动的主体内容——筹资、投资、成本费用、收益分配作出明确的规定,又要对属于财务管理范畴而国家财务法规未作明确的有关内容、程序、财务体制、职责分工和权限等问题作出明确的规定,使之具有较强的可操作性。

2. 企业集团财务制度的具体内容

企业集团内部组织结构、出资人的多层次决定了其内部财务制度具有多层次性。一般来说,企业集团的财务制度主要涉及两个层次:第一层是从企业集团出资人利益目标出发制定的集团母公司的财务制度;第二层是企业集团作为出资人,要求其子公司制定与母公司相对应的内部财务制度。无论是哪一层次的财务制度,其主要内容大致是相同的。具体地讲,财务制度体系可分为以下五个方面。

(1)原则性的财务、会计制度,包括:会计核算制度,如会计核算的体制、主要会计政策,会计科目名称和编号,会计科目使用说明,会计报表种类及其格式,会计报表编制说明(附注);财务管理制度,如企业内部财务管理体制,货币资金管理,往来结算管理;存货管理;短期、长期投资管理;固定资产管理;在建工程管理;无形资产、递延资产管理;其他资产管理;销售收入管理;成本费用管理,盈利及分配管理(将在下文作详细论述);以及财务会计报告与财务评价管理等。

(2)综合性管理制度,包括:财务处理程序制度,即对会计核算基本流程,有关会计事项处理的必需手续以及具体操作规范作出规定;财务预算管理制度;会计稽核制度;内部牵制制度,即根据需要,对会计核算中需强调的内部牵制、制约程序作出集中的规定;财产清查制度;财务分析制度;会计档案管理办法;会计电算化管理办法;对子(分)公司等所属单位的财务会计管理办法等。

(3)财务收支审批报告制度,包括:财务收支审批管理办法;重大资本性支出审批与授权审批制度;重大费用支出审批与授权审批制度;财务重大事项报告制度等。

(4)财务机构与人员管理制度,包括:财务管理分级负责制;会计核算组织形式;会计人员岗位责任制;内部会计人员管理办法(含会计工作岗位轮换管理办法、会计人员委派管理办法等);对违反财经纪律及企业财会规章制度事项的处罚规定等。

(5)成本费用管理制度,包括:费用报销管理办法;成本核算办法;成本计划管理办法;成本控制管理办法;成本分析管理办法;成本费用考核管理办法。

这里需要重点强调的是,企业集团通过审批子公司的会计政策,强调子公司董事会对会计信息的责任、委派财务总监等措施确保子公司盈利的真实性,防止子公司操纵利润从而保证母公司的权益。同时,为了保证子公司的盈余分配符合国家的法律、法规的规定,维护母公司的资本收益,企业集团应该制定专门的制度来规范子公司的盈余分配。

3. 盈利及分配管理

根据《公司法》规定,董事会有权制订公司的利润分配方案和弥补亏损方案,而审议批准公司的利润分配方案和弥补亏损方案的权限则属于股东大会。因而,母公司一方面可以通过派出代表出任董事会成员,影响子公司的利润分配和弥补亏损方案;另一方面可以通过股东大会,最后审议子公司的利润分配方案和弥补亏损方案。

(1)对子公司盈余分配顺序的控制。母公司对子公司盈利分配的顺序控制,主要是保证其分配顺序符合国家有关法律、法规的规定。按照 2001 年《企业会计制度》规定,企业某年可供投资者分配的利润,在支付优先股股利、提取任意盈余公积、支付普通股股利后,形成未分配利润(或未弥补亏损)。未分配利润可留待以后年度进行分配。若企业发生亏损,可以按规定由以后年度利润进行弥补。我国的《公司法》也规定,子公司只有在弥补了亏损和提取公积金、法定公积金、法定公益金之后,才可以按照股东的出资比例进行分配。

(2)对子公司股利政策的控制。企业利润中可供投资者分配的部分属于出资者的收益,其分配方式是很有弹性的,因而也是最复杂的。它可以依照股东大会的意见或董事会的决定制定各种股利政策,采用不同的方法来增加股东的实际收益,增加公司的价值,吸引潜在的投资者。对此,《公司法》专门赋予企业董事会制订利润分配方案的权利,股东大会则有权审议通过或否决该方案,这样,《公司法》便赋予母公司对子公司股利分配政策的控制权利,母公司可以根据自己的战略安排以及子公司目前的发展情况来确定子公司的股利政策。

如果子公司刚刚建立,需要扩大规模,可以采取无股利政策或剩余股利政策;如果子公司处于发展比较成熟的阶段,可以采取稳定或持续增加的股利政策或低正常股利加额外股利政策;如果子公司的业务一直比较稳定,则可以考虑采用固定股利支付率的政策;如果子公司的业务开始滑坡,并且不是由于管理的原因,而是由于市场的生命周期使然,则可以要求子公司尽可能多地分配股利。

(3)对子公司股利发放形式的控制。在母公司确定了子公司的股利政策后,母公司面临子公司将如何发放股利的问题。为了保护出资者的利益,母公司同样需要对子公司的股利发放形式进行控制。

一般来说,股利发放有四种形式:现金股利、财产股利、负债股利以及股票股利。其中,现金股利是以货币形式发放给股东的股利;财产股利是以实物或有价证券的形式向股东发放的股利;负债股利是以负债方式支付的股利,通常以公司的应付票据支付给股东,有时也以发行公司债券的方式支付股利;股票股利也称为红股,是股份公司以增发本公司股票的方式发放的股利。这四种股利发放形式各有优缺点,企业可以根据自己的实际情况选择确定合适的股利发放方式。对企业集团而言,母公司可以通过股东大会对子公司的股利发放形式进行控制。

三、预 算 控 制

总结国内外企业集团成功与失败的经验教训,能够建立健全预算制度,并将企业集团的一切活动纳入严格的预算控制体系,对于保障总部财务战略与政策的贯彻实施,提高财务决策的科学性和效率,具有十分重要的意义。目前,预算管理已经成为国际上大集团、大公司通行的财务管理办法,也是目前很多企业普遍采用的一种主要管理方式。但要真正使预算管理在企业集团财务控制中发挥应有的作用,必须正确地理解预算、编制预算、执行预算并进行预算的考核。

1. 正确地理解预算

对预算的理解应该分为预算、全面预算管理和全面预算管理体系三个层次。

狭义的预算仅仅指预算管理的基本工具,强调预算所具有的落实责任、落实权利、明确目标、集成管理信息的功能。扩展的预算是指全面预算管理,预算成为一种通过科学预测得到需求量来计划和调整产品流量、分配资源的管理机制,并经过演化发展而兼具控制、激励和评价等功能,成为落实责任和分权的重要工具。广义的预算是指全面预算管理体系,包括预算的组织及职责、预算目标体系、预算管理程序、预算管理工具和其他管理系统的支持。

真正理解了预算的内涵后,企业首先应该改变管理模式,在企业内部明晰各责任主体的边界,明确划分各责任主体的权责,将预算的编制和控制的责任落实到各责任主体。其次是将预算审批下达执行,各责任主体的责任预算就成为其在预算期内应该努力完成的目标,企业应在预算责任内考核预算目标的实现程度。最后还应建立和完善管理报告体系,将预算的执行状况以管理报表的方式随时反馈给预算责任人和管理层,这样既使预算责任人能够时时把握自己的预算进度,同时也使管理层能够时时把握企业集团整体的预算执行状况和财务状况,既提高了效率,又起到相应的控制作用。

2. 做好预算的编制工作

企业集团应该充分重视预算的编制工作,西方企业普遍认为,预算编制并达到上下之间的意见统一,意味预算管理已成功了一半,预算编制过程比其形式结果更重要,好的预算编制能给未来执行预算提供更明确的指南,并减少执行与考核中的不同利益团体中的利益摩擦。

企业集团母子公司应该成立以总经理为主任的预算管理委员会来全面负责预算管理的组织和协调工作。在人员构成上,预算管理委员会成员可由各部门主要领导成员组成,负责财务、供、产、销、技术和劳动人事等部门主要领导的必须是预算管理委员会的成员,预算管理委员会的办事机构应该由母子公司的财务部门担任,负责预算编制、调控和考评的具体实施工作。

企业集团编制预算应该以目标资本利润率为起点。资本收益是集团控股公司以投入企业资本的所有者身份,参与收益分配而获得的收入,其性质是股权资本的投资报酬。控股公司作为所有者,拥有资本收益权、资本经营重大决策权、选择经营控制权等一系列权利。在资本所有者的权利体系中,资本收益权是基本权利,是核心,其他权利都是为实现收益权服务的。如果所有者的收益权这一基本权利得不到实现,所有者就不可能将资本和资产投入生产经营活动。企业集团控股公司必须搞好股权资本的经营,使股权资本的收益权得到实现,否则就会影响到企业集团目标的实现。

企业集团应该采取上下结合的预算编制程序,通过上下结合达到预算意识的沟通和母公司预算目标的完全执行。在具体编制过程中,一般遵循以下思路:

(1)首先由母公司提出预算思想与预算目标;

（2）下发预算目标并由各子公司及更低层的执行组织结合自身情况编制预算草案；

（3）由子公司统一对母公司上报各自的预算草案，由母公司组织初步协调与汇总；

（4）由母公司预算管理委员会召集各子公司经营者等进行预算协调、调整各级预算，并形成最终预算方案并经预算管理委员会审批通过。这一阶段如果一次协调不够，还可以将协调后形成的预算方案下发到各子公司，由各子公司及其下属执行组织进行再平衡，并上报进行再协调，直到各方经过讨价还价达到目标一致为止；

（5）对通过的预算方案以内部管理法案的形式下达各子公司，由其执行。

3. 做好预算的调控与考评工作

预算的调控是指在预算执行过程中，对所有涉及预算责任及其主体间的日常监控，包括预算协调、预算调整、预算监控、预算仲裁和预算考评等。

预算协调是指加强各责任中心间的配合，以保证母公司与下属各责任中心间的目标一致。如对于由母公司确定的资本预算支出，历来存在子公司投资欲望膨胀的现象，子公司间争夺资本支出预算在特定情况下会有利于子公司而不利于企业集团整体的资本支出效益。此种情况下，一方面既要在预算编制中杜绝此类目标不一致的情形发生，另一方面要在预算执行过程中，进一步加强子公司间的行为协调，以保证企业集团整体利益的最大化。

预算调整是指当企业内外环境发生较大变动时，预算与实际可能会出现较大的偏差，因此需要按照新的情况来修正原来的预算，甚至推翻预算。预算调整是预算管理中的非正常事件，它不像一般的对涉及较小范围的预算微调，因此必须从预算管理程序上确定预算调整的基本体制。一般认为，对只涉及属于某一范围（如某一子公司或分厂等）而不涉及其他主体的预算调整，可以由该范围内拥有预算决策权限的经营者来对预算进行调整，但必须上报母公司；而对涉及多方主体的预算变动，则必须由各主体在母公司协调的基础上重新修正预算，上报母公司并经母公司审批后下达执行。

预算监控是指在预算执行过程中对其执行情况进行日常的监督与管理。原则上，下一级的预算执行由其上一级的预算管理主体来实施监控，不应存在越级监控问题；监控依据是根据实际执行情况对照预算执行进度计划表；监控的形式可以是定期的常规监控，也可以是非定期的临时监控；监控所需资料以预算执行反馈资料和执行进度计划为主；监控对象的选择应结合公司战略重点来选取，对一些事关企业集团整体发展的子公司或重大经营预算和财务预算，则应重点监控，采用适时跟踪监控制，对于其他预算事项的执行情况，则应采用定期或非定期监控制，从而做到监控有重点、有目的、有方向。

预算仲裁是指当责任主体间发生利益纠纷时，由企业集团的最高预算管理机关对企业间由于预算而导致的利益冲突进行仲裁。预算管理涉及不同责任主体，从而也就涉及各主体间的责、权、利关系，但企业集团不同子公司间又存在相互利益关联，因此，它肯定在一定程度上会引发矛盾。如对于制造产业的企业集团而言，不同的子公司可能是最终产品的不同的加工车间，各子公司间的利益在很大程度上取决于预算中所确定的产品转移定价，在预算编制之时所确定的转移价格可能是合理的，但在预算执行之中可能由于环境的变化，原来的定价并不合理，它可能以损害某一子公司的利益为代价从而不利于整个企业集团的利益最大化，在这类情况下，需要母公司及时对各子公司间利益关系进行协调，在协调无望的情况下对各子公司间的转移定价实施最终裁定，从而维护企业集团的整体利益。

预算考评是指对预算执行的最终结果进行评价与考核。评价在前,考核在后,评价是客观的,而考核是主观的。评价是为了对下一轮预算管理提供更新的思路、更好的角度,它以发现问题为突破口,即通过评价来发现预算管理中出现的问题;而预算的考核是针对预算执行主体而言的,它以落实责任主体的管理责任为中心,重点在于确认"预算执行结果到底是什么原因形成的,其管理主体的责任如何落实,如何对其进行奖惩"等一系列问题。年终,企业集团应成立专门的预算考评小组来组织预算的考评工作,兑现年初制定预算时的奖惩承诺,只有真正的奖勤罚懒,才能充分调动各子公司的积极性,为下一年度的预算编制与执行打下良好基础,从而促进整个企业集团经济效益的提高。

四、激励机制

建立激励机制是解决企业集团内部代理问题、加强财务控制的有效方法之一。它能够促进各子公司、分部的个体目标与企业集团整体目标有机结合,推动企业集团战略的有效实施。

1. 激励的内涵

在汉语词典中,激励是指通过某种刺激使人奋发,并得到相应的鼓励。在企业管理中,激励主要指激发特定主体的动力,使其有一股内在的动力朝着所期望的目标前进的活动过程。激励理论认为,要对组织成员实行正确的管理,首先必须根据其正当需求,通过激励诱发出相应动机,从而产生有效的目标行为。

物质激励和非物质激励是激励的两大形式。其中,物质激励的具体方式有工资、津贴、持股权等长期激励和绩效工资、奖金、红利等短期激励,它通过满足人的物质生活的需要来激发人的积极性。其中,股权激励对企业集团的高层管理人员激励作用显著。非物质激励包括给予工作保障、授予职衔、提供休假等长期激励和提供个人发展机会、提升、赋予具有挑战性的工作、对成就的认可、给予自治的权力等暂时性的激励,它通过满足人的心理、精神方面的需要来激发人的积极性。除上述两大正激励方式外,企业还应恰当运用罚款、降职和淘汰等负激励作为补充手段。

实践证明,科学、合理、稳定的激励机制是企业贯彻落实各项战略目标的有力保障。它能够消除员工心理上的各种顾虑和消极因素,变被动为主动、由不自觉到自觉,能够增强员工的自信心、上进心、协作精神、团队精神和向心力,提高企业的凝聚力、战斗力,形成企业自下而上的有机整体的巨大合力,使企业在市场竞争中立于不败之地。

2. 企业集团经理人激励

企业集团经理人在协调企业经营活动、推动经济高效运行中扮演着极其重要的角色。当经理人成长为具有冒险精神、富有创新思维、能取得卓越业绩的企业家时,还会作为特殊的人力资本,成为推动企业和经济发展的发动机和力量源泉。激励制度的设计对经理人行为有直接影响,能够引导其行为符合企业集团战略目标,分担部分风险,并努力提高企业集团的经营业绩。

结合经理人对较高层次的权力、成就等需求更为强烈的特点,在设计激励方式时,应在给予物质激励的基础上,突出职位升迁、发展机会等非物质激励的引导作用。

(1)对企业集团经理人的物质激励

物质激励是激励制度的核心问题,也是最难合理确定的部分。国内外企业集团对经理人的物质激励主要有直截了当型、老有所养型、风险收益型、股权激励型和权力增值型五种模式。

从管理人员薪酬的具体组成看,直截了当型模式下,管理人员实现预定的经营目标后可得到预先约定的年薪;"老有所养型"模式下,管理者的报酬是"基薪＋津贴＋养老金计划";"风险收益型"模式下,管理者的报酬在基薪和津贴之上,增加了一部分"风险收入(效益收入和奖金)";"股权激励型"模式则在管理者基薪与津贴之上,允许"股权、股票型风险收益"的存在;"权力增值型"模式则在基薪和津贴之上,增加了以"分配权"、"分配期"体现的风险收入。不难看出,企业经理人的物质报酬主要由两部分组成:一部分是基薪、津贴和养老金等相对固定、主要与个人绩效相关的收入,另一部分是股权等具有长期激励效果的非固定收入,这一特点也决定了上述物质激励模式可以与预算考评紧密配合。

一般来说,经理人员从人力资本的角度考虑,往往更注重自身的长远发展,因而对他们而言,数量确定且稳定支付的基薪、津贴等报酬形式是不能起到足够的激励作用,只有给予企业集团经理人与企业集团预算控制目标的完成情况相挂钩的奖金、股权等非固定的风险收入,激励的效用才会显著增强。

在此过程中,需要特别注意的是,首先,奖金与基薪和津贴的比例搭配要合理。年薪不宜过高,以免造成经理人的惰性;奖金的比例应适当加大,而且一定要选好据以确定的基数和具体方式,以使奖金额能够有效地反映经理人的经营业绩,避免出现报酬与业绩无关或关联度不大的现象。与此同时,股票期权(executive stock options,ESO)、虚拟股票、业绩股票、股票增值权等是被实践证明激励效果显著的长期激励方式,也最能反应经营者的真实业绩,对于调动经理人的工作积极性、保证人员稳定等意义重大。调查数据显示,截止到1997年年底,美国45%的上市公司使用了股票期权计划。企业集团应结合自身的企业类型、行业特点、发展状况、国家的政策限制等因素,选择恰当的长期激励方式。

(2)对企业集团经理人的非物质激励

随着人们对"非物质"的需求越来越多,非物质激励在人力资本管理中的地位越来越显著。目前一些企业中,仅仅依靠薪酬这一单一的激励形式,已经起不到显著的激励效果。对企业集团各层经理人而言,成就、名誉、权力、地位等对其具有特殊的魅力和吸引力,可以满足其高层次的心理需求。非物质激励的成效随之突显。

在具体操作上,企业集团首先应对各层经理人进行恰当的授权,使他们具有更大的自主权,并对他们的工作充分信任。事实上,信任本身就是一种很好的激励;应制定明确的职位任职要求、职位升迁标准和不同职位级别的不同待遇,并提供公平竞争的环境,使各层经理人有一个明确的奋斗目标和对个人职业生涯的预期,从而使其自觉地为获取更高职位或更富有挑战性与竞争性的岗位而努力工作;应通过组织评奖、评优、评先等活动,对经理人给予不同等级的名誉奖励,以帮助经理人塑造完美的职业形象和良好的个人威信。另外,随着知识经济时代知识贬损与技术更新速度的加快,企业集团还可以通过对管理者进行人力资本投资等方式激发其工作的积极性与主动性。可行的方法之一就是借助企业集团外部的专业咨询公司或科研院所、培训机构等,对企业集团经理人进行经济学、管理学、资本市场与资本运作等方面的培训,提高其管理技能与资历,并在企业集团内创造良好的学习氛围与开拓进取、团结奋进的企业文化。

3. 企业集团员工激励

企业集团的经营管理不仅需要依仗各级经理人,更需要得到普通员工的支持。有效激励和调动普通员工的积极性、主动性和创造性,是保证企业集团战略目标实现的有力保障。因此,企业集团在设计实施针对集团经理人的激励制度的同时,还应慎重考虑,设计一套科学合理的针对普通员工的激励制度。

(1)普通员工的物质激励

与经理人相比,普通员工更加重视物质报酬。因此物质激励应成为激励普通员工的主要形式。实践中运用较多的主要有基本工资、奖金、福利三项内容。

基本工资。一般来说,企业集团可以结合员工的工作岗位,以企业集团整体效益为依据确定一个统一的基本工资水平,也可以发放计件工资、计时工资等。这三种方式都简单易操作,然而,第一种方式下,员工容易出现内部扯皮、消极怠工现象,不利于调动其工作积极性;第二种方式则可能导致员工只注重产品数量而忽视产品质量,不利于企业集团生产效率与效益的提高,不利于预算控制目标的实现,而且由于没有最低工资保障往往不易被员工接受;第三种方式则可能导致员工工作效率低,同样不利于企业集团生产效率的提高。受其影响,企业集团在确定普通员工的基本工资时,应在全面认识各激励方式优缺点的基础上,借助结构严谨的预算控制指标,趋利避害,消除其负面影响。另外,企业集团还可以综合考虑员工在企业中的工作年限和为企业所作贡献的大小,发放年工序列工资。这样做有助于留住有一技之长的员工,也有助于维持员工稳定性。

奖金。与基本工资相比,奖金能够与企业集团预算考评的结果更加紧密地联系在一起,因为奖金发放的依据就是员工完成预算指标的情况,并准确、及时地反映考评结果。奖金与基本工资的结合使用还可以弥补基本工资缺乏变化、不能及时反映员工当期工作成果的缺陷。当然,如果企业集团各层次企业在给员工发放奖金时能够与其所在单位的效益挂钩,还可以增进团体协作,提高单位整体的工作效率,促进企业集团整体战略目标的实现。

福利。企业集团在设计针对一般员工的物质激励时,还应注意满足员工个人生活方面的一些要求,解除其后顾之忧。国外企业广为流行、我国一些企业也已经开始实行的商品奖励、旅游奖励、带薪休假等福利形式,都可以增进员工对企业的感情,为员工营造良好的工作氛围,使其安心地为企业集团工作。

(2)普通员工的非物质激励

物质激励是激励企业集团一般员工的重中之重,但能够使员工精神愉悦等高层次需求得到满足的非物质激励同样不可忽视。实际上,对员工积极性的调动也并非物质激励自身就可以做到的。因此,在基本工资、奖金、福利等物质激励之外,能够激励企业集团经理人的非物质激励形式,如权力、地位、成就、名誉等,对一般员工同样有效。恰当自主权的授予、受人尊重、得到重视、富有竞争力与挑战性的职位、培养锻炼与升迁的机会、良好的信誉、和谐而团结进取的企业集团氛围等,都会让员工充分感受到精神上的满足与快乐,其工作积极性、主动性、创造性自然会提高。

当然,无论是对企业集团经理人的激励,还是对企业集团中普通员工或责任单位的激励,都不应仅仅依靠正面的奖励机制,还应包括负面的压力、约束、惩罚等。如果说奖励可以让人产生前进的动力,压力、约束、惩罚等则可以防止人的惰性的产生。奖励和约束惩罚是与激励紧密结合的两个方面,二者都是激励不可或缺的重要组成部分。工资、奖金、股票期权等是奖励,属于激励;对经理人、员工、责任单位预算执行结果的考评、监督、管理等是压力,也是激励;完不成预算指标时会受到的相应惩罚,同样属于激励。只有做到了"有功必奖,有过必罚",才能有效地调动企业集团员工、责任单位的积极性,减少直至杜绝偷懒、违规行为的发生。为此,企业集团亟须完善各项制度规定和预算指标设计,严格预算考评和监控,做到"有制可依,违制必究",规范企业的生产经营活动和管理活动,促进企业整体效益水平的提高。

就激励的具体方式而言,企业集团不应该选择和运用单纯的某一种或某几种激励方式,而应综合考虑不同的激励环境和激励对象,结合企业集团预算控制指标的设计与执行情况,认真分析应采用的恰当的激励方式,并由不同方式共同组成一个统一合理、有效的有机整体,以便为企业集团战略、预算控制目标的实现提供保障。

本章小结

企业集团是指为了追求更大的经济利益,多个法人以一定的形式结合起来,服从于体现共同利益的某种决策体系的经济联合体。企业集团往往由核心层、紧密层、半紧密层、松散层四个层次构成。

受各国企业制度、银行制度和经济法规等方面差异的影响,不同国家有不同类型的企业集团,不同类型的企业集团也具有各自不同的特点。依据企业集团的联结纽带,企业集团可以分为股权联结型、契约联结型以及混合联结型;依据核心企业的经营活动范围,企业集团可以分为纯粹控股型和混合型;依据企业集团采取的多元化战略,企业集团可以分为纵向一体化、相关多元化、非相关多元化三种类型。

企业集团是现代企业的高级组织形式之一,它具有与一般企业所不同的特征。具体来说,企业集团具有:规模大型化、联系纽带多样化但以资本联结为主、组织结构多层次化、经营多元化等特征。从组织结构看,企业集团的组织结构一般分为:H型结构、U型结构和M型结构。三者各有优缺点,有各自适用的范围。

企业集团的财务管理体制是母公司为规范企业集团财务权限分割、财务责任和利益分配关系的基本制度与规范。它是企业集团财务管理工作的"上层建筑",对其"下层"的财务活动起着规范、引导和推动作用。

企业集团的财务管理体制有多种不同的模式。根据母公司与企业集团内其他企业财权的划分情况,企业集团财务管理体制的基本模式有集权制、分权制和混合制三种。这三种模式各有特点。企业集团在依据自身情况选择构建适合自己的财务管理体制时,还应充分考虑企业集团的发展战略、发展阶段、联合方式、产业与产品定位、管理文化以及其他许多因素的影响。

企业集团的财务管理战略是集团在一定时期内,根据宏观经济发展状况和自身发展战略,对财务活动的发展目标、方向和道路作出的一种客观而科学的概括和描述。财务战略以企业集团战略为基础,是企业集团战略在财务上的具体化。它具有支持性、全员性、动态性、综合性、安全性等主要特征。

　　财务战略的类别因观察角度的不同而不同。从财务管理派生内容的角度看,财务战略包括投资规模战略、投资方向战略、企业购并战略、分部财务战略、特殊条件(如通货膨胀)之下的财务战略等;从业务经营能力的角度看,企业集团财务战略包括快速扩张型、稳健发展型和防御收缩型三类。

　　企业集团的内外部环境决定了企业集团适用的财务战略类型。财务人员在具体确定本企业的财务战略时,应立足企业集团经济的长期稳定发展,应在防范风险意识的指导下,充分考虑影响企业集团发展的经济周期、经济发展阶段、经济增长模式等因素,选择实施适合本企业集团的最佳的财务战略。

　　为消除子公司的逆向选择倾向,确保企业集团整体发展目标的顺利实现,企业集团应在权力下放的同时,强化财务控制。企业集团总部或母公司建立和完善适合本企业集团的财务控制制度,有助于增强成员企业的积极性、创造性和责任感,提高企业集团整体财务资源的配置效率,尤其对完善企业集团的治理机制、促进成员企业对企业集团财务战略、财务政策的认同与贯彻实施具有重要意义。一般来说,企业集团可通过财务总监委派制、财务制度、预算等方法加强对子公司的财务控制与约束。

课后习题

一、思考题

1.企业集团与一般企业相比有哪些特殊性?

2.企业集团的财务管理有何特点?

3.企业集团的组织结构有哪几种? 企业集团应如何选择合适的组织结构类型?

4.企业集团的财务管理体制有哪几种类型? 各自的适用范围如何?

5.企业集团在设计和实施财务战略时,应注意哪些问题?

6.企业集团可通过哪些途径加强财务控制?

二、案例

开滦集团财务战略的制定与实施[①]

　　开滦(集团)有限责任公司始建于1878年,迄今已有137年的历史,是国有特大型煤炭企业。改革开放以来的30多年中,开滦集团实现了跨越式发展,集团的财务管理工作由计划经济时期以产量为中心的核算型会计,发展到今天的以企业价值最大化为目标、以风险防范为主要目的的财务战略时期。在财务战略的指导下,开滦集团的各项经济指标突飞猛进:2008年资产总额达306.7亿元,营业收入301亿元,煤炭产量3 180万吨,洗精煤产量750万吨,利税总额36亿元,分别比1978年增加20.4倍、50.9倍、47.90%、13.7%和56.1倍。

---

① 本案例根据张志芳发表于《煤炭经济研究》2009年第3期的《开滦集团财务战略制定实施的实践探索》一文改写。

（一）开滦集团财务战略制定的背景

1. 开滦集团发展战略的需要

《开滦（集团）有限责任公司发展战略》规划到"十一五"末，煤炭产量达到 5 000 万吨，销售收入达到 300 亿元的奋斗目标。为此，既要加大技改力度、做精做强现有产业、保持一定的经济总量，满足矿区广大员工日益增长的物质和文化需要；又要为发展积蓄力量，抓转型，延伸产业链，发展循环经济；还要扩大规模，加快资源开发和储备。这一切都需要资金来支撑，资金来源、资金成本、资金的使用以及使用效益等问题都需要从集团财务战略角度进行统筹安排。

2. 提升财务管理水平的需要

目前，开滦集团面临企业发展的三大变化以及带来的新课题：一是开滦精煤股份上市、辅业改制、集团债转股和蔚州公司多元化投资改造等形成的股权结构、管理体制方面的变化，集团在公司治理上面临新的课题；二是由于企业转型步伐加快，生产经营范围发生变化，使集团在进入新产业领域的同时，面临着探索新的管理模式的课题；三是开滦集团生产经营由唐山境内发展到张家口、内蒙古和新疆区域，生产经营区域发生了变化，面临着如何建立区域资本合作关系，实现远程财务控制的课题。因此，集团应积极应对集团公司的新变化，解决出现的新课题，使财务管理模式从单一的企业财务管理模式向集团财务管理模式转变，形成有效的财务治理模式，提升财务控制水平，从战略角度重新审视和谋划当前的财务管理活动，以适应集团公司发展变化的需要。

（二）开滦集团财务战略的制定

为制定科学合理的财务战略，开滦集团以现代企业财务管理及现代企业财务管理战略为理论支撑，从集团公司面临的内外部环境分析入手，通过对集团公司的财务治理、会计管理、现金管理以及控制管理的评估，确定了财务战略的总体目标和总体思路，进而制定了财务管理的具体战略，形成了"财务战略"的"1－4－12"总体战略架构：一个总体目标，即"健全体系、积极转型，提升价值，支撑战略"；四大总体思路，即"搭建开放融资平台、积极获取和管理现金资源，探索多元管控模式、加强集团对下属公司的财务治理，强化财务控制力度、充分发挥财务管理功能，构建战略保障体系、支撑财务管理战略实施"；十二大具体战略，即"融资战略、投资管理战略、收益分配战略、税收筹划战略、财务治理战略、预算管理战略、成本管理战略、财务风险管理战略、会计组织战略、财务人才战略、财务信息化战略和财务文化战略"。

"财务战略"具体分为以下五部分内容：第一部分为"认识现代企业财务战略"，主要从理论角度简单阐述现代企业、现代企业财务管理和现代企业财务战略的内涵和外延，并探索开展财务战略活动的逻辑思路，为制定财务战略提供理论依据；第二部分为"财务战略环境分析"，主要系统分析开滦当前及"十一五"期间面临的与财务管理紧密相关的内外部环境，寻找其对财务战略的影响；第三部分为"财务管理现状评估"，主要系统评估开滦集团的财务管理现状，寻找财务战略应解决的主要矛盾；第四部分为"财务战略设计"，主要在环境分析和现状评估的基础上，确立"十一五"及未来较长一段时期内开滦集团财务管理的主要战略目标、战略思路和战略行为；第五部分为"财务战略的实施与评价"，主要明确财务战略的实施与考核方式，同时建立财务战略的评价与调整机制。

（三）开滦集团财务战略的贯彻实施

1. 领导重视

财务战略的实施涉及集团所有一、二级单位及总部大多数部门，领导重视是财务战略得以顺利实施的根本。一是董事长亲自部署，总经理亲自动员；二是建立实施组织机构，保证财务战略的有效实施。

2. 宣传培训

财务战略事关全局、内涵丰富、指导深远、规划未来，深入学习、广泛宣传、广为培训尤为必要。开滦集团通过中心组率先垂范、举办领导干部培训班、举办知识竞赛以及利用灵活多样的宣传形式等方式，提高了干部职工对财务战略实施必要性的认识，加深了各级领导干部对财务战略具体内容的理解，提高了广大职工实施财务战略的积极性。

3. 规划分解

由于财务战略涉及面广、实施期长、任务繁重，制定好财务战略实施规划至关重要。一是及时制定实施规划。制定了《开滦集团公司财务战略实施规划》，围绕十二大具体财务战略，明确任务完成时限以及保障措施，将财务战略的实施任务具体化；二是确定年度实施重点，将涉及集团公司重大战略决策、需要解决的现存突出问题、需要多部门共同配合完成的两大类实施措施，确定为年度重点实施措施；三是逐级制定落实方案，集团公司总部、下属企业立足于贯彻落实《开滦集团公司财务战略实施规划》，研究制定了"财务战略实施规划"，解决了财务战略实施措施如何完成、谁来完成、什么时间完成、工作考核等问题。

4. 部门联动

财务战略的实施需要集团总部相关部门协调联动、密切配合、集思广益。财务战略实施领导小组及其办公室的成员单位，立足集团全局，积极出谋划策，共同推动财务战略实施工作。一是抓重点密切配合。在财务战略实施工作中，不论是涉及集团公司重大战略决策的实施以及现存突出问题的解决，还是涉及多个部门共同完成的任务，集团总部相关部门均能够相互协调、密切配合、共同推进。二是促落实融入工作。集团总部相关部门将财务战略实施任务与本部门年度工作计划紧密结合并且融入其中，通过年度工作的有序推进，促进了财务战略实施任务的完成。

5. 督导落实

开滦集团建立和实施了财务战略实施专项调度制度，及时平衡与协调解决出现的问题：一是实施办公室按月调度。由实施办公室在每月初听取各一级公司及总部相关部门的财务战略实施情况汇报，督导工作进度、协调解决问题、提出工作意见；二是领导小组每半年督导一次。财务战略实施领导小组每半年听取一次各公司、总部相关部门以及实施办公室的工作汇报，总结经验、解决问题、提出要求、推进工作；三是重点实施措施纳入总经理办公会调度范围并按月调度进度，在集团公司经理层统一思想、凝聚共识、形成合力、坚定推进；四是编发财务战略实施简报，为沟通情况、推广经验、部署工作、推进实施，集团公司财务战略实施办公室先后编发了 18 期"财务战略实施简报"。

（四）财务战略实施的成效

1. 对财务战略必要性的认识空前提高

自 2008 年以来,随着财务战略的实施、大规模的学习宣传培训、集团公司及各一级公司财务战略实施规划的编制、总部相关部门重点实施措施落实方案的制定、经济运行中重点难点问题的解决、各级领导推动财务战略实施的决策部署及督导调度等,集团公司上下对财务战略必要性的认识空前提高,实施财务战略的主动性进一步增强。

2. 财务管理的中心地位进一步增强

财务战略所确定的"一个总体目标、四大总体思路、十二大具体战略"的总体架构及内涵,充分阐释了财务管理在企业管理中的中心地位;集团上下在全力推进财务战略的实施过程中,尤其是在重点难点问题的解决过程中,财务战略的导向和指引作用、财务管理的普遍性和中心地位得以充分彰显,财务会计工作的内部环境得到进一步优化。

3. 重点问题解决取得实质性进展

财务战略实施规划年度重点实施的措施,使集团公司生产经营中现有重点问题的解决取得了实质性进展:一是筹资渠道拓展取得突破;二是税收筹划效益巨大,全年通过税收筹划节税达 2.47 亿元;三是投资管理得到加强;四是强化现金流管理,确立了现金预算在全面预算体系中的核心地位,适时调控并保障资金预算在执行中的滚动平衡;五是启动全面成本管理工作;六是完善相对控股企业财务管理体制,维护了企业自主权。

4. 推动集团公司的管理创新

集团人力资源部制定并实施了《开滦集团财务负责人管理实施细则》;集团建管办研究建立建设工程责任制和激励约束机制并制定责任制考核实施方案;集团审计部开展了工程项目竣工决算审计并取得了经济和管理效益;煤业公司把市场化精细管理推广与深化成本管理相结合;经贸公司强化物流贸易的资金管理与风险防范;蔚州公司应收账款管理机制的创立等实践,都极大地推动了管理创新的发展。

阅读上述资料后,请讨论:

1. 开滦集团为什么要制定财务战略?

2. 开滦集团财务战略得以成功实施的关键是什么?

|第九章|

企业资本运营
财务管理

💡 **学习目标**：通过本章学习理解企业资本运营的基本概念和基本内容、资本运营的基本特征；理解企业购并的概念、企业购并的类型、企业购并的原因、企业购并的一般程序、企业购并的价格确定、企业购并的出资方式选择；理解企业资产重组的概念、企业资产重组的必要性、企业资产重组的两种形式、企业资产重组中的财务管理问题；理解企业管理层收购的概念、企业管理层收购的具体运作。

第一节　企业资本运营的概念

一、企业资本运营的内涵

企业资本运营是指企业对资本的筹划和运作。企业资本运营管理是指企业对某可以支配的资本进行运筹、谋划和优化配置，实现最大限度资本增值目标。

企业资本运营的目标在于资本增值的最大化，企业资本运营管理的全部活动都是为了实现这一目标。

企业资本不仅仅是指企业的资本金或权益资本，而是指企业可以利用的全部资源，包括负债、人力资源资本、无形资产、租赁资产等，这些资源都可以为企业增加价值。

二、企业资本运营的基本内容

企业资本运营的内容非常广泛，从不同的方面划分，有以下基本内容：

1. 资本运营过程

从资本运营过程来划分，包括资本的组织、投入、日常管理、产出、分配等各环节、各方面资本运营。

2. 资本运营状态

从资本运营状态来划分，包括存量资本运营和增量资本运营。

存量资本运营是指投入企业的资本形成资产后，以增值为目标而开展的一系列生产经营、资本经营活动。这是资本得以增值的必要环节。企业还可以通过兼并重组、联合经营、股份制改造、租赁、破产等产权重新组合等方式来促进存量资本的合理流动和优化配置，来实现资本运营目标。

增量资本运营的实质是企业为了实现更大的资本增值目标，开展的新增投资活动，为此需要筹集更多的资本。因此，增量资本运营需要对新增加的企业投资活动、筹资活动进行筹划。增量资本运营管理包括投资方向选择、投资结构优化、资本预算编制、筹资和投资决策、投资日常管理等。

3. 资本运营形式

从资本运营形式来划分，包括实业资本运营、金融资本运营、产权资本运营、无形资本运营等。

实业资本运营是以实体产业为对象的资本运营活动。金融资本运营是以金融产品为对象的资本运营活动。产权资本运营是以产权资本为对象的资本运营活动。具体而言，生产经营各种产品，提供相关服务为实业资本运营。买卖各种金融产品，如股票、债券、基金、信托产品、保险、期权、期货等为金融资本运营。买卖各种产权,如资产重组、兼并等为产权资本经营。买卖各种无形资产等为无形资本运营。

三、企业资本运营特征

在市场经济运营条件下,企业经营活动必然由传统的生产运营转向更高层次的资本运营。企业资本运营具有以下一些特征。

1. 企业资本运营是以资本导向为中心的运作机制

企业传统的运作机制是以产品为中心的,往往只重视产品的生产与研发,不重视资本的运营效率和效益;只重视产品质量与创新,不重视资本形态与资本质量;只重视产品价格、成本,不重视资本价格与价值变化。企业资本运营是以资本为中心的运作机制,要求企业的一切经营活动围绕资本的保值增值来展开,注重资本的投入产出效率和效益,保证资本运作的质量和安全,最大限度实现资本的增值。

2. 企业资本运营管理是以价值形态为主的管理

企业资本运营管理要求将所有可以利用和支配的资源、生产经营要素都看成是可以经营的资本,用最少的资本、要素投入获取最大的收益。不仅注重有形资本的投入产出,而且更注重无形资本的投入产出。要全面考虑企业所有资本投入要素的价值,充分加以利用,挖掘各资本投入要素的潜能。不仅仅要重视资本在生产经营中的耗费、补偿、分配问题,还要重视资本的价值变动、价值平衡、价值形态转换等问题。

3. 企业资本运营是一种开放式经营

企业资本运营要求最大限度利用好资本,以较少的自有资本调动支配更多的社会资本,实现资本的杠杆效应。企业不仅要关注内部资本、资源的优化组合来实现价值增值目标,还要利用一切手段来扩大利用资本的份额,通过负债经营、兼并重组、参股控股等途径实现资本的扩张经营,使企业内部资本与外部资本有效结合,并进行优化配置以获得更大的资本杠杆效应。资本运营的开放式经营,可以使企业有更加开阔的发展空间,打破产品、地域、行业、部门局限,可以面对更加广阔的世界市场,实现最大限度的资本增值。

4. 企业资本运营注重资本的流动性

企业资本运营理论认为,企业资本只有流动才有可能增值,资本闲置是最大的浪费,因此,企业一方面要通过兼并重组、租赁、出售等形式,盘活沉淀、闲置、利用率低下的存量成本,使资本不断流动到收益率高的项目上,通过流动获得增值机会;另一方面,要缩短资本的流通过程,加速资本流转,避免资本停滞和积压,这样资本才有可能增值。

5. 企业资本运营要通过有效组合避免风险

企业资本运营,由于内外部环境的不确定性,多多少少存在一定风险,资本运营必须注意回避风险。为了保障资本运营安全,要进行合理的"资本组合",这样可以有效降低风险或分散风险,还可以取得比较合理的资本运营收益。

6. 企业资本运营是一种结构优化式经营

企业资本运营的目的还是为了优化资本结构,合理配置资源,取得资本最大回报。企业资本运营就是要把有限的资本配置到最有可能产生最大回报的项目上去,不断优化企业内部资源结构,优化实业资本、产权资本、金融资本结构,优化存量资本和增量资本结构,最终使企业资本结构得以优化。

7. 企业资本运营必须以人为本

企业的一切活动都是靠人来完成的,资本运营也不例外。资本运营不是为了增值而增值,而是为了人的全面提升和发展。人是企业最宝贵的资本,人力资源是一种最有潜力的资本。树立以人为本理念,将资本运营建立在以人为本的基础上,不断发挥企业全体员工的创造力,企业资本运营的成效将会被放大。

8. 企业资本运营重视的是资本的有效使用而非占有

企业资本运营,资本的有效使用比资本占有更重要。因为资本收益来源于资本有效使用,而非拥有资本,因此,一定要通过各种合理使用资本的有效形式来获取资本的更多回报和更大支配权,把资本蛋糕做大以后,企业才更有市场、更有竞争力。

第二节　企业购并

企业购并是企业资本运营的重要组成部分,是企业扩张和发展的重要途径。世界各国企业大都经历过多次购并浪潮,我国企业也不例外,购并事业方兴未艾。

一、企业购并的概念

企业购并是一种复杂的经济活动,有时又叫企业合并、企业收购、企业并购、企业兼并等,有狭义、广义之分。狭义的企业购并指一家企业购买另一家企业,将其并入购买企业,被购买企业法人主体资格不复存在。广义的企业并购不仅包括狭义的企业购并,还包括以控制或施加重大影响的股权购买或资产购买、联合、接管等经济活动。联合指一家企业在接受另一家企业或几家企业的基础上成立一家新企业。接管企业是指一家企业取得了另一家企业的控股权,通过改组董事会,实现对另一家企业的完全控制。

二、企业购并的类型

企业购并按照不同的标准可以分为不同类型。不同类型的购并,其购并成本和效益也是不同的,购并的方式也不相同,购并双方需要完成的工作也不同。企业要根据具体情况选择合适的购并类型,争取最佳的购并效率。

(一)按购并的出资方式划分

企业购并可以有不同的出资方式,大体有以下几类。

1. 出资购买资产式购并

指一家企业使用现金购买另一家企业的全部或绝大部分资产,被收购企业法人地位消失。适合于产权、债权债务关系清晰企业。这种方式购并能做到等价交换,后遗症较少,主要在非上市企业中使用。

2. 出资购买股票式购并

指一家企业使用现金、债券等方式购买另一家企业一部分股票,以实现控制被购并企业资产及经营权的目标。这种方式可以在一、二级股票市场进行,这是一种简便易行的购并方式。但是受到相关证券法规的限制与制约,如需要进行相关的信息公告。这容易被人利用,哄抬股价,使购并成本增加,如可通过发行债券筹资进行购并,则容易出现负债风险。

3. 以股票换取资产式购并

指一家企业向另一家企业发行自己的股票以换取被购并企业的大部分资产或者全部资产。购并企业一般会承担被购并企业的债务责任,当然双方亦可以作出约定,规定双方的权利和义务。

4. 以股票换取股票式购并

指一家企业向另一家被收购企业股东发行收购企业的股票,以换取被收购企业的股票,从而达到控制被购并企业的目标。

(二)按行业相关关系划分

1. 横向购并

指一家企业购并另一家竞争对手企业。这样可以实现生产、市场的相对集中,提高竞争力,甚至形成垄断。横向购并成功后,容易形成规模效应。但有些国家为了限制垄断,在法律上对横向购并作出许多禁止性规定。

2. 纵向购并

指一家企业购并与自己相关联的供应商、经销商,形成纵向一体化企业。纵向购并可以扩大生产经营规模,节约费用,加速生产经营流程。各国法规对纵向购并限制较少。

3. 混合购并

指一家企业既不购买竞争对手企业,也不购买与自己相关联的供应商、经销商,而是购并另外领域的企业。如一家造船企业购并了一家酒店。混合购并还可以分为产品扩张型购并、市场扩张型购并、纯粹扩张型购并。混合购并有利于减少企业长期经营某一行业所带来的风险,便于企业开展多远化经营。购并成本相对也会降低,各国法律限制性规定也较少。当然也会增加经营的难度。

(三)按购并是否通过中介机构进行划分

1. 直接购并

指一家企业直接向另一家企业提出购并要求,双方通过谈判,达成购并协议,从而实现购并目标。直接购并可以购买全部股权或部分股权。直接购并是在双方友好协商的基础上进行的,故又称友好购并或协议购并。直接购并可以是双方中的一方或另一方及双方共同意愿的结果。

2. 间接并购

指一家企业通过证券市场大量购买另一家企业的股票,从而达到控制该企业的目的,此种购并不是建立在双方自愿、协商的基础之上的,可能引起双方的对抗与冲突,故而又称为敌意购并。

(四)按被购并企业股份是否受到法律规范划分

1. 强制购并

当一家企业购买另一家企业的股票达到一定比例之后,形成事实上的控制关系,在此基础上可依照相关的法律法规,向被购买企业的股东发出收购要约,要求按照法律规定的价格强制购买被购并企业的股票,从而达到购并目的。

2. 自由购并

指一家企业在遵守法律法规的前提下,自由购买另一家企业的一定比例的股份,达到购并目的。

(五)按是否利用被购并企业资产来支付购并资金划分

1. 杠杆购并

指购并企业利用被购并企业资产的经营收入来支付购并支出或以此作为担保取得贷款作为购并资金。由于此种购并方式运用了杠杆原理,不用太多的自有资金,靠融资来解决,故而称为杠杆购并。

2. 非杠杆购并

指购并企业利用自有资金收购另一家企业。早期的企业购并多使用这一方式。非杠杆购并并不代表购并企业不使用负债资金,但负债是由购并企业靠自身财产作担保实现的。

(六)其他标准划分的企业购并

1. 承担债务式购并

又可划分为承担全部债务和部分债务购并。购并企业承担被购并企业的全部债务即为承担全部债务购并,被购并企业的法人主体的地位消失。购并企业只承担被购并企业的部分债务即为承担部分债务购并,被购并企业的法人主体地位仍存在。

2. 长期租包购并

指购并企业先用承包租赁经营形式来经营被购并企业,待时机成熟后再完成购并的一种形式。

3. 国内购并与跨国购并

这是指企业购并涉及的地域。企业仅限于国内的购并为国内购并,如果购并其他国家的企业则为跨国购并。

三、企业购并的原因

企业购并的原因主要在于期望做大做强,创造更大的市场价值。具体原因如下。

1. 扩大市场份额

在市场竞争中企业要想扩大市场份额,一是通过自身发展,实现扩张;二是通过企业购并,实现低成本快速扩张。

2. 分散风险

企业风险一是来源于自身竞争力不强,二是来源于自身经营方向单一,一旦市场变化,则难以适应。企业通过购并,一是可以增强自身竞争力,降低风险,二是通过购并经营方向不同的企业,实现多元化经营,分散风险。

3. 产生协同、规模效应

协同效应是指收入扩大和效率提高。企业购并可以提高效率,扩大收入,产生 $1+1>2$ 的协同效应。规模效应是指规模扩大后产生的一系列有利效率,如产量扩大而使平均成本下降,销量增加而使平均销售成本降低。企业通过购并有助于整合资源,产生规模效应。

4. 避免被收购

企业通过购并,扩大了规模,这样可以减少被其他企业收购的机会。当然,现在强强联合的案例也很多,企业做大以后并不能够完全避免被收购。

5. 产生节税效应

企业购并后,可以利用税收法规方面的一些规定,将合并后的企业利润降低,如一盈利企业并购一亏损企业,企业可以少交所得税。杠杆购并利息可以抵税等。

四、企业购并的一般程序

企业购并涉及许多经济、法律和政策问题,如金融法规、证券法规、税法、公司法、会计法、反垄断法等。企业购并会受到它们的影响和制约。因此,企业购并是一个极其复杂的运作过程。

企业购并的一般程序大致分为五个阶段:即准备阶段、谈判阶段、公告阶段、交接阶段、重整阶段。从财务管理角度来看,企业购并程序大致包括以下步骤。

第一,初步选择拟购并的目标企业,企业高级管理人员(包括财务主管人员)根据本企业的发展战略及目标企业的具体情况,初步选择出购并对象。企业通常需要聘请金融机构的相关人员作为财务顾问,以便顺利开展购并工作。

第二,评价购并战略。企业购并行动属于战略决策活动,需要对此进行战略评价,要对其对企业发展战略的制约,目标企业被购并后会带来什么样的战略后果等进行全方位的综合分析评价。

第三，对目标企业进行价值评估。即对目标企业当前所拥有的资产、负债及其运营状况和市场价值进行评估，以便确定购并价格。目标企业是否是上市公司，其价值评估方法会有所不同。

第四，确定购并的出资方式。现代企业购并出资方式，既可以是现金方式，也可以是股票出资方式，要根据双方的共同意愿及购并后持续经营的需要，还要考虑税收、财务风险、市场价值变化等因素。

第五，制订融资计划。在确定购并所需资金数量的前提下，企业要根据具体情况制定融资计划，决定筹资方式和数量。制定融资计划，要考虑对企业价值及财务风险的影响，在控制财务风险的基础上，形成最佳资本结构。

第六，制订购并计划。在以上各步骤的基础上，需要制定详尽的购并计划。购并计划将成为企业实际购并活动的行动纲领。

第七，实施购并计划。购并计划获得批准后，企业就要实施购并计划。这里要做大量具体工作，如向目标企业提出购并要约，签订购并合同，筹集资金，支付购并资金，回击破坏购并的各种活动等。

第八，及时控制购并过程。购并过程中会出现许多问题，有的甚至意想不到，因此需要及时加以控制，保证购并活动顺利完成。

第九，整合目标企业。企业购并是否成功，不在于是否完成购并，而在于购并后能否实现预期目标。因此，购并后整合目标企业，使目标企业真正融合到购并企业中去，才能发挥出购并的效果。

第十，评价购并活动。对购并活动进行事后分析评价，可以总结购并活动的经验教训，为未来购并活动提供参考资料，避免犯盲目购并错误。

五、企业购并的价格确定

（一）公平市场价格

公平市场价格是指购并与被购并企业在一个充分成熟和无干预的市场中，买卖双方在完全自愿、平等、无任何附加条件或限制，并且各自有充分的时间可以获得有关此项购并的全部信息的条件下达成的购并价格。公平市场价格的形成必须满足以下条件。

第一，有一个比较完善的产权交易市场，有足够多的购并企业和被购并企业以促成对被购并企业价格的竞争。

第二，被购并企业产权交易在平等、自愿和无附加条件的前提下进行。即被购并企业并非被迫出卖（如破产清算），买方也不是非买不可。购并与被购并双方都有足够时间收集足够充分的相关信息，在双方都认真考虑之后，经过讨价还价后达成的产权交易价格。

第三，被购并企业有一段在产权市场上出台亮相的时间。亮相时间太长，产权评估价值可能会发生变化；时间太短，则不能形成足够充分的购并企业之间的竞争，这样不利于形成公平的市场价格。

第四，交易必须以现金或其他等价物支付。

第五，对购并企业融资有一定限制。如不容许购并企业以被购并企业名义进行融资；不得使用影响公平市价的融资方式融资，如以被购并企业资产抵押贷款等。

第六，被购并企业价值评估结论只在一定时期内有效。因为，任何企业的价值都不会一成不变，企业价值会随外部环境的变化而随时改变，被购并企业价格会受到产权市场上供求关系的影响。

（二）购并价格形成的因素

企业购并价格的形成受到多种因素影响，绝不是主观臆断或简单计算就能决定的。购并与被购并双方都必须认真对待，否则就不会形成公平市场价格，造成对一方的伤害。购并价格的形成主要取决于以下三个因素。

1. 被购并企业的成本

被并购企业的价值取决于其投入的成本，当然其投入的成本一部分已经收回，另一部分还要在未来经营中收回。需要测算的是以目前的市场价格新建一个与被购并企业新旧程度相当的企业需要投入多少成本。

2. 被购并企业的效用

即被并购企业的使用价值，它影响被并购企业在市场上进行交易的价格。使用价值高，即使原来的成本很低，其购并价格也会比较高；相反，使用价值低，即使原来的成本很高或者重置也需很高成本，但其购并价格会比较低。被并购企业的使用价值是其预期的获利能力，其价值是由被并购企业在未来一定时间内的预期收益和投资报酬率折现决定的。并购价格应该与其价值相一致。

3. 被并购企业的边际因素

是指被并购企业在市场上的稀缺程度。稀缺程度高，被购并企业价格就会高，相反则低。

当然购并价格受多种因素影响，要形成公平市场价格，需要全面了解影响被购并企业价格的各个因素及其变化。要考虑被购并企业各项具体资产的价值、土地使用权价值、无形资产价值、企业购并后的预期价值、被购企业的债权和债务、离退休职工养老和医保费用、富余人员的安置费用等。

（三）企业购并中交易价格的确定

企业购并的交易价格，是在对被购并企业价值进行评估的基础上，根据各类资产价值、经营状况、市场现状与前景、债权债务状况、地理环境、职工安置费用、企业转让费用等因素最终确定的价格。

确定被购并企业交易价格，要做到公平、公正、公开，坚决制止私下交易、人情交易、贱卖国有资产、化公为私等行为。确定被购并企业交易价格，必须由有资格的资产评估机构进行评估，未经评估的国有企业不得被购并。企业购并交易价格的确定，应根据购并程序来确定不同阶段的交易价格。首先是资产评估阶段确定的交易底价；其次是经过双方协商、讨价还价确定的谈判价格；最后是成交阶段的成交价格。下面分别加以说明。

1. 交易底价

交易底价也叫基本价格,是反映被购并企业资产的成本和效用的价格。它是在企业进入购并程序后,以资产评估确定的资产价值为基础而制定的最初价格。确定交易底价可以用加成定价法和目标定价法确定。

(1)加成定价法。即以被购并企业的资产价值为基础,再加上一定比例的整体资产效益来确定交易底价的方法。加成比例的确定对交易底价的确定影响很大,应当充分考虑需求状况,确定公平合理的加成比例。该法主要优点是比较方便、公平,双方都能满意。

(2)目标定价法。即以某一阶段该行业进入购并市场的资产总量及总成交量进行估计,来确定目标收益率,并以此来确定被购并企业交易底价的方法。

2. 谈判价格

在交易底价确定后,购并与被购并双方进行协商谈判,并就交易价格进行讨价还价。交易价格的高低直接影响双方利益,为了公平合理,交易双方都有必要根据被购并企业的资产状况、经营状况、市场前景、稀缺程度、保证程度以及购并方的需求情况、市场竞争情况来确定价格浮动区间。根据不同情况,又有不同的谈判定价方法。

(1)理解价值定价法。这里的理解价值并非被购并方资产的价值,而是被购并方让购并方理解接受的价值。被购并方要在谈判前对购并市场及资产供求进行充分的调查研究,从而熟知自身条件及比较优势,确定比较准确的理想价值。然后再运用各种谈判技巧,提高购并方心目中本企业的价值,从而形成对被购并企业有利的价值观念,让购并企业理解接受被购并企业的价值,从而确定有利于被购并企业又能让购并企业接受的最佳浮动价格。

(2)需求差异定价法。该法是被购并方根据购并方需求方面的差异分别制定不同的浮动价格,又称"差别取价法"。该法适用于有两个以上购并意愿的企业,有利于被购并企业选择最有利的购并企业。

(3)随行就市定价法。该法以购并市场上同类或相似的资产平均价格为基础,制定被购并企业资产价格的参照系数,确定被购并企业的谈判价格。该法适用于有市场参照物的被购并企业。该法优点是比较公平合理,有利于同行业和平共处,减少竞争风险。缺点是企业有些资产价值不易估算,需求和竞争者也难以把握。

(4)竞争投标定价法。该法是被购并方通过引导购并方竞争成交的一种方法。被购并方向社会发布招标公告,吸引购并方投标。招标内容包括:企业概况、经营状况、资产状况、财务状况、购并形式、购并需求及招标条件。投标方根据招标信息,填写投标书,竞争投标,密封递价。投标方案汇集到被购并企业后,被购并企业对各家的投标书进行认真比较、分析、论证。不仅要考虑对方的出价,还要考虑对方各方面情况,从中选择部分优秀的投标者进行中标测试,可采取公开答辩或洽谈等方式。根据测试结果,选择最佳方案,确定成交价。被购并方要选择资信好、技术高、经济实力强、出价高的购并企业。

这种定价法与协议交易相比,更公平,更有竞争性,有利于资源优化配置。但交易过程较长,交易费用较高,容易形成不公平的内幕交易。

(5)拍卖定价法。该法通过产权交易机构,将被购并企业拍卖,将被购并企业转让给出价最高的购并企业。其过程是:被购并企业先在产权交易机构登记;产权交易机构委托资产评估机构对被购并企业进行资产评估,以评估价格作为拍卖底价;召开拍卖会,将被购并企业转让给出价最高的购并企业;进行产权变更登记,拍卖过程结束;企业购并的善后处理。

该法的优点是:交易费用低,交易方式公平,不存在内幕交易,易于决定买方,交易效率高。缺点是:购并双方了解时间短,不利于购并后的消化改造,尤其是大中型企业难以一次拍卖成功。这种方法适用于小型企业购并。

3. 成交价格

成交价格是购并活动最后形成的交易价格。也叫购并价格、市价交易价格。成交价格只要是双方都同意的,就体现了等价交换原则,就是合理价格。

确认购并成交价格是一项技术性、技巧性极强的工作。不仅要讲究定价策略和方法,也要研究定价技巧。一是要利用双方的心理讨价还价;二是要适当地运用各种折扣、谈判、竞价技巧。

六、企业购并的出资方式选择

支付是企业购并交易的最后一个环节,也是购并交易最终能否成功的关键。企业购并的出资方式主要有三种:现金收购、股票收购、综合证券收购。现金收购是最早采用的支付方式,后来才出现股票收购和综合证券收购支付方式。

选择何种出资方式,要具体情况具体分析。首先,购并方要考虑自身的实际状况。如果购并方是上市公司,那么出资方式的选择就比较灵活,可以现金收购,也可以是股票收购、综合证券收购,或者多种方式综合应用。如果购并方是非上市公司,往往只能用现金收购方式,因为被购并企业不愿意把自己变成购并企业的无法变现的股份。其次,购并方还要考虑本企业股东对股本结构变化的可能反应、本企业资产的流动性和在金融市场上的融资能力等因素。最后,购并方还要考虑被购并企业股东、管理层的具体要求及财务结构、资本结构、近期股价水平等因素。出资方式并非由购并方单方面决定,而是需要双方协商而定。

购并企业要充分认识不同出资方式的差别和利害得失,选择最有利的出资方式完成购并。

(一)现金收购

现金收购是企业购并交易中最常用、最清楚而又最迅速的一种支付方式。它根据成交价格支付,简单易懂;被购并企业最愿意接受现金收购,它能得到现金,不必承担证券风险,亦不会受到购并企业发展前景的影响,亦便于交易尽快完成。购并企业用现金支付了被购并企业的全部价款之后,就实现了所有权的完全转移,购并企业即可对被购并企业进行全权控制与管理。

购并企业是否采用现金收购方式,通常要考虑以下一些问题:

一是购并企业是否在一定时期内有足够的现金用来购并而又不影响企业的正常运转;

二是购并企业支付了大量现金之后,对企业未来的正常运转及现金流的影响是否有利;

三是如果是跨国购并,还要考虑支付现金的货币是本币还是外币,还是可以自由兑换的货币,还要考虑购并双方所在国的外汇管制问题;

四是购并企业的融资能力。由于购并交易涉及大量现金支付,往往超出了购并企业现有的现金支付能力,需要购并企业融资来解决,融资能力的强弱直接影响现金收购的成败。

(二)股票收购

股票收购是购并企业通过增加发行本企业的股票,以新发行的股票替换被购并企业的股票以达到购并目的的一种出资方式。与现金收购方式相比,股票收购有以下特点:一是购并企业不用支付大量现金,大大减轻了融入现金的压力;二是购并完成后,被购并企业的股东权益不是换回现金,而是成了购并企业的新的股东,购并企业扩大了规模和股东人数。但购并企业原有大股东往往还是控股股东,拥有经营控制权。

股票收购,被购并企业股东成为购并企业新股东,对购并企业而言,股本结构发生了变化,有可能影响购并企业原控股股东的控制权。例如,一家上市公司采用股票收购方式新增发生了大量股票购并另一家非上市公司,而被购并公司股权非常集中,基本集中于某一大股东,被购并后新的股东拥有大量购并企业股票,甚至超过购并企业原控股股东,取代了购并企业的大股东,拥有了上市公司控制权,这一情况称为逆向收购,这对购并企业是很不利的,也是不愿意见到的。就是没有发生逆向收购,购并企业原股东权益也会被"淡化"。

购并企业是否采用股票收购方式,通常需要考虑以下一些问题:

一是购并企业大股东(控股股东)在多大程度上可以接受股权被"淡化"。二是购并企业每股收益的变化。增发新股肯定会对每股收益产生影响。如果收购了被购并企业,利润在短期内没有起色,则会对每股收益产生不利影响,从而影响股份,侵害股东权益。这会引起购并企业股东的不满。三是购并企业每股净资产的变化。增发新股换回被购并企业资产,购并后企业每股净资产肯定会发生变化。如果每股净资产增加了,这对购并企业是有利的,原股东也乐意接受;如果每股净资产大幅下降,就会引起购并企业股东的反对。四是购并企业财务杠杆比率的变化。增发新股收购被购并企业,企业的财务杠杆比率肯定会发生变化,企业的资产负债水平也会变化,是否会影响企业未来的支付能力,是否会带来财务风险,这需要认真对待。五是购并企业当前的股份水平。如果股价处于上升过程当中,相对价格较高,这时采用股票收购方式更有利于购并企业,对被购并企业也会更有吸引力,他们会乐意接受新股并长期持有。相反,采用股票收购会对购并企业很不利。六是购并企业当前股息收益率。如果股息收益率很高,增发新股往往会降低股息收益率,引起购并企业股东不满,这时如果负债利息率水平较低,购并企业还是通过负债收购比较有利。如果股息收益率很低,而负债利息率较高,这时发行新股收购则会被购并企业股东接受,对购并企业也比较有利。七是购并企业在跨国购并中是否会受到相应的外汇限制。如向其他国家企业的股东发行购并企业的股票,未来在支付股息时不会受到外汇限制,他们会顺利地得到投资回报,这样就有利于跨国购并。八是外国股权的法律限制。如果某一国不允许本国居民持有外国股票,则购并企业就不能采用股票收购方式收购该国被购并企业。九是上市规则的限制。对于上市公司而言,增发新股收购其他企业,会受到其所在国家的证券监管部门及证券交易所上市规则的限制。只有在限制条件没有问题的情况下,才能考虑采用股票收购方式进行收购。

（三）综合证券收购

综合证券收购是购并企业对被购并企业提出收购要约时,其出价有现金、股票、认股权证、可转换债券等多种形式证券的组合。

1. 企业债券

用企业债券购买,必须满足以下条件:它可以在证券交易所或场外交易市场上流通。被购并企业持有企业债券的利息收入一般是免税的。对购并企业而言,可以把企业债券与认股权证或可转换债券结合起来。

2. 认股权证

认股权证是一种由上市企业发行的证明文件,赋予它的持有者一种权利,有权在指定的时间内,用指定的价格认购由该企业发行的一定数量的新股。对购并企业而言,发行认股权证的好处是,可以延期支付股利,可以为企业未来增加股本。但认股权证的认股权的行使,会改变企业的未来股权结构甚至控制权。为了保障原股东的利益,企业也会给他们按照一定比例派发认股权证。

购并企业发行认股权证时,必须详细规定认购新股权利的条款,如换股价格、有效期限、每张认股权证可换普通股数量等。此条款一经确定,不得随意修改。任何条款的修改,需经股东大会通过才行。被购并企业之所以乐于接受认股权证,主要原因是:(1)对购并企业的发展前景有信心。(2)认股权证既可以低价购买购并企业股票,也可以延期支付认购款项,还可以将认股权证转让获利。

3. 可转换债券

可转换债券是一种选择权,持有者在某一给定时间内可以某一特定价格将债券换为股票。该债券发行时要确定转换期限、转换何种股票、兑换股票的价格等。

对购并企业而言,采用这种支付方式的好处是:(1)企业能以比普通债券更低的利率和宽松的契约条件收购被购并企业;(2)这也是一种出售股票的方式,甚至可以高价出售;(3)可以减轻支付债券本金和利息的压力。

对被购并企业而言,接受可转换债券的好处是:(1)既有债券的安全性,又有股票可以使本金增值的可能性,这是双重利好;(2)转换成股票后,企业未来股价上升,还可以得到延期收益。

4. 其他方式

购并企业还可以发行无表决权的优先股作为收购被购并企业的价款。这对购并企业往往比较有利,不影响原股东对企业的控制权。

总之,购并企业采用综合证券收购被购并企业,既可以避免支付大量现金,减少企业财务压力,又可以有效保证控制权。由于这些优点,近年来这一方式逐渐被广为采用。

第三节 企业资产重组

企业资产重组是资本运营的重要内容之一,是针对企业资产组合不好,或者虽然起初资产组合较好,但经过一段时间生产经营后出现"资产板结"或"资产沉淀"时,对企业现有资产所作的重新调整,形成新的资产组合。资产重组并非简单对资产组合进行重新安排,而是通过改变存量结构和资本结构优化来实现的。

资产重组是企业财务管理的一部分,它通过对缺乏活力的资产进行改造和置换,优化资产结构和资本结构。资产重组往往需要以货币或有价证券为手段,通过市场在各经济主体之间进行交换与分配。企业购并是一种增量资产重组,企业也可以对存量资产进行重组,如出售多余设备,将部分多余资金投资于新项目等。

一、企业资产重组的必要性

(1)企业资产重组是经济结构调整的需要。经济结构是制约企业经济健康、快速发展的重要因素,尤其是在当前产能过剩、产业优化升级的大背景下,调整企业经济结构显得尤为迫切。调整企业经济结构必然要求企业进行资产重组。淘汰落后产能、产品,开发新产能、新产品,缩小加工产业,扩大服务业,这些肯定离不开企业资产重组。

(2)企业资产重组是增强自身市场竞争力的需要。在市场竞争日益激烈的今天,企业一旦失去了竞争力,必然很快被市场淘汰。企业为了增强自身竞争力,就必须把资产调整到最佳组合状态,必须使自己的产品和服务不断适应市场变化,满足客户需要。只有通过资产重组,使不良资产转变为优良资产,这样才能增强企业的市场竞争力。

(3)企业优势的集中化需要进行资产重组。我国企业往往具有优势分散化现象,即有的企业优势在技术,有的优势在市场,有的优势在产品质量,有的优势在管理。优势分散就无法形成优势经济。如果把各具特色的优势联合起来、集中起来,就能形成真正强大的优势经济,而且可以解决产能过剩、产业升级能力不足、资本过剩和资本不足同时并存等难题。资产重组是把企业自身优势集中起来以及相关企业优势集中起来的有效手段。

(4)企业资产重组是企业组织结构优化的需要。随着经济和企业自身的发展变化,企业组织结构也在不断调整变化,也更需要优化。企业组织结构不调整、不优化,管理就会僵化,就难以适应市场需求变化。比如过去企业搞实体店进行产品销售,现在网上营销如日中天,企业组织结构还是死守实体店这一经营模式,企业的销售业绩只能每况愈下。调整企业组织结构,必然要对企业进行资产重组。

(5)企业资产重组是迎接国际竞争挑战的需要。我国企业已经走向国际舞台,为了争夺国际市场,企业必须有强大竞争力,往往需要形成集团优势才能实现。企业面对强大国际竞争对手,仅靠新增投资来扩大自身实力是远远不够的,甚至时间上也来不及,这时通过资产重组往往更容易实现竞争力的快速提升。我们自身如果不进行资产重组,实现优势互补,强强联合,国外跨国公司就会按照他们的在华利益,对我们的企业进行资产重组,我国企业就会在国际竞争力中被动挨打,国家利益、人民利益也会遭受损失。

二、企业资产重组的两种形式

(一)企业资产重组中的非市场交易性产权整合

企业内部的资产重组并非真正意义上的市场性产权交易,而是一种非市场交易性的产权整合,是一种所有者按照整体经营要求对产权进行重新整合的非市场性行为。比如将甲分厂的设备无偿调拨给乙分厂使用。将甲、乙两部门合并成为一个新部门,原来两部门的资产企业调回,企业重新给新部门配置资产。这种资产重组影响的往往是企业内的部门利益,会遭受部门抵制。因此,这类资产重组,要注重内部部门之间利益关系的协调,要让他们看到企业整体利益之所在,不要轻易牺牲部门和个人利益,要让部门之间、员工之间形成合力,争取资产重组整体利益最大化。

(二)企业资产重组中的市场性产权交易

企业资产重组不可能仅限于企业内部,必然会与其他企业进行资产重组,因此,不可能采取非市场交易性产权整合形式,而是要采取市场性产权交易形式。如甲企业有土地、厂房,但缺乏产品和技术,而乙企业有产品,有技术,但无土地、厂房,两家企业通过市场进行资产重组成为丙企业,明确各方资产的产权比重,形成有经济意义、有财务回报的新企业。当然,通过市场交易进行的资产重组形式是非常广泛的,如某一企业向另一家企业投入专有技术,在进行市场定价后,作为投资,在企业中占有一定比例股份,这也是一种资产重组行为。凡是通过市场,资产在企业间进行合理流动,重新组合使用,这些都可以看成是企业资产重组。企业在市场上卖掉多余闲置资产,通过市场引进另一家企业的部分生产线联合经营,这些都属于市场性的资产重组。通过市场对企业进行改组、改制属于重大资产重组,企业需要经过慎重考虑并报企业最高权力机构批准后方可实施。

三、企业资产重组中的财务管理问题

(一)企业资产重组中的增量问题

企业资产重组既涉及存量资产的重新调整,也涉及增量资产的布局优化问题。无论是存量调整,还是增量优化布局,都有大量的财务管理问题需要解决。这里主要回答一些增量优化布局问题。

企业资产重组所需要的增量资产的具体数额。企业资产重组所需要的增量资产应包括两方面内容:一是用于支付资产重组成本所需要的费用,如用于清偿剥离债务的费用,支付富余人员的安置费用;二是用于带动存量资产的必要增量资产投入,如产品开发、技术提升、新设备投资等方面的投入。

（二）盘活存量资产，集聚增量资产的途径及方法

达到盘活存量资产，集聚增量资产目的的途径及方法还是很多的，其中主要有：(1)通过处置闲置资产获得一部分现金或股权；(2)通过将目前分散使用的资金集中起来获得一部分资金；(3)通过压缩各项费用支出获得一部分资金；(4)通过股份上市及向金融机构、其他企业举债获得一部分资金；(5)通过企业购并获得一部分资金；(6)通过产权置换获取一部分资金；(7)通过利用外资获取一部分资金；(8)通过利用国家专项经费获取一部分资金；(9)通过国家投资获取一部分资金；(10)通过一些特殊融资方式获取一部分资金，如租赁、可转换债券融资、管理层收购融资等。

（三）存量资产、增量资金如何使用问题

企业存量资产、增量资金不能再用于无效、低效的传统项目，更不能乱投资、乱消费。必须加强两个方面的财务约束：一是只能用于与存量资产重组相关的产品升级、产业升级、更新换代方面的支出，一定要投入有更高回报的项目中去。而且，每笔增量资金的使用还应有一个能带动存量资产增值的约束指标，在使用前要有预算，使用中有控制，使用后有核算、分析和业绩考核。一个单位增量资金应该能带动十倍左右的存量资产。当然各个企业具体情况不同，会有一定差异。

增量资金的使用应该有严格的财务监督，防止增量资金使用不当形成新的资产结构失调，造成新的损失浪费。企业资产重组是为了资产更有效益，而不是扩大损失浪费。

（四）企业资产重组中的剥离费用问题

企业资产重组，特别是国有企业资产重组，往往会涉及原来的大量债务如何处理问题。如果不是破产重组，就不能走破产清算程序，其债务的剥离就应该想出一些双方都能接受的两全其美的财务办法。如果是国有企业，是否能通过与银行、财政交涉，核销一部分债务。如果是非国有企业，企业是否可以通过预交一些债务保险金的形式，与保险公司共同承担债务偿还责任。当然还可以通过债转股等方式剥离债务。

现在企业退休人员已经有社会保障系统统一发放退休金，企业资产重组已经不涉及他们。关键是资产重组中富余人员的安排。如果有聘用协议，在不违反国家政策的前提下，可以终止这一部分人的聘用，支付一定的费用让他们离去。如果国家政策不容许辞退这部分人员，企业还是应该想办法，在不增加或尽量压缩这部分人员工资福利费用的前提下，优化人员结构，尽可能发挥他们的作用。有的需要转岗，有的需要待岗培训，总之，要想办法使富余人员不富余。

资产重组还会涉及企业办社会的费用负担问题。如过去有的国有企业办学校、办食堂、办医院、办托儿所、办浴室等，这些都会加重企业费用负担。一旦将这些社会服务功能机构从企业剥离出去，企业也会承担一部分费用。当然，处理得当，企业不但不会有什么大的损失，还可能获得收益。如将一些好的学校、医院、食堂、浴室、托儿所社会化，企业只在这些机构控股，放开让他们独立经营，也许会取得不错的收益。

第四节　企业管理层收购

一、企业管理层收购相关概念

1. 什么是企业管理层收购

企业管理层收购是企业杠杆收购的一种。所谓企业杠杆收购,就是一种利用高负债融资收购目标企业的股份,从而获取目标企业的控制权,并在整合目标企业业务的基础上通过资本市场的运作获取超额回报的金融工具。当收购主体是目标企业管理层时,企业杠杆收购即演变为企业管理层收购。当收购主体是目标企业的员工时,即为企业员工收购,其核心内容也叫员工持股计划。

现实中的企业管理层收购还有一些变形,除了以目标企业的管理层为唯一收购主体这一典型形式外,还衍生出另外两种常见形式:一是由目标企业管理层联合目标企业以外的投资者形成收购集团进行收购;二是目标企业管理层与员工联合起来进行收购。前者可以在一定程度上减轻收购主体的负债融资压力,后者也能减轻收购主体的负债融资压力,甚至还可以享受一些税收优惠,从而降低收购成本。

2. 企业管理层收购的特点

(1)收购主体为目标企业管理层。

(2)收购对象既可以是目标企业,也可以是目标企业下属某子公司、分公司或某部门。后一种情况的企业管理层收购往往与目标企业的战略调整相关。

(3)收购资金来源主要有两部分:一是企业管理层自有资金;二是企业管理层外部筹集资金。一般情况下,企业管理层提供10%左右的收购资金,再以目标企业的资产作抵押,向银行等融资机构借入60%左右的资金,余下30%左右的资金以私募或发行债券的形式筹集。

(4)收购的后果是企业管理层完全控制目标企业。目标企业的股权结构、治理结构、资本结构将发生根本性变化,管理层不仅成为拥有较多股份的所有者,而且还拥有企业经营控制权。

(5)收购后的企业往往要进行业务重组,包括重新定位企业发展战略,整合业务流程,调整内部组织结构等。由于企业管理层高杠杆负债融资,使得企业管理层承受较大负债经营压力。因此,在适当时候可将企业整体或部分出售、上市,这样既减轻压力,也会实现较大收益。

3. 企业管理层收购的原因

企业管理层收购有利于企业价值创造,有利于减少企业管理层机会主义倾向,有利于降低企业税负,有利于企业管理者企业家精神培养。企业管理层收购之所以有利于企业价值创造,理由如下。

(1)它可以降低代理成本。企业管理者成为企业所有者之后,过去的两权分离、委托代理关系不复存在,企业管理者为自己的企业打工,企业的业绩与管理者的回报直接挂钩,管理者将更加敬业,更加务实,更加致力于创新,更加注重降低成本、增加收益,更加注重挖掘潜力,更愿意进行有长期收益的改革与投资。总之,管理者的积极性空前提高,潜能得到充分发挥,而且,企业所有权与经营权两权合一后,监督更加有效,与过去两权分离时相比,各种代理成本大大降低。

(2)它可以降低管理者专属性投资风险。投资项目要想达到理想目标,需要管理人员付出不成比例的艰辛努力。在两权分离情况下,当管理人员进行专属性投资时,由于所有者与管理者的意见不统一,这些专属性投资往往会被劫持,管理人员如果得不到自己理想的回报,往往会放弃这些项目。企业管理层收购完成后,实现了两权合一,管理者自己就是这些专属性投资项目的所有者和计划组织者,他们会更加认真、客观地对待这些投资项目,专属性投资风险大大降低。另外,管理层收购还有利于企业减少被敌意收购的风险,从而使管理层更加注重对自身及企业雇员的人力资源投资。

(3)它有利于解决投资者搭便车问题。企业管理层收购完成后,实现了两权合一,企业的所有权、控制权集中在管理者手中,企业的利益就是他们自己的利益,他们更有动力去搜集相关信息,加强内部管理和监督,从而避免两权分离时各种搭便车现象。

二、企业管理层收购运作

1. 企业管理层收购操作程序

企业管理层收购涉及与企业股东、政府沟通,对目标企业估值,协调谈判,安排融资,还涉及企业发展战略、资产重组等诸多环节。

企业管理层收购操作程序大体可分为六个工作步骤:意向、准备、实施、公告、申报、过户。

意向阶段的主要工作内容是对管理层收购的可行性进行评估,出让方与受让方达成初步意向,出让方如果有政府主管部门,还要征询主管部门意见。当上述内容均得到肯定答复后,才能正式启动管理层收购。

准备阶段的工作重点在于组建收购主体,安排中介机构(包括财务顾问、律师、注册会计师、资产评估机构等)入场,并寻找战略投资者(如需要)共同完成对目标企业的收购。管理层在这一阶段需要决定是自行完成收购,还是采用信托方式,或寻求风险基金及战略同盟的参与。

实施阶段是企业管理层收购的关键,包括收购方案的制定、收购价格谈判、融资安排、审计、资产评估、准备相关申报材料等。这一阶段的重点是确定收购价格及融资,当然其他工作也要密切配合,它们也事关收购的成败。实施阶段的工作成果是买卖双方签订《股权转让协议》,以便在股权转让等待审批期间尽早让收购者代行股东权利。

在上述协议签订后,双方要按照协议完成交割手续。如果是上市公司,还需要进行公告,披露股权转让相关信息,同时向证监会、交易所报备相关材料。

2. 目标企业调查

主要调查内容包括目标企业的经营状况、财务状况、治理结构状况、法律状况。

(1)经营状况调查,包括企业背景、产业背景、运营情况、人力资源情况、市场环境、内部管理情况、研究开发情况等。

(2)财务状况调查,包括企业收益情况、成本费用情况、现金流量状况、债权债务情况、融资情况、投资情况、资产状况、财会管理情况、收益分配情况、工资分配情况,了解企业的盈利能力、偿债能力、投资能力、成长能力。

(3)治理结构调查,包括产权结构、企业组织结构、信息传导体系、报酬体系、奖惩机制等。

(4)法律状况调查,包括企业是否存在法律纠纷问题,管理层收购本身是否存在法律问题,融资收购是否存在法律问题。这方面的尽职调查,以便管理层收购消除法律隐患。

3. 企业管理层收购方案策划

(1)组建管理团队。以目标企业现有管理人员为基础,由各职能部门的高级管理人员和职员组成企业管理层收购团队。组建这一团队,应当优势互补,需要时可以引进外部专家和经营管理人员,同时要剔除企业内部那些不称职的管理人员或高级职员。通常情况下,管理团队要拿出自有资金作为基础收购资金,一般不低于10%,这也是未来新企业的权益资金,是管理者成为所有者的基础。

(2)设计管理人员激励体系。通过股权认购、股利分配、工资、奖金、职位晋升等形式向管理人员提供激励报酬,充分发挥其管理才能,创新敬业精神,调动其积极性。

(3)设立收购企业。由管理团队作为发起人注册一家"壳企业"或"纸上企业",作为拟收购目标企业的收购企业。壳企业的资本结构就是自然人的自有资金加上过渡性贷款,如果有战略投资者加盟,还包括战略投资者的资金。设立"壳企业"的原因是因为管理层作为一群自然人要实现对目标企业的收购,必须借助于法人形式才能实现。因此,在这种情况下,管理层在组建管理团队后,要建立与目标企业相适应的新的企业框架,制定新企业章程,确定企业股份认购原则,发起设立新的股份有限责任公司。在新设立的企业中,管理团队人员经过选举确定董事会、董事长、总经理及各层面高级管理人员。

(4)选聘中介机构。管理团队应根据收购目标企业的规模、特点、收购工作的具体情况,选聘合适的中介机构,如投资机构、会计师事务所、律师事务所、资产评估事务所等,帮助管理团队顺利完成收购任务。中介机构的参与对企业管理层收购任务的完成非常重要。单凭管理层自有资金,一般是难以完成收购一家企业的,往往需要融资才能完成收购。请财务顾问或投资机构介入,往往可以帮助管理层疏通融资渠道,拿到所需资金。专业律师的介入,可以帮助管理层解决收购过程中的各种法律问题,保障收购的合法性。注册会计师和资产评估师的介入,可以帮助管理层确定合理的收购价格,做到收购物有所值,还可以帮助他们进一步完善企业财务管理。

(5)收购融资安排。除了小微企业管理层收购不需要融资外,绝大部分企业的管理层收购都需要靠外部融资来解决,主要靠负债融资,即采取杠杆收购的方式。通常50%~60%的收购资金是以被收购企业的资产作抵押向银行申请收购抵押贷款。该贷款也可以由数家商业银行组成的银团贷款提供。这部分资金也可以由信托公司、投资银行或其他公司提供贷款。剩余收购资金可以通过发行企业债券来筹集。

(6)选择战略投资者。企业管理层收购过程中战略投资者的作用很重要。战略投资者也叫外部投资者,通常由投资银行、投资基金、保险公司、投资公司、风险投资公司等机构担任。战略投资者提供超过管理团队收购资金和各种贷款安排的剩余部分。战略投资者可以进行有限的股权参与,但通常情况下都附有股权回购协议,在限定的时期后,他们的股权被企业按约定价格回购,以保证战略投资者获得事先确定的收益,这相当于股票期权或权证形式的投资。管理层回购这些股票后,他们的股权份额会大幅增加,最终成为控股股东。

4. 企业价值评估

企业价值评估方法很多,有调整账面价值法、直接比较法、现金流折现法、股票市价法等。对评估结果的调整要考虑控制权溢价与流动性折价问题。

企业价值评估连带股票定价是个见仁见智的问题。企业到底值多少钱,合理的定价只能产生于买卖双方的谈判中。

企业管理层收购在确定企业价值时,双方至少要考虑以下因素:企业净资产价值、企业产业特征、竞争状况、生产经营管理状况、企业风险状况、双方期望的投资回报率、每股现金净流量、资本支出、是否取得控股地位等。

风险与收益对等是投资的基本原则之一。企业管理层收购也是一项特殊的投资活动,要计算收购中的风险与收益。其期望的收购收益率要充分考虑未来每股现金净流量情况,同时还要考虑企业未来资本支出情况。目标企业到底能为管理层未来带来多少可真正自由支配的现金净流量,是管理层收购能否成功的关键。因此,企业管理层收购,作为收购者要在企业定价,即确定收购价格时给自己留出足够的安全边际。否则就是收购成功后,在未来也不一定能实现期望回报。

5. 管理层收购风险及防范

(1)财务风险及防范。企业管理层收购是一种杠杆收购行为,通常情况下企业管理层靠大量负债融资来完成收购任务,因此,负债收购财务风险十分突出。即使完成收购,除了要偿还负债收购资金,还要偿还原企业的负债,这些主要靠收购后企业经营活动的现金净流量来解决,于是,企业的经营风险与财务风险交织,使风险进一步加大。企业管理层收购财务风险防范,应当注意以下几点:一是在收购前要进行科学的可行性分析与论证,明确管理层收购目标,保证通过管理层收购活动能真正有利于企业调结构、稳增长、促改革、业务重整、组织结构重组、经营业绩改善;二是收购完成后能确保稳定地达到预期的现金净流量。收购完成后,企业应积极致力于内部改革、业务整合、加强管理、增收节支、不断创新、完善内部控制、加大研发力度,使经营业绩得到较大改善;三是收购后要进行有效的资本重组,通过将部分无效资产变现,引入新的外部投资者,发行上市等各种措施拓宽资金来源渠道,降低财务风险。

(2)道德风险及防范。在企业管理层收购中,由于企业高层管理人员通常更了解企业真实情况,因此在收购谈判过程中往往处于更加有利地位,对收购价格有着更为直接的巨大影响。他们甚至利用内部人控制的有利条件造假账或进行盈余管理,迫使企业所有者低价出售企业。这些虽然有利于企业管理层收购的购买方,但也隐藏着巨大的道德风险。一旦被企业原股东(即出售者)识破,被政府监管部门发现,企业管理层会面临惩罚困境。因此,为了降低企业管理层收购的道德风险,首先,应对被收购企业进行严格的审计,保证财务信息的真实可靠。其次,要破除企业管理层收购中的单边交易状况,引入购买竞争者,利用拍卖市场进行竞价销售,可以大大降低企业管理层利用信息不对称获得隐形收益的机会。

(3)企业治理结构风险及防范。从理论上讲,企业管理层收购完成后,实现了所有权与经营管理权的两权合一,大大降低了代理成本,实现了企业利益和管理层个人利益的高度一致,有利于企业效益的改善。因此,企业管理层收购有利于改善企业治理结构。但企业管理层收购完成后,企业治理结构也会出现新的问题,形成新的治理结构风险。

一方面,企业管理层收购完成后,企业的最高管理人与第一大股东的利益彻底一体化,大股东会通过各种方式滥用权力,侵犯中小股东及债权人利益的活动将更加方便,获取私利更加容易,"一言堂"现象更加明显,决策失误的可能性加大。管理层收购因为有大量的负债融资情况,控股股东利用管理权进行盈余操纵、关联交易的动机会非常强烈,借债不还现象时有发生。

另一方面,企业管理层收购完成后,企业高层管理者集所有者与管理者为一身,自我激励得以强化的同时,又使管理人员结构"固化",对外来人员会产生排斥作用,这就产生了新的企业治理结构风险。

为了防范这一风险,企业必须加强监管,一方面要设立独立董事和独立监事,改善企业治理结构;另一方面要完善中小股东、债权人的利益保障机制,从法律上约束大股东经理人行为;再者还要从制度上保证企业管理层收购的信息披露真实、完整、及时,杜绝大股东经理人的侵权行为。

本章小结

企业资本运营是指企业对资本的筹划和运作。企业资本运营管理是指企业对某可以支配的资本进行运筹、谋划和优化配置,实现最大限度资本增值目标。

企业购并是企业资本运营的重要组成部分,是企业扩张和发展的重要途径。企业购并的原因主要在于期望做大做强,创造更大的市场价值。

企业资产重组是资本运营的重要内容之一,是针对企业资产组合不好,或者虽然起初资产组合较好,但经过一段时间生产经营后出现"资产板结"或"资产沉淀"时,对企业现有资产所作的重新调整,形成新的资产组合。资产重组并非简单对资产组合进行重新安排,而是通过改变存量结构和资本结构优化来实现的。资产重组是企业财务管理的一部分,它通过对缺乏活力的资产进行改造和置换,优化资产结构和资本结构。资产重组往往需要以货币或有价证券为手段,通过市场在各经济主体之间进行交换与分配。企业购并是一种增量资产重组,企业也可以对存量资产进行重组,如出售多余设备,将部分多余资金投资于新项目等。

企业管理层收购是企业资本运营的重要组成部分,是企业杠杆收购的一种。所谓企业杠杆收购,就是一种利用高负债融资收购目标企业的股份,从而获取目标企业的控制权,并在整合目标企业业务的基础上通过资本市场的运作获取超额回报的金融工具。当收购主体是目标企业管理层时,企业杠杆收购即演变为企业管理层收购。当收购主体是目标企业的员工时,即为企业员工收购,其核心内容也叫员工持股计划。

课后习题

1. 企业资本运营的基本概念和基本内容是什么？

2. 资本运营的基本特征是什么？

3. 什么是企业购并？

4. 企业购并的类型有哪些？

5. 企业购并的原因是什么？

6. 企业购并的一般程序是什么？

7. 企业购并的价格如何确定？

8. 企业购并的出资方式如何选择？

9. 什么是企业资产重组？

10. 为什么要进行企业资产重组？

11. 企业资产重组中有哪些财务管理问题？

12. 什么是企业管理层收购？

13. 企业管理层收购是如何具体运作的？

参 考 文 献

[1] 爱德华·J. 布洛切, 托马斯 L. 林. 成本管理——经营控制与管理控制[M]. 李苹莉, 等, 译. 北京: 华夏出版社, 2002.

[2] 罗伯特·A. 安东尼, 维杰伊·戈文达拉扬. 管理控制系统[M]. 赵玉涛, 等, 译. 北京: 机械工业出版社, 2004.

[3] 罗伯特·西蒙斯. 战略实施中的绩效评估和控制系统[M]. 张文贤, 等, 译. 大连: 东北财经大学出版社, 2002.

[4] 罗伯特·西蒙斯. 控制[M]. 鲜红霞, 等, 译. 北京: 机械工业出版社, 2004.

[5] 斯蒂芬·P. 罗宾斯, 玛丽·库尔特. 管理学[M]. 孙健敏, 等, 译. 北京: 中国人民大学出版社, 2004.

[6] 安迪·尼利, 克里斯·亚当斯, 迈克·肯尼尔利. 战略绩效管理: 超越平衡计分卡[M]. 李剑锋, 等, 译. 北京: 电子工业出版社, 2004.

[7] 加里·阿什沃思. 整合绩效管理: 实现股东价值的有效方式[M]. 李克成译. 北京: 电子工业出版社, 2002.

[8] 罗伯特·S. 卡普兰, 戴维·P. 诺顿. 综合记分卡——一种革命性的评估和管理系统[M]. 王丙飞, 等, 译. 北京: 新华出版社, 1998.

[9] S. 戴维·扬, 斯蒂芬·F. 奥伯恩. EVA 与价值管理[M]. 李丽萍, 等, 译. 北京: 社会科学文献出版社, 2002.

[10] 杜胜利. 企业经营业绩评价[M]. 北京: 经济科学出版社, 1999.

[11] 韩中和. 企业竞争力: 理论与案例分析[M]. 上海: 复旦大学出版社, 2000.

[12] 陆正飞, 朱凯. 高级财务管理[M]. 杭州: 浙江人民出版社, 2000.

[13] 王新驰. 现代企业战略管理[M]. 北京: 中国商业出版社, 2002.

[14] 王棣华. 柔性财务管理[M]. 北京: 经济管理出版社, 2013.

[15] 王棣华. 财务管理案例精析[M]. 北京: 中国市场出版社, 2014.

[16] 王化成, 等. 企业业绩评价[M]. 北京: 中国人民大学出版社, 2004.

[17] 王光甫. 企业战略管理[M]. 北京: 中国财政经济出版社, 2000.

[18] 王凤彬. 集团公司与集团组织[M]. 北京: 中国人民大学出版社, 2003.

[19] 尚志强. 跨国公司经营业绩评价系统[M]. 上海: 上海财经大学出版社, 1999.

[20] 张先治. 内部管理控制论[M]. 北京: 中国财政经济出版社, 2004.

[21] 张蕊. 企业战略经营业绩评价指标体系研究[M]. 北京: 中国财政经济出版社, 2002.

[22] 张兆国. 高级财务管理[M]. 武汉: 武汉大学出版社, 2002.

[23] 周朝琦. 企业财务战略管理[M]. 北京: 经济管理出版社, 2001.